高等院校学前教育专业系列教材

U0727339

学前儿童数学教育与活动指导

主　编　王　燕
副主编　卢筱红　徐旭荣　李　欢
编　委　程阳春　邹　婕　杨　芳
　　　　凌　玲

南京大学出版社

图书在版编目(CIP)数据

学前儿童数学教育与活动指导 / 王燕主编. — 南京：
南京大学出版社，2015.10(2021.8 重印)
ISBN 978 - 7 - 305 - 14716 - 6

Ⅰ. ①学… Ⅱ. ①王… Ⅲ. ①学前儿童—数学教学—
高等学校—教材 Ⅳ. ①G613.4

中国版本图书馆 CIP 数据核字(2015)第 023509 号

出版发行　南京大学出版社
社　　址　南京市汉口路 22 号　　　　邮　编　210093
出 版 人　金鑫荣
书　　名　**学前儿童数学教育与活动指导**
主　　编　王　燕
责任编辑　张静超　王抗战　　　　编辑热线　025 - 83596997
照　　排　南京南琳图文制作有限公司
印　　刷　广东虎彩云印刷有限公司
开　　本　787×1092　1/16　印张 17.5　字数 436 千
版　　次　2015 年 10 月第 1 版　2021 年 8 月第 4 次印刷
ISBN 978 - 7 - 305 - 14716 - 6
定　　价　48.00 元

网址：http://www.njupco.com
官方微博：http://weibo.com/njupco
官方微信号：njupress
销售咨询热线：(025) 83594756

前 言

2012年10月15日,中国教育部网站正式印发《3—6岁儿童学习与发展指南》(以下简称《指南》),其中有关学前儿童科学与数学教育的内容引起广泛注意。诸多新闻媒体纷纷以"5—6岁能进行10以内的加减运算就行了"为标题对《指南》进行了解读,旨在遏制当下"拔苗助长"式的超前教育和强化训练。《指南》全面、系统地明确了3—6岁各个年龄段儿童在科学与数学领域学习与发展的合理期望和目标,为学前教育从业人员及家长提供了权威性的参考和指导。为充分体现《3—6岁儿童学习与发展指南》《幼儿园教育指导纲要(试行)》及有关学前教育专业课程标准的精神与内容,我们特组织编写了《学前儿童数学教育与活动指导》。

本教材的设计和编排立足于当前幼儿园数学教育实践,力求全面、系统地阐明学前儿童数学概念发展的相关理论,秉持"理论先行、实践为重"的理念,帮助学前教育专业的本科生、大专生及幼儿教师等各种层面的学习者全面了解学前儿童数学教育的理论与实践。

从章节体系来看,本教材共分为十个章节,几乎涵盖了学前儿童数学教育的所有核心内容,且所有实践性较强的内容(如集合、数、空间和几何形体、时间及量的概念的教育)都独立成章,并用案例导入、结合图片呈现重点内容、章节后附加优秀活动教案的形式,体现了较强的实践指导性。具体包括:学前儿童数学教育概述;学前儿童数学教育的目标、内容、原则与方法;学前儿童数学教育活动的设计与组织;学前儿童数学教育环境的创设与利用;学前儿童集合概念发展的特点及教育指导;学前儿童数的概念发展的特点及教育指导;学前儿童空间和几何形体发展的特点及教育指导;学前儿童时间概念发展的特点及教育指导;学前儿童量的概念发展的特点及教育指导;学前儿童数学教育活动的评价。

相较于其他版本的同类教材,本书的主要特色在于:第一,增加了"学前儿童数学教育环境的创设",结合学前儿童数学教育的特点,为幼儿教师创设良好的教育环境提出了可操作性的建议,运用大量的图片资料,对环境创设中的重要原则和要求进行解释和说明,以便教师参考选用。第二,本教材的编写体例有利于学习者有效学习。如每章开篇都有学习目标,让学习者有目的地学习每一章节;延伸拓展部分可拓展学习者的思路;思考与实践部分让学习者更好地检验所学的内容,并与实践结合进行认真思考,提高他们的思维能力。部分实践性强的章节同时提供了教学活动案例,供学习者思考与评析。第三,针对不同年龄段儿童在数学领域发展的要求与目标,书中不仅给出了参考性的标准,同时提供了《指南》中对该部分内容的建议,以供学习者参考和借鉴。

本教材由王燕担任主编,卢筱红、徐旭荣和李欢担任副主编,程阳春、邹婕、杨芳、凌玲共同参与编写,全书最后由王燕负责修改和统稿工作。具体分工如下:第一章(程阳春)、第二章(卢筱红)、第三章(凌玲、王燕)、第四章(邹婕、王燕)、第五章(程阳春)、第六章(徐旭荣、王燕)、第七章(李欢)、第八章(李欢)、第九章(王燕)、第十章(杨芳)。

在教材编写过程中,我们从相关文献和网站上借鉴了许多同行的研究成果,运用了许多幼儿园的图片和资料。在此一并表示衷心的感谢!

由于本人学识和能力有限,教材难免有不足之处,敬请广大读者提出宝贵意见,以便我们修改完善。

编　者
2015 年 8 月

目　录

第一章　学前儿童数学教育概述

学习目标

1. 了解数学的本质、特点及我国学前儿童数学教育的发展历程。
2. 了解学前儿童数学教育的意义与任务。
3. 重点掌握学前儿童数学学习的特点。

学习提示

在本章的学习中，首先要了解数学学科本身的特点，然后结合学前儿童的心理发展特点，掌握学前儿童数学学习的特点。学习时还应理论与实践相结合，在日常生活中观察并分析学前儿童数学学习的特点。

案例导入

案例："妈妈，这个太难了"

曾经在网络上看到过一名幼儿园的小女孩回家后学习数学的视频。大致的情形是，妈妈让女儿在家学习"一五得五，二五一十，三五十五，四五二十，五五二十五，五六三十……"的口诀。孩子乖乖地坐在小椅子上，很不情愿地从头开始背诵。可是背到"三五"时就出错，一会儿"三五四十五"，一会儿"三五三十五"。妈妈马上纠正孩子，让她将"三五十五"连续背诵，并提醒孩子认真背诵。可是当孩子再次从头开始背诵时，到了"三五"又是"三十五"。妈妈罚孩子连续背诵"三五十五"十遍。孩子一边背诵一边哭泣，边背边说"妈妈，这个太难了，一点儿也不简单"。孩子第三次从头背诵的时候，记住了"三五十五"，可后面却是"四五二十五，五五得五"，妈妈又批评孩子，孩子委屈地说"我把五五给忘了"。整个视频持续了五分钟，最终孩子完整背完了妈妈提出的任务，可是整个过程孩子一直处在哭泣、委屈的状态之中。

案例中家长的做法不是个例，许多家长都希望孩子不要输在起跑线上，从小非常重视数学教育，甚至超前教育。家长重视的是学习的结果，而对于学前阶段孩子学习数学的价值认识不清，不了解学前阶段孩子学习数学的特点，就如案例中的妈妈，在孩子还没有理解乘法的含义时，就让孩子死记硬背，使孩子对数学学习充满了畏惧情绪，虽然最终背完了口诀，但是孩子没有体会到学习的乐趣。因此学前儿童的数学教育应考虑到数学学科的特点，结合学前儿童数学学习的特点，激发孩子学习数学的兴趣。

数学学科与其他学科的学习有什么不同？学前儿童学习数学有哪些特点？学前儿童学习数学的价值何在？这就是本章所需要解决的问题。

第一节　数学教育与学前儿童的发展

一、数学的本质

在很多人心目中,数学就是计算。而幼儿园的数学,就是数数。几乎每个人在其成长的过程中,都接受过数数、加减之类的"数学训练"。然而,数学究竟是什么? 这个问题并不容易回答。在现实的教育实践中,学前儿童的数学教育也常常令人感到困惑。

我们先来看两个案例:

案例一:在一次活动中,教师运用该班级现有材料,引导一位大班末的儿童用一道算式记录所进行的活动。教师通过操作图片设置情境,假设车上有一位乘客,后来又来了另一位乘客,问车上现在有多少乘客? 儿童能够在口头上正确地回答该问题。而在请其写下来的时候,正确加法算式为:1＋1＝2,她写下来的却是"11＝2"、"＋11＝2"、"11＋＝2"等一些错误的算式。

案例二:一位儿童在读学前班时进行了大量加减算式的练习,对于 20 以内的加减算式的填空题格外熟练,对答如流。而在回答问题"小明有 9 个饼干,后来妈妈又给了他 7 个饼干,现在小明有多少个饼干,请你看看下列哪个算式能够帮助你找到这个问题的答案"时,同时呈现"9＋7＝16、7＋9＝16、16－7＝9、16－9＝7"等算式,该儿童却不能顺利地找出正确的算式。

在前一个案例中,儿童理解了该情境中具体的数学关系,能够回答具体的问题,却不能用抽象化的数学符号来表征该问题。而在后一个案例当中,儿童接受了大量的"加减算式"的训练,却不能真正意义上将加减算式与实际的数学问题结合起来。

导致以上两种结果的原因,可以从以下两个方面进行解释。一方面,数学是抽象化的科学。学前儿童处于具体形象思维向逻辑抽象思维的过渡期。同理,学前儿童也处于数学抽象的初级阶段。因此,学前儿童虽然能够理解具体的数学关系,能够解决具体的问题,却不能将其归纳为抽象的数学问题,用抽象化的数学符号来表征具体的事情。另一方面,虽然受到大量关于加减算式的训练,却不能用算式来解释具体的情境,说明儿童虽然表面上能够进行抽象的数字符号的运算,实际上仍然没有理解这些运算列式所包含的意义,不懂得抽象的数字符号所表示的具体意义。

两个案例都说明,数学本质上是一门抽象化的学科。真正理解数学,需要儿童能够在大量数学经验的基础上进行归纳总结和抽象,以模式化的形式表征和理解数学问题,再反过来指导实践。这也体现了数学的双重属性:抽象性和现实性。由此,数学也同时兼具双重价值:理智训练价值和实践应用价值。

此外,数学的起源也反映了数学的本质是对具体事物的抽象化。以人类数概念的历史发展为例：在人类的童年，我们祖先的认识水平还很低下，他们对事物的认识仅停留在直观的水平上，对事物数量多少的比较也仅限于直接地感知。随着生产实践经验的丰富，原始人类发明了用贝壳等一般物计数的办法，用贝壳的多少表示捕获猎物的多少，这实际上是最原始的"一一对应"的观念。人类从此可以通过比较两个集合来比较数量的多少。后来，人类又用更为抽象的数字符号来表征物体的数量，并能在抽象的层面上，对这些抽象的数字符号进行运算。由此，人们对于世界的描述就更加便捷和精确了。

因此，我们可以说，数和数学是人类的伟大发明。它的诞生，也标志着人类逻辑智慧和抽象能力达到了成熟的水平。如最初的数量比较是一种逻辑判断，而基于"一一对应"的数量比较则已经是一种逻辑的判断。用贝壳来表征物体数量还带有某种直观的、形象的特点，而数字则完全是一种抽象的符号了。

对儿童来说，他们学习、掌握数学同样也是一个发明和创造的过程。儿童数学概念的发生、发展的过程，从某种程度上，也在浓缩和复演着人类数学概念发生发展的过程。刚刚出生的儿童尚不具备数学的概念，2 岁左右的儿童一般通过笼统的感知来比较物体数量的多少，3 岁以后儿童逐渐形成了对应的逻辑观念，能够通过一一对应比较多少。到了 5 岁左右，儿童能够逐步抽象出初步的数学概念，并能对数和数之间的关系进行逻辑的思考。

儿童对数的意义的理解也存在着从具体到抽象的过程。开始的时候，儿童对数的理解离不开具体的事物，随着儿童思维抽象性的发展，儿童逐渐能脱离具体的事物，在抽象的层面上理解数。可能，儿童掌握数学概念的过程，并不是简单地学习某个具体知识的过程，而是一个不断抽象的过程。如儿童对于"2"的理解，首先要借助各类具体的事物，通过直观感受明白"2"是指两个具体的事物（如图 1-1），然后他们明白了"2"与具体的事物没有关系，它代表的是任何事物的数量。

图 1-1

所以，无论是从人类发展的进程，还是从儿童学习数学概念的过程来看，我们可以发现：数学是人的发明，是抽象化的结果。

二、数学的特点

恩格斯称数学是研究现实世界的空间形式和数量关系的科学。数学所描述的不是事物自身的属性，而是事物与事物之间的关系。例如，5 个苹果共同构成了总数为 5 的集合，而这里的 5 反映的不是苹果的物理属性（如大小、颜色），而是共同地组成了这些苹果的基数总数。又如，把一些苹果放在篮子里面，"里面"反映的不是苹果和篮子的物理属性（如大小、颜色），而是苹果与篮子的位置关系。可见，无论是数、量还是形，涉及到的都是事物之间的关系（数量关系或位置关系等），而不是事物本身。它具有抽象性、逻辑性、精确性、应用性和灵活性的特点。

（一）抽象性

数学源于具体事物，但又不同于具体的事物，它是事物之间关系的一种抽象。数学的抽象性体现在儿童数学学习的各个方面。第一个被抽象化的概念大概是数字。例如，自然数"5"，可以代表 5 个苹果、5 公里路程、5 天时间、5 次游戏机会……任何数量是"5"的物体。学前儿童能认识到 5 个苹果、5 天时间、5 次游戏机会之间具有某种相同事物的属性是他们学习数学的重大转折。

而 5 个苹果中的"5",是对一堆苹果的抽象,它不直接指向苹果的颜色、大小、形状、味道,也和苹果的呈现方式无关,即不管苹果是真实的物体还是画出来的,是同时呈现的还是先后呈现的,是摆成一堆呈现的还是分开摆放呈现的,它们都是 5 个。而且任何个别的苹果都不具有"5"的属性,即任何苹果的颜色、大小、形状和味道,都与这些苹果作为整个的数量属性无关。"5"个苹果是对所有这些苹果的关系加以抽象以后获得的属性,它反映的是数量为"5"的一个整体所具有的属性。

也正因为数学的抽象性,儿童学习数学知识,也就不同于学习其他知识,如物理知识。儿童能够通过直接的感官活动——看、闻、摸、尝等,就能了解苹果的颜色、大小、气味、形状和口感等物理属性。但是,儿童不能够以同样的方式,获得一堆苹果的数量属性。而必须依赖于对这些苹果之间的关系的协调,也就是"点数",获得这一堆苹果的数量属性。如果儿童不能理解数的抽象意义,他也就不会实质意义上的数数。例如,让儿童拿出 5 个苹果,他会一个一个地数,"1,2,3,4,5",然后把第 5 个苹果拿出来。说明这个儿童还没有理解数的抽象性,而只是把数看成某个物体的名称。"5"除了代表第 5 个苹果,还代表苹果的总数。

学前期的儿童,处于具体形象思维阶段,并逐渐开始逻辑抽象思维的萌芽。这一方面为儿童学习数学知识提供了思维基础;另一方面,也说明理解数学知识的抽象性对学前儿童来说并不容易。因此,学前儿童学习的数学知识应该是初步的知识。

（二）逻辑性

数学除了具有抽象性的特点之外,还具有逻辑性的特点。数学揭示了客观世界的逻辑联系,同时数学知识本身的体系也具有严密的逻辑性。

以数数为例,关于数数,最广为人知的是 Gelman 等人（1978）提出的五项数数的原则[①]。具体为一一对应的原则、固定顺序原则、基数原则、抽象原则、顺序无关原则（详见第六章）。这五条原则中前三条是数数的过程性原则,即如何数数的规则。这些规则体现了数数的逻辑性,即被数物体之间的对应关系、序列关系和包含关系。后两条为允许性规则,即哪些可以被计数。这五项原则可以帮助我们更加明晰地判断儿童数数发展的水平,只有达到数数原则的所有要求,儿童才是真正意义的会数数。

相反,如果儿童不具备思维的逻辑性或逻辑不完善,就不能真正地掌握数数技能。如开始数数的儿童,往往不能做到"一一对应"的逻辑观念,有的物体可能没有数就跳过了,而有的物体可能数了两遍,结果自然不能完成数数任务。可见,数学知识是完全建立在逻辑基础上的。儿童要掌握数数知识,必须具备一定的逻辑观念。

此外,数学知识本身的体系也具有严密的逻辑性,知识之间有互逆的关系也有递进的关系。如加减法之间是互逆的关系;而数数技能的成熟为更为精确的数量比较提供了基础,进而促进儿童数运算的发展,体现了数学知识体系本身的逻辑性。而在引导儿童的数学学习中,把握数学知识的逻辑性,也有利于儿童自身逻辑思维能力的发展。

（三）精确性

数学知识还具有精确性的特点。即数学强调的是精密性和确定性,即用简练的、抽象的符号反映严密的逻辑推理,并获得确定的结果。

---

① Gelman, R. & Gallistel, C. R.. The child's understanding of number. Cambridge, MA: Harvard University Press. 1978.

数学不同于其他学科的一个重要特点就是，它用数量化的手段描述客观事物。无论是点数、测量还是运算，数学必然要得到一个确定的结果。例如，同样5个苹果，如果不从数学的角度进行考虑，那么人们可能关注的是它们的色泽、新鲜度、味道；而一旦从数学的角度进行考虑，如数量关系，总数为"5"就是其必然的结果。

虽然，数学也会通过不同的方式和途径来解决问题，如得出苹果的总数为"5"，儿童可能一个一个数，可能两个两个数，可能边数边用手指向每个苹果，可能把数过的苹果放在一边，也可能通过目测就得出总数。但是，最终都要获得一个正确的、确定的结果——总数为"5"。

数学知识的精确性，使得儿童以更加严谨的方式认识世界。

（四）应用性

数学还具有应用性的特点。虽然数学是一门抽象的、模式化的科学，但是它与日常生活的关系是十分密切的。数学提供了一种量化的方式，帮助我们认识世界，解决社会生产和日常生活中遇到的各种问题。

现实生活中的任何事物都具有数、量、形的特点，都可以用数学的工具来描述它们的特性及其相互关系。而日常生活中的很多问题都可以归结为数学的问题，如有效的时间管理、优化的理财方式等。数学在日常生活中有许多应用。

数学也是自然科学和社会科学研究的有效工具。一方面，数学的运用直接推进了现代科学技术的发展；另一方面，量化的研究方法也是众多社会科学研究常用的研究方法。就学前数学领域的研究而言，北京师范大学的庞丽娟等人通过数学模型这一工具，对学前儿童数学知识的结构进行分析[1]。华东师范大学的周欣等人通过测量法和问卷法，对父母—儿童共同活动中的互动与儿童的数学学习进行研究[2]。这两项研究在开展的过程中，抽取被试样本、统计研究结果等，也都要运用数学。

可见，数学是一门应用极其广泛的学科。

（五）灵活性

数学还具有灵活性的特点，虽然数学的结果一般来说是确定的。但是，达到数学结果的方式和途径却是格外丰富和灵活的。

例如，就加法策略来说，儿童可能通过全部数所有需要相加的物体的方式进行运算；也可能通过记住一个加数，然后继续数完所有的另一个加数的数量得到答案；还可能选择较大加数，再继续数的方式进行运算。儿童可能通过摆弄实物的方式进行运算，可能通过扳手指的方式进行运算，可能通过心算获得答案，还可能通过直接的事实提取获得答案。并且，加法水平较高的儿童，可能根据问题的性质，如难度和熟悉度，在不同的运算策略之间转换。从这个角度来看，数学还具有灵活性。

（六）审美性

数学还具有审美性的特点，即简洁美、对称美和和谐美等多种存在的形式。

简洁美也体现在数学的抽象性上，数学以抽象之后的形式和结构出现，呈现出简单的形态。数学的简洁美还体现在用简便的数学方法，解释纷繁复杂的现实问题。

---

[1]　张华，庞丽娟，陶沙，陈瑶，董奇.儿童早期数学认知能力的结构及其特点[J].心理学报.2004(6).

[2]　周欣，黄瑾，王正可，王滨，赵振国，杨蕾，杨峥峥.父母—儿童共同活动中的互动与儿童的数学学习[J].心理科学.2007(3).

对称美,是指整体和各个部分之间的匀称和对等。数学蕴含着丰富的对称美,如空间的轴对称、中心对称、时间的周期、节奏、数概念中的运算和逆运算,都体现了对称美。

和谐美,则表现为各种数学形式在不同层次上的高度统一和协调。数学教育中的"黄金分割"现象是数学和谐美的集中表现,它广泛存在于儿童生活、学习和游戏中,如长方形、书本、国旗、扑克牌、人体等事物中,都存在黄金分割之美①。

三、我国学前儿童数学教育的发展历程

学前儿童数学教育,是一门以学前儿童数学认知发展特点、数学领域知识的体系及其与其他领域的融合、社会对学前儿童的要求等为依据,对学前儿童数学领域知识的学习进行教学的学科。学前期是人一生中智慧飞速发展的时期,而数学以其自身知识的逻辑性和抽象性的特点,成为促进儿童思维发展的重要工具,与人的心理发展密不可分。因此,很多人把学前儿童数学能力的高低与学前儿童的发展水平联系起来,学前儿童的数学学习长久以来受到了颇为广泛的关注,学前数学教育的重要性也一再被强调。

我国学前儿童的数学教育,作为一门学科来说,经历了较为漫长的发展过程。

1949 年以前的很长时期,在学前教育中数学教育不作为教育内容的一个单独方面,只在语言、常识、音乐、体育等多种活动中,附带地学一些计数、认数以及简单的数学和几何图形的知识。

到了 20 世纪 60 年代,在总结我国幼儿园数学教育经验的基础上,先后在一些重点高师和幼师开设《幼儿园计算教学法》课程,主要内容仍是以借鉴前苏联为主。

进入了 20 世纪 80 年代,我国学前儿童数学教育逐步拓展了眼界。随着幼儿园课程改革的推进,我国的学前教育强调的是以建构主义为指导的融合教育。为此,2001 年颁布的《幼儿园教育指导纲要(试行)》强调融合教育下的数学教育,在这一文件中,儿童的数学教育归属于科学领域,且所占比例有限,即在目标上要求"能从生活和游戏中感受事物的数量关系并体验到数学的重要和有趣",在内容上要求"引导幼儿对周围环境中的数、量、形、时间和空间等现象产生兴趣,建构初步的数概念,并学习用简单的数学方法解决生活和游戏中某些简单的问题"。从某种程度上,该文件似乎弱化了学前数学教育。

然而,鉴于学前数学教育客观上颇受关注,且对学前儿童数学认知发展和数学教育的研究日益丰富,2012 年新颁布的《3—6 岁儿童学习与发展指南》,对学前儿童的数学学习与教育提出了更为具体而详细的要求与建议,由此,数学作为学前儿童学习的重要领域,受到了充分的关注。在该文件中,对学前儿童数学学习的三大目标进行了明确要求,即初步感知生活中数学的有用和有趣,感知和理解数、量及数量的关系,以及感知形状与空间关系。在此基础上,对3—4 岁、4—5 岁、5—6 岁儿童的发展水平和要求提供了指南,对于学前数学教育颇具科学性的参考价值。

此外,学前儿童数学教育作为一门学科,其学科名称经历了一定的变化。从 20 世纪 50 年代开始,称幼儿园的数学教育为"计算",不太合理。

首先,"计算"不能蕴含学前数学教育的全部内容。"计算"将学前数学教育的内容误解为只包括认数和加减法的写写算算。其实,学前儿童数学教育的内容还包括常见的量、几何形

---

① 庄爱平.走向审美的幼儿数学教育[J].教育导刊.2003(7).

体、时间和空间等方面的简单知识。

其次，加上"幼儿园的"限制了应用范围，家庭和学前儿童接触的其他环境也应该是向学前儿童引入数学教育的广阔天地。

由此可见，"学前儿童数学教育"作为该学科的名称，更为贴切。

第二节　学前儿童数学教育的意义

一、数学是一门重要的基础课程和工具性学科

数学是现代科学技术的基础和工具。自从人类文明开始，数学在人的生产生活中就发挥着不可或缺的作用。儿童也离不开数学，学前儿童数学教育是儿童认识世界、促进其心智和社会性发展的有力驱动力。儿童在家庭生活、幼儿园、公园、动物园以及其他社区环境中，无时无刻不在感受每件事物的数、量、形。如过红绿灯时，儿童就在学习倒数和遵守规则。

数学广泛运用于自然科学和工程技术之中。数学是自然科学的基础，一门学科如果没有运用量化的方法，就不能称之为科学，至少不能称为成熟的科学。而在工程技术中，数学也发挥着不可或缺的作用。例如，希腊雅典的巴台农神庙的构造依靠的是黄金矩形、视错觉、精密测量和将柱子切割成标准尺寸的精确规格（直径永远是高度的1/3）的比例知识。埃皮扎夫罗斯古剧场的布局和位置的几何精确性经过专门计算，以提高音响效果，并使观众的视域达到最大。圆、半圆、半球和拱顶的创新用法成了罗马建筑师引进并加以完善的主要数学思想。

数学也广泛运用于人文科学之中。无论是社会学、教育学、心理学，还是政治学等人文学科，数学都以助其量化的方式，揭示看似"疯狂"的数据背后的规律。例如，自 20 世纪中叶以来，西方出现了许多运用系统分析方法或结构功能分析方法研究各种政治系统的论著。1957年，美国政治学家莫顿·A. 卡普兰（Morton A. Kaplan）在他的《国际政治的系统和过程》一书中运用系统论、对策论和数学模型方法研究国际政治。

在艺术领域中数学的运用仍然无处不在。音乐、舞蹈、雕塑、绘画……所有门类的艺术都通过这样或那样的方式得到数学的帮助。例如，古代绘画仅仅只是纯平面的或是简笔画。后来，达·芬奇是一个善于将数学与艺术结合的典范，解决了如何在画布上描述现实的三维景象问题，这曾是困扰文艺复兴时期艺术家们的一大难题。为此达·芬奇创立了一整套全新的数学透视体系，他把这种透视理论体系中的数学精神注入绘画艺术中，创立了全新的风格。光线的处理、比例的巧妙安排，使得绘画艺术与数学（主要是几何学）的紧密联系成为必然。并且形成了传统。

正因为数学的无处不在，以及数学作为一门基础学科本身具有的理智训练和实践运用的价值，数学素养成为了每个人都应具备的基础文化素养之一，数学教育也成为学前教育的重要组成部分。

二、数学教育帮助儿童正确地认识世界

第一，数学教育能够帮助儿童丰富和完善其对于数、量、形的认识。如前文所述，我们生活的世界的所有物体，都具有数、量、形的特点，而充分引导儿童对身边的事物和活动进行观察反思，有利于提高儿童对生活中的数学的敏感度。

例如，儿童很小的时候，用手抓东西，有的能握在手中，有的却拿不住；不同形状的东西，有的能站住不动，有的却滚掉了；淘气时，一会儿爬到桌面上，一会儿又钻到桌子下面，好奇地探索着不同的空间；各种玩具，如积木，又以鲜艳的色彩、不同的形状、大小和数量吸引着他们。

在生活中，儿童要用"大小"、"形状"和"种类"等词来表达需求获取材料。"我要大的！"儿童总是喜欢这样来表达他们的愿望。

在生活中接触到各种新鲜的事物也是儿童通过数学认识世界的契机。例如，认识小白兔的外形特征离不开必要的数学知识，儿童必须知道小白兔有两只长长的耳朵、两只红眼睛、三瓣嘴唇、四条腿，还有一条短尾巴，这里自然数 1、2、3、4 都包括在内了。

而在以教育为主要任务的幼儿园，儿童有更多的机会在数学教育的帮助下，认识世界。例如早操儿歌——早早起，做早操，伸伸腿，弯弯腰，两手向上举，还要跳一跳——包含了对时间（早上）、基数（两手）、空间位置（向上）等方面的简单的数学知识。

第二，数学有利于儿童解决认知缺陷，制造认知冲突，以更加正确地认识世界。例如，尚无守恒概念的儿童，会认为四散放开的东西比摆成一堆的东西要多；掰成两块的饼干比一整块的饼干要多。而随着数学经验的丰富，儿童会逐渐获得守恒概念，知道四散放开的东西和摆成一堆的东西、掰成两块的饼干和一整块的饼干都是等量的，从而正确地认识数量关系。再如，没有掌握数数的抽象原则的儿童，在回答"有几个苹果"的时候，能一一列举"1 个，2 个，3 个，4 个"，却回答不出"一共有 4 个苹果"。同样，随着数数经验的丰富，儿童也能日渐掌握所有的数数原则。

第三，数学有利于儿童揭示具体事物背后的抽象关系，从而正确地认识世界。数学不仅能帮助儿童丰富而精确地认识世界，还能帮助儿童逻辑地认识事物，即从具体的现象和事物中，抽象出各种数学关系，获得对事物之间的认识。我国著名学前数学教育家林嘉绥教授曾指出，学前儿童学习的数学内容中蕴含着许多数学关系：1 和许多的关系、对应关系、等量关系、守恒关系、可逆关系、包含关系等等。通过数学教育，儿童能够充分体验并注意到具体事物背后的以上抽象关系。

三、数学教育促进儿童思维的发展

数学本身所具有的抽象性、逻辑性以及在实践中广泛的应用性，决定了数学教育是促进儿童思维发展的重要途径。前苏联教育家加里宁称"数学是思维的体操"，其意义就是指，数学能够锻炼人的思维，而思维是智力的核心。

第一，数学以简练和逻辑的语言表达事物及其关系。例如，自然数"5"可以代表不同的事物基数，而算式"1＋1＝2"和"2－1＝1"则代表了更为深层的语义结构。就后者而言，包括了丰富的语义结构，即变化（算式反映了事物数量的变化），如"小明有 1 个苹果，然后妈妈又给了他 1 个，现在他有多少个苹果？"还包括其他三种语义结构：一是相等，如"小明有 2 个苹果，妈妈有 1 个苹果，妈妈再买几个苹果，就和小明的苹果一样多了？"二是比较，如"小明有 1 个苹果，妈妈比小明的多 1 个，妈妈有多少个苹果？"三是合并，如"小明有 1 个红苹果和 1 个绿苹果，他

一共有多少个苹果?"每一种类型里面又可细化为合还是分,具体见下文(第四节表1)。对这些不同的简练语言的学习,儿童的思维也会获得发展。

第二,数学以严谨的方式解决问题。例如,当成人以代币的方法奖励儿童,告诉获得了5朵小红花的儿童,可以选择的奖品价值的小红花分别为1朵、2朵、3朵、4朵。如果要把小红花都用完,应该如何选择,可以有哪些不同的方法。当儿童用试误的方式解决问题时,需要更多的时间。而当儿童将其抽象成数学问题时,即数的组成问题,就可以避免许多"弯路"了。可见,数学的严谨性也有利于学前儿童思维的发展。

第三,数学教育促进儿童思维能力的发展还体现在对其思维品质的培养方面,即有助于培养儿童形成思维的灵活性和敏捷性。数学的简练性和严谨性,如上文所述,有助于儿童初步逻辑思维能力的发展,帮助儿童把感性材料上升到理性抽象的高度。而除此之外,数学还能够培养儿童的思维品质,如敏捷性和灵活性。例如,可以让小班儿童找一找自己身上什么东西是两个的(两只眼睛、两只手、两只脚、两只耳朵等);让中班儿童用不同的方法使相差为"1"的两排物体变成一样多(给少的一排物体添一个或从多的一排物体中取走一个);中大班儿童可对不同颜色和不同形状,甚至不同大小的几何图形进行多种角度的分类等。通过类似种种数学活动,可以帮助儿童培养思维的敏捷性和灵活性。

四、数学教育促进儿童情感和个性的发展

数学教育还能促进儿童情感和个性的发展。通过数学教育,能够激发儿童的好奇心,培养儿童对数学的兴趣、自信心和主动性。兴趣是一种积极的情感唤醒状态和认识倾向,它是儿童从事认识活动及其他活动的内在动力。儿童对于兴趣较浓的事物和活动的注意力、坚持性和卷入程度都远远高于对兴趣不大的事物和活动的注意力、坚持性和卷入程度,从而直接影响儿童对相应事物和活动的理解程度。

一般来说,儿童对数学活动的兴趣是和成人正确的引导、恰当的教学内容、方法及良好的活动方式呈正比的。

但是,由于数学知识本身所具有的抽象性特点,儿童对数学的兴趣具有一定的特殊性。一般来说,儿童更愿意对色彩鲜明、形象生动、变化多端的事物感兴趣。数学某种程度上不具备上述所有的特征,因而也不容易让儿童自发地感到有兴趣。

因此,教师需要选择恰当的教育内容、采用得当的方法,并加以适当地引导,以达到激发儿童对数学的兴趣的目的。学前儿童对数学的兴趣往往始于对材料的兴趣,对活动过程和成果的兴趣。教师在进行数学教育时,可选取色彩鲜明、形象生动的材料,吸引儿童的注意力;也可在过程中,充分尊重儿童独立思考,自主操作,自由地与材料和同伴进行互动,帮助儿童将对材料的兴趣转移到对活动的兴趣,同时培养儿童对数学活动的兴趣;还可以结合活动的目标,让儿童通过操作完成自己的作品,从而收获成就感和自信心,强化儿童对数学活动的兴趣。

此外,在培养儿童学习兴趣的同时,应有意识地训练儿童做事认真细致、有条理、能克服一些困难和有始有终等良好学习习惯,这些习惯的培养是和学习兴趣相关联的。良好学习习惯是顺利进行数学学习所必需的,也是小学学习的重要准备工作。

五、学前数学教育为儿童日后的学习奠定基础

如上文所述,数学教育中所培养的良好的学习品质,对于小学学习的作用是巨大的。而数

学作为一门基础课程和工具性学科的重要地位,反映到小学教育中,是小学的一门重要学科。学前的数学教育,也在知识、能力和情感上,为日后的小学教育提供了基础。大量已有的国际研究也证实了这点。

对婴幼儿的研究发现,儿童在早期数学学习中建构起包含着对数量或内隐或外显的理解的一整套的数量能力、数数的原则、如何从一堆物体加减去一个使之数量变大或更小等。这也为进一步的正式数学学习提供了基础[①],它们也在很大程度上预测着日后的数学学业成绩[②]。

此外,Duncan 等人发现,对日后学业成绩最具预测力的是数学、阅读、注意力,其中数学是最有力的预测因素[③]。Geary 对 177 名一年级儿童进行 5 年的纵向研究,发现一年级的数量能力(数字、数数、算术能力)对于五年级的数学学业成绩和增长具有显著的预测能力[④]。

可见,早期数学为儿童一生的数学学习打下知识和情感基础,对于日后的小学、中学乃至大学的学业成就都有重要作用。

六、学前数学教育与儿童一生的成就息息相关

从人的一生来看,进行早期数学教育也是有价值的。虽然不是每个儿童都能成为数学家或从事与数学相关的工作。但数学的基本知识、思维方式和品质,对于每个人的日常生活和职业生涯都有重要影响。大量的纵向研究也证实了这一观点。

早在 20 年前,美国劳工部发现了劳动力市场对技术的日益重视,从而也使就业者的数学能力显得更为重要[⑤]。根据美国劳工统计局的数据显示(1997),最具发展前景的行业往往只对数学能力好的就业者开放。对数学能力的需求还进一步反映在企业的招聘要求上。企业在招聘时往往要求员工具有最基本的数学技能,即使其工作范畴与数学的直接关系不大。而且,一旦成功获得工作岗位,在数学方面具有优势的人比不具优势的人所获得的薪资高出了38%[⑥]。而在高中毕业前,没有基本数学能力的人将在劳动大军中处于不利地位,这些人也会在日常活动中处于不利地位[⑦]。可见,数学对于个人和社会都有着颇为深远的意义。

由此可见,数学对于学前儿童有着至关重要的作用。作为一门基础课程和工具性学科,数学能够帮助儿童正确认识世界,促进儿童的思维发展,培养儿童良好的兴趣和学习品质,也对儿童日后的学习和工作具有颇为深远的意义。

---

① Spelke, E. S.. Core knowledge. American Psychologist, 55, 1233 - 1243. 2000.

② Jordan, N. C., Kaplan, D., Ramineni, C. & Locuniak, M. N.. Early math matters: Kindergarten number competence and later mathematics outcomes. Developmental Psychology, 45, 850 - 867. 2009.

③ Duncan, G. J., Dowsett, C. J., Claessens, A., Magnuson, K., Huston, A. C., Klebanov, P., Japel, C.. School readiness and later achievement. Developmental Psychology, 43, 1428 - 1446. 2007.

④ Geary, D. C.. Cognitive Predictors of Achievement Growth in Mathematics: A 5-Year Longitudinal Study. Developmental Psychology, 47, 6, 1539 - 1552. 2011.

⑤ U. S. Department of Labor.. Workforce2000. Washington, DC: Government Printing Office. 1990.

⑥ Riley, R. W. Mathematics equals opportunity. District of Columbia, U. S.: Federal Department of Education. (ERIC Document Reproduction Service No, ED 415119). 1997.

⑦ Geary, D. C., Hoard, M. K., Nugent, L., & Bailey, D. H.. Mathematical cognition deficits in children with learning disabilities and persistent low achievement: A five-year prospective study. Journal of Educational Psychology, 104, 1, 206 - 223. 2012.

第三节　学前儿童数学教育的任务

一、引导儿童掌握数学学习的系统性

数学作为一门抽象化了的基础学科,其内容具有系统性。在学前儿童数学教育中,需要我们把握儿童的年龄特点和数学学科的特点,明确教育的目标和内容,引导儿童在学前期获得核心的数学经验。

在学前数学教育中,成人应帮助儿童获得核心数学经验和数学概念,以系统化的方式理解数学。既要掌握核心概念本身的系统性,如分类能力随年龄的丰富和深化,又要把握各个概念之间的衔接,如数数与数量比较的衔接关系,数量比较与加减运算的衔接关系。

二、引导儿童正确地认识世界

第一,要引导儿童观察周围的世界。正如前文所述,世界上的每件事物都具有数、量、形的特点,成人应加以引导,丰富儿童对现实中的数学的认识,进而丰富对世界的认识。当然,也应为儿童提供大量丰富的数学学习材料和环境,让儿童在更加直接和有针对性的刺激中,收获对数学和世界的认识。为此,无论是幼儿园的集体活动、区角活动还是个别化教学,都应该以学前儿童学习和发展目标为导向,为儿童提供学习的契机。

第二,利用好儿童在认识世界中的"错误",或者认知冲突。对儿童而言,他们所面对的认知冲突,与其认知发展水平是直接相关的。但是,维果茨基的最近发展区理论也启示我们,可以适当地超越儿童现有的发展水平,让儿童能够"跳一跳摘到果子"。

第三,引导儿童发现具体事物背后的抽象的数学关系。当儿童通过反复地观察、摆弄、操作和完成自己的作品获得数学方面的知识时,他们也在这个过程中,有更多的机会理解事物之间的关系:如1和许多的关系、一一对应关系、包含关系、等量关系、互逆关系等。在这个过程中,教师要做的,则是给儿童提供涉及数学核心经验的集体教学活动、针对性和层次性较强的数学活动区活动、渗透儿童一日生活的其他非正式的数学活动,以及通过家园合作,加强对家长教育观念和教育方法的分享、引导与提升。

三、促进儿童思维能力的发展

数学的价值还在于促进儿童思维能力的发展。一方面,学前期儿童的逻辑抽象水平处于初步萌芽阶段,因此,需要创造条件发展儿童的抽象逻辑思维。另一方面,还应充分重视儿童思维的敏捷性和灵活性的发展。

从这个角度讲,我们经常看到的儿童死记硬背加法口诀和大量重复机械的加减运算题目单,对于儿童的思维能力的发展并无实质意义,也不利于儿童真正地理解数学。这也解释了为什么进行了大量此类训练的儿童,在刚刚进入小学的时候成绩优异,而随着学习的深入,越来越力不从心。有意义的数学材料,要能够刺激儿童思维能力的发展。为此,教师需要充分把握

数学学科的特点和儿童数学认知发展的规律,为儿童提供有意义的数学学习材料和环境。

以加法运算为例,在对儿童进行加法运算方面的数学教育之前,我们需要知道应用题的语义结构,即应用题表达的实际意义,而非表面上的结构,是儿童解应用题最感困难的主要原因。如上文所述,加法有四种类型的语义结构——合并、变化、比较和相等。这四种语义结构之中,对儿童而言,变化和合并的应用题较易,而比较和相等的应用题对他们而言具有相当的难度。因此,在对儿童进行数学教育时,应提供能反映各种语义结构的应用题情境,促进儿童的思维发展。

四、培养儿童对数学学习的兴趣和良好的学习品质

鉴于数学的抽象性和逻辑性,儿童并不会自发地喜欢数学。而色彩鲜明、形象丰富的材料,有利于激发和吸引儿童的注意力及对数学初始的兴趣。需要注意的是,要避免单纯依靠外部因素的刺激和吸引。单纯依靠玩具材料、游戏的翻新来迎合学前儿童的好奇心,而不顾及数学知识及智力上的要求来引起兴趣的做法是片面甚至错误的。因为教具的运用,要服从具体的教学要求,不是越花越好。此外,也不是越多越好。

真正意义上激发儿童兴趣的,应该是让儿童发现数学本身的内在魅力和审美性。数学是一种特殊的问题解决方式,当儿童学会并习惯用数学的方式解决问题的时候,他自然就会增强对数学的兴趣,获得相当的成就感和自信心,进而玩数学、爱数学。而当儿童发现数学里的美的时候,儿童自然也就会欣赏数学、探索数学的神秘王国了。在此基础上,我们可以水到渠成地培养儿童良好的学习品质。

相反的,机械地背加法口诀和加减运算题目清单的填空练习,对于儿童认识数学的内在魅力,激发儿童的兴趣、成就感和自信心,是没有实质上的意义的。从这个角度来看,这些简单粗糙的做法,也是不利于培养儿童的数学学习兴趣及其相应的良好学习品质的养成。

此外,还应为儿童提供轻松、自由、自主选择和解决问题的环境,转变单纯地自上而下的教育方法,充分发挥儿童的主动性。

五、重视学前数学教育的长效性

学前数学教育与儿童日后的学习和工作有着极为密切的关系。因此,更需要我们从观念上重视学前数学教育,在实践上以合乎教育规律、社会需求、文化特色和儿童发展特点的方式进行学前数学教育。

而为了更好地达到学前数学教育的长效性,需要加强学前数学与其他领域,如科学、语言、艺术、健康、社会领域的融合;需要兼顾不同场合,如幼儿园、家庭、社区等的渗透教育与运用;需要发挥不同学习形式的作用,如完全由儿童自由选择和自主行为的自然学习、儿童自由选择但是某种程度上受成人干预的非正式学习以及成人主导儿童进行数学学习的结构化学习。

第四节 学前儿童数学学习的特点

一、数学学习定位的基础性

数学学习的定位是基础性的,学前儿童数学学习的这一特点,取决于三个因素。

第一,数学作为一门基础性的工具学科,对于其他学科和领域的学习具有基础作用,从这个角度说,数学学习本身即有基础性的特点。

第二,学前期的儿童处于具体形象思维为主,逐渐出现逻辑抽象思维萌芽的阶段。与学前儿童思维特点相对应的,学前儿童数学学习的内容也具有初浅性。

第三,幼儿园阶段的教育从教育体系整体来看,也是处于基础性的地位。幼儿园阶段数学教育,要考虑为小学教育或基础教育的进一步学习奠定基础,因而学前儿童数学学习也具有基础性的特点。

二、数学学习主体的差异性

学前儿童数学学习的另一特点是数学学习主体的差异。也就是说,不同的儿童数学发展水平不同,对应的数学学习的进度和重点也不同。

一方面,从整体发展来看,儿童的发展有早有晚。比如有的儿童早慧,而有的儿童则相对较弱。但是,最基本的数学素养对于儿童日后的学习和工作都是有重要影响的。对于数学过于薄弱的正常儿童,我们更需要多给他们玩数学的机会。另一方面,儿童数学发展的不同方面也有强有弱。有的儿童有着极其丰富的非正式数学经验,但对于正式的学校教育中的数学则不甚了解;有的儿童基本数概念发展较好,但解决问题的速度较慢。当引导这些儿童学习数学时,我们更强调的是多给他们玩数学的机会。

三、数学学习水平的过渡性

学前儿童数学学习还有过渡性的特点,具体表现在以下几个方面:

(一) 从具体到抽象

数学知识具有抽象性的特点,而儿童的思维更多具有具体形象性的特点,但随着学习的推进,儿童也能渐渐从具体事物中抽离出其数学的特点。如数数,儿童在大量与"5 个苹果"、"5个梨子"、"5 个伙伴"的操作和互动中,渐渐获得这些具体事物的抽象理解:基数 5——这些事物的基数都是 5。这一过程也反过来促进儿童抽象思维的发展。

(二) 从个别到一般

与从具体到抽象对应,儿童对数学概念的学习也存在从个别到一般的过程。例如,对于基数概念"5",当给儿童呈现 5 个苹果(或梨子),要求儿童在白纸上描述"有多少个苹果(或梨子)"时,较小的或经验较少的儿童更倾向于把苹果(或梨子)画下来。这就意味着面对不同的个体时,儿童会用不同的方式描述。随着儿童的发展和数学学习的深入,儿童会渐渐用数字

"5"表达所有总数为 5 个集合的数量。

（三）从外部动作到内部动作

儿童学习数学的过程，是从外部动作过渡到内部动作的。刚开始数数的儿童，需要大声数出声，并用手边数边指物体；数数技能熟练的儿童，能够直接通过目测进行数数，这体现了儿童数学学习从外部动作到内部动作的过渡性特点。需要注意的是，儿童内化外部动作的前提是儿童有大量外部动作和操作的机会，而非凭空出现。

（四）从同化到顺应

同化和顺应是皮亚杰提出的术语，指儿童适应环境的两种形式。同化就是将外部环境纳入自己已有的认知结构中；顺应就是改变自己已有的认知结构，以顺应外部环境。较小的儿童对于物体仅限于直观感知，因而无法获得其准确的数量特点。而一一对应的方式有利于儿童获得物体的精确数量。有一定数学学习基础的儿童，会因此采取顺应的形式，以一一对应的方式进行数数。待一一对应的方式纳入了儿童的数学认知结构中，儿童用这一方式解决各种数数问题，则是运用了同化的形式。在这个过程中，儿童达到了与环境的新的平衡。

（五）从不自觉到自觉

心理学中的"自觉"，是指对自己认知过程的意识。学前儿童往往缺乏"自觉性"，如儿童能够完成数数任务，却不能报告自己是怎么数的。这并不完全是其语言表达能力有限的原因，更主要的是他们的动作还没有完全内化。为此，教师应该在儿童进行操作的时候，引导其用语言描述自己的行为，帮助儿童从不自觉向自觉过渡。

（六）从自我中心到社会化

学前儿童思维的自觉程度和他的社会化程度是同步的。儿童越能自觉，也就越能理解他人的思维。否则，儿童更多地关注于内化自己的动作，不可能真正意义上地与同伴进行沟通。但这并不意味着儿童早期的同伴交往对于儿童的数学学习没有意义；相反，同伴交往有利于儿童从不同的角度获得对自己数学学习的认识，促进自己的自觉，反过来推进更深入的同伴学习，产生良性循环。

四、数学学习内容的系统性

学前儿童数学学习还有系统性的特点，表现在儿童数学学习的内容具有系统性。"麻雀虽小，五脏俱全"，学前阶段的数学虽然比较初浅和基础，但仍有着其比较完整的体系。数学学习内容的系统性体现在以下三个方面。

（一）相同数学知识之间的结构性

同一数学知识点有其发展规律和其本身的体系。例如，对于 10 以内的加减运算，有人会质疑，中班儿童会不会 10 以内加减运算、能不能教？对于这个问题，首先要明确的是，中班的儿童进行 10 以内加减运算的数学学习是可能的。国外学者格尔曼和加利斯特尔研究发现，2岁、3 岁和 4 岁的儿童表现出不同水平的对加减运算的理解。我国学者周欣亦指出，甚至在儿童掌握口头的数字符号系统以前，他们就已表现出一种用于小数量范围内的非言语性数学运算能力。

加减运算本身有其比较完整的体系，儿童的数学学习也应该考虑到这些不同形式的加减运算。根据卡彭特和莫泽的研究，应用题有四大类：变化、合并、比较、相等。每一类里面又分成是合还是分，而每一类的合和分里面又由于未知数的位置不同又分别有三种题目。如

表 1-1 [①]。

表 1-1　应用题的类型

	合	分
变化	1. 康妮有 5 个弹子,吉米又给她 8 个弹子,康妮现在一共有多少个弹子? 3. 康妮有 5 个弹子,她还需要多少弹子就能一共有 13 个弹子? 5. 康妮原来有一些弹子,吉米又给她 5 个弹子,现在她有 13 个弹子,康妮原来有多少个弹子?	2. 康妮原有 13 个弹子,她给吉米 5 个弹子,康妮还剩下多少个弹子? 4. 康妮原有 13 个弹子,她给了吉米几个弹子,现在她还剩 8 个,康妮给了吉米几个弹子? 6. 康妮有 13 个弹子,5 个是红的,其余的是蓝的,康妮有多少个蓝弹子?
合并	7. 康妮有 5 个红弹子,有 8 个蓝弹子,她一共有多少个弹子?	8. 康妮有 13 个弹子,5 个是红的,其余的是蓝的,康妮有多少个蓝弹子?
比较	9. 康妮有 13 个弹子,吉米有 5 个弹子,康妮比吉米多少个弹子? 11. 吉米有 5 个弹子,康妮比他多 8 个弹子,康妮有多少个弹子? 13. 康妮有 13 个弹子,她比吉米多 8 个,吉米有多少个弹子?	10. 康妮有 13 个弹子,吉米有 5 个弹子,吉米比康妮少多少个弹子? 12. 吉米有 5 个弹子,他比康妮少 8 个弹子,康妮有多少个弹子? 14. 康妮有 13 个弹子,吉米比她少 8 个,吉米有多少个弹子?
相等	15. 康妮有 13 个弹子,吉米有 5 个弹子,吉米还要赢几个弹子才能和康妮一样多? 17. 吉米有 5 个弹子,如果他再赢 8 个弹子,他的弹子就和康妮一样多,康妮有多少个弹子? 19. 康妮有 13 个弹子,如果吉米再赢 8 个弹子,他的弹子就和康妮一样多,吉米原来有多少个弹子?	16. 康妮有 13 个弹子,吉米有 5 个弹子,康妮还要输掉几个弹子才能和吉米一样多? 18. 吉米有 5 个弹子,如果康妮输掉 8 个弹子,她的弹子就和吉米一样多,康妮有多少个弹子? 20. 康妮有 13 个弹子,如果她再输 8 个弹子,她的弹子就和吉米一样多,吉米有多少个弹子?

对儿童而言,这些语义结构不同的应用题,对其有更大的挑战性。相当一部分题目的语义结构和所应采取的解题程序是刚好相反的。如类别 3,从语义上看似乎是加,但实际上所用的解题程序却是减。另外,对儿童来说,变化和合并的应用题较易,而比较和相等的应用题对他们而言具有相当的难度。此外,第一个数为未知数的题型也是对儿童有相当难度的题型。因此,在对儿童进行加减运算的学习时,应该综合考虑以上的因素,引导儿童以更加灵活和完整的方式学习加减运算。

(二)不同数学知识之间的衔接性

不同的数学知识之间是有其衔接性的,以数概念为例,儿童的加减运算乃至乘法运算与数数也是有密切关系的。任意数开始数和顺着数与儿童理解加法密切相关(10+1 有时候可以用 10 向后数 1 个数来解决)、倒着数与儿童理解减法密切相关(10-1 有时候可以用 10 向前数 1 个数来解决)、按群数数则有助于儿童渐渐理解更为深入的乘法。

因而,较早期的数数技能的学习,对于后来的加减运算乃至乘法的学习,是有直接促进作用的。学前儿童数学学习也因此要注意知识之间的衔接。

(三)数学知识体系本身之间的系统性

数学作为一门独立的体系完整的学科,其知识结构本身具有完整性,学前儿童所学习的数学

---

① 周欣. 儿童数概念的早期发展[M]. 上海:华东师范大学出版社. 2004:183.

也不例外。数概念只是儿童数学学习内容的一部分,学前数学有着更为广泛且体系完整的内容。

全美数学教师委员会提出了学前至 12 年级的 10 条标准。前 5 条内容标准提出了运算、代数、几何、测量、数据分析和概率方面的内容目标;后 5 条过程性能力标准包含问题解决、推理与证明、交流、联系和表征方面的过程[1]。这两套标准相互渗透、相互关联。过程标准被用于学习内容。在中国,对于数学能力所涉及的内容,主要是指包括集合与模式、分类与统计、数概念与运算、空间与时间等方面的内容[2][3][4]。

而现今指导学前儿童数学学习的核心经验的教材和课程的编制都存在较大的问题,集中体现在内容的拼拼凑凑,影响数学知识之间的前后衔接,破坏数学作为一门学科体系的系统性。这也是为学前儿童创造良好的数学学习环境的一个重要的、需要改进的前提。

五、数学学习途径的融合性

学前儿童的数学学习途径具有融合性,这与幼儿园阶段儿童学习的特殊性有关。幼儿园阶段,我们更多地强调儿童学习的各个领域的整合,以使儿童学习的知识更加有意义和真实。

以一一对应概念的学习为例,我们可以将儿童学习这一概念的活动与五大领域的活动整合起来,通过这种融合性的特点,让儿童在更丰富的领域学习数学。

图 1－2　一一对应活动的融合[5]

---

① NCTM. Principles and standards for school mathematics. Reston，VA：the National Council of Teachers of Mathematics，Inc. 2000.

② 黄瑾. 幼儿园数学教育与活动设计[M]. 北京：高等教育出版社. 2010. 2.

③ 张慧和，张俊. 幼儿园数学教育[M]. 北京：人民教育出版社. 2004.

④ 林嘉绥，李丹玲. 学前儿童数学教育[M]. 北京：北京师范大学出版社. 2014.

⑤ Rosaland Charlesworth 著；潘月娟译. 3—8 岁儿童的数学经验[M]. 北京：人民教育出版社. 2007.

如图 1—2，一一对应的活动除了运用单元积木、嵌插玩具、蒙台梭利教具和六面体积木等数学材料进行的专门化的数学活动开展之外，还可以渗透于语言活动、健康活动（身体运动）、艺术活动（音乐、美术）和社会活动之中。通过不同领域中一一对应的学习，儿童对一一对应的概念也自然会更加巩固。

六、数学学习途径的渗透性

学前儿童数学学习途径的另一特点是渗透性。这是因为，一方面，幼儿园的教育具有特殊性，与其他阶段的教育不同，儿童从晨间入园到下午离园之间，所有的学习、生活、游戏等活动都在幼儿园进行，都有幼儿教师的引导和帮助。而所有的活动本身，也都具有渗透教育的价值。而其余的时间里，父母也在以渗透的方式，有意无意地影响着儿童的数学学习。另一方面，这源于数学本身的特点，即数学蕴含于每件事物之中；亦即言，我们周围世界的每件事物，都具有数、量、形的特点。因此，儿童的数学学习途径除了相对专门化的数学教育和综合课程中的数学教育提供，即结构化学习，也可以通过自然学习和非正式学习的方式进行数学学习[①]。

自然学习是儿童在日常活动中自主萌发的学习。这些学习是感知运动阶段儿童主要的学习方式，同样也是年龄较大儿童的重要学习方式。自然学习的例子包括：罗杰正在吃橘子，他说："我已经吃了三瓣。"（举起三个手指头）；辛迪坐在地毯上，把彩色指环分类放进塑料杯子。

在这种学习过程中，成人的作用是提供丰富、有趣的环境。这个环境必须提供大量事物供儿童看、摸、尝、闻和听。成人应该观察儿童的活动，注意活动的进展过程并给予一定的反馈，如眼神交流、点头、微笑，对儿童的行为做言语描述，对儿童言语加以拓展和丰富，或用言语表扬鼓励儿童等。儿童需要知道他们什么时候做了适宜的事情。

非正式学习是由成人引导进行自然学习过程中引发的。这种学习不是事先计划好在某个特定时间进行的，而是发生在成人根据自己的经验和/或他的直觉告诉他该提供支架时。这种学习的发生可能出自多种原因——例如，儿童可能需要帮助，或在正确解决问题的过程中可能需要一些提示或鼓励，也可能是成人发现某一教学契机可以强化某些概念学习。当教学机会偶然出现时，非正式学习就发生了。以下是两个非正式学习的例子。

　　◇ 3 岁的凯特举起 3 个手指说："我 6 岁了。"爸爸说："我们来数数这是几根手指。1、2、3，3 根手指。你几岁啦？"
　　◇ 朱厄妮塔（4 岁）有一袋饼干。拉米瑞女士问："你的饼干能够分给每个人吗？"朱厄妮塔回答说："我不知道。"拉米瑞女士问："你怎么才能知道呢？"朱厄妮塔说："我不知道。"拉米瑞女士建议："你数数这些饼干怎么样？"

可见，对于学前儿童的数学学习方式，自然学习和非正式数学学习都是非常重要的。前者提醒成人为儿童提供有意义的、丰富的、有趣的环境；后者需要成人对儿童的发展水平和数学知识本身有较高的敏感性。通过这些方式，儿童的数学学习会更加丰富和有意义。

---

① Rosaland Charlesworth，潘月娟译.3—8 岁儿童的数学经验[M].北京：人民教育出版社.2007.

七、数学学习方式的应用性

学前儿童数学学习的又一特点是数学学习方式的应用性。这主要表现在以下两个方面：

一方面是学前儿童的数学学习强调儿童在数学学习方式上的自主操作性。儿童对知识的理解存在从外部动作到内部动作的过程，足够的自主操作实践是儿童理解和运用知识的前提，也是激发儿童好奇心和对数学兴趣的有效方式。儿童通过大量的动手操作，逐渐在大脑中理解抽象的数学概念，重建事物之间的逻辑关系。表象的作用在于帮助学前儿童完成这一内化的过程。传统的儿童数学学习的误区在于过度地甚至无限地夸大表象的作用，甚至以为学前儿童学习数学就是在头脑中形成数学表象的过程，于是通过让学前儿童观看实物或图片、教师讲解数学概念的方式进行教学，试图让学前儿童在头脑中"印下"数学的表象、加减的表象。实质上，这种方式不符合学前儿童的心理发展特点，更违背儿童数学学习的规律，即儿童是在自主操作中学习数学的。然而，作为中介桥梁，表象仍有其发挥作用的空间，也的确对学前儿童的数学学习有着重要的意义。为此，教师可以在一定的教学目标下引导儿童学习，然后给儿童提供有意义的材料和问题情境，给儿童充分自主操作和实践的机会和时间。在此基础上，教师可以让儿童观察实物或图片及其变化，甚至可以让儿童自己用图片或符号记录自己操作的结果。然后通过教师引导下的儿童的反思、分享和总结，帮助儿童吸收数学学习的经验，获得更加深入的对数学知识的理解。

另一方面是学前儿童数学学习方式的应用性还体现在学前儿童的数学学习应该以问题为导向。虽然数学具有抽象性的特点，但是从某种程度来看，数学也是儿童天然的兴趣，日常生活中的钟表、测量、图形、数字，都自然而然地能够引起儿童的好奇。在这个过程中，成人适当地引导、挑战儿童有意义的问题，会让儿童对数学有更加浓厚的兴趣。

例如，儿童看到一天中不同时间影子的变化，会好奇早上、中午、傍晚，什么时候的影子长、什么时候的影子短。这时，一个有意义的问题就产生了。在解决这个问题时，儿童也在学习着数学中测量这一概念的运用。儿童可能会凭直观感知，可能运用自己身体的部位或玩具等非正式测量的方法，然后渐渐过渡到运用尺子等正式测量的方法，也因此深化了其数学学习的内涵和意义。

八、数学学习意义的长效性

数学学习意义的长效性主要指的是学前儿童的数学学习会为儿童日后的学习和工作奠定基础。以长远的眼光来看，数学学习的关键在于为儿童的数学学习提供有意义的环境，帮助儿童积累大量数学经验，从而帮助儿童正确地认识世界，发展逻辑思维能力，激发儿童数学学习的兴趣，使其养成良好的学习品质。从这个意义出发，对应的教育内容也应该是科学的、系统的，这也是机械训练无法达到的效果。

此外，从教育公平的角度来看，入学时数学发展水平处于不利地位的儿童在很大程度上与其生活经验和家庭社会经济地位相关，对于此情境下数学水平差异的关注也有利于在早期对这些儿童予以更大的帮助，促进教育公平。通过一定程度的补偿教育，或者更为丰富和有意义的系统化的教育，可以促进儿童的学习，包括数学学习。以使儿童在更深入的学习和日后的工作中，更大程度地减少环境造成的不利影响。

综上，儿童的数学学习，具有定位的基础性、主体的差异性、水平的过渡性、内容的系统性、途径的融合性、渗透性、方式的应用性及其意义的长效性等特点。

延伸拓展

重视数学应用：英国学前数学教育的特点及启示[①]

英国数学教育因其高度重视数学应用而备受瞩目。近年来，英国学前数学教育继承与发扬了数学应用传统，表现在：(1) 注重学前儿童数学应用能力的培养，并试图通过教育让儿童既能把数学应用到现实生活，又能从现实生活中发现数学问题，从而加强数学的应用意识，提高数学应用能力。(2) 数学课程内容与学前儿童的生活紧密联系，有利于儿童建立数学的应用意识，能使他们真正体会到数学与自然、人类社会的关系，了解数学的价值，增进对数学的理解，从而构建学前儿童连续和完整的数学知识体系，促进其认知结构的发展。(3) 在精心设计的游戏中促进学前儿童数学学习。学前儿童在"精心设计的游戏"中的学习是自主探究式的。学前儿童的认识要经过从个别到一般、从感性到理性、从具体到抽象、从低级到高级的过程。这一过程是在儿童自主操作和探究中实现的。这些举措凸显了英国学前数学教育的优势和长处，也推动了英国学前数学教育改革的深入进行。

借鉴英国重视数学应用的教育经验，我国学前数学教育改革应从学前儿童已有的生活知识和经验出发，拓展数学教育的形式和方法，突出学前儿童数学应用能力的培养，引导学前儿童应用建构起来的数学知识和方法解决生活和游戏中某些简单的问题，在问题解决中促进具体数学知识和技能的获得。

思考与实践

一、简答题

1. 简述数学学科的本质及特点。

2. 简要回顾我国学前儿童数学教育的发展历程。

3. 简述学前儿童数学教育的意义。

4. 学前儿童数学教育有哪些任务？

二、论述题

联系实际谈谈学前儿童数学学习的特点。

三、实践性学习活动

结合幼儿园的见习，选取不同年龄段的儿童作为观察对象，分析他们各自数学学习的特点。

---

① 史大胜，张欣.重视数学应用：英国学前教育的特点及启示[J].外国教育研究.2012(11)..

第二章　学前儿童数学教育的目标、内容、原则与方法

学习目标

1. 了解学前儿童数学教育的目标。
2. 了解学前儿童数学教育的内容。
3. 了解学前儿童数学教育的原则。
4. 掌握学前儿童数学教育的方法。

学习提示

在本章的学习中,首先要了解学前儿童数学教育的结构目标和层次目标,清楚学前儿童数学教育的总目标和各年龄阶段的目标,然后根据目标学会选择和确定符合各年龄阶段的数学教育内容,最后遵循一定的原则和选择科学、恰当的教育方法进行学前儿童数学教育。

案例导入

一位妈妈给她两岁多的女儿吃果冻,但是妈妈提出要求,必须数出共有几个果冻后才能吃。妈妈抓了一把(5个)让女儿点数。女儿为了吃果冻,装模作样地用手一一点数并说出数字。妈妈问:"有几个果冻?"女儿说:"4个。"妈妈说:"再数一数共有几个?"女儿点了点后看着妈妈小声说"3个"。妈妈见状,就抓起女儿的手边点边数,妈妈问:"这里有几个果冻?"女儿大声说:"5个。"女儿吃了一个果冻后,妈妈又问:"这里还有几个果冻?"女儿又大声说:"5个。"妈妈一脸的无奈。

案例中妈妈的行为非常普遍。社会机构中"奥数班"的盛行,给幼儿园的孩子带来了冲击。许多家长让孩子背诵"九九加法表"、"九九乘法表"。有些幼儿园为了一味地满足家长的需求,完全忽视了孩子的学习特点和认知特点,提前教授小学数学知识,让孩子在反复强化训练中进行 20 以内甚至 50 以内的加减运算,我们不禁要问:"这些内容是 3—6 岁儿童学习的内容吗?学前儿童数学教育的目标到底是什么? 我们追求的学前儿童数学教育的价值又是什么? 3—6 岁儿童学习数学的教育内容到底是什么? 我们进行数学教育时应遵循什么原则,采用什么方式进行数学教育?"这一系列问题都将在本章中找到答案,本章将帮助大家正确了解学前儿童数学教育的目标、内容、原则及方法。

学前儿童数学教育目标

目标是指想要达到的境地或标准,它使一个人的行动更加有目的、有要求、有方向。教育目标的定义有多种阐述。如:B. S. 布卢姆(B. S. Bloom)在《教育评价》中认为教育目标是"教师所预期的学生的变化"。教育目标规定了儿童的发展方向和预定的教育结果,即"尽可能使儿童生来具有的某些有积极价值的潜能得以发展,同时获得适应社会的知识、能力、品质,消除不适应社会发展的那些特质"(里德,1956)。也有人将教育目标视为教育者在活动之前对活动结果的一种期望,也就是说教育目标是一种对教育结果的规定性。此外,不同学科从不同角度对教育目标进行了诠释,如:从社会学角度看,教育目标反映了社会对儿童成长发展的期望与要求;从课程研究角度看,教育目标是对受教育者的质的规格的总体要求,是一切教育工作的出发点和最终归宿;从发展心理角度看,教育目标规定了儿童的发展方向和结果。这些对教育目标的定义尽管表述不尽相同,但体现了教育目标的共同特征,即教育目标必须采用特定的术语详细表述儿童受教育后应能做以前不能做的事的内容。

教育目标指导和支配整个教育过程。它不仅是制订教育计划、选择教育内容和进行教育评价的依据,它也规范和制约着教师的教育理念、行为和教学方法的选择。

一、学前儿童数学教育目标含义及意义

学前儿童数学教育目标是对学前儿童数学教育目的和要求的归纳,是向学前儿童实施数学教育的方向和准则。根据《3—6岁儿童学习与发展指南》的理念,我们可以把学前儿童数学教育目标理解为对学前儿童学习数学的合理期望和方向。

根据麦克多纳尔德(J. B. Macdonald)对教育目标提出的"明示教育进展的方向、选择理想的学习经验、界定教育计划的范围、指示教育计划的要点、用以教育评价"等五项功能,我们认为学前儿童数学教育目标是确定学前儿童数学教育内容和制订学前儿童数学教育计划的重要依据,有了教育目标,便于教师选择适宜的、有价值的数学教育内容,制订科学严谨的数学教育计划,采用更加适宜、灵活多样的教学方法和手段,促使学前儿童数学教育更加系统、科学、有效。同时学前儿童数学教育目标也为科学进行数学教育评价提供了参考和标准,它不仅是衡量儿童发展是否达到预期目标的标准,也是衡量教育成效的标准。

二、学前儿童数学教育目标制定的依据

任何教育目标和内容的确定都需要有一定的、科学的客观依据。纵观1981年10月教育部颁发的《幼儿园教育纲要(试行草案)》、2001年7月教育部颁发的《幼儿园教育指导纲要(试行)》(以下简称《纲要》)和2012年10月教育部颁布的《指南》中对数学领域目标及教学内容等的表述,不难看出它不仅考虑了当时社会对儿童的要求,还考虑了儿童发展的一般规律、年龄特点和认知特点,同时也充分地体现了数学学科本身的特点。具体来说,学前儿童数学教育目标制定主要有以下几方面依据:

（一）尊重儿童的发展特点

儿童是教育的对象,其身心发展特点、水平、需要、发展的可能性和规律性是科学制定教育目标的重要依据之一。教育者只有对儿童这一教育对象的身心发展特点、儿童生长发展规律有了深入的了解和思考,对儿童的学习与发展能科学提出合理的期望,才可能制定出符合儿童发展特点、满足儿童发展并促进儿童学习与发展的教育目标。由于教育者对儿童发展水平、需要和发展规律认识不同,他们对儿童提出的教育目标也各不相同。但无论如何,教育者都应着眼于每一位儿童全面地、长远可持续发展的角度,遵循以下儿童发展的规律和原则来制定学前儿童数学教育目标。

1. 整体性发展的原则

儿童的发展是一个整体发展的过程。儿童的发展包括身体、社会、认知、语言、情感、品德等方面。任何一方面的发展都不可能孤立存在,而是互相渗透、整合在一起。为此,在制定学前儿童数学教育目标时必须从儿童整体性发展角度出发,从认知经验、情感态度、个性特征等方面提出较全面、综合的教育目标。

2. 年龄适宜性原则

儿童的认知与成人有着质的区别,不同年龄阶段儿童的认知结构完全不同,每个年龄阶段的儿童都有其独特的认知结构,表现出与前后各阶段不同的认知能力,其主要的影响因素是年龄。因年龄不同,其身心发展水平、认知发展水平和能力存在着差异,故要制定科学合理的儿童数学教育目标必须符合该年龄阶段儿童的身心发展规律,针对不同年龄阶段儿童提出不同的数学教育目标。

3. 个体差异性原则

同一个年龄阶段的儿童因遗传、社会生活条件、所接受的教育、早期学习经验等方面的因素不同导致他们在发展水平、发展速度、认知结构和学习风格等方面都存在着差异。为此,教育者要关注每个教育对象,即便是同一年龄阶段的儿童,也要全面了解每一位儿童的实际发展水平和速度、认知结构及学习风格等,提出能满足具有个体差异的每位儿童发展需求的、适宜的数学教育目标,促使每位儿童都能在原有的水平上有不同程度的提高。

（二）体现《指南》和《纲要》的理念

《指南》和《纲要》两个指导性文件均体现了"幼儿为本"及"终身教育"的理念,也充分体现了学前教育在儿童终身发展和后继学习过程中的重要奠基作用。这意味着学前儿童数学教育目标的制定一定要从学前儿童发展的角度出发,符合这个年龄阶段儿童学习数学的方式和特点。同时,还应注重儿童在数学学习过程中学习品质的培养,如:主动思考问题、有一定的主动解决问题的意识等,为其今后学习夯实基础。

延伸拓展

《3—6岁儿童学习与发展指南》数学认知目标

目标1：初步感知生活中数学的有用和有趣

3—4岁	4—5岁	5—6岁
1. 感知和发现周围物体的形状是多种多样的，对不同的形状感兴趣。 2. 体验和发现生活中很多地方都用到数。	1. 在指导下，感知和体会有些事物可以用形状来描述。 2. 在指导下，感知和体会有些事物可以用数来描述，对环境中各种数字的含义有进一步探究的兴趣。	1. 能发现事物简单的排列规律，并尝试创造新的排列规律。 2. 能发现生活中许多问题都可以用数学的方法来解决，体验解决问题的乐趣。

目标2：感知和理解数、量及数量关系

3—4岁	4—5岁	5—6岁
1. 能感知和区分物体的大小、多少、高矮、长短等量方面的特点，并能用相应的词表示。 2. 能通过一一对应的方法比较两组物体的多少。 3. 能手口一致地点数5个以内的物体，并能说出总数。能按数取物。 4. 能用数词描述事物或动作。如我有4本图书。	1. 能感知和区分物体的粗细、厚薄、轻重等量方面的特点，并能用相应的词语描述。 2. 能通过数数比较两组物体的多少。 3. 能通过实际操作理解数与数之间的关系，如5比4多1；2和3合在一起是5。 4. 会用数词描述事物的排列顺序和位置。	1. 初步理解量的相对性。 2. 借助实际情境和操作（如合并或拿取）理解"加"和"减"的实际意义。 3. 能通过实物操作或其他方法进行10以内的加减运算。 4. 能用简单的记录表、统计图等表示简单的数量关系。

目标3：感知形状与空间关系

3—4岁	4—5岁	5—6岁
1. 能注意物体较明显的形状特征，并能用自己的语言描述。 2. 能感知物体基本的空间位置与方位，理解上下、前后、里外等方位词。	1. 能感知物体的形体结构特征，画出或拼搭出该物体的造型。 2. 能感知和发现常见几何图形的基本特征，并能进行分类。 3. 能使用上下、前后、里外、中间、旁边等方位词描述物体的位置和运动方向。	1. 能用常见的几何形体有创意地拼搭和画出物体的造型。 2. 能按语言指示或根据简单示意图正确取放物品。 3. 能辨别自己的左右。

（三）顺应社会发展的要求

一般来说，教育目标和教育内容是反映社会的要求和愿望的，也就是说社会培养人才的方向和要求在教育目标和内容中会有所体现。教育目标应随着社会、时代的发展而不断地进行变化，要适应时代发展的需求，预见社会发展提出的新要求。学前儿童数学教育目标同样也反映了时代的发展和进步，体现了不同时代社会对人才质量的不同要求。我国学前儿童数学教育的发展经历了不同的阶段，根据当时社会发展要求反映出不同阶段我国对儿童数学教育追求的价值取向是不同的，也反映出教育理念的不断更新和转变，具体来说主要经历了以下几个阶段：

第一阶段：注重儿童数学知识的学习和掌握，偏重于儿童的智力开发。我国20世纪以来颁布的相关政策文件可体现这一点。早在1932年我国公布的幼儿园课程中没有将数学教育单列，只是在游戏部分提出计数的要求，或是在社会、常识和工作等部分中包含计数内容。1952年3月，我国教育部颁布《幼儿园暂行教学纲要》(试行)明确指出计算教育是幼儿园教育活动项目之一，主要包括认识数字、心算、度量等内容。而20世纪80年代教育部颁发的《幼儿园教育纲要(试行草案)》不仅将数学教育列为幼儿园课程内容之一，还具体提出了计算数学的三项重要任务，即教幼儿掌握10以内数的概念和加减法运算，学习一些几何形体、时间和空间的粗浅知识；发展儿童的智力；培养儿童对计算的兴趣。这些对数学教育内容的表述足以体现当时由于受到教育理论及观念的影响，数学教育更侧重于学前儿童数学知识的学习和智力的开发。

第二阶段：注重儿童数学知识在生活中的运用及对数学兴趣的培养，关注儿童整体的发展。进入21世纪，我国对人才质量的要求越来越高，且对人才的需求量越来越大，更加注重通过素质教育培养人的综合素质。学前教育是基础教育的重要组成部分，为儿童的学校教育和终身教育奠定基础，重视儿童的整体发展这一目标得到了广大教育工作者的认同。2001年教育部颁布的《纲要》顺应了当代社会发展的需求，也体现了我国对下一代培养的要求和期望。《纲要》明确了幼儿园教育活动可以相对划分为健康、社会、语言、艺术和科学五大领域，每个领域的内容互相渗透、互相整合，从不同角度促进学前儿童情感、态度、能力、知识和技能等方面的整体发展。每个领域明确了教育内容、目标和指导要求，数学教育列入科学领域教育内容，其中"能从生活和游戏中感受事物的数量关系并体验到数学的重要和有趣"这条目标反映了数学教育中关注对儿童情感、态度、知识等方面的发展。

第三阶段：注重对儿童数学学习兴趣、能力和数学思维的培养。我们现在处于一个充满数字信息、充满现代科学技术的信息时代，这个时代对个人的数学认知能力提出了更高的要求，数学知识和数学思维在各行各业的工作技能中日益重要。2012年10月教育部颁布《指南》，将科学领域分成科学探究和数学认知两个子领域，其中数学认知不仅有助于儿童发现客观世界的规律性和有序性，还有利于促进儿童思维能力的发展。在《指南》中数学认知领域提出了"有关数学的感知体验和态度"、"有关数、量和数量关系"、"有关形状和空间"三方面的目标，体现了对儿童学习数学态度、对数学学习过程性能力及数学思维发展等方面的期望。从以上三个阶段的数学教育的价值取向不难发现，社会的发展和需要直接影响着教育目标的制定和教育内容的确定，同时也明确了要从认知、情感、社会性、智力等多角度来考虑建立科学、完整的学前儿童数学教育目标体系。

（四）反映学科特点及价值

数学学科的结构和知识体系具有较强的系统性、逻辑性和严谨性，也呈现了抽象性和应用性等特点。这对促进儿童的逻辑思维和开发儿童的智力有着重要意义。数学是现代科学技术的基础和工具，它渗透于科学技术、经济生活和现实生活中的各个领域。同时，数学也是思维的工具，学习和运用数学的逻辑和语言来认识周围世界和解决问题的过程是一个对思维进行加工、整理和训练的过程。学前期是儿童思维从具体形象思维向抽象思维过渡的重要时期，数学的学习不仅对儿童思维的敏捷性、灵活性、深刻性、独创性有着积极的影响，还对儿童主动了解理解世界，适应社会生活，学会表达与交流，发展儿童的主动性、责任感和自信心，培养儿童的科学态度和探索创新精神起着重要的作用，为儿童一生的发展奠定基础。总之，无论是数学学科的结构、特点,还是数学学科的教育价值,均影响着学前儿童数学教育目标和内容的制定和选择。

当前要制定科学、适宜的学前儿童数学教育目标一定要符合《指南》和《纲要》的理念,从社会发展的需求出发,尊重儿童身心发展特点和数学学科特点。同时正确处理好可能性目标和适宜性目标的关系,如:即便是儿童可接受的教育目标,但对儿童的发展并无积极意义的目标和内容在教育实践中我们就不应提出。

三、学前儿童数学教育目标的分类

学前儿童数学教育目标体系从横向来看,具有一定的分类结构。而从纵向来看,则具有一定的层次结构,这说明学前儿童数学教育目标体系是按一定的结构和层次组织起来的(见图2-1)。教师只有了解学前儿童数学教育目标的结构和层次,才能清楚地认识到数学教育对儿童整体发展的意义,才能准确地把握各年龄阶段儿童的发展特点和发展水平,才能有计划、有目的地实施有效的学前儿童数学教育。

图2-1 学前儿童数学教育目标体系

(一)学前儿童数学教育目标的分类结构

学前儿童数学教育目标可从多纬度进行分类,大概有以下几种分类方式:

从教育基本内容的角度进行划分,即从促进儿童德、智、体、美等全面发展的教育内容出发提出教育目标。这种目标也是从培养人的全面素质角度提出,有利于促进儿童全面、协调地发展。

从儿童身心发展的角度进行划分,即以儿童心理活动的不同领域作为出发点,从儿童认知、情感态度和动作技能等方面的发展提出教育目标。正如布卢姆在《教育目标分类学》中指出的,在考虑目标时,一定要关心儿童现处于什么发展阶段?他们需要什么?故从儿童认知能力、情感态度和动作技能三个范畴对教育目标进行分类,将教育目标分为三类目标,有利于促进儿童整体的发展。

认知能力目标:注重记忆或再现某些可能已经学到的内容的目标,以及含有解决某些理智任务的目标。

情感态度目标:注重情调、情绪或接受与拒绝程度的目标。这类目标有许多是用兴趣、态度、欣赏价值或情绪倾向这类术语来表示的。

动作技能目标：注重某些肌肉的或运动的技能，对材料客体的某种操作目标或某些要求神经肌肉运动的目标。

学前儿童数学教育目标的制定可移植布卢姆的教育目标分类学的逻辑框架体系，进一步明晰学前儿童数学教育目标。其中认知能力目标主要指儿童学习粗浅的数学概念目标以及运用初步数学经验解决问题的能力的目标；情感态度目标主要指对数学活动的兴趣、参与活动的主动性及爱动脑、爱思考的习惯等；动作技能目标主要指正确操作和使用数学材料的技能等。

从数学学科教育内容的角度进行划分，如：从分类和排序、10 以内数的认识和运算、几何形体和空间认识、量和时间认识等几方面提出教育目标，每一项内容又分别从儿童身心发展的几个方面提出具体的教育目标。

无论从哪个角度来分析教育目标的分类，我们都不难看出教育目标制定的出发点和落脚点都是促进儿童整体发展。为此，从这个意义上看，教育目标直接从儿童身心发展的角度提出，比较靠近儿童发展的目标结构。

（二）学前儿童数学教育目标的层次结构

学前儿童数学教育目标虽然可从认知能力、情感态度、动作技能三个范畴进行分类，但一般的抽象的教育目标无法具体指导学前儿童的数学教育，因此，必须将抽象的数学教育目标层层分解成具体的、可操作的目标，即分解成学前儿童数学教育总目标、各年龄阶段数学教育目标、数学教育活动目标三个不同层次的目标。这就是我们说的学前儿童数学教育目标从纵向来看的层次目标。三个层级目标由概括到具体、由抽象到具体，目标层次越高，其抽象概括越高，操作性也越低；反之，目标层次越低，其抽象概括越低，操作性也越强。三个层级目标具体内容如下：

一级目标：学前儿童数学教育总目标。它应反映我们对儿童在数学学习活动中的合理期望。

二级目标：各年龄阶段数学教育目标。这一级目标是根据一级目标提出的，与各年龄班数学教育内容挂钩，直接指导各年龄班儿童数学教育内容需达到的比较具体的目标，操作性较强。

三级目标：数学教育活动目标。这是指某一具体数学教育活动的目标，它可以是一次数学活动要达到的要求，也可以通过若干个数学活动实现的目标，这一级数学目标提得更加具体，操作性更强。

这三个层级目标均可从认知能力、情感态度、动作技能三方面提出目标，利于促进学前儿童的整体发展。同时这三个层级目标的互相转化既是逐渐具体化的过程，也是逐级抽象概括的过程。

四、学前儿童数学教育目标内容及分析

学前儿童数学教育总目标是国家有关学前教育的纲领性文件，是学前儿童数学教育总的指导精神的体现，也是对学前儿童数学学习和发展提出的合理的期望。2001 年教育部颁布的《纲要》和 2012 年 10 月教育部颁布的《指南》均有儿童数学教育目标的体现，我们将从认知能力、情感态度和动作技能三维目标角度对儿童数学教育目标的层次结构内容进行全方位的分析。

（一）学前儿童数学教育总目标

《纲要》中科学领域的总目标是：

1. 对周围的事物、现象感兴趣，有好奇心和求知欲；

2. 能运用各种感官，动手动脑，探究问题；

3. 能用适当的方式表达、交流探索的过程和结果；

4. 能从生活和游戏中感受事物的数量关系并体验到数学的重要和有趣；

5. 爱护动植物，关心周围环境，亲近大自然，珍惜自然资源，有初步的环保意识。

《指南》科学领域中的数学认知子领域有三条目标，分别如下：

1. 初步感知生活中数学的有用和有趣；

2. 感知和理解数、量及数量关系；

3. 感知形状与空间关系。

结合《纲要》科学领域总目标的第一条、第四条和《指南》中数学认知子领域的三条目标，我们可以将学前儿童数学教育总目标确定为以下几方面内容：

目标1：对周围环境中事物的数量、形状、时间和空间等感兴趣，有好奇心和求知欲，喜欢参加数学活动和游戏。

这条目标体现的是培养儿童学习数学的情感、态度的目标，体现了对儿童参与数学活动的态度及了解生活中数学内容的意愿、兴趣度提出了合理的期望。这一目标强调兴趣和感性经验在数学学习中的重要性，是学前儿童数学教育目标的核心目标，它为儿童一生可持续发展奠定了基础。

兴趣是人们对客观事物或对象表现出来的一种积极的情感态度，好奇心则是对人们对周围环境中的新异刺激物表现出来的一种积极反应的情感态度。兴趣、好奇心这两种积极的情感态度促使人们有强烈的求知欲，也是人们学习的原动力。而儿童学习数学的积极情感态度常常表现为能发现、感知到周围环境事物中的数量、形状、时间、空间等数学现象，对其产生较大的兴趣和好奇心，并出现"提出问题、操作、摆弄"的一些主动探究行为，儿童在主动探索、操作、体验的过程中逐步学会学习，探索和发现有关的数学现象，从而获得有关数、量、形状、空间和时间的感性经验。总而言之，此条情感态度目标不仅为儿童参加数学活动和游戏提供最佳的情绪背景，同时在积极探索活动中也将逐渐培养起学前儿童对数学学习本身及一切学习活动的积极情感，促使他们喜欢学习、学会学习，这才真正体现了《指南》和《纲要》终身教育的理念。

目标2：能从生活和游戏中感受事物的数量关系，获得有关数、形、量、时间和空间等感性经验，体验到数学的有用和有趣。

此目标体现了有关学前儿童数学知识及数学学习过程与方法方面的目标。它指出了学前儿童应该学习哪些数学知识，其获得的数学知识是什么性质的，以及学前儿童应该如何获得数学知识。

首先，该目标指出了学前儿童学习数学知识包括数、量、形状、空间、时间等感性经验，并逐步形成一些初步的数学概念。这也显示出学前儿童数学教育与其他年龄阶段的数学教育有着本质的区别。学前儿童获得的数学知识是经验性、具体性、直观性的知识，是通过联系生活情境，在实际经验中归纳出来而建构的初级数学概念，是建立在表象水平上的概念。例如：小班儿童感知"1和许多"，教师为儿童多次创设1个物体和许多个物体的数学情境供他们感知，同时积极引导儿童主动发现和感知生活情境中的"1个物体和许多个物体"的现象,儿童在多次感知、观察、摆弄中通过分析、概括,发现1个物体和许多个物体的区别和特点,逐步建构起"1和许多"的概念。同时,此条目标还强调了引导学前儿童在生活和游戏中感受事物的数量关系。数量关系反映了数学知识间的内在联系及其规律性,一方面可加深对数学概念的理解,另一方面可促进思维能力和推理能力的发展。实际上引导学前儿童感知数量关系的过程就是促进儿童思维发展的过程。

其次,该目标反映了学前儿童获得数学知识的主要方法和途径是在与环境的互动过程中逐步建构并不断发展的。学前儿童在与环境的互动过程中是主动的、积极的,他们在与环境的相互作用的过程中不仅建构数学知识经验、获得数学知识,最重要的是他们在积极主动地摆弄、操作、探索过程中获得学习能力,掌握一定的学习方法,这是着眼于学前儿童长远发展和后续学习需要培养的目标。

此外,我们强调生活环境在数学教育中的重要性,因为数学的学习与儿童的生活经验建立联系是有效的数学学习和发展必不可少的条件。我们要帮助儿童发现数学在自己生活中的重要性和有趣性,让他们从生活和游戏中感受事物的数量关系,获得有关数、形、量、时间和空间等感性经验,并在建构数学知识的过程中产生对数学的兴趣,形成积极、愉悦、主动参加数学活动和游戏的情感和态度。

目标3:学习用简单的数学方法,解决生活和游戏中简单的问题,能用适当的方式表达,交流操作和探索问题的过程和结果。

这条目标体现的是学前儿童数学学习中综合性认知能力方面的目标,尤其是发展他们思维能力的目标,也体现对学前儿童数学学习过程性能力方面提出的合理期望。学习过程性能力的培养是综合性认知能力发展的过程,它主要包括掌握知识技能的方法和运用知识的能力,具体表现在解决问题、推理和证明、交流、联系、数学的表征等方面,也正是这样的综合性认知能力的学习和发展才能保证儿童对所学数学知识的真正理解和运用。学前儿童在构建初级的数学概念过程中,需要对所操作的材料进行观察、比较、分析、综合、抽象和概括,才能将数学概念的本质关键属性从具体事物中抽象出来,这一过程对发展学前儿童心理过程的有意性和自觉性非常重要,同时也对促进学前儿童观察力、注意力、记忆力、想象力,尤其是思维力的发展具有积极的作用。

此外,这条目标要求引导学前儿童学习用简单的数学方法解决生活和游戏中简单的问题,能用适当的方式表达、交流操作和探索问题的过程和结果,它呈现了对学前儿童在数学知识运用和数学知识表达交流两个层面的要求。数学知识运用主要指运用数学知识和方法解决生活和游戏中的简单问题。学习解决问题不是简单地运用已知的信息,而是应对信息进行加工,对已掌握的方法、知识再次思考和重新组合,找出解决问题的方法。在解决问题的过程中,儿童分析、概括、归纳、推理等方面的能力得到了很大的提升。数学知识表达交流主要是指学前儿童能用适当的方式与他人主动表达、交流其操作、探索的过程和结果,也就是将其在数学操作、探索过程中的感受、体验外化和具体化的过程。这样的过程不仅可促进学前儿童加深对数学现象、数量关系的感受和体验,也能促进他们的理解能力、认知水平、想象创造力的提高和发展,利于他们在交流中更加自主、自信地学习。

目标4:会正确使用数学活动材料,能按规则进行活动,有良好的学习习惯。

这是一条有关培养学前儿童正确使用数学材料的技能和良好学习习惯的目标。也就是对学前儿童学会正确使用数学材料和养成良好的学习习惯等方面提出的合理期望。

第 2 条目标反映了学前儿童获得数学知识的主要方法和途径是在与环境的互动过程中逐步建构并不断发展的。材料是环境中重要的学习因素,这就是说,学前儿童是通过与各种有关的数学材料发生作用而对其中蕴含的数学关系有所感受和认识的。如:在"小动物坐火车"数学游戏过程中,教师在每列火车车厢上标注了红、黄、蓝、绿等不同颜色的数字 1—4,而各种小动物也穿上了相应的红、黄、蓝、绿色的衣服,请小朋友帮助小动物对号入座。这个游戏过程中儿童首先要将穿着不同颜色衣服的动物卡片一张一张排列整齐,还要将不同颜色的动物和不同颜色的车厢一一对应摆放(穿着红色衣服的小狗要放在红色的 1 号车厢里)。游戏过程中只有儿童掌握了操作技能,对红、黄、蓝、绿四种颜色和 1—4 数字有所感知,才能正确地使用操作材料,顺利地完成游戏,在游戏中获得对数字、颜色和物体匹配的数学关系。

此外,从有利于学前儿童今后的学习和一生发展的着眼点出发,还提出了培养学前儿童良好学习习惯和学习品质的要求。由于学前儿童数学学习主要通过操作、摆弄、探索活动进行,势必在操作的过程中涉及到学前儿童的许多行为习惯及一些规则等,如:在数学活动过程中能独立思考问题,按规则进行操作;遇到困难不放弃,能主动执着地探索解决问题的办法;能与别人合作游戏或共同操作等。由此可见,在数学教育中培养学前儿童良好的学习习惯和学习品质显得尤为重要。

(二) 学前儿童各年龄阶段数学教育目标及其分析

学前儿童各年龄阶段数学教育目标是学前儿童数学教育总目标在大、中、小班不同年龄阶段的分解和细化,它对不同年龄阶段的儿童学习数学提出了合理的期望。教师只有全面理解、准确把握各年龄阶段儿童数学学习的目标,才能有效地选择该年龄段适宜的教学内容、科学制定具体数学教育活动目标。具体内容如下[①]:

1. 小班

(1) 愿意参加数学活动,喜欢摆弄、操作数学材料;能在教师的帮助下学习,按要求取放操作材料和进行活动。

(2) 对生活中常见的各种物品的大小、形状、数量有兴趣,能感知 5 以内的数量。

(3) 能按物品的外部特征进行分类。

2. 中班

(1) 能专心地进行数学操作活动,对自己的活动成果感兴趣;愿意并学习用适当的方法表达、交流自己操作、探索的过程和结果。

(2) 能自己选择数学活动内容和按规则进行活动。

(3) 能按物体的某一特征和数量进行分类。

(4) 能注意和发现周围环境中物体的数量、形状、物体量的差异,以及它们在空间的位置等。

(5) 能比较、判断 10 以内物体的数量多少;感受 10 以内相邻两数的大小关系。

(6) 认识一些常见的几何图形。

3. 大班

(1) 能积极、主动地进行数学活动,遵守活动规则,会有条理地摆放、整理数学活动材料。

---

① 张慧和,张俊.幼儿园数学教育[M].北京:人民教育出版社,2004:42－43.

（2）能用适当的方式表达、交流数学操作活动的过程和结果。

（3）能倾听教师和同伴的讲话，能在教师的帮助下，归纳、概括有关数学经验，感受生活和游戏中事物的数量关系。

（4）能运用对应、比较、类推、分类统计等简单数学方法解决生活和游戏中的某些问题。

（5）能按物体的两种特征和从事物的多个角度进行分类。

（6）认识一些常见的立体图形；对平面图形间的关系能有所感受。

从以上小、中、大班不同年龄阶段的数学教育目标的表述可看出，它们均对儿童情感态度、认知能力和行为习惯等方面的发展提出了具体的要求，是和学前儿童数学教育总目标吻合的，也是学前儿童数学教育四条总目标的具体分解。同时也可看出目标呈现了年龄差异性，对小、中、大三个不同年龄阶段的数学教育提出了不同的、具体的要求，具体目标的实现体现了由易到难、由简单到复杂、由具体到抽象的一个螺旋上升和发展过程。如：小、中、大班第1条均反映了这三个不同年龄段儿童参加数学活动的兴趣、情感、态度，从小、中班"愿意喜欢"到大班"积极主动"这种参与数学活动的态度的表述，以及参加不同活动内容和程度的表述，都可以说明不同年龄阶段的儿童在兴趣、情感、态度等方面的目标是有所不同的。又如：对数认识这一目标在小、中、大班不同年龄阶段也提出了不同的要求。小班第2条、中班第5条、大班第3条的表述足以说明此问题。"对物体进行分类"这一目标在小、中、大班三个不同年龄阶段不同的具体要求是显而易见的。小班只需按物体外部特征进行分类，中班需按物体的某一特征或数量进行分类，而大班则需按物体的两种特征和从事物的多个角度进行分类。由此可见，随着年龄的增长，对事物特征的把握、对事物进行分类的维度趋于丰富化、多元化。

由于学前儿童在认知能力、情感态度和行为习惯等方面的发展是一个连续、渐变的过程，同时思维、情感等又都是内隐行为，有时甚至难以及时发现、察觉到它们的发展，故不易用清晰的语言表述。但我们还是需要积极主动地关注儿童的发展状况，利于目标表述更加清晰、明确。

（三）学前儿童数学教育活动目标及其分析

学前儿童数学教育活动目标是指某一个具体教育活动的目标，也是对某个教育活动成果的合理期望。教育活动目标越具体、越清晰、操作性越强，可观察或检测到的教育成果越多。如：大班数学活动《旅游商品店》有两条目标：① 运用分类的方法，尝试布置旅游商品的货架，解决游戏中的问题；② 体验数学游戏的快乐。从两条目标可看出第1条目标是认知能力目标，很具体、直观，可操作性、检测性很强，教师能从儿童活动中观察到他们对目标的掌握情况，使教师较好地诊断、评价儿童发展的情况，为后续的数学教育活动目标的制定提供了重要的参考依据。因为这个教育目标是从儿童应获得的数学经验提出来的。第2条目标是情感态度目标，而真正培养儿童喜欢、愿意参加数学活动的目标在一次活动中是较难以实现的，儿童在此方面的发展是一个逐渐形成的过程。但通过儿童在操作和探究数学活动材料的学习过程中可以促进他们认知能力、情感态度和动作技能的发展，因此情感态度目标、动作技能发展目标在数学教育活动中是不可忽视的。

第二节　学前儿童数学教育内容

一、学前儿童数学教育内容选择和确定的依据

数学教育内容是实现数学教育目标的重要载体和保证,也是教师向学前儿童进行数学教育的重要依据。选择、确定数学教育内容是一项重要的且系统性、科学性很强的工作。它不仅要符合我国对学前儿童教育提出的全面和发展的要求,又要考虑数学学科本身的特点和学前儿童对数学概念认知发展的规律。

(一)依据《纲要》和《指南》中数学教育目标的要求,体现教育内容的启蒙性和全面性

《纲要》和《指南》均从认知能力、情感态度和动作技能等方面对学前儿童数学教育提出了具体的目标,不仅体现了促进学前儿童全面发展的理念,也为学前儿童后继学习和终身发展奠定了基础。因此从这一目标要求出发,选择、确定的数学教育内容要体现启蒙性和全面性。启蒙性表现在选择的数学教育内容不仅要有利于当前学习,还要有利于他们小学后续学习数学的内容,尤其要能激发儿童学习数学的兴趣,并让数学成为其掌握、认识了解世界的一种思维工具;同时也表现在儿童对所学的数学知识有所感知和体验即可,不要过多注重数学概念和数学知识的学习。全面性是指选择的数学教育内容可渗透在儿童一日生活的各个环节中,要能引发儿童积极发现数学与日常生活之间的关系,以利于促进学前儿童在体、智、德、美等方面的全面、协调、健康地发展。

(二)依据《纲要》对教育活动内容选择的要求,体现教育内容的生活性和可探索性

《纲要》对教育活动内容的选择提出了以下三条原则:

(1) 既适合幼儿的现有水平,又具有一定的挑战性。

(2) 既符合幼儿的现实需要,又有利于其长远发展。

(3) 既贴近幼儿的生活来选择幼儿感兴趣的事物和问题,又有助于拓展幼儿的经验和视野。

从这三条选择教育内容的要求来看,选择数学教育内容既要体现生活性,要体现可探索性。这种要求也是和《指南》数学认知子领域中提出的"初步感知生活中数学的有用和有趣"这一目标相吻合。儿童的生活中与数学相关的问题处处存在,如:这是个好大的红色的苹果、我家住 27 栋 2 单元 302 室、这是个正方体的礼物盒、我今天花了 27 元买水果、现在是下午 5 点、我家的车牌号是 33997、我比你高……儿童在生活中感知、积累了许多数学经验。因此,学前儿童数学教育内容的选择一定要来源于儿童的生活,贴近儿童的生活经验,且是儿童年龄所能理解的,让他们感受到数学可以解决许多人们生活中遇到的问题;而选择的内容具有可探索性,不仅可开拓学前儿童的视野,还可利于学前儿童探索、猜想和逻辑推理能力等数学修养的培养,这也将为其一生的可持续发展夯实基础。如:"给图形分类"游戏,老师为儿童提供了颜色、大小不同的三角形、圆形、长方形等各种图形,游戏的规则是要求将相同特点的图形摆放在一起。儿童通过观察,可分别从图形类别、图形颜色和图形大小进行分类,按照自己的意愿进行分类,而不是单一的归类方法,类似的游戏给儿童提供了更多的探索和猜想机会,对儿童的

发展具有积极的影响。

（三）依据儿童认知发展的规律和特点，体现教育内容的系统性和可接受性

皮亚杰从思维发展的角度对儿童数概念的发展能力进行了研究，他把儿童思维发展分为4个阶段，即感知运动阶段（0—2岁）、前运算阶段（2—7岁）、具体运算阶段（7—12岁）、形式运算阶段（12—15岁）。皮亚杰认为2—7岁是儿童克服各种心理障碍逐渐向逻辑思维过渡的时期，这一阶段儿童主要是表象性思维，思维的基本特征是相对具体性、不可逆性、自我中心性和刻板性。儿童对数学概念的理解首先是在实物操作的水平上表现出来的，然后逐步发展到表象水平，最后发展到抽象的符号水平。因此，在学前儿童数学教育内容的选择和安排上不仅要考虑启蒙性还要考虑数学知识的系统性、逻辑性和可接受性。同时也要遵循数学知识的逻辑和儿童学习的逻辑顺序，体现先易后难、循序渐进、前后联系的特点及符合该年龄段的认知发展水平。如：儿童学习数的知识，他们必须先具备一些基本的逻辑观念。儿童通过对应、排序、分类等活动获得了一些数学经验，为数学的学习做好心理准备。在此基础上，儿童学习数的内容，开始学习重点在感知物体的数量、理解数的实际意义，进而儿童可以认识数的顺序、数与数之间大小关系。在大班，儿童学习数的组成和加减，对整体部分的关系有了进一步感知体验。经过这样的学习过程，儿童形成初步的数概念。①

二、学前儿童数学教育内容及分析

（一）分类、排序和对应

分类是指把具有相同特点的物体进行分组。儿童学习按物体的某一个（或两个）外部特征进行分类；按物体的特征进行多角度及按物体内在的包含关系进行层次分类。

排序是根据物体的差异按一定的次序或规则进行排列。儿童学习按物体量的差异排序及按物体的某一特征或规律排序。

对应是指在两个集合中，一个集合的任何一个元素按照确定的对应关系在另一个集合里都有一个或几个元素和它相对。对应中如果一个集合的每一个元素分别与另一个集合中的每一个不同的元素对应，那么这种对应关系就叫一一对应。儿童学习将相关物体一一匹配，儿童借助一一对应的逻辑方法比较两组物体的数量是否相等。

分类、排序和对应这三项活动可为儿童建构类、序和对应的心理运算结构奠定基础，为儿童学习数学概念做好准备。

（二）数概念

数概念包括基数、序数、数的组成和数的加减运算。

基数是指表示事物数量的自然数或正整数。具体内容主要有：儿童认识10以内的自然数和0，理解数的实际意义和数与数之间的数差关系，知道没有可以用0来表示；掌握计数即数数，学会手口一致地点数实物并能说出总数，即儿童能口说数词，手点实物使每个数词与一个集合内的每个元素建立一一对应的关系，数的结果会用数词来表示。这种表现说明儿童掌握了基数概念，也可看出数数是儿童早期数概念发展的重要基础，儿童是通过与具体的情境和实物有关的数数过程来学习基数概念的。

序数是用自然数来表示一个事物对于另一个事物的相对位置或相对大小，以此来说明物

---

① 张慧和，张俊.幼儿园数学教育[M].北京：人民教育出版社，2004：53.

体排列的次序,说出某一物体排在"第几"。序数概念的发展晚于基数概念,一般来说,学前儿童只需掌握 10 以内的序数。

学习 10 以内的数的组成和分解,感知和体验一个数和它分出的两个部分数之间的关系,以及部分数之间的互换、互补关系。认读和书写 10 以内的阿拉伯数字。

数的加减运算。知道加是把两个集合合并起来,而减则是把一个集合分成两个较小的集合。要求学前儿童认识加号、减号、等号,理解加减的意义,学习 10 以内口头加减运算,能应用加减法解决日常生活中的简单问题。

数概念与人们的生活息息相关,在我们生活的周围,处处存在着数,数在生活中有着许多用处。数的运算学习可帮助学前儿童较好地了解、认识周围事物中存在的数量关系,而儿童所掌握的数概念和数量关系有益于他们思维和推理能力的发展。

(三) 量与计量

儿童能区别和说出物体量的差异,如大小、长短、高矮、粗细、宽窄、厚薄、轻重等;在比较物体量的差异时,可帮助儿童初步理解量的相对性。学习量的守恒和自然测量。

量是表示事物所具有的能区别程度异同的性质,就是事物的多少、大小、长短、高低、轻重、快慢等的客观对象都叫作量。量有连续量和不连续量。例如,盒子的大小、轻重、宽窄是连续量,而盒子里所装物体的多少则是不连续量。学前儿童在比较各种量的差异时,可感知到量的相对性,并帮助儿童逐渐建立序的概念,使儿童对其中传递关系有所体验。

计量就是指一个暂时未知的量同另一个作为标准的、约定的已知量做比较,这个比较的过程叫作计量。生活中学前儿童时常使用自然物作为计量单位测量物体的长度、高度和体积等,这种测量方法叫作自然测量。学前儿童学习计量的意义在于他们运用已有的数经验进行测量,可体验到把整体分解成部分,以及部分与部分置换的运算关系,并逐步建立测量单位体系的观念,为以后学习计量做好心理准备。

(四) 形状及时空关系

形状和时空关系涉及到对几何形状的名称、特征、类别和简单的组合关系的理解,也涉及到对时间概念、空间概念、方位、运动方向和空间表征的理解。儿童空间感的发展不仅有助于他们理解自己所处的空间世界,还有利于学习数学的其他内容。具体内容包括:

形状:能够正确辨认常见的平面图形(如三角形、圆形、正方形、长方形、椭圆形和半圆形等)和立体图形(如球体、圆柱体等),能说出它们的名称和主要特征;能区分平面图形和立体图形。

时间:能区分早晨、晚上、白天、黑夜、昨天、今天、明天,知道一星期七天的名称及其顺序;认识时钟、知道其用途,会看整点与半点。

空间:能区分和说出上下、前后、左右空间方位,能按指定方向进行运动。

形状、空间和时间与人们的日常生活密切相关,学前儿童学习认识几何图形,可帮助他们逐渐建立空间概念,并有助于对数的理解和数概念的建立,发展其观察力、想象力和创造力。而学前儿童对空间、时间的感知、认识,有助于发展他们的空间知觉和时间知觉,也有利于提高他们的生活能力。

延伸拓展

美国学前儿童数学教育①

美国在20世纪60年代开始高度重视学前儿童的数学教育,普遍将它看作科学教育的重要组成部分,把它作为发展学前儿童智力的一个重要手段。

教学目标主要有以下两点:

(1)把学前儿童数学教育作为学前儿童全面发展的一部分,强调向学前儿童进行数学教育要服务于教育的总目标。

(2)强调通过数学教育发展学前儿童的智力,主张学前数学教育要使儿童在数学知识和思维发展方面有所收益。

教学内容主要有以下两方面:

(1)学前数学教育的活动:包括分类、比较、排序、测量、资料处理(用直观的、儿童感兴趣的手段,如图表等来表示数量的活动)、模式及形状、空间和时间。

(2)发展数概念的活动:包括认数、计数、数的守恒、序数、认识数字和书写等。

(四)学前儿童各年龄阶段数学教育内容

编排小、中、大班数学教育内容要充分考虑该年龄段儿童的数学概念发展特点及认知水平,充分遵循儿童数学概念形成和发展的规律。表2-1中具体呈现了各年龄段数学教育内容。

表2-1　学前儿童数学教育各年龄段内容及要求

教育内容＼年龄段	每项内容分类	小班	中班	大班
分类、排序与对应	分类	1. 学习按物体一个特征进行分类。	1. 学习概括物体(或图形)的两个特征。 2. 学习按物体某一特征分类或按物体的数量进行分类。	1. 学习按物体两个或两个以上特征进行分类。 2. 学习按某一特征的肯定和否定进行分类。 3. 学习层级分类和多角度分类。
	排序	1. 学习按物体量(大小、长短)的差异进行5以内物体的排序。	1. 学习按(粗细、高矮)的差异进行7以内的正逆排序。 2. 学习按一定的规律排列顺序。	1. 按物体量的差异和数量的不同进行10以内正、逆排序,初步了解序列间的传递性、双重性和可逆性关系。
	对应	1. 学习用一一对应的方法比较两组物体的数量、感知多、少、一样多。		

---

① 梅纳新主编. 学前儿童数学教育[M]. 上海:复旦大学出版社,2013:114.

（续表）

年龄段 教育内容	每项内容分类	小班	中班	大班
数概念	基数	1. 认识"1"和"许多"并且区分其关系。 2. 学习手口一致地点数5以内的实物，并能说出总数。能按实物范例和指定的数目取出相应数量的物体，学习一些常用的量词。	1. 认识10以内的阿拉伯数字，理解数字的含义，会用数字表示物体的数量。 2. 学习不受物体空间排列形式和物体大小等外部干扰，正确判断10以内数量，即达到数守恒。 3. 认识10以内自然数列中相邻两数的等差关系。	1. 学习10以内序数、单、双数、相邻数等知识，学习顺数和倒数。
	10以内数的组成和分解			1. 学习10以内数的组成与分解，理解总数与部分数之间的包含、部分数与部分数之间的互换、互补关系。
	10以内的加减			1. 学习10以内加减计算，并体验加减互逆关系。学习用加减法解答生活中一些简单的问题。 2. 学习理解"＋"、"－"、"＞"、"＜"、"＝"等符号表示的意思。 3. 认识角、元、1元、5元、10元的人民币，能说出它们的单位名称，知道它们的值是不相同的。
量与计量	量的比较			1. 学习等分实物或图形。
	计量			1. 学习自然测量。
形状、时空概念	形状	1. 认识圆形、正方形、三角形，并能说出其名称。 2. 在教师的引导下，能注意周围环境中物体的形状和数量。	1. 认识长方形、梯形、椭圆形。 2. 学习用各种几何体（积木或积塑）进行拼搭和建造活动。 3. 能注意和发现周围环境中物体量的差异、物体的形状，以及它们在空间的位置。	1. 认识正方体、长方体、球体、圆柱体，学习区分平面图形和立体图形之间的关系。
	时间	1. 认识并理解早晨、晚上、白天、黑夜的含义，基本学会正确运用这些时间词汇。	1. 认识理解今天、明天、昨天的含义，知道它们之间的关系，学习正确运用时间词汇。	1. 学习认识时钟，学会整点、半点，学习看日历，知道一星期中每天的名称和顺序。 2. 学习一些表示时间的词汇，在日常生活中能感受和注意时间的长短和更替，懂得要珍惜时间。

（续表）

教育内容 ＼ 年龄段	每项内容分类	小班	中班	大班
	空间	1. 以自身为中心区分上下;学习判断两个物体之间明显的上下关系。说出什么在什么上面,什么在什么下面。	1. 学习以自身为中心区分前后方位。 2. 学习以客体为中心区分物体前后、上下位置关系。 3. 学习向上、向下、向前、向后等指定方向运动。	1. 学习以自身为中心和以客体为中心区分左右。 2. 会向右、向左方向运动。 3. 在日常生活中,能注意自己(或物体)在空间的位置和运动方向。

第三节 学前儿童数学教育原则与方法

学前儿童数学教育不仅仅是为了完成某种既定任务,也不仅仅是为了数学知识的获得,它的三大主要任务是培养学前儿童数学学习的兴趣、发展学前儿童初步的逻辑思维能力和解决问题的能力。为此,开展学前儿童数学教育应坚持以下一些原则:

一、学前儿童数学教育的原则

(一) 遵循学前儿童逻辑思维发展规律的原则

教师在开展学前儿童数学教育时,不应只着眼于具体数学知识和技能的掌握,而应了解学前儿童思维发展阶段及特点,遵循他们逻辑思维发展的规律,促进他们思维结构的发展。

首先,教师应当了解儿童思维的发展阶段及其特点。皮亚杰将儿童认知发展划分为四个阶段,这四个阶段的发展决定了儿童的数学思维发展必然要经历直觉行动思维→具体形象思维→抽象思维发展这一过程。对这些阶段的思维发展特点进行总结、概括,有利于教师清晰地把握儿童思维的整体发展水平。

其次,教师还应了解儿童在相关数学内容领域内的思维发展规律。如儿童在集合感知阶段的发展要经历泛化笼统感知阶段(3 岁前)→感知有限集合阶段(3 岁以后)→感知集合元素阶段(4 岁左右)→感知集合类包含关系阶段(5 岁以后)[1]共四个阶段。而 10 以内数概念的形成则要经历对数量的感知动作阶段(3 岁左右)→数词和物体数量间建立联系阶段(4—5 岁)→简单的实物运算阶段共三个阶段[2]。而在数概念建立的过程中,计数能力也是数概念发展的一个重要方面,而儿童计数能力的发展则要经过口头数数→按物点数→说出总数→按群计数四个阶段[3]。还有其他各个内容模块如空间和时间、测量、加减运算等内容,学前儿童的思维

---

[1] 黄瑾. 学前儿童数学教育[M]. 上海:华东师范大学出版社,2007,102-103.
[2] 黄瑾. 学前儿童数学教育[M]. 上海:华东师范大学出版社,2007:132-133.
[3] 黄瑾. 学前儿童数学教育[M]. 上海:华东师范大学出版社,2007:129-130.

阶段都有不同的划分。

由于数学知识的本质是高度的抽象性和逻辑性,因此教师只有充分地理解学前儿童逻辑思维发展的规律,帮助学前儿童通过动手操作来获得众多的逻辑数理知识领域,并将其与心理结构关联起来,才能真正促使儿童获得数学概念自我意义的建构。由此可见:儿童建构数学概念的过程和儿童思维结构的建构过程是一致的,两者互相促进,即儿童思维结构的发展促进其数学概念的建构,而儿童数学概念的学习过程有助于其一般的思维结构的发展。如:当儿童的思维结构中还没完全形成抽象的数概念时,虽然会有口无心地唱数阿拉伯数字,但并不真正理解数量含义,故需要在成人的引导下,学习数数,尝试把口头数数、手指点数动作和所数的物体一一对应起来,通过对自己的操作经验及感性经验的反思,逐步自主建构起数概念。

(二)关注知识内在的系统性和逻辑性的原则

在第二节中对学前儿童数学教育内容已有详细阐述,主要包括分类、排序和对应(感知集合)、数概念(基数、10以内数的组成和分解、10以内加减运算)、量和计量(自然测量)、形状与时空概念等四大模块内容。每个模块又由许多个小模块组成,体现了数学教育内容知识体系的系统性和逻辑性。各模块之间既相互关联,又相对独立。其中感知集合是所有模块的基础,数概念是学前儿童数学教育内容中最基础的知识,也是儿童开始积累数学逻辑经验时首先遇到的问题之一。为此,在编制学前儿童数学教育内容上,我们应该遵循数学知识的逻辑和儿童学习的逻辑顺序,体现先易后难、循序渐进、前后联系的特点。

以数概念的学习为例:教师不仅先要让儿童学会数数,还要理解数的含义,知道数的顺序和大小,理解数的组成和数的守恒,并掌握数的读法和写法,这也为学习数的加减运算奠定基础。为此,在编排内容时,小班会编排一些对应、排序活动,帮助小班儿童获得一些学前数学经验及学习数的心理准备。之后在小班后期和中班,正式引入数的内容,重点让儿童感知数量,理解数的实际意义。大班则编排数的组成和数的加减,帮助儿童建立初步的数概念。这样编排既体现数学知识的逻辑性,又符合儿童学习数学的心理逻辑。又如:在四个模块里,时间的延续性和周期性则是儿童最难以理解的概念,所以在小、中班阶段只编排认识早、晚、白天、黑夜、昨天、今天、明天等时间概念的内容。而将对时间周期性的理解等内容放在大班进行,因为这一时期的儿童已逐步发展了守恒观念和对10以内数概念的逻辑理解,这些都是儿童学习抽象的时间概念的逻辑基础。

(三)注重动手操作的原则

皮亚杰认为,抽象的思维起源于动作,儿童思维的逻辑结构的建构,正是从动作开始的。在学前儿童数学教育过程中也经常见到儿童借助动作完成数学知识的学习这一现象,这种学习过程是从外部动作到内部动作的发展过程,也有的人把它看作是从"数行动"发展到"数概念"的过程。如:小班儿童在数数时往往是一一点数的;而随着年龄的增长,他们能逐渐把动作内化,能够依靠视觉在头脑中进行数和物的对应,甚至能直接用目测来确定10以内物体的数量,到了大班,学前儿童已具有了较强的动作内化能力。

由此可见,动手操作对于儿童建构数概念非常重要,它是儿童建构思维结构的最坚实的基础。为此,在组织数学教育活动时,教师要重视动手操作活动对数学的理解意义,要让儿童充分地操作、摆弄具体实物或数学材料,这有助于将具体的动作内化于儿童脑中,是促进其思维发展的根本途径。

在学前儿童数学教育活动过程中,强调的是要让儿童自己亲自动手操作,而不是看教师的演示或讲解,因为操作活动能够给予儿童在具体动作水平上协调和理解事物之间关系的机会,也是符合儿童学习特点的。如:小班儿童在玩"喂豆豆"操作活动时,他一边用小勺给小狗喂一粒豆豆,一边嘴里念着:"我给小狗吃一粒豆豆。"这就是数字1;然后用小勺给小猫喂两粒豆豆,嘴里念着:"我给小猫吃两粒豆豆。"这就是数字2。通过此次操作活动,儿童不仅学会数数,还懂得数字真正的含义,为儿童内化数学概念,理解数的抽象意义提供了基础,同时也帮助儿童逐渐明白了数和事物间一一对应的逻辑关系。

(四)紧密联系生活的原则

儿童的发展特点和学习能力决定了幼儿园课程必须是与儿童的生活相关联的。数学源于生活,也应用于生活,这决定了幼儿园数学教育应当生活化。只有生活化的幼儿园数学教育才能使儿童真正体会到数学与人类生活的密切联系,对数学产生亲切感,并能初步运用数学知识观察生活,从而学会用数学的思维方式去分析解决日常生活中遇到的问题。

学前儿童数学教育紧密联系生活的原则要求教师在教育实践过程中应做到以下几点:

1. 数学教育目标生活化

《纲要》中指出:数学教育目标为"能从生活和游戏中感受事物数量关系并体验到数学的重要和有趣",而《指南》中数学认知领域的第一条目标为"初步感知生活中数学的有用和有趣"。从这两条目标的表述不仅可以看出学前儿童数学知识和他们的现实生活有着密切的联系,还体现了数学教育目标的定位是在生活中感知数学、体验数学的重要性。在生活和游戏中培养学前儿童对数学的兴趣,重视培养他们学会运用数学解决生活的问题,这是有利于他们一生发展的重要学习品质。因此,教师在组织数学教育活动时所制定的教育目标要从学前儿童的生活出发,服务于他们的生活。

2. 数学教育内容生活化

数学具有广泛的应用,日常生活中经常需要运用数学知识解决问题,幼儿园数学教育活动的内容如能和儿童的生活实际相联系,不仅会让他们感到数学就在身边,而且能够让他们感到数学的有用,这样就会激发儿童学习数学的愿望,产生学习数学的动力。实践表明:越是贴近儿童生活的教育内容,儿童越喜欢,因为它生动、自然。因此,我们为学前儿童选择的数学教育内容不应是抽象的数学知识,而应是紧密联系他们的生活实际,符合他们认知发展水平的数学知识。例如:颜色的分类,比较物体的大小、长短、厚薄,了解物体的方位、空间等等。

3. 数学教育形式生活化

学前儿童数学教育应渗透在幼儿园一日生活中和游戏中,教师应引导儿童在生活中学数学、用数学,结合儿童的日常生活,在儿童的生活中进行教育。如:喝水时,每位儿童都从茶杯架上的格子里拿出有自己标识的杯子,喝完水后又要将自己的杯子放入有同样标识的格子里,这就可以让儿童感知、理解物体一一对应的关系。同时,教师还应联系儿童生活,引导儿童在生活中用数学,让儿童感受到数学作为一种工具在实际生活中的应用和作用。如:在"商店"角色游戏中,儿童可利用分类、排序的知识进行货架的整理、商品的摆放,也可运用10以内的加减法进行商品的买卖等,这样的数学游戏有利于刺激儿童数学思维的形成。由此可见,只有生活化的数学教育才能把抽象的数学变得具体,使数学在儿童眼中不再是简单的数字,而是富有情趣、充满活力的,这样才能使儿童体会到数学的真正价值,享受到数学学习的无穷乐趣。

(五)尊重学前儿童个体差异的原则

"个体差异"主要是依据儿童的认知发展的个体差异提出来的。在同一认知发展阶段,儿童间存在较大的年龄差异;在同一年龄阶段,个体间认知水平也有很大差异。每个儿童都有其独特的发展速度、特点和风格。尤其是数学教育,因为它是"高强度"的智力活动,是体现儿童思维发展水平和思维特点的活动,儿童的个体差异表现得尤为明显。

儿童学习数学的个体差异主要体现在思维发展水平、思维发展速度、学习风格、认知方式等方面。因此在数学学习过程中,教师应尽可能从生活和游戏中开展数学交流的活动,在活动中感受认知方式,促进全面发展,以达到儿童个性化的认知发展,感受到事物的数量关系并体验到数学的重要和有趣。

与此同时,教师要关注每位儿童的学习特点和发展速度,根据不同个体差异的儿童设计不同层次、不同难度的活动,让每位儿童都能选择适合自己水平和能力的活动,促使他们在自己原有水平上都有不同程度的提高;对于学习有困难的儿童,要具体分析、具体指导。如:缺乏经验的儿童可多为他提供操作游戏的机会,丰富其学习经验。而概括抽象能力较弱的儿童,教师则要启发、引导他们学会总结概括。对于没有数学学习兴趣的儿童,则要引导他们多参与数学游戏,并在生活中引导他们关注生活中的数学,发现数学在生活中的价值,激发其学习兴趣。

二、学前儿童数学教育方法

学前儿童数学教育活动目标主要是激发儿童学习数学的兴趣,并学会运用数学解决生活中的问题,促进其思维的发展。为了有效实现此目标,学前儿童数学教育主要通过在生活中学习、在情境中学习、在游戏中学习、在操作活动中学习等几种重要途径来实施,在不同的途径中主要运用以下几种教育方法。

(一)操作实践法

操作实践法主要是指学前儿童通过亲自动手操作直观教具,在摆弄物体的实践操作过程中进行探索,从而获得数学经验、知识、技能的一种学习方法。如:儿童在学习1—5的数数时,教师应为儿童提供表示1—5数字的物体、教具或图片,让儿童一边进行口头数数,一边用手指点数教师为其提供的操作材料,逐步将数字与材料的数量联系起来,真正理解"1—5"数字的意义。

数学知识的抽象逻辑性和儿童思维的具体形象性,决定了儿童数学概念的形成要经过操作层次→形象层次→符号层次的逐步抽象和内化的过程。这需要作用于事物动作的足够经验和体验为基础,通过自身活动的操作层次,借助被操作的物体获得感性经验,并从类似的多种经验中抽象概括而逐步建构起来。因此,数学操作活动是一种与儿童生活紧密联系的知觉活动,是幼儿园数学教育的基本活动之一。[①]

操作实践法主要有探索性实践操作、实验性实践操作及创造性实践操作三种类型。这三种实践操作的共性是均要让儿童通过对实物、图片或教具进行操作、摆弄、探究获得数学知识、数学经验、构建数学概念的,区别在于操作实践的价值取向或是出发点不一样。例如:探索性实践操作是基于某一个数学问题而进行操作活动,其目的充分发挥儿童学习的主动探究性,提高其探究能力和解决问题的能力,促进其思维的发展;实验性实践操作活动是教师引发出某个数学现象或数学问题,并做一定的演示、讲解和归纳,最终通过儿童自身的操作实践来验证获得相关的数学知识和概念。这类操作实践活动有助于儿童对数学知识的进一步理解、巩固和

---

① 李槐青.幼儿数学教育[M].陕西师范大学出版总社有限公司,2013:63.

内化;创造性实践操作是教师为儿童提供某些操作材料,这种材料不是单一的,即便是同一类材料,也是多维度、多元化的。儿童可根据自己的设计、自己的理解和思维方式进行多种操作实践。这类操作活动可培养儿童创造性思维,培养儿童多角度的思维方式。儿童可按颜色、大小、长短等不同规律对同一材料进行排序的活动就是典型的案例。

教师在运用操作实践开展数学教育活动时,要注意几个问题。一是确保材料的充足性。无论是集体活动还是区域活动,都要提供能够满足每位儿童活动需要的材料,区域活动中甚至还要考虑到个体差异性,为儿童提供不同层次的活动材料,满足不同水平儿童活动的需求;二是确保儿童带着思维进行操作实践。即教师在阐述清楚操作的程序和方法,明确操作的要求之后,请儿童先思考再操作,或是边思考边操作,在操作的过程中尽量做到动口动手动脑;三是教师要及时地指导儿童的操作。教师通过观察儿童操作,发现问题并及时给予指导,并引导儿童学会总结操作结果,与同伴分享交流操作结果,在交流、总结的过程中帮助儿童学会归纳、整理,使其能通过操作实践活动获得清晰、完整的数学认知。

(二)游戏法

游戏法是指将抽象的数学知识寓于学前儿童感兴趣的游戏中,使他们在愉快的游戏活动中学习数学。游戏法可激发学前儿童学习数学的兴趣,调动学前儿童学习的主观能动性,促进学前儿童积极思维的良好学习品质。

在教育活动中,游戏法的运用主要体现在两方面。一方面,教师常在集体活动中设计数学游戏;另一方面,在幼儿园一日活动中,教师经常为学前儿童创设数学游戏情境,让他们在情境中运用游戏的方式来感知数学、理解数学、运用数学。

游戏法在数学教育活动中的运用,主要包括有以下几种类别的游戏。

1. 操作性游戏

它是学前儿童操作玩具、实物、图片,按照一定游戏规则学习数学的一种游戏方式。如:"给动物喂食"游戏,儿童要根据不同动物的生活习性,向不同动物的嘴巴里喂不同的食物图片。儿童在游戏活动中不仅学会了一一匹配,还学会了遵守游戏规则。

2. 情境性游戏

它是教师为儿童创设一定的主题、有情节的游戏情境,儿童在游戏情境中与同伴、材料的互动游戏过程获得数学经验,运用数学解决问题的一种游戏方式。如:"小吃店"角色游戏区,儿童在区域中扮演顾客、店员、厨师等不同角色,通过买卖游戏,进一步巩固、理解、运用10以内的加减运算。

3. 运动性游戏

它主要将数学活动渗透到体育活动中的一种游戏方式。如"占圈",每个圈里放了1—10不同的数字,教师说出数字"3",儿童首先要找到摆放了数字"3"的圈,然后找好另外两位同伴,三人一起跳进有数字"3"的圈中,在游戏中感知了数字"3",也培养了同伴之间的合作意识。

4. 竞赛性游戏

这种数学游戏主要是凸显竞赛活动的激励作用,通过儿童与同伴的个体、小组进行竞赛活动进一步激发他们学习数学的兴趣,也可促进他们思维的灵活性和敏捷性的发展,也利于儿童合作能力的提高。如:小组合作"拼图竞赛游戏",看看哪组儿童能在最短的时间里完成拼图任务。儿童在拼图的竞赛游戏过程中,不仅进一步感知了各种图形、形状及空间,还培养他们的合作能力和集体荣誉感。

5．多种感官参与性游戏

它是通过学前儿童的听觉、触觉、视觉等多种感官参与来学习数学的一种游戏方式。如："我说你做"游戏，教师说学小兔跳三下，小朋友便连续跳三下，边跳边数"1、2、3"。儿童通过听觉、肢体动作来完成整个游戏，在游戏过程也真正理解、内化了数字1、2、3的真正意义。

以上各类游戏大多属于规则性游戏，教师在组织开展数学教育活动时，要根据教育内容和儿童的兴趣爱好、年龄差异来选择不同的游戏种类。如：在集体活动时，更多地选择操作性游戏、运动性游戏、竞赛性游戏、各种感官参与性游戏等规则性游戏；而在区域活动中，教师应为儿童创设游戏情境，可以是操作性情境，也可以是互动交流式情境，还可以通过个体操作性游戏和同伴情境性游戏来达成数学教育活动目标。同时，教师也要把握游戏的时间、提供丰富充足的游戏材料，适时地进行游戏指导，真正让儿童在游戏中体验到数学学习的乐趣。

（三）比较法

比较法是学前儿童对两个（或两组）以上物体的比较，找出物体在数、量、形等方面的相同与不同的方法，其实它也是一种操作实践。比较是思维的一个过程，是在物体之间的某些属性上建立关系的过程。如：感知物体的大小、长短、厚薄、粗细等都需要通过将两个物体放在一起进行对比，才能作出判断，这也是促进学前儿童思维发展的过程。

比较法的分类可从两个角度进行。一是按性质来划分，主要有简单和复杂的两种比较。区别在于比较物体的数量不同，简单的比较是在两个或两组物体之间进行数、量的比较，而复杂的比较则是两个或两组以上的物体间进行数、量的比较。二是从排列形式的角度来划分，主要有对应比较和非对应比较。对应比较是将两个或两组物体一一对应进行比较。它可运用重叠对应、并放对应和连线对应进行数和量的比较。而非对应比较则可通过单排排列、双排排列、不同排列形式进行数和量的比较。

教师在运用比较法时要根据不同的内容选择最适宜的比较方法。如：在比较长短、厚薄、粗细等量的关系时可采用对应比较中的重叠对应法，并要教给儿童准确的比较方法和操作技能；同时，也要遵循由易到难的学习规律，先学会简单比较，然后再尝试进行复杂比较，先学会重叠对应比较，再学并放对应和连线对应比较。如：在比较物体的数和量时，应先让儿童学会用一一对应的方法进行两个或两组物体的数、量的比较，然后再用一一对应的方法进行两个或两组以上物体的数、量的比较。

（四）讲解演示法

讲解演示法是教师通过演示，把抽象的数、量、形等知识、技能和规则呈现出来的一种教学方法。它主要具有直观、形象的特点，有助于学前儿童理解数学知识。一般在数学教育活动中，以操作、游戏法为主，但有些内容仍然需要教师运用讲解演示法来帮助儿童更好地理解数学概念。有些数学知识、技能需要教师教给儿童，如：算式中的运算符号、自然测量的方法等；又如：在数学活动中教师投放的新的活动材料，也需教师讲解其操作方法，尤其是小班。同时，儿童在操作材料后，所获得数学经验和认知需通过演示法来呈现自己的操作结果，供其与同伴交流。

教师在运用讲解演示法的过程中，要凸显儿童是学习的主体，讲解与演示要相结合，在讲解演示的过程中要提出启发性的问题，促进儿童积极主动地思考，激发儿童主动操作实践的意愿；同时，教师演示的教具要直观、醒目、鲜艳，要能反映教育内容和数学概念的本质属性。

以上各种方法是我们在学前数学教育活动中常用的一些教育方法。此外，还有启发探索法、讨论交流法、创设情境法、寻找发现法等各种教育方法。要科学地选择恰当的教育方法还需根据儿童的年龄特点、具体的教育内容和主要教育途径来进行,这些教育方法可以互相配合着进行的,即在一个活动中可采用多种教育方法。需要注意的是:无论选择哪种教育方法,都应让儿童在积极的思维中建构数学概念,而不是教师填鸭式、注入式的灌输教育。

思考与实践

一、名词解释

1. 学前儿童数学教育目标　2. 对应　3. 序数　4. 计量　5. 操作实践法　6. 比较法

二、简答题

1. 学前儿童数学教育目标体现的理念是什么?
2. 从学前儿童身心发展角度来看,学前儿童数学教育目标有哪些?
3. 简单说明学前儿童数学教育层次目标之间的关系。
4. 儿童认知发展主要有哪几个阶段?
5. 学前儿童数概念教育内容主要有哪些?
6. 简单说说学前儿童数学教育的基本原则有哪些?
7. 学前儿童数学教育中的游戏法主要有哪几种类型?

三、论述题

1. 论述学前儿童数学教育目标制定的主要依据。
2. 结合实际谈谈学前儿童数学教育内容紧密联系生活的主要方法。
3. 联系实际谈谈在学前儿童数学教育活动中体现个体差异原则的策略。
4. 联系实际案例谈谈学前儿童数学教育活动中运用操作实践法的具体做法。

四、实践性学习活动

结合大班儿童的年龄特点,选择一节适合大班的数学活动,并运用数学教育方法设计此节活动。要求对活动目标的确定、内容的选择、教育方法的选择进行详细的分析。

第三章 学前儿童数学教育活动的设计与组织

学习目标

1. 掌握学前儿童数学集体教学活动的设计与指导策略。
2. 了解幼儿园主题活动中的数学教育活动。
3. 了解如何在一日生活中渗透数学教育活动。

学习提示

本章主要阐述了开展学前儿童数学教育活动的方法及有效的指导策略。本章的学习从以下几个方面展开,其一是了解学前儿童数学集体教学活动的基本要素;其二是在开展数学主题活动时,从哪些环节入手以及相应的指导策略;三是要结合幼儿园的实地观察,了解如何在一日活动中的各个环节渗透数学教育内容。

案例导入

大班的李老师发现最近一段时间,班上的许多孩子对活动室中的时钟很感兴趣,但是他们却不认识时间。于是李老师组织了一次集体教学活动《认识时钟》,帮助儿童初步了解时针、分针之间的关系,掌握整点、半点并知道其规律,并结合日常生活理解时钟的用途。活动结束之后,李老师把集体活动中所用的材料放在数学区域活动之中,儿童继续在活动区进行探索,有的儿童两人一组,一个报出时间,一个在"钟表"卡片上拨出相应的时间。当儿童基本掌握了整点与半点之后,李老师又给儿童一个任务,请他们按照记录表中的要求记录自己及家人的时间安排,如记录自己起床、上幼儿园、回家及睡觉的时间,也可记录爸爸妈妈起床、上班、下班、睡觉的时间等。

通过此案例可以看出,李老师通过多种途径让儿童认识了时钟,并让儿童将所学的数学知识运用在生活之中。在幼儿园中,教师有目的、有计划进行的多种形式的数学教育活动,对儿童数学概念的建构及整体发展起着重要的作用。学前儿童数学教育活动可相应地分为:集体数学教学活动、区域中的数学活动、数学游戏活动和日常生活中的数学活动。那么,我们应如何开展有效的数学集体教学活动,如何将数学活动渗透在区域活动及一日生活之中,怎样将数学活动整合到主题活动中? 这些都是本章要阐述的问题。

幼儿园数学集体教学活动的设计与组织

集体教学活动是幼儿园教育活动的一种重要形式,是在当前幼儿园师生比较高的客观条件下较为经济高效的一种教学组织形式,也是我国幼儿园中最常用的一种活动组织形式。数学集体教学活动能够帮助学前儿童获得一些粗浅的数学知识,建构一些初级的数学概念。

一、幼儿园数学集体教学活动的概念

集体教学活动是指为促进儿童身心和谐健康的发展,由教师依据儿童的年龄特点,有目的、有计划地组织全班儿童用相同的方式与速度学习同样的教育内容的专门活动,它包括教师的"教"和儿童的"学"两个方面。因此,幼儿园数学集体教学活动是指在教师的领导下,有目的、有计划地组织全体儿童集体参加的数学学习活动。作为科学领域的重要组成部分,数学是幼儿学习内容中不可或缺的一个部分,需要教师精心设计、编排和实施,才能取得较好的教育效果。

二、幼儿园数学集体教学活动的作用

在集体教学中,教师面对的是全体儿童,虽然很难做到因材施教,但由于集体教学活动具有计划性、目标性、系统性、组织性及指导性的特点,在儿童发展过程中起着重要的作用。具体来说,包括以下几方面:

（一）能够帮助儿童不断获取新的数学知识

在每一次数学集体教学时,教师事先会选取合适的教育内容,采用适宜的教学方法,儿童在教师的引导下达到教师预设的活动目标。通过教师的引导,能对儿童平日积累获得的一些零散的、片段的数学经验进行归纳、整理,这样在每次教学活动中儿童都能获得新的数学知识经验。

（二）能够获取系统的知识经验

幼儿园的一日活动中蕴藏着许多数学教育的内容,但是仅依靠生活中的观察和学习很难让儿童对数学学科的知识体系有较为完整的认识。在数学领域的集体教学中,教师会遵循由易到难的原则合理安排学习的内容,用多种教育形式丰富儿童的感性认识,帮助儿童在教学活动中获取系统的数学领域的知识和经验。如大班儿童在学习"10 以内加减运算"时,需要教师事先安排"数的分合"、"应用题的理解"等内容,先帮助儿童理解加减的含义,掌握运算的方法。因为"数的分合"、"应用题的理解"等内容是学习"10 以内加减运算"的前期知识经验,只有这样安排,儿童才能真正掌握"10 以内加减运算"。

（三）能够提高活动的效率

集体教学活动由于在同一时间内,一位教师同时能面对所有儿童,让儿童能同时提升相应的知识经验,扩大了单位时间内教师的教学能量,大大提高了教学活动的效率。

（四）利于儿童之间形成良好的学习氛围和经验共享

在集体教学活动中,教师面向全体儿童提出相同的问题,儿童围绕着共同目标积极思考,便于儿童之间经验的分享。数学集体教学活动中的小组活动形式利于儿童之间互相讨论,相互引导,形成良好的学习氛围,也利于同伴之间的多向交往。

三、幼儿园数学集体教学的活动设计

幼儿园数学教育活动实施之前首先要进行数学教学活动设计。数学教学活动设计的内容一般包括活动名称、活动目标、活动准备、活动过程等,有时还包括活动建议和活动延伸等部分。

(一) 活动名称

指数学活动的名称。一般用以下两种方式命名:

1. 生活化语言命名

如"食品超市"(其目标是幼儿能根据食品袋上的点数取相应数量的物品,进一步感知5以内的数量)、"寄包裹"(能根据坐标地址找到对应的网格位置,初步理解坐标地址的意义)、"给数找朋友"、"图形宝宝找家"等,这种命名是教师根据教学内容或活动的情景、材料而设计的。这种活动名称生动、有趣,符合学前儿童的教育特点,因此教师应尽量使用该方式命名。

2. 数学术语命名

如"看图编应用题"、"7的组成"、"认识相邻数"、"认识左右"等,这种命名从名称上就可以了解活动的内容或要求,但这种名称不够儿童化,一般在中、大班有时活动内容无法采用生活化的语言来表达时,才选用这种形式来命名。

(二) 活动目标

1. 数学活动目标包含的内容

活动目标是指数学活动所要达到的具体教育效果,活动目标应包括学习内容的要求及儿童行为养成的要求。具体表现为:知识概念的学习、认知能力的学习、操作技能的学习、兴趣、态度和行为习惯的学习。

(1) 知识目标:引导儿童学习一些粗浅的数学知识和技能,让儿童学会正确操作和使用材料,在与材料的相互作用中,帮助儿童获得有关物体数、量、形以及空间、时间等方面的感性经验,使儿童逐步形成一些初步的数学概念。

(2) 能力目标:在儿童形成一些初步的数学概念的基础上,发展儿童的数学思维活动与解决问题的能力。

(3) 情感与态度目标:培养儿童对数学活动的兴趣以及参与活动的主动性和独立性,让儿童养成做事认真、仔细、有条理、不怕困难以及爱思考的好习惯等,也就是各类学习品质的培养。

例1:比较5以内的多少

活动目标:

(1) 能排除物体大小的干扰,判断5以内数量的多、少、一样多。

(2) 能比较5以内两组物体的多少,并尝试将其变成一样多。

(3) 能积极地参与评议活动,大胆地讲述自己的意见。

例2:认识10以内的单双数

活动目标:

(1) 理解单双数的概念,知道10以内的单双数。

(2) 在1—10的数序中通过两个一组的排列发现落单的数与成双的数。

(3) 认真仔细,能耐心地逐一判断单双数。

从上述所举的两个数学活动的目标来看,既关注了儿童知识技能的学习,又关注了学习习

惯和兴趣的培养;既关注学习的结果,也关注儿童积极参与学习的过程,致力于为儿童的整体发展,终身发展打好基础。

2. 数学活动目标表述方式

在数学教学活动中,常见的目标表述方式有两种:一种是教师作为行为主体,用教师的行为来表述。一般运用以下词语表述,"引导儿童……"、"使儿童……"、"激发儿童……"等词语;二是儿童作为行为主体,用儿童的行为变化来表述。如使用的是"会……"、"体验……"、"能……"等词语。在同一活动中目标表述的方式应该是统一的。一般地说,活动目标的表述,以儿童作为行为的主体,表述其行为变化较为合适。因为这种表述可使教师从儿童行为变化中观察他们的发展状况,但这只能对易显露的实质概念的学习有较清晰的观察。

(三)活动准备

数学教学活动的准备一般包括以下三个方面:

1. 学习经验的选择

即为了实现活动目标,教师应为儿童选择恰当的学习经验。教师在选择学习经验时应考虑几个方面:其一,这些经验是否在数学教育范围之中;其二,所选的经验儿童能否理解,并能得到满足;其三,所选的经验是否能让不同层次的儿童在已有经验水平上都获得发展。

不同的儿童参加同一个数学学习活动,由于儿童在发展上存在着很大的个体差异,他们获得的经验往往是不相同的。因此,教师在为儿童选择学习经验时,应考虑到学前儿童发展的个体差异。在平时,教师要深入观察,了解儿童的学习过程,这样才能为每个儿童的学习和发展提供必要的条件和环境。

2. 儿童的经验准备

即儿童对将要进行的数学学习活动,必须先期掌握哪些知识技能,具备哪些能力。教师可采用任务分析的方法,来了解、分析儿童经验准备的情况。

首先要分析在进行某一学习活动中,儿童思考、解决问题的步骤和环节有多少。思考、解决问题的步骤、环节越多,则难度越大,对儿童学习的要求也越高;其次要分析儿童已具有哪些知识技能,具有哪些能力,还缺少什么。教师应为儿童创设什么条件,以帮助他们解决问题,完成任务,获得学习经验。

例如:中班数学活动《按长短排序——半范例7个》(图3-1)

这项活动要求儿童能根据活动底纸上的基线和前面的四个半范例,将7根小棒按从短到长的顺序排下去。底纸上画有摆放七根小棒的上基线和前面四根小棒的半范例图。

图3-1 长短排序半范例
(来源:北京奕阳教育研究院《通向数学》)

儿童要完成这一活动,需要以下经验:

儿童已有过给5个长度量进行排序的经验;能用一一对应、重叠的方法给物体排序;能发现物体长短差异,初步理解物体从短到长的顺序关系。

儿童在进行"长短排序"活动时,教师可观察到以下的情况:

表现一:有的儿童只能借助半范例用重叠对应的方法排出前四根小棒,而对排列后面三根小棒感到困难。

表现二：有的儿童需要两两比较，不断尝试错误来完成排序。

表现三：有的儿童按小棒的长短，一根一根有顺序地找出来完成排序。

这三种情况反映了学前儿童不同的发展水平。第一种发展水平的儿童还没有真正理解从短到长的"序"的意义，只能运用小班时学过的重叠对应的方法逐个匹配，还难以理解小棒之间的长短关系。第二种发展水平的儿童对于物体长短的判断还需要通过动作，即一一比较来确定，对于长短顺序的感知还正在建构之中。第三种发展水平的儿童能够初步理解物体从短到长和从长到短的顺序关系，即知道一根比一根短或者是一根比一根长。对于第一种发展水平的儿童，教师还需要继续给予操作练习的机会，丰富他们排序的经验。

3. 物质准备

即教学活动中教师所用的教具和儿童所用的学具及教学环境的布置等。教具、学具的准备是物质准备中的重要内容。教具是指教师在数学教学过程中，向儿童演示讲解所用的各种直观材料。学具是儿童在数学活动中摆弄、操作和练习用的各种直观材料。教学环境布置是指教师为开展教学选择、布置的环境。例如，教师要考虑在室内活动还是室外活动、桌椅怎样摆放等。

皮亚杰说过："数学开始于对物体的动作。"即儿童最初学习数学是通过亲自动手操作来完成的。直观的教具、学具在儿童的学习中起着桥梁和中介的作用，它能使抽象的数学知识具体、形象地呈现在儿童面前，使他们能够具体、直观地感知和体验其中的数量关系和空间形式。因此操作材料是儿童学习数学的必要条件，提供有效的操作材料对促进儿童思维发展具有重要的作用。

学前儿童数学教学中运用的教具、学具有以下两类：

实物教具、学具：玩具和一些生活用品（如皮球、娃娃、玩具汽车、小盘子、小碗、纽扣、木珠、塑料拼插玩具等）；搜集到的各种自然物（如小木棍、贝壳、果核、大粒种子、竹片等）；废旧物品（如小瓶、瓶盖、各种包装盒、婴儿用过的鞋袜等）；专门用于数学活动的教学具（如各种计数器、几何图形镶嵌板、分类盒、供儿童用于认识和比较各种量的成套模型等）。

形象直观教具、学具：如画有各种物体的图片、实物卡片、几何图形卡片、制作的相关课件等。

（四）活动过程

数学集体教学活动过程指的是活动进程的顺序和步骤，它是活动设计的主体部分，大致分为三个基本环节：活动开始、活动进行、活动结束。

1. 活动开始

集中儿童的注意力并介绍活动的内容和要求。教师可以通过提供操作材料，引导儿童进行观察并介绍活动的内容和要求。

2. 活动进行

儿童通过多种形式进行操作活动，如集体进行统一的操作活动或分小组进行不同的操作活动。

3. 活动结束

引导儿童之间交流操作的过程及结果，并进行讨论，也可由教师提出观察中所发现的问题引导儿童讨论。

（五）活动建议和活动延伸

活动建议：一般是针对数学教学活动过程中需注意的问题，给出相应的建议。如小班儿童进行数学活动时,教师提供的学具应该是儿童较为熟悉的物品,否则会干扰儿童的注意力。

活动延伸:是指由这一次活动引发的下一个教学活动,活动延伸也是教学活动的重要组成部分。活动延伸的形式多样,可以延伸到下一个教学活动、区域活动或家庭中的活动。如教师在组织中班儿童认识了梯形、椭圆形、半圆形的教学活动之后,可以延伸出一节美术活动,让儿童利用各种图形进行拼画活动。也可以将相应的教具放置在数学活动区,让儿童进一步操作感知。还可以请儿童在家找一找、画一画、记一记,家里有哪些东西是这三种形状,第二天带到班上与大家分享。

四、幼儿园数学集体教学活动的组织

在每次集体教学活动之前,教师都会做好事先的各种准备工作。如熟悉所教的内容、准备好教具和学具等。前期的准备是组织好教学活动的前提条件,但真正影响教学活动成效的还是教师对教学活动的有效组织。

教学活动的组织是指教师协调各种教学因素,营造轻松的学习氛围,调动儿童参与学习的积极性,运用教育机智解决各种偶发行为,从而帮助儿童达到预定的活动目标的过程。有效的教学活动组织利于教学顺利进行,提高教学的成效。

一般来说,集体教学活动包括开始部分、基本部分及结束部分三个方面,接下来就围绕这三方面的内容进行具体的阐述。

(一)开始部分

开始部分,又称导入环节,顾名思义,就是"引导"、"进入"的意思,是指在一节课的开始部分,教师运用多种方式引起儿童的注意,激发儿童的学习兴趣,调动儿童的学习动机,明确学习目的的教学活动方式。俗语说"良好的开端是成功的一半",可见导入活动也是教学活动中的一个重要环节,其主要作用是将儿童的注意力集中到学习的课题上,激发儿童学习新内容的动机,为整个教学活动的顺利开展奠定良好的基础。

1. 导入的形式

(1)开门见山导入

教师结合活动内容,围绕活动目标直接进入主题,这种方法是最为简单的导入方法,一般多在大班采用。如:大班数学《计算小高手》活动中,教师直接问儿童:"听说你们都是计算小高手,老师想看看到底谁是计算小高手,你们愿意吗?"如大班数学《我的住处》活动中,教师直接问儿童:"你们都知道自己家住在哪里吗? 你能说清楚自己家的门牌号码吗?"

(2)温故知新导入

教师为了让儿童更好地理解新知识,以复习提问已有知识为手段,从中引出新内容的线索,引导儿童从已有知识顺利过渡到新的内容,让儿童产生强烈的求知欲,主动探求新知识。这种导入能帮助儿童建立新知识与已有经验之间的联系,尤其适合于需要前期知识经验做铺垫的教学内容。需要注意的是要求儿童回忆的内容不宜间隔太长的时间,否则儿童很难回忆起来。如教师在开展中班数学活动《认识椭圆形》中,先让儿童在各种图形的卡片中找出圆形的卡片,并说说圆形的特点,之后再拿出椭圆形的卡片让儿童将它与圆形卡片进行比较,找出椭圆形的特点。

(3)巧设悬念导入

教师有意设置一些带有启发性的问题情境,事先不告诉儿童结果,让儿童带着疑惑主动探求知识。设置的悬念应充分激发儿童的兴趣，能够活跃儿童的思维。需注意的是悬念的设置应遵循适度的原则，即符合儿童的"最近发展区"的要求，如果没有悬念，难以引发儿童的兴趣；如果太有悬念，儿童也只能望而却步。

如在小班数学活动"1和许多"中有一个给小白兔送礼物的环节，当教师拿出一袋礼物时，大家都知道这是"许多"礼物，接着，老师提问：小白兔想把礼物一个一个拿出来放到盘子里给好朋友欣赏，你们想一想，每次从袋子里拿一个礼物出来，袋子里的礼物会变少吗？儿童有的说会变，有的说不会变。带着这种猜测，老师和儿童一个一个地将礼物拿出来，儿童目睹了袋子里的礼物越来越少直至没有的过程，进一步明白了"1和许多"的关系。

再如大班儿童在学习测量的时候，用不同测量单位来测量同一长度，用小脚丫和大脚丫分别测量同一条路的长度，请儿童猜测"你觉得这条路会有几个小脚丫长？会有几个大脚丫长呢？小脚丫的数量和大脚丫的数量会不会一样呢？哪个的数量多一点？哪个的数量少一点？"这样的提问充分激发了儿童的好奇心，都迫不及待想去验证自己的猜测。这种设问、猜测解决问题的过程有利于培养儿童的思维能力。

（4）情境渲染导入

教师通过创设各种与教学活动有关的情景渲染活动的气氛，用来激发儿童的学习兴趣，引起儿童的心理共鸣。情境的创设让儿童身临其境，易受情境感染，利于儿童在情境中观察、感知、体验等。数学活动常用的情境形式有以下几种：

① 故事情境创设

如小班的数学活动以"孙悟空给小猴发金箍棒"为情境，引出金箍棒按长短排序的问题。直接出示操作材料，该情境中一群小猴来到花果山找孙悟空学本领，孙悟空拔下5根汗毛吹了口气，变成了5根长长短短的金箍棒，可是5根金箍棒该发给谁才合适呢？最短的一根发给谁？其他的几根分别发给谁？这种导入方式就是把活动编成一个小故事。

② 生活情境创设

如小班儿童学习物体对应匹配，创设了帮助妈妈"晾袜子、晾手套"的情境，引出给物体配对的要求。教师系着围裙扮演妈妈，端着一盆袜子说："妈妈今天洗了许多袜子和手套，你愿意帮助妈妈晾袜子和手套吗？"

（5）直观演示导入

在活动伊始，教师出示教具（实物、图片）并提出启发性的问题，让儿童通过观察教具引起他们学习新内容的兴趣。数学教学活动离不开操作材料，因此这种形式的导入比较常见。由于儿童具体形象思维的特点，这种导入方式能使儿童获得丰富的感性经验，利于发展他们的观察力。

图3-2　娃娃和皮球
（来源：北京奕阳教育研究院《通向数学》）

教师可以出示相应的图片教具引发儿童思考，如教师以"大娃娃拍大球，小娃娃拍小球"的情境，引出给娃娃和皮球大小对应排序的问题，教师问："看看这是谁呀？最小的是谁？你会在这张图上（图3-2），给她们按从小到大的顺序排排队吗？"

教师还可以出示相应的实物教具引发儿童思考，如在小班的数学配对活动中，教师出示了儿童从家中搜集来的各种不同的成双的鞋子,向儿童提出要求:"今天老师想请小朋友帮忙整理鞋柜,你们愿意吗?"

（6）游戏体验导入

教师利用游戏的方式进行的一种导入。游戏是学前儿童最喜欢的活动形式,利用游戏进行导入有利于调动活动的气氛,把儿童的情绪带入高潮。如教师在帮助儿童认识图形时,经常用"神秘的口袋"游戏作为导入,让儿童通过摸一摸的方式来感知图形之间的不同。

如在大班的数学活动"认识左右"中,儿童已经有了以自身判断左右的经验。教师可以让儿童尝试用自己的方法判断对面人物的左右,在活动的开始和儿童玩"听口令做动作"的游戏,如发出口令"请你举起你的右手"。之后引导儿童看看有谁和别人举的手不一样? 应该是哪只手? 请你用右手拍拍你的左肩,请你用左手拍拍你的右腿等。儿童通过游戏,练习以自身为中心区别左右,为新内容的学习奠定基础。

（7）文学作品导入

教师可选用与教学活动相关的文学作品,如故事、儿歌、谜语等方式,潜移默化地将儿童的思维带入新授内容。文学作品本身对儿童就具有强烈的吸引力,再加上教师极富感染力的表述能够迅速集中儿童的注意力,并能激发儿童主动学习的动机。如大班教师让儿童初步理解整体与部分的包含关系时,就利用《盲人摸象》的故事作为导入,让儿童明白"因为每个盲人只摸到了大象的一部分,不能了解大象的全部"的道理。

2. 注意事项

（1）导入要有目的性

导入活动不应是"走过场",不能流于形式,有效的导入活动应能为活动目标服务,能起到引出活动内容,并为进入下一环节做好铺垫。

（2）导入的形式应多样

导入的作用之一是激发儿童的兴趣,如果教师每次活动都用同样的导入,对于儿童来说就会失去兴趣,这不利于接下来活动的开展。因此,教师应依据不同的数学活动内容,结合不同年龄段儿童的发展特点采用不同的导入形式。

（3）导入要有启发性

富有启发性的导入活动,不仅利于激发儿童学习的动机,还能活跃儿童的思维,让他们因为好奇而对数学教学内容产生浓厚的兴趣,能调动儿童学习的积极性。

（4）把握好导入的时间

导入活动只是一个活动的引子,有效的导入活动应做到简短、精练,不宜占用过多的时间,否则会出现"头重脚轻"的现象。

（二）进行部分

进行部分是一节教学活动的主体部分。在这一环节中,教师应启发儿童动手、动脑、动口,多种感官参与活动,真正体现儿童是活动的主体,是学习的主人。只有在实施活动中,才能实现活动目标。由于进行部分是一次活动的基本环节,也是活动目标达成的关键环节,占用了一次活动的大部分时间,因此,在组织此环节时教师应注意以下几个方面:

1. 体现"儿童为主体"的教育理念

活动中儿童是学习的主体,教师应鼓励儿童主动学习、思考、探索和操作。在数学集体教学活动中,教师应提供相应的教具与学具,通过启发性的问题引发儿童通过操作活动进行探索和思考,进而真正理解较为抽象的数学知识。

2.每一环节都应为活动目标服务

在进行部分这一环节中,教师为了活动目标的达成,会组织系列的活动,每一次活动都应是紧紧围绕目标来展开的,只有这样,才能保证目标的最终实现。下面就以中班数学活动《生活中的数字》为例分析每一环节与活动目标的关系。

中班数学活动《生活中的数字》①

一、活动目标:

1.初步感知数与物的关系,帮助儿童积累有关数的感性经验。

2.学习运用数字解决生活中的一些实际问题,从中体验数字的作用。

二、活动准备:

1.收集生活中常见的有数字的物品进行展览。

2.教具:课件;0—9数字卡以及物体卡片若干套;图片(门牌号码、挂历、闹钟、电影票、公共汽车站牌、手机、汽车牌照等)。

三、活动过程:

活动流程	与活动目标关系的分析
(一)看一看 看课件:让小朋友发现物品上的数字。(台历、闹钟、图书、遥控器、电话机、写有地址的信封等) 相互交流:你发现哪些物品上有哪些数字?(组织儿童用语言进行表述) 请你们猜一猜:这些物品上的数字有什么用?	利用直观的课件导入,激发儿童的兴趣,同时又引出活动的内容——生活中的数字。 教师引导性的提问鼓励儿童进行猜想,引发他们的探究欲望。
(二)找一找 这些物品上的数字有什么用呢? 你觉得数字在我们生活中还有哪些用处呢?(请儿童回忆讲述生活中见过的数字) 观看图片,了解生活中常见的数字。(使用配套图片)	完成目标1的要求。 利用图片和儿童的记忆了解生活中的数字及作用,利于积累儿童有关数的感性经验。
(三)认一认(找座位) 每位儿童分别取一张"电影票"(票上写明第×排×座)。 根据电影票上的数字分别找到自己的座位。 交换电影票,再次游戏。	完成目标1、2的要求。 通过游戏活动感知电影票中数字的含义并理解数字的作用,从而体验到数字的重要性。
(四)编一编 生活中有些数字能组合成一个有意义的编码,我们来看看下列数字能组合成什么号码?(110、120、119等) 这些电话号码有什么特殊的作用?你家里人曾经用过这些号码吗?	完成目标2的要求。 知道特殊号码的特殊作用,懂得了运用数字可解决生活中的一些实际问题。
(五)小结 原来我们生活中到处有数字,可以说我们生活在一个"数字"的世界中,而且,数字对我们是那么重要。	教师小结结束。

---

① 俞春晓.幼儿园建构式课程幼儿园教师用书科学数学(上)[M].上海:华东师范大学出版社,2009.

3. 多种教学活动组织形式的采用

在集体教学活动中,教师可以采用集体、小组和个别三种教学活动形式,改变集体教学一统天下的局面,多种教学组织形式能够更好地为活动目标服务。集体活动形式多用于活动的开始部分和结束部分,开始部分全体儿童集中的目的在于帮助儿童了解活动的目标与操作要求,结束时全体儿童集中的目的在于帮助儿童梳理、概括所学的知识经验。教师应给予儿童更多的个人操作机会,让他们在与材料的互动中感知学习的内容。小组合作的学习方式可以让教师更好地关注到每一名儿童,同时也利于同伴之间经验的分享。

数学活动中常见的教学组织形式有以下两种:

(1)先集体活动再小组活动

如中班数学活动"认识7",教师先组织儿童集体学习7的点数,然后把儿童分组,给每组投放的材料都是围绕7的数数而设计的,但是操作材料的种类、难度不同。儿童自己选择小组活动。

(2)先小组活动,再集体活动

如大班数学活动"二等分",儿童先进行小组活动,每组的材料不同,有平分图形的,有分彩带的。儿童操作后,教师组织儿童交流自己的活动过程和结果。在此基础上,教师再组织集体学习,使儿童明确"二等分"的含义。

4. 给儿童足够的操作时间和空间,在操作中进行有效引导

儿童操作材料的过程就是学习的过程。在儿童的操作活动中,教师应适时地介入、跟踪及引导,提高儿童操作的效果。具体来说常见的方法有以下几种:

(1)暗示法

当儿童在操作时遇到了困难或者产生了偏差时,教师可利用暗示法进行点拨,让儿童自己再次进行思考,让他们自己通过努力最终获得成功。

例:大班儿童在"认识左右"的活动中,教师请儿童来摆放自己和对面小动物的餐具,体验以自我为中心的左右和以客体为中心的左右的差别。有的儿童在操作中将相对摆放的两套餐具的左右都摆在同一个方向,遇到这种情况,怎样才能让儿童明白对面的左右和自己的左右是相反的呢? 教师直接告诉肯定不行,这样他还是会不明白,因此教师并没有直接告诉他对面的餐具摆错了,而是提示他到座位的对面去试试检查一下,由于这个儿童具备以自身为中心判断左右的经验,所以在对面检查餐具的时候,就发现自己摆错了,于是进行调整,通过对比让儿童发现了以自身为中心的左右和以客体为中心的左右的差别,知道对面的左右正好和自己相反。

(2)激励法

激励就是激发和鼓励。激励法可激发儿童操作的兴趣,增加操作的乐趣。教师可以通过语言进行激励,如"你真棒,老师都没有想到,原来是这样的!""某某小朋友今天特别的认真!"等;教师也可通过肢体动作进行激励,如摸摸儿童的头、竖起大拇指等;教师还可运用表情奖励,如微笑、注视、点头等。这样会使儿童从中受到鼓舞和鞭策,利于调动儿童思维的积极性,体验到成功的快乐。

(3)个别指导法

每个儿童都有自己的学习特点,在操作中要根据不同能力的儿童进行适当的指导,不能整齐划一地要求。对于那些在操作活动中存在困难的儿童,教师要做到心中有数,适时参与指导,缩小他们与别人的距离,增加他们的自信心,帮助其完成操作活动。例:在认识左右的活动中(图3-3),对于有些能力弱的儿童,连自身为中心的左右都不能辨别,就可以降低难度,请

他只要完成给自己发一套餐具的任务就可以了;而对于左右概念非常清楚,能够娴熟将餐具摆放在正确的位置的儿童,教师可以质疑儿童的操作结果,"小刺猬的叉子为什么不和你的放在同一边呢?"考验儿童能否做出合理的解释。

图 3-3　认识左右

(来源:北京奕阳教育研究院《通向数学》)

5. 提问应体现开放性、层次性和目的性,利于儿童积极思考

儿童是学习的主人,教师扮演的是引导者的角色,在数学集体教学活动中,教师多用提问来引导儿童主动学习。教师提问的目的在于引发儿童积极思考,如果教师所问的多是"对不对""好不好"等封闭性的问题,儿童不用思考就能回答,不利于发展儿童的思维能力,因此教师应多提出开放性的问题。每一名儿童的能力不都在同一水平,因此教师应依据儿童的能力差异提出不同难度的问题,让每一名儿童都能在自己的水平上积极思维并得到发展。教师应围绕活动目标来设计各种问题,这样才能保证活动目标的达成。

6. 教师应善于观察儿童,及时调整教学

在集体教学活动中,教师除了组织教学之外,还应具有敏锐的观察能力。观察是了解儿童的重要途径,是指导儿童的前提条件。如在活动的开始部分,教师可面向全体儿童进行观察,当儿童在操作时教师可选择个别观察。集体教学活动是教师预设的活动,可是在开展的过程中有时不一定会按照教师设计的方向发展。因此,教师在组织教学活动中要观察儿童的表现,要依据儿童表现不断调整自己的教学活动。只有这样才能调动儿童在活动中的主动性,满足儿童发展的需要。

如在中班数学活动《小蜜蜂的家》(图 3-4)中,教师开始提出了要求:以"给小蜜蜂的家补洞"为情境,运用菱形、梯形、正三角形来拼出六边形,让儿童体验图形之间组合替换的关系。

图 3-4　小蜜蜂的家

(来源:北京奕阳教育研究院《通向数学》)

当教师观察到儿童在操作中能很快地拼出六边形,比如三个菱形能拼出一个六边形,两个梯形能拼出一个六边形,6 个三角形能拼出一个六边形,说明儿童已具备一定的平移、旋转图形的能力,能够认识图形的组合替换关系。当儿童满足于现状时,教师基于儿童操作中的表现,对操作的要求进行调整:请儿童用不同形状的积木拼出六边形,每个六边形拼法不同,不同颜色、形状的积木都可以试试……有了这些要求,儿童开始尝试用各种图形来替换。在操作中不仅知道梯形、菱形、三角形如何组合成六边形,而且知道了一个菱形和一个三角形能拼出一个梯形,三个三角形能拼出一个梯形等图形组合替换关系(图 3-5)。

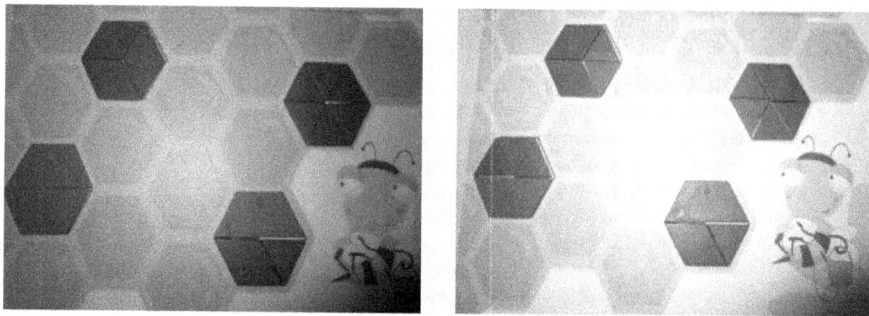

图 3-5 六边形的不同拼法

(来源:北京奕阳教育研究院《通向数学》)

(三)结束部分

好的活动应该有始有终。结束部分是巩固学习的部分,是指在一次活动即将结束时,教师通过口头小结、游戏等各种形式帮助儿童巩固所学的知识经验,并进一步激发他们继续学习的兴趣。有些教师在组织活动时只注重活动的导入部分和基本部分,在结束部分却呈现松散的状态,有时甚至没有结束部分,这说明教师没有认识到结束部分的重要作用。教师精心设计的结束部分通过教师的总结、概括能够帮助儿童提升所学的知识、技能等;启发性的问题利于儿童知识经验的迁移;提出的新问题能够激发儿童的求知欲,为下一次的活动架设桥梁,做好铺垫。

1. 结束部分的形式

(1)游戏方式结束

活动快要结束时,儿童的注意力开始分散,为了保证良好的课堂秩序,保持儿童的学习兴趣,教师可采用游戏的方式进一步巩固儿童的知识经验,让儿童在玩中学,乐中学。如大班数学《认识单双数》活动中,在活动过程中已运用操作法和演示法帮助儿童区分了 10 以内的单双数,作为结束方式的设计,则可以采用游戏法:让儿童去"单双数游乐场"玩耍。教师在教室创设单、双数游乐场,其中单数游乐场是一个人就可以玩的,如画画、折纸、玩玩具等;双数游乐场是必须两个人合作才可以完成的,如下棋、翻绳等。游戏规则:每人到箱子里抽一张入场券,如果是入场券上的数字是单数就去单数游乐场,如果是双数就去双数游乐场;入场券要交给入口处的管理员检查。儿童在结束部分情绪高涨,同时也及时复习了对单双数的理解。

(2)小结方式结束

小结是教师组织全体儿童回顾学习过程、交流操作结果、梳理和提升学习经验。如大班数学活动《团结力量大》中,教师让儿童初步理解整体与部分的关系,在最后的结束环节时教师说:"在我们现实生活中,许多小的部分的物体在一起就变成了大的整体,这也说明了团结力量大。刚才我们以小组为单位进行拼图,要比一个人拼起来快得多,所以我们在平时要团结友爱。"

(3)讲评方式结束

教师组织儿童运用多种方式对儿童的操作结果及表现等进行讲评,引导儿童相互学习、共享同伴间的学习经验。讲评的形式可以多样,如教师讲评、儿童讲评、教师和儿童共同讲评等,可以是对同伴的评价,也可以是对自我的评价。

如大班数学《测量》活动中,儿童通过操作做好测量的记录,之后教师组织儿童观察记录单,当发现儿童记录的结果不一样时,教师请儿童讲讲自己测量的方法,进一步明确测量的要求:第一次测量的终点是第二次测量的起点,中间不能有空隙,要直线测量。当儿童基本都理解了测量方法之后,在最后的结束环节教师请儿童对自己这次活动进行评价,让他们说说自己在这个活动中有什么收获? 在操作时遇到什么困难,自己是怎么解决的?

(4) 悬念方式结束

教师在上课的结束部分,提出问题,设置悬念,让儿童产生强烈的求知欲,激发他们继续探究的欲望。如大班数学活动《编车牌号》,教师设置情景让儿童帮助交警叔叔给汽车编车牌,目的在于让儿童尝试运用三个数字进行组合排列。整个活动中儿童在教师的引导下学会了三个数字六种组合的排列方式,最后的结束部分教师出示三种不同颜色的自制车牌并提出问题:"车牌上除了字母、汉字及数字不同之外,颜色也不是一样的,你们知道为什么颜色不一样吗?不同的颜色分别代表什么意思呢? 请你们回去和爸爸妈妈查查资料,明天回来告诉老师和小朋友。"虽然儿童带着这些疑惑结束了活动,但儿童的探索并没有停止,他们会通过各种方式找寻答案,满足自己的好奇心。

(5) 延伸方式结束

教师在活动最后,提出与本活动内容相关的延伸活动,进一步激发儿童的兴趣,更好地为目标服务。教师可以将教学活动延伸到区域活动、家庭及日常生活中。如当大班儿童学习了10 以内的加减运算之后,教师可请小朋友和爸爸妈妈一起去超市购物,并提出问题:"你们去超市能用 10 元钱买些什么商品呢? 请你们做好记录,到时和其他小朋友交流。"

2. 结束部分应注意的问题

(1) 结束应采用多种方式

正如导入部分一样,结束部分不能可有可无,不能为了结束而结束。教师应依据活动的内容选择各种不同的、有效的结尾方式,让结束部分也能为目标的达成起到积极的作用,这样就能使结束部分起到"曲终收拨当心画,余音绕梁久不绝"的效果。

(2) 结束环节时对儿童的表现多些肯定,少些批评

在评价结束方式中,教师对儿童的表现要多给予肯定,鼓励他们改进做得不好的地方,切忌一味批评儿童,这样会降低他们的学习兴趣,影响学习的效果。

(3) 结束时要考虑儿童主体的地位

虽然活动快结束时,儿童的注意力有些分散,但是教师应该激发儿童参与的积极性,让儿童成为活动结束环节的"主人",让他们自己表演、自己评价、自己参与游戏,这样的形式才能真正发挥结束环节的教育作用。

第二节　幼儿园主题活动中数学教育活动的设计与组织

一、幼儿园数学教育主题活动的内涵

(一) 主题活动

有宝华(2002)认为主题是指教育和教学活动的中心议题;在课程内容的组织中,主题是指

不同内容共同指向的核心问题。虞永平(2002)认为"主题"意指课程的某一单元、某个时段所要讨论的中心话题。幼儿园课程中的主题不仅是中心议题本身,还包括中心议题蕴含的或与中心议题相关的问题、现象及事件等。其目的是使儿童获得新的、整体的、联系的经验。[①]

主题活动是指在一段时间内围绕一个中心内容(即主题)来组织的教育教学活动。它的特点是打破了学科之间的界限,将各种学习内容围绕一个"中心"(可以是一个问题,也可以是一个事件)有机连接起来,让学习者通过该活动,获得与"中心"有关的、较为完整的经验(如图3-6)。[②]

图3-6 主题活动示意图

(二) 幼儿园数学教育主题活动的内涵

幼儿园数学教育主题活动是指在组织上以数学领域为中心,在内容上可能包括或融合社会、语言、科学、艺术、健康等学习领域,促进儿童的情感、能力、知识、技能等方面的教育教学活动。幼儿园数学教育主题活动在本质上属于综合课程,是一种侧重数学领域的综合。尽管该类活动是以数学领域为中心,但对于儿童而言,课程是很难被分割成若干方面的,因为儿童的生活是一个整体,儿童的学习是一个整体。

如小班主题《大大的和小小的》就是以数学领域为中心的主题活动。它涵盖了数学、语言、健康、音乐、美术等领域的活动内容。[③] 具体如下:

1. 活动一:认识大小标记(数学领域)

活动目标:感知物体大小,并用身体语言认识和理解大小标记;学会看标记给物体进行大小分类。

2. 活动二:小蚂蚁 大蘑菇(语言领域)

活动目标:喜欢倾听故事,理解故事的主要内容;能看图讲述故事的大意。

3. 活动三:大鱼来(语言领域)

活动目标:感受传统儿歌"一字韵"的特点,体验与同伴合作游戏的乐趣。

4. 活动四:大猫和小猫(音乐领域)

活动目标:初步学会歌曲,能随音乐唱歌;会用自然声音唱歌。

5. 活动五:大鱼和小鱼(美术领域)

活动目标:会用对折的方法折叠小鱼;体验与同伴合作进行游戏的快乐。

6. 活动六:大家来画月亮(美术领域)

活动目标:想象故事情景内容;尝试用粗细不同的画笔作画;体验在大小不同的纸上与不同的环境中进行创作的乐趣。

7. 活动七:小鸭子和大鸭子(健康领域)

活动目标:根据指令做走、跑交替动作;能认真倾听游戏规则并根据指令做出情景动作;体验音乐活动所引发的积极向上的情绪和情感。

① 裘指挥.幼儿社会教育与活动指导[M].北京:高等教育出版社,2014:85.
② 冯晓霞.幼儿园课程[M].北京:北京师范大学出版社,2000:206.
③ 线亚威.幼儿园主题教育活动精品案例纪实[M].北京:高等教育出版社,2011:15.

二、幼儿园主题活动中数学教育活动的设计与组织

(一) 幼儿园主题活动中数学教育活动的设计

1. 将数学教育融入以其他领域内容为核心的主题活动设计

任何一个主题都可能包含着数学教育内容,教师可以结合主题的大目标,找出数学与主题活动的结合点,对主题中相关的数学教育内容进行分析,以确定活动设计的内容、方式及手段,做到心中有数。

例如:在"各种各样的汽车"主题中,可开展的数学活动内容就有以下几方面:

学习各种图形及图形组合;学习分类;学习物体的基数和序数;感知物体的数量、形状及物体量的差异(如大小、长短、高矮等);学习加减运算等等。

又如,主题"水果"的活动内容,可整合的数学教育的内容有以下几个方面:

学习分类;感知物体数量、形状及物体量的差异(如长短、粗细);感知时间、空间(不同的季节有不同的水果);学习加减运算等等。

再如根据"我们爱秋天"的主题可设计以下相关数学活动:

① 认识几何形体

这一主题课结合中秋节节日的特色,开展认识月饼和制作月饼的活动,认识各种几何形体。

② 分类活动

根据主题季节的特征可开展相应的分类活动。如:秋天花儿、水果以及月饼多角度的分类活动等。

③ 统计活动

通过儿童品尝、展示秋天的各种水果,教师可引导儿童讨论:大家最爱吃的水果有哪些?并鼓励儿童用自己的方式将讨论的结果记录下来。

④ 等分

开展制作水果拼盘活动,学习简单的二等分和四等分的方法。

⑤ 排序

可充分利用秋天的花、树叶、水果等开展有规律的排序活动。

⑥ 数量

让儿童在观察秋天的花的过程中,数一数每盆花中所开花朵的数量或者数数每一朵花花瓣的数量;在开展制作纸花的过程中,让儿童边制作边进行 10 以内相邻数之间关系的练习,例如:将已经有 4 朵花的花枝上再添一朵花,看看是几朵? 这样,儿童在有趣的操作活动中进一步感知数的实际意义。

延伸拓展

案例:奇妙的鞋子[①]

幼儿每天都遵循着一日常规进行活动,每天午睡时把鞋子脱在活动室,由值日生负责放到

---

① 于冬青.走向生活世界的幼儿园课程设计研究[D].东北师范大学,2008:6.

鞋架上,一天,一个小朋友在做值日生时发现了一个问题,他说:"老师,你看多奇怪,我们都是四岁,可为什么穿的鞋有大有小呢?"老师还没来得及回答,小朋友们你一言我一语地议论开来,老师在旁边倾听孩子的对话,并适时地加入孩子的交谈,这时老师意识到,幼儿对这个问题很有兴趣,并且凭借头脑中已有的经验,认为这是一个很有教育价值的主题,因此,这位教师和另一位教师共同决定把"奇妙的鞋子"定位成课程的主题。

为了使活动能够顺利地开展,老师当天在家长园地上要求家长帮助幼儿了解鞋子的有关问题,以便老师开展一次充分的大讨论。

(1) 关于鞋子的讨论

第二天,讨论会上气氛非常热烈,孩子们争着把自己的想法告知他人。

陈鑫说:"我们都是4岁,可个子有高有矮。"

雨琪说:"你说得不对,个子高,脚不一定大。"

青青说:"对,琪琪鞋子就小,她的个子很高。"

豆豆急着说:"我的个子矮,可鞋子比你们的大。"

美麟说:"我长得小,穿的鞋子就比你们的小一号。"

青青又说:"小一号是多少号呀?"

……

讨论在热烈地进行着,孩子们都知道鞋子的大小和年龄、身体条件有关系,但对于鞋号又产生了疑问,于是又进行了有关鞋号的主题活动。

(2) 关于鞋号的活动

鞋号的问题小朋友大多数不太清楚,于是老师拿来小朋友的鞋和几个老师的鞋开展了一次集体活动。幼儿了解了儿童鞋从是8号到22号,成人的鞋是34号往上的,40号以上大部分是男鞋。鞋号越大鞋子也越大。由此,根据面前的几双鞋,老师和幼儿们一同认识了鞋子的尺寸。在活动进行过程中,幼儿对实物鞋的构造进行观察、触摸和描述,孩子们对鞋面和鞋帮描述的多些,关于鞋底这部分,幼儿们都说它的形状很相似,只是底有大小、薄厚、花纹的不同,鞋面要比它样式多得多。纯纯说:"鞋底都是那个形状?"老师说:"什么形状,你能表示出来吗?像什么?"她很高兴地到黑板前用粉笔画了出来。其他小朋友也要到黑板上画出自己的想法,老师马上决定发给每个人一张图画纸,用画笔表达出"鞋底像什么"。

(3) 会变的鞋底

在认识鞋的构成的过程中生成了"鞋底像什么"的主题。小朋友充分发挥了想象力,对色彩也有了新的理解,培养了幼儿的审美情趣。目前中班幼儿的模仿性还很强,于是在作画前老师鼓励幼儿大胆想象,不要和别的小朋友画一样的画,要有自己的特点。豆豆画的是一粒大花生;乃齐画的是飞机;青青画的是汽车;辰辰的设计很有创意,用三个鞋底设计成了仙人掌,并且解释说:"我家的仙人掌比我画的要大得多。"司琪设计的是跑表,还有房子、船、玩具、蛋糕等。老师看到幼儿富有想象力的图画,倾听着每个孩子讲述自己的作品,从孩子们愉悦的脸上老师体验到了成功的快乐。孩子们把自己的作品都放在作品袋里,每个幼儿看到自己的作品展示在墙面上,都增强了自信心,并且从中学会了分享,学会了交流。

活动进行到这里已经一周多了,幼儿似乎对鞋子失去了兴趣,两位老师又一次研究了观察记录,在这期间,一个学舞蹈的小朋友把舞蹈鞋和蒙古靴带到了班上来,其他小朋友的兴趣好似一下子被激发出来,教师邀请这位小朋友为大家表演了蒙古族舞蹈,小朋友认识了蒙古族的服装和服饰,大家对蒙古靴等特殊的鞋子又产生了好奇心,于是老师为幼儿提供了各种特殊鞋子的图片、录像和实物资料。

（4）特殊的鞋、远古的鞋

这次活动是另一个班教师提供的图片资料,蒙蒙的家长拿来绣花鞋、草鞋等几个实物,老师从网上下载了一些图片资料,孩子们了解我国古代的各种绣花鞋,看到了最早的木鞋图片。在观察中幼儿对于古今中外的鞋有了一些感性的认识,激发了幼儿探索知识的好奇心和欲望。为了使幼儿更好地、更全面地了解鞋的式样,教师和家长通过协商达成共识,让家长带领孩子到各大鞋店参观,并把自己的见闻讲给其他小朋友听。

（5）关于鞋店的讨论

对于鞋店的参观活动,小朋友们讨论得非常激烈,每个人都有很多的话争着抢着说。孩子们说出了童鞋区、阿姨（女）鞋区、爸爸（男）鞋区,都对女鞋的样式做了介绍,认为样式多而且漂亮。小朋友们从而产生了对皮鞋设计师的羡慕之情。大多数小朋友对专卖店的鞋感兴趣,比如达芙妮、李宁、哈森专卖等,小朋友对品牌的名字非常感兴趣,为什么叫李宁鞋呢？有个小朋友说："我爸爸说李宁是世界体操冠军,所以就以他的名字作为鞋的牌子。"听到世界冠军的字眼,孩子们说出了很多世界冠军的名字。

（6）我也要当冠军

听到这么多世界冠军的名字,看到孩子们的激动表情,教师把园内已有的熊倪跳水的录像放给小朋友们看,当看到五星红旗出现在奥运赛场时,孩子们严肃地看着红旗冉冉升起,当奖牌挂在熊倪胸前,孩子们欢呼雀跃,脸上洋溢着幸福的笑容。该主题还进行了"系鞋带"比赛和"开鞋店"的角色游戏等活动。

案例分析

此主题一共进行了二十天左右,生成了六个活动。在这些活动中,儿童在通过与同伴、教师、家长之间的交流获得了许多的收获,除了提高他们的社会交往能力之外,还渗透了很多的数学知识。如活动（1）中关于鞋子的大小、个子的高矮、年龄的认识;活动（2）中关于鞋号的认识,更关注到鞋底有大小、薄厚、花纹的不同;鞋面的款式也不一样;儿童在这些活动中提高了他们的观察能力,能依据鞋子的差别进行一一匹配;活动（5）的实施,使儿童懂得了分类的方法,如按品牌分类→按男、女、童鞋分类→按季节分类摆放的方法。

2. 以数学教育内容作为主题的活动设计

数学主题活动来源于儿童熟悉的现实生活,主要研究生活中的数学问题。以数学教育内容作为主题进行活动设计时需要考虑以下几个问题:这一主题涵盖了哪些数学教育内容？在这一主题中儿童可以获得哪些数学经验？这一主题涵盖了哪些其他领域的教育内容,怎么整合？把数、量、形、时空方面的知识点用一个主题统一起来,避免了将数学内容整合到其他主题活动中条块分割的状况,使儿童的数学学习变得系统、集中。

例如,"超市购物"这一主题是以数学领域的教育内容为主,并整合了多个领域的教育内容。[①]

"超市购物"主题涵盖的数学教育内容和活动有以下几点:

---

① 张慧和,张俊.幼儿园数学教育[M].北京:人民教育出版社,2004:83.

① 物品分类(参观超市、游戏活动—小小超市)。

② 认识人民币(到银行取钱,拿取 5 元钱)。

③ 10 以内加减运算学习(买两样东西用了多少钱? 你还剩多少钱?)。

"超市购物"主题涵盖的其他领域的教育内容和活动有:

① 参观超市(社会领域)。

② 超市里的货物真多(社会、语言领域)。

③ 我和老师(或爸爸、妈妈)买东西(社会、数学领域)。

④ 收集各种物品的包装盒(科学、社会、数学领域)。

⑤ 制作商品标价(数学、美术领域)。

⑥ 制作、装饰钱包(美术领域)。

例如,在大班"我和我的数字朋友"的主题活动中,"数字在哪里"、"倒数的数字"是让儿童通过各种感官发现生活中的数字;"特殊的数字"、"设计电话号码"是让儿童体验数字和人们的关系,知道与自己生活有密切关系的数字;"开超市"、"统计价格"、"卖水果"是让儿童运用数字解决生活中的问题。此外,教师还根据活动主题设计了涵盖其他领域的教学活动,如语言活动"创编数数歌"、美术活动"数字像什么"等。儿童通过一系列活动,认识了数字与人们生活的密切关系,理解了数字的作用,并学习如何在生活中运用数字。

(二)幼儿园主题活动中数学教育活动的组织①

在这些主题活动中,教师可以通过多种途径进行组织,具体如下:

1. 专门的数学集体教学活动

一个主题活动背景涵盖的数学教育内容往往很多,教师在分析这些内容之后,提炼出该主题下适合儿童发展水平的最有价值的数学内容,设计组织集体教学活动。如在小班下学期"我爱我家"的主题活动中,通过对主题活动的分析,认为可能涵盖的数学因素有以下几点:从认识自己和家人的关系中感知数量;通过探究家中的事物和现象感受生活中的数、量、形,进行归类、排序、统计;在用自己喜欢的方式表达对家的热爱之情的过程中进行比较;在做礼物、送礼物过程中学习按数取物、按物取数等。由于小班儿童当时已能进行 3 以内手口一致点数,教师可结合"去做客"的游戏情景设计组织集体教学活动"请到我家来做客——手口一致点数 5 以内数量的物体",活动目标是:手口一致点数 5 以内数量的物体,并说出总数。

2. 在主题环境创设中适当融入数学教育内容

教师还可根据主题目标,将适合儿童自主操作的一些活动内容融入主题环境之中,以激发儿童学习数学的兴趣,促进儿童自主建构数学经验。如在"我爱我家"的主题活动中,教师创设了"我的家"、"我长大了"、"孩子的话"等专栏。在"我的家"环境创设中,教师布置了住宅小区,并在"高楼"上贴上儿童家庭成员的相片,让儿童数数自己住在几楼、家里有几口人,并在相应的位置贴上自己家的门牌号。儿童还可以数数自己的好朋友住在几楼,比一比谁家住得高。在这样的环境中,儿童学习掌握了点数的能力,获得了比较高低的经验,既丰富了数学教育资源,又使主题更深入。

3. 在数学区域中投放与主题活动相吻合的操作材料

教师在数学区投放材料时既可遵循数学学科本身的序列,又可追随主题活动的变化,为主

---

① 主题活动背景下的幼儿数学教育初探:http://www.cnsece.com/article/3302.html.

题服务。如在小班"我爱我家"的主题活动中,教师在数学区域投放了大小不同的塑料瓶及盖子、食品及日常用品的实物卡片(每份1—5个)、家庭成员画像,还有儿童自制的礼物盒和糖果、点心、玩具、小花等,他们可按照操作材料的种类、长短、大小进行比较、分类、匹配、排序、点数。

教师在组织数学教育活动中,还应明确几个问题:一是在主题活动中,数学教育内容的整合是通过多种教育教学形式实现的;二是在主题活动中,数学教育内容的整合应是自然地渗透其中;三是在主题活动中,儿童有时还会生成一些与数学有关的活动,对此教师应给予关注和支持。

第三节　在一日活动中渗透数学教育

有研究表明,在儿童的日常生活中,涉及到数学内容的活动占有很大的比例,它们通常在自然状态下发生,并且经常性地、反复地出现,对儿童的数学学习和问题解决产生着"潜移默化"的影响。可以说,在儿童的日常生活中,存在着许多非正式的数学学习和问题解决情境。儿童凭借着"数"和"形"的中介,实现着对周围世界的基本结构和秩序的认识与把握。这就要求教师做一个有心人,根据儿童的身心发展规律和认识特点,将数学教育融入到儿童的一日活动的各环节中,且做到寓教于乐。

一、幼儿园活动中的数学教育渗透

(一)教学活动中的数学教育渗透

幼儿园五大领域活动中除了专门的数学活动之外,其他领域的活动同样也渗透了许多数学教育的内容。

如语言领域中的儿歌就渗透了很多的数学教育内容[①],如儿歌《花儿好看我不摘》(花园里,花儿开,红的红,白的白,花儿好看我不摘,大家都说我真乖。)中就渗透了按颜色归类的数学知识。儿歌《一二三　爬上山》(一二三,爬上山,四五六,翻筋斗,七八九,拍皮球,张开两只手,十个手指头。)中包含有数数的知识,利于儿童了解数的顺序,儿童可以边念儿歌边运用手指进行点数。儿歌《七个阿姨来摘果》(一二三四五六七,七六五四三二一,七个阿姨来摘果,七个篮子手中提,七种水果分开摆,苹果、桃子、石榴、梨,还有栗子、柿子、李。)中渗透了倒数及点数的数学知识等。有些儿歌中的数学教育是隐形的,需要教师进行深入地挖掘和探索。如儿歌:"小露珠,起得早,滚来滚去在做操;小蜜蜂,起得早,飞来飞去在做操;啄木鸟,起得早,啄来啄去在做操;小朋友,起得早,走来走去在做操。"在这首儿歌中,一方面,每一句的字数是相同的,这是一种数学知识;另一方面,从儿歌排列的顺序看,"小露珠、小蜜蜂、啄木鸟、小朋友"是从小到大排列的关系,这些都是隐含在儿歌中的数学知识。教师要根据儿童的发展水平有针对性地引导他们去探索和发现儿歌中的数学知识。

①　幼儿利用儿歌学数学. http://www.chinajiaoan.cn/lunwen/2013/lunwen_11336.htm.

美术领域的绘画活动能够让儿童感知所画物体的外形、所处的位置等数学知识；泥工活动能帮助儿童更好地理解各种形体，能感知大小、粗细、厚薄、轻重等量的概念；纸工活动可以渗透图形、对称、模式、平面图形之间以及平面图形与立体图形之间关系的数学内容。

（二）游戏活动中的数学教育渗透

游戏是儿童最喜欢的活动形式。在各类游戏中都渗透了许多的数学知识。通过游戏的形式，很容易把儿童的注意力吸引过来，让他们全身心投入到活动中去，充分调动儿童学习数学的积极性和主动性，儿童在玩的过程中理解了数的概念，将枯燥的数学知识变得有趣。

教师可设计专门的数学游戏，让儿童在玩游戏的同时能够潜移默化地学到数学知识、数学思想和数学方法。儿童对于具有挑战性、特别是具有竞赛性的博弈数学游戏尤其感兴趣，这能极大地激发儿童的兴趣。如教师为了帮助儿童更好地理解"相邻数"的内容，设计了"好朋友拉拉手"的数学游戏活动：每位儿童自选一张数字卡（1—10）贴在胸前，教师播放《找朋友》的音乐，当音乐停止时，儿童要找到胸前贴有比自己大1和小1数字的小朋友，三个人手拉手。

除此之外，在其他游戏中也渗透了许多的数学内容（此部分内容在第四章已结合幼儿园各个区域活动做了具体的阐述），在此略举几例进行说明。

如体育游戏《老狼老狼几点钟》可让儿童复习巩固对时间的认识；手指游戏《五只猴子荡秋千》通过手指的动作，可让儿童感知5、4、3、2、1数量的变化。

教师还可利用传统的民间游戏活动渗透数学知识。如"拍手"游戏中，儿童两两一组，边拍边念："你拍一，我拍一，一个小孩坐飞机；你拍二，我拍二，两个小孩扎小辫；你拍三，我拍三，三个小孩去爬山……"在活动中就渗透了数数及数序的内容。再如"捉迷藏"的游戏中，当找到了儿童时，可让他们说说自己躲在什么地方，渗透上下前后等空间方位概念。

延伸拓展

手指游戏：五只猴子荡秋千

五只小猴荡秋千（两手左右摇摆）

嘲笑鳄鱼被水淹

鳄鱼来了鳄鱼来了（一只手伸开不动，另一只手四指合拢做鳄鱼嘴巴状去咬另一只手）

啊呜啊呜——

四只小猴荡秋千（两手四指左右摇摆）

嘲笑鳄鱼被水淹

鳄鱼来了鳄鱼来了（一只手伸开不动，另一只手四指合拢做鳄鱼嘴巴状去咬另一只手）

啊呜啊呜——

三只小猴荡秋千（两手三指左右摇摆）

嘲笑鳄鱼被水淹

鳄鱼来了鳄鱼来了（一只手伸开不动，另一只手四指合拢做鳄鱼嘴巴状去咬另一只手）

啊呜啊呜——

两只小猴荡秋千（两手二指左右摇摆）

嘲笑鳄鱼被水淹

鳄鱼来了鳄鱼来了(一只手伸开不动,另一只手四指合拢做鳄鱼嘴巴状去咬另一只手)

啊呜啊呜——

一只小猴荡秋千(两手一指左右摇摆)

嘲笑鳄鱼被水淹

鳄鱼来了鳄鱼来了(一只手伸开不动,另一只手四指合拢做鳄鱼嘴巴状去咬另一只手)

啊呜啊呜——

没有小猴荡秋千。(双手从胸前翻出)

(三)生活活动中的数学教育渗透

生活活动包括入园、盥洗、进餐、饮水、睡眠、散步等活动环节。教师在一日生活中引导儿童发现、感受、学习和运用数学,让儿童在解决生活问题的过程中获取数学经验。教师要善于利用这些资源,从儿童的兴趣出发,引导儿童了解数学与生活的关系,懂得数学在社会生活中的价值。

儿童在园一天生活活动的顺序,就可使他们体验各种活动时间的长短、时间的间隔,如起床时间、上幼儿园时间、做早操时间、上课时间和游戏时间等。大班儿童还可以引导他们学习看时钟,什么时候入园、离园、吃饭、睡觉、吃点心。知道今天是星期几,明天是星期几,哪天上幼儿园,哪天休息等。除此之外,每种活动隐含了数学教育的内容,具体如下:

1. 入园

儿童在入园时,可让他们获得有关时间的概念,如见到老师会说:"老师,早上好!"就加深了儿童对"早上"这一时间概念的理解。来园时让儿童将接送卡自己放入布袋中(如图3-7),可以渗透一一对应、数序的感知及数字的认读等数学知识。有些幼儿园会制作一面心情墙,让每位儿童选择表达自己心情的图片插入心情墙中(如笑脸图片表示开心,哭脸图片表示不开心),教师可组织儿童进行笑脸图片和哭脸图片的统计。儿童来园后,有些教师会组织儿童进行"点人数"活动,教师依次说出学号和名字,儿童依次说"到";之后教师还可开展"班上有多少人"的活动,即儿童围坐成一个大圆,游戏开始时,任意选一个儿童当"龙头",从"1"开始,每人依次起立,按数的序列向后报一个数,最后就可知道今天班上来了多少小朋友。在这一活动中,就渗透了数序的知识。

图3-7　数字布袋

(来源:江西师范大学附属幼儿园)

大班有位教师在开展幼小衔接的系列活动中,给每一位儿童提出要求,让他们每天8点钟之前一定要到幼儿园。教师给每位儿童一张记录表(如图3-8),如果准点到园的儿童就在自己的记录表中贴个五角星。一个月后进行统计,对于表现好的儿童教师进行奖励。在这一活动中,除了让儿童养成准时到园的良好习惯之外,也渗透了对月份、星期等时间概念及计数等数学内容。

姓名		学号		天数统计		
星期日	星期一	星期二	星期三	星期四	星期五	星期六
1	2 ★	3 ★	4 ★	5	6	7
8	9	10	11	12	13	14
15	16	17	18	19	20	21
22	23	24	25	26	27	28
29	30					

图 3-8　准点入园统计表

2. 盥洗

盥洗室中的每一条毛巾对应一个挂钩,教师可让儿童对照毛巾上面的数字与毛巾架上的数字自己来挂,儿童可以感知一一对应的概念,还可感知 1 条毛巾和许多条毛巾的关系。

儿童在盥洗室轮流洗手时要排队等候,可让他们感知这一组排队人数的多少、前后空间方位、等待时间的长短等数学知识;还可获得快、慢、顺序(先后、第几组、第几个等序数)等概念。

3. 进餐

午饭时,让儿童做教师的助手,请儿童帮教师分发碗、勺(或筷子),让儿童感知一一对应的概念。中大班每组可选一个小组长,先数一数自己组的人数,再按自己组的人数数出相应的碗、勺(或筷子)并分发给每个儿童。

教师有意识地让值日生按要求进行餐桌(餐桌上都贴上了数字)的摆放(图 3-9),除了感知数字之外,还可加强儿童对空间方位的感知。

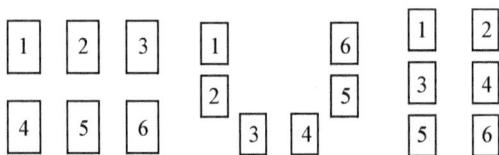

图 3-9　按要求摆桌子

在分餐点时,教师可有意识地引导儿童观察盘子里有多少点心?(许多点心)让儿童一个、一个自己拿点心,感知"1"和"许多"的关系。吃水果时,可让儿童自己来拿水果,如每人吃 5 个草莓,要求儿童必须数一数拿走 5 个草莓,然后再回到座位上吃。在吃饭时,还可让儿童数数自己吃了几碗饭,每餐有几道菜等。

4. 午睡

教师可引导儿童数一数寝室中有几张床(图 3-10),并说说自己的床在第几个;说说床上有些什么,床下有些什么。比一比是小朋友多还是床铺多,几张床铺没有小朋友。自己左边是哪个小朋友,右边是哪个小朋友。起床后,长头发的女孩排队让教师帮忙梳头,就渗透了分类的概念。有位教师为了鼓励儿童能快速穿衣服开展了穿衣服比赛活动,第一名的儿童穿好衣服后就与老师击掌一次,并说"我是第一名",第二名的儿童穿好衣服后就与老师击掌两次,并说"我是第二名",以此类推,在这一活动中就渗透了点数、序数等数学知识。

图 3-10 寝室
(来源:江西省人民政府直属机关保育院)

5. 饮水

每个小朋友有一只杯子,柜子上有许多只杯子,每个小朋友拿走一只杯子后,柜子里就没有杯子了(可体验 0 的意义),许多只可以分成一只、一只,又一只;小朋友喝完了将杯子放回,一只、一只、又一只合起来是许多只,可让儿童感知"1 和许多"的概念。

儿童将杯子按照数字标记一一放回杯架格子中,能感知一一对应的关系,并能感知序数的内容,如自己的杯子在第几层的第几格中(图 3-11)。教师要求儿童接半杯的水量,可帮助儿童加强对量的感知和估算。

图 3-11 摆杯子
(来源:江西省南昌市保育院)

6. 散步

如散步时教师与儿童约好散步时间,可让儿童在生活中感知时间;上下楼梯时可边走边数台阶的数量,靠右行走加强了儿童对左右空间方位的辨认等;分组时还渗透了分类的概念等。

延伸拓展

散步中的数学教育——案例:不同方法的站队[①]

一天午饭后,我像往常一样正准备组织幼儿排成一队去散步。这时安琪跑过来说:"老师,我们也像大班的哥哥姐姐一样分成两队,男生站一队,女生站一队,好不好?"这不正是引导幼儿进行分类计数的好机会吗? 于是我说:"好呀,我们比赛,看哪队站得又快又好。"队伍站好后,我提议孩子们数一数男生和女生各有多少,谁多谁少。每一队小朋友开始派代表点数,最后他们数出男孩子 11 个,女孩子 8 个,男孩子比女孩子多。我问:"有什么办法可以知道男孩

---

① 幼儿园日常生活中的数学随机教育 http://data.06abc.com/20100810/48189.html.

子比女孩子多几个呢？"这下孩子们被难倒了。短暂的沉默后，洋洋大声说："我有办法了。"按照他的要求，两队小朋友一个一个拉起手来，多出来的男孩子没有人牵手，洋洋便走到他们中间数起来，很快就数出来是3个。

喝水中的数学教育——案例：为汽车加油

为了保证幼儿的饮水量，我园规定中班幼儿每天要喝8杯水，最低不少于6杯。为了督促幼儿做到，且便于统计幼儿真实的喝水情况，我设置了一面"为汽车加油"的墙面记录：用磁带盒和卡纸做成一辆辆小汽车，幼儿每喝一杯水就往汽车里加一次油（往自己的汽车中放一个压膜的小水点）。半日活动结束时，幼儿对自己的饮水记录进行计数和统计，数量不够的我及时予以提醒。每天离园时，孩子们还会跟爸爸妈妈一起数一数今天喝了几杯水。这种有趣的形式既保证了幼儿身体发育所需的饮水量又解除了家长的顾虑，还提高了幼儿的计数能力。

进餐中的数学教育——案例：分葡萄

这天，起床后的水果是葡萄，每张桌上都放着满满一盘洗净的又圆又大的紫葡萄。我问："小朋友，葡萄不像苹果那样一人分一个，这么多葡萄，怎样才能让每个小朋友分到的一样多呢？"有孩子说："先数一数共有多少粒葡萄，再看每人能分到几粒。"有孩子反对道："这么多能数过来吗？又没有那么多盘子，往哪里数呀？"激烈地讨论后，浩浩说："老师，我有办法，我们每人先都拿5粒葡萄，吃完后，看能剩下多少，如果够的话，然后再一起2粒2粒、1粒1粒地分着吃，这样不就一样多了吗。"我惊讶于他的观察力和思维力，赞同地说："好吧，现在每个小朋友先吃5粒。"教室里顿时响起了1、2、3、4、5的数数声。接下来，孩子们又采用了两次大家一同分2粒的方法，两次一同分1粒的方法，渐渐地他们发现盘子里的葡萄越来越少。宇宇说："老师，还剩2粒葡萄，我们组有6个人，不够分了怎么办呀？"我走过去，说："这两粒我们就分给今天积极动脑的浩浩，大家说好不好？"孩子们异口同声地回答："好。"此后，每当吃葡萄、草莓、枣等个头小而数量多的水果时，我和孩子们都会用这种方法。这不仅锻炼了孩子们的计数本领，还渗透了均分的意识和概念，更培养了幼儿的估算能力和观察能力。

二、家庭活动中的数学教育渗透

知道自己的家是在几栋几楼，通过上下楼梯感知上下、前后的变化，可引导儿童数数楼梯的台阶。

在家庭中，可引导儿童数数家中有几口人，并能按男女进行分类；帮家长整理鞋子时，可以数数有几双鞋子，并能将鞋子一一匹配，比一比哪一双鞋子最大，再数一数谁的鞋子最多等。

吃饭时可以让儿童帮助家长分发碗筷，数一数要准备几个碗、几把勺子、几双筷子；要摆多少把椅子；数一数桌上有几菜几汤；谁碗里添的饭最多；每个人都吃了几碗饭等。

家长还要引导儿童找找家中物体分别是什么形状的；测量家中物体的长度；家具是怎么摆放的；桌上、柜子上都有什么；桌子下、沙发下有什么等。在家庭中可让儿童自己整理玩具，并能描述自己是怎样整理的。

家长与孩子玩耍时应有意识地引导他们感知数学。如搭积木时可让孩子感知立体图形；比赛跑步时可让孩子感知速度的快与慢；拍球时数一数比较多与少等。

三、社会生活中的数学教育渗透

数学来源于生活,因此在社会生活中也渗透了许多的数学教育内容。

身边矗立的高楼就隐含了形状、计数、数序、序数、量的概念等内容,如儿童通过观察发现高楼的外形不一,窗户的形状也不一;数一数高楼有几层;哪层高楼有广告;哪栋高楼最高等。

仔细观察马路上的树木和路灯是怎样排列的;节假日时的装饰材料是按照什么规律进行排列的。

生活中的数字无处不在,如车牌号、电话号码、时钟等,儿童可明白数字用在不同的地方含义是不一样的。

外出游玩时,要辨认自己要乘坐的是几路公共汽车;去电影院时发现座位上的数字排列和平时的座位排列不一样;郊游时发现树木的粗细不一,树叶的形状和大小都不一样等。带儿童购物时,可感知超市里的商品是怎样摆放的,数数一共买了多少件商品等。

思考与实践

一、名词解释

1. 幼儿园数学集体教学活动　2. 主题活动

二、简答题

1. 幼儿园数学集体教学活动有哪些作用?
2. 幼儿园数学集体教学活动的设计应包括哪几个部分?
3. 幼儿园数学集体教学的活动目标包含哪些方面的内容?
4. 幼儿园数学集体教学的活动准备包含哪些方面的内容?
5. 幼儿园数学集体教学的导入活动一般有哪些方法?
6. 幼儿园数学集体教学的结束活动一般有哪些方法?

三、论述题

1. 联系实际谈谈应如何组织幼儿园数学集体教学活动。
2. 联系实际谈谈如何在主题活动中渗透数学教育的内容。
3. 联系实际谈谈在游戏活动中可以渗透哪些数学教育。
4. 联系实际谈谈在生活活动中可以渗透哪些数学教育。

四、实践性学习活动

1. 能依据不同年龄段儿童的发展水平设计一个数学集体教学活动。
2. 针对某一主题设计相关的数学教育活动。
3. 在幼儿园见习时,观察并记录幼儿园教师所进行的渗透数学教育实例。

第四章 学前儿童数学教育环境的创设与利用

学习目标

1. 了解幼儿园数学活动区的含义、价值及特点。
2. 学习设计适宜的数学活动区及区域中教师的指导策略。
3. 了解幼儿园其他活动区中隐含的数学教育活动。
4. 了解如何将相关的数学教育渗透在幼儿园日常环境布置中。

学习提示

本章主要是结合图片阐述如何创设一个适宜的数学区域环境,如何多元化、多角度地将数学教育渗透在幼儿园的每个角落,让儿童在与材料、环境的互动中学习数学、发展思维。在本章的学习中,一是要了解幼儿园数学区域活动的相关理论;二是要观察教师在数学区域活动的指导策略并进行分析;三是要结合幼儿园实地观察,分析幼儿园数学教育环境创设与利用的情况。

案例导入

新学期,大一班的李老师给孩子们创设了各种丰富的活动区域:超市、医院等角色扮演区、建构区、语言区、美工区、音乐表演区、数学区、科探区等。刚开始几天每个区域都有孩子在玩。可是过了一段时间,李老师通过观察发现孩子们似乎对超市、医院等这类角色游戏情有独钟,而数学区则明显人气不旺,每天总有一些孩子是因为角色区满员,才无奈地选择进入数学区。怎样让数学区域热闹起来,教师们在思索之中。

由此可见,要创设感兴趣的数学区域,激发儿童的内在需求,才能吸引他们的目光。数学区教育环境到底有什么价值及特点?如何创设适宜的、儿童喜爱的数学区域?在数学区域活动中教师需要怎样引导儿童?在其他活动区域以及幼儿园的大环境中,该如何渗透相关的数学教育?都是我们在这一章节中要学习的。

第一节 幼儿园数学区域活动的环境创设与组织

一、幼儿园数学区域活动的概述

众所周知,幼儿园的数学教育活动应具有生活化、游戏化、操作化和个性化的特点,而数学区域活动就正好具备了以上特点,它能吸引儿童积极主动地参与到数学活动中来,让儿童在操作过程中不但提高其数学思维能力,同时其他方面也能得到发展。

(一) 数学区域活动的含义

数学区域活动,是指教师根据数学教育活动目标以及本班儿童的发展水平和兴趣,有目的、有计划地投放相应的数学活动操作材料。儿童可按照自己的意愿和能力自由地摆弄操作,能个性化自主学习数学的活动区域。

我们创设的区域活动应来源于儿童的生活,儿童的数学学习也应扎根于他们自己的生活与经验。例如:"案例导入"中提到的案例,教师就可根据本班儿童喜欢角色游戏的这一特点,将数学区域中的相关内容与"超市"结合,如超市游戏中可让儿童进行商品的分类、有序摆放商品、进行商品买卖等活动,儿童在逛超市的过程中,一边玩,一边学,真正做到在生活中学习数学,再把学到的数学运用到生活中去,这样才能让儿童感觉到数学好玩、有用、还易学。

(二) 数学区域活动的价值

学前儿童对数概念的掌握,主要是依靠他们对材料的操作、摆弄过程来建构自己的认知结构,因此,教师应该提供各种操作材料让儿童进行自我探索、自我发现和自我学习。数学活动区有着相对宽松的学习氛围,既能满足儿童自主活动的愿望,同时又能实现儿童发展的需要。数学活动区域的教育价值主要体现在以下几个方面:

1. 激发儿童学习数学的兴趣,满足不同儿童的需要

幼儿园数学区域活动的设置是自由的、开放的,儿童可以根据自己的喜好选择相应的材料进行活动,他们在数学区域中活动时,可以随心所欲地坐在地垫上、椅子上、趴在旁边的小桌上、小柜子上自由地进行操作摆弄,活动中没有人催促其尽快完成,他们可根据自己的速度来完成所选择的任务,儿童在这个空间里轻松地学习,快乐地游戏。在活动中他们还可以互相交流,互相检查操作结果,充分体现了自主性。

教师应提供各种层次的操作材料,满足不同儿童的需要。儿童在活动区里,可以按自己的水平和能力来进行材料的选择。如图4-1中,教师给小班儿童投放的排序材料中,就提供了不同的材料:围棋排队、树叶排队、给妈妈串项链。这三种排序的难易程度不一,"围棋排队"的难度要低一些,儿童只要将围棋子按着黑白颜色一一放在操作底板上即可;在"树叶排队"中儿童必须按照第一行的规律找出相应颜色的树叶一一放在相应的位置,难度中等;而给妈妈串项链最难,因为教师没有提供相应的规律,儿童必须自己创造出各种规律进行排序。教师可引导儿童选择适合自己的材料进行操作,让每一儿童都能在数学区域活动中得到发展。

围棋排队　　　　　　　　　　　树叶排队　　　　　　　　　给妈妈串项链
（来源：江西省八一保育院）　（来源：江西省南昌市龙泉实验幼儿园）　（来源：江西省八一保育院）

图4-1　排序活动

2. 提高儿童解决问题的能力

数学源于生活实践也应用于生活实践。儿童在数学学习中可学会用数学思维去观察、分析日常生活中遇到的问题，并尝试运用数学方法解决生活中的问题。如某大班教师发现国庆节后来幼儿园时，班上的孩子都在交流自己国庆节旅游去过的地方，在讨论"谁去的地方最远？"这一问题时，大家争执不下，有不同的意见。教师见状参与进来，让孩子们带着这一问题回家与家长交流。第二天，教师带来一张中国地图放在数学区域中，同时提供了一些短绳。教师引导孩子们利用中国地图来想想有没有又快又好的方法解决问题。这时孩子们就能利用短绳在地图上进行距离的测量，最终他们自己用数学中的测量方法很好地解决了这一问题。

在一次建构区活动中，几位大班儿童想给自己建构的"美丽的小学"搭建一扇大门。他们先找到一块较长的积木，并把积木竖着摆放，好让大门更高些，可是接下来他们却找不到和这块积木一样高的积木。怎样解决这个问题呢？几个孩子时而在一堆积木中翻来翻去，时而交流讨论，后来他们找到两块积木进行组合拼搭，终于完成了大门的创作。在这一案例中，可以看出儿童数学能力的提升还利于解决其他区域中出现的问题。

有位教师在学习了"单双数"集体活动之后，将延伸活动材料"找找单双数"放入了数学活动区游戏，老师制作了两个蘑菇房子，一个贴单数，一个贴双数。要求儿童通过操作圆点确定卡片上数字的单双数后，再将卡片放在相应的蘑菇房子里面。有一位小朋友一直迟迟不能下手，因为托盘中用来点数的圆点不知道被上一位小朋友弄哪去了，所以他不知道怎样才能准确地确定单双数。本想放弃此游戏的他被老师发现了，于是提醒他能不能想想还有其他的什么办法。突然他看到旁边提供的各种瓶盖，于是他拿了过来，抽取了一个卡片，然后拿出与卡片数字相应数量的瓶盖，两个两个找朋友，很快就完成了几张卡片。后来，他发现将瓶盖两个一组向下排列摆出，只要观察最下面一排是一个还是两个，一眼就能看出单双数来，这比原来的办法更快更好。找到了这个小窍门后，他开心地把自己的发现和旁边的同伴进行了分享。

3. 促进儿童社会交往能力的发展

在数学区域活动中，儿童可向同伴提出自己的想法，与他们一起讨论、检验或修正自己的假设，可以与同伴分享自己的发现，也可以提出自己的困惑，通过自己或与同伴合作最终探索出问题的答案。

如在中班的数学区域活动中（组图4-2），毛豆和跳跳、小宇三人正合作在一个操作板上共同完成8—10的数字拼图。可游戏开始不久他们就吵了起来，原来底板上的8、9、10范例图是一字排开的,他们都想先拼,小手交叉又相互挡住了各自的视线,毛豆拼好的几块拼图被跳跳的小手撞得移了位置。于是他们吵到了老师那里,但是老师让他们自己商量出一个好办法来解决这个问题。三人只好开始讨论起来,结果发现小手会交叉的原因是因为大家站的位置不对,拼数字 9 的应该站在中间,拼 8 和 10 的要站在两边,和自己拼的数字对应站。游戏继续进行,可没过一会儿新的问题又出现了,由于操作板太小了,很容易碰掉别人拼好的拼图。后来由于毛豆和跳跳的互相谦让,让他们发现轮流拼居然可以解决前面遇到的所有困难,最后大家终于顺利地完成了拼图任务,并得到了老师的肯定。

小手打架,这可怎么办?　　　　　　　　　　我拼9、我到中间拼吧!

我们轮流来拼吧,我先来　　　　　　　　　　轮到我了

我找好了拼图,直接拼上　　　　　　　　　　我们三人都拼完了

组图 4 - 2　合作拼图真开心

（来源:江西省南昌市保育院凌玲老师）

通过案例可以看出,在数学操作活动中儿童通过自己的观察、操作反复尝试,找到了解决问题的方法,并能够运用观察、比较、分析等方法进行探索活动,逐步合作解决问题。他们不仅意识到了合作的重要性,还找到了合作的方法。不但学会了合作,还享受了合作的快乐。

4. 提高儿童的规则意识

区域活动更多的是儿童与材料的互动、儿童之间的互动,要更好地开展区域活动,教师首先要制定出有效的规则,数学区域活动也不例外。儿童除了遵守基本的区域规则之外,还要遵循数学活动区中每一种操作材料的玩法。如教师给小班儿童提供了各种颜色的雪花片进行分类活动,可是有些儿童拿起雪花片就开始进行拼搭,教师就需引导儿童按照要求完成分类的任务。再如两名大班儿童在玩飞行棋的过程中,会商议好游戏的玩法,之后两人都会遵守规则并监督对方是否遵守了规则。

二、数学区域活动的创设

(一)场地的安排

幼儿园数学区域活动应尽量选择活动室中较为安静的角落,这样有利于儿童安静操作材料,不受其他区域的干扰。数学区域活动有丰富的操作材料,教师应准备数量充足的玩具柜,玩具柜既可以摆放操作材料,同时又进行了区域的分隔。如果活动室较小的幼儿园,就可以用桌椅在活动室中间围成一个数学区,让儿童坐在椅子上进行操作。

数学区域中的墙面也是不容忽视的教育环境,教师可利用墙面环境创设能让儿童进行操作的墙面,让墙面与儿童互动。如图4-3所示,教师创设了游戏棋,儿童就可以几人相约一同下棋,在下棋的游戏中,儿童既享受了玩游戏的乐趣,同时游戏棋中渗透的"数序"对他们也起了潜移默化的影响。

图4-3　数学区墙面
(来源:江西省八一保育院)

(二)材料的提供

材料是教育目标的物质载体,教育目标可以隐含在投放的材料中,渗透在教师创设的教育环境中。提供什么样的材料会直接影响到学前儿童学习的积极性。学前儿童学习抽象的数学知识更是离不开具体的操作材料,只有这样才能真正让儿童在"做中学"。因此,教师提供的操作材料显得尤为重要。具体来说,应注意以下几个方面:

1. 目的性

各年龄段的儿童都有各自明显的特点,因此,教师在选择投放操作材料时,必须把握本年龄段儿童的基本特点,考虑材料对本年龄段儿童是否适宜,并以本班级儿童的阶段培养目标为主要依据,力求使材料能够满足儿童现阶段的实际发展的需要,有针对性地选择、投放对儿童的发展有促进作用的操作材料。

游戏都是有目的的,目的不同,投放的材料就会有区别。例如在"分类游戏"中,小班儿童可让他们学习按物体的外部特征(如颜色、大小、形状)进行分类,因此教师提供的应是外部特征有明显差异的材料;中班儿童可让他们学习按物体的数量进行分类,因此教师提供的材料应是数量上有差异的材料;大班儿童可以进行多角度分类,教师提供的材料本身应具有多角度分类的特点。

2. 多样性

多样性的材料能让儿童对数学活动持续保持浓厚的兴趣,可以试想一下,如果儿童每天都是板手指做加减运算,他的兴趣能维持多久?

(1) 材料类别的多样性①

① 盒类。指利用塑料盒、硬纸盒、铁盒等做成的教学具。如分类盒(图4-4)、组成盒、计算盒等。

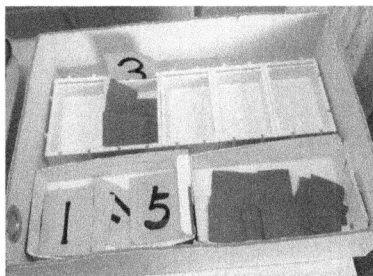

图4-4　分类盒

(来源:江西省八一保育院)

② 板类。用木板、塑料板或硬纸板制成,如几何形体板、插嵌板(图4-5)、分类板(图4-6)、数字排序板(图4-7)等。

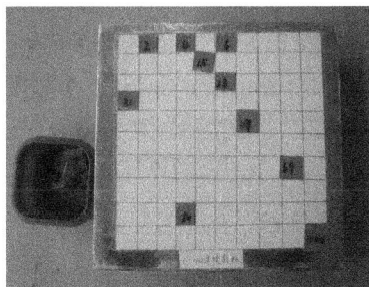

图4-5　插嵌板
(来源:江西省南昌市龙泉实验幼儿园)

图4-6　分类板
(来源:江西省八一保育院)

图4-7　数字排序板
(来源:江西省八一保育院)

③ 实物类。利用生活中的实物来进行操作的游戏。如各种娃娃、玩具、积塑、数棒、几何形体等。如图4-8所示,教师提供四种颜色的小人积塑,可以让儿童进行按颜色分类和按规律排序的活动;如图4-9的装袋游戏,教师提供了包装袋、长短不一、颜色不一的吸管,儿童依据要求将这些吸管分别装袋。

---

① 梅纳新.学前儿童数学教育[M].上海:复旦大学出版社,2013:30.

图 4-8　积塑
（来源：江西师范大学附属幼儿园）

图 4-9　"装袋"游戏
（来源：江西省八一保育院）

④ 卡片类。玩教具做成卡片的形式进行操作。如实物卡片、数字卡片、点卡、几何图形卡、接龙卡片等。如图 4-10 所示，儿童可以将 1—8 的数字卡和点卡进行对应并拼成一个圆形。

图 4-10　卡片拼图
（来源：江西省南昌市保育院）

图 4-11　找家游戏
（来源：江西省南昌市龙泉幼儿园）

⑤ 图表类。如各种图片、年历表、星期表、儿童操作用书等。如图 4-11 所示，儿童要帮动物找出家的位置并进行记录。

⑥ 标记类。标记是一种符号，是表示特征的记号。儿童在数学学习中接触到的标记有分类标记、排序标记、大小标记等。

（2）玩法的多样性

学前儿童数学知识的学习需要进行反复地练习才能掌握。单一的玩法容易让儿童失去兴趣，因此教师需要提供各种材料让儿童通过各种形式的操作活动来完成同一目标。下面以"10 以内的加减运算"（组图 4-12）为例进行阐述。教师提供了多种方式的材料让儿童进行探究。

① 算一算，插一插。如"小动物坐火车"中教师提供的材料需要儿童按着数序将小动物及算式插在相应的车厢上。

② 摆一摆，算一算。如"摆算式"中教师提供黄色乒乓球（写有数字）和白色乒乓球（写有"＋"、"－"、"＝"），儿童自选数字和符号进行算式的摆放。

③ 转一转、写一写、算一算。如"转盘列算式"中需要儿童将算式写出来。

④ 算一算、涂一涂。如"花朵涂色"中儿童需要将相同数字的花瓣涂成相同的颜色。

⑤ 贴一贴，算一算。如"选早餐"中儿童需要选好自己所喜欢的早餐图片及价格，最后算出总价。

小动物坐火车
（来源:江西省八一保育院）

摆算式
（来源:江西省八一保育院）

转盘列算式
（来源:江西省八一保育院）

花朵涂色
（来源:江西省八一保育院）

选早餐
（来源:江西省新余市城北幼儿园）

组图 4－12 加减运算

延伸拓展

数学区的规划[1]

1. 棋类区。根据不同年龄班认识数、量、形等内容的不同要求设计制作出各种棋谱。可设计成两人玩的,也可以是四人玩的,通过扔骰子的形式轮流走棋,先到终点者为胜。

2. 迷宫角

3. 数学操作角

(1) 接龙。如加减法接龙、组成接龙、图形接龙、数量接龙等。

(2) 按标志选物。提供各种标志卡,包括形状标志卡、颜色标志卡、综合标识卡(如红黄标志卡、三角形正方形标志卡)以及不同颜色、形状的物品、小玩具,让儿童按标志选物。

(3) 找规律。

(4) 找朋友。如配对、分类游戏。

---

[1] 汝茵佳.幼儿园环境与创设[M].北京:高等教育出版社,2012:87.

（5）扑克游戏。

（6）钓大鱼。如加减运算。

（7）有趣的钟。

（8）给娃娃喂饭。如给娃娃喂不同形状、颜色的卡片。

4．拼拼摆摆

5．自选商场

（3）材料来源的多样性

① 专门化的数学学具类：如七巧板、拨珠器、镶嵌板等。

② 幼儿园其他玩具及用具：如可利用成型玩具、积木、积塑、串珠类等玩具及幼儿园的用具进行数学操作活动（组图4－13）。

回形针排序
（来源：江西省八一保育院）

玩具小车排排队
（来源：江西省人民政府直属机关保育院）

组图4－13　实物排序

③ 废旧物品搜集类：一来可利用自然物进行数学操作活动，如可以利用秋天的落叶进行分类、排序等活动；可以利用枯枝进行长短排序、粗细排序等活动。二来可以家园配合搜集一些废旧物品，如纽扣、矿泉水瓶、时钟、盒子、罐子、扑克牌等。如组图4－14，儿童就利用家中带来的纽扣进行数—物的对应；儿童可利用扑克牌进行分类及数数活动。

纽扣学具

扑克牌

图4－14
（来源：江西省八一保育院）

④ 自制学具类：包括教师自制学具以及家长和儿童共同自制学具。自制的学具针对性更

强,能更好地达成教育目标。如图 4 - 15 中,教师自制的小班"夹夹子"学具具有多种教育目标:除了按照点子的数量取出相应的夹子给小刺猬夹上之外,可以让小班儿童练习小肌肉运动;也可以让儿童依据刺猬的颜色夹上相同颜色的夹子;还可以让儿童夹上和刺猬颜色相同、点数相同的夹子。因为数学学具经常要人手一份,教师可请家长配合给儿童制作学具,如数字卡片、图形卡片等,家长在制作的过程中也可懂得儿童学习数学的特点。

图 4 - 15　夹夹子
(来源:江西省八一保育院)

3. 操作性

区角中所提供的材料能让儿童和材料充分互动,让儿童在自己动手操作探究的过程中获得对数学的认知。如:在学习《数的组成》时,教师设计了"小球落下来"的操作游戏让儿童动手探索。例如儿童先任意抽取一张数字卡片 9,再将与卡片上的数字相对应数量的 9 个小球放在操作盒的顶部,轻轻将中间的隔板抽离后,上面的小球就会落下来,经过"人"字形隔板分别滚落在板的两边,儿童分别数一数两边小球的个数,就能得到答案,最后在旁边的记录小册上将自己的每一次结果记录下来,学会 9 的分合式。

4. 层次性

学前儿童的思维经历了从直觉行动思维→具体形象思维→表象思维→初步的抽象逻辑思维四个发展阶段。为了适应各阶段儿童的不同思维形式,在数学区域活动中,教师在同一类活动中都应提供实物、图片和符号等三个层次的材料,以满足每个阶段儿童的需要,使他们在每个阶段都获得充分的发展,并适时引导他们向下一阶段过渡,即引导儿童从动作→形象→符号的逻辑思维发展,促进儿童的数概念从直观水平向抽象概括水平发展。

同一操作材料要有多种层次的难度,以满足不同层次、不同水平儿童的需求。如组图 4 - 16"找图形"游戏中,教师准备了几种不同难度的操作材料(找一种、两种、三种图形)供儿童选择,儿童可根据自己的实际能力选择材料,当自己的水平得到提升后,还可以选择更高难度的材料进行挑战。

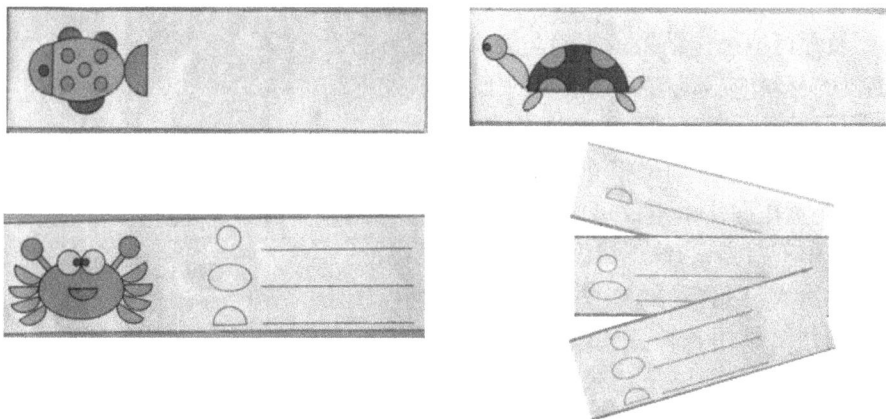

组图 4 - 16　找图形
(来源:江西省人民政府直属机关保育院)

如组图 4-17"按规律排序"中，教师提供了较为容易的围棋棋子排序材料；难度更高些的"猜猜我是谁"材料，儿童用圈盖住任意一张图片，通过观察上下的排序，说出被盖住的部分；难度最大的"拼地砖"游戏，教师没有提出具体的排序规律，而是引导儿童用自己的方式进行拼摆。

围棋子排序   猜猜我是谁   拼地砖

组图 4-17 排序

（来源：江西省八一保育院）

5. 趣味性

各种操作材料的颜色、形状、玩法都富有趣味性，能激发儿童的游戏兴趣。如在"数字棋"的游戏中，教师提供了两种颜色的瓶盖，瓶盖里都贴有数字（图 4-18）。具体的玩法是两儿童各选一种颜色的瓶盖，先将 10 个瓶盖放在格子中，两人任意拿起一个瓶盖，之后出示瓶盖里的数字，数字大的一方将另一方的瓶盖赢回，谁赢的瓶盖最多谁就获胜。同样是数字比大小，有位教师给儿童提供了四种花色 1—10 的扑克牌开展了"打牌"的游戏，最多可四位儿童一起玩。每次每人出一张牌，谁的数字大就将对方的扑克牌赢回，扑克牌最多的获胜。这些活动有一定的灵活性，每次玩的结果都不一样，对儿童具有极大的吸引力。

图 4-18 数字棋

（来源：江西省新余城北幼儿园）

6. 可检性

区域活动中儿童的流动性比较大，不利于教师的观察与指导。教师可把操作结果的正确与否寓于材料的设计中，即提供的材料应尽量蕴涵可检验的因素，或能把结果保留下来。如图 4-19 所示，教师让儿童按照数字 1—10 的顺序进行搭建活动，如果搭建正确就会出现小鹿的图案。这样，儿童在操作中不仅可以自己检验操作结果，也可以在操作中不断尝试，修正错误，最终获得成功。

教师还可给大班儿童提供一些记录表等材料，让儿童将自己的操作结果用各种方式进行记录，并写上自己的名字。这样，教师就能够从记录表上了解儿童的操作结果，结合教师自己的观察对儿童给予适当的指导，以促进每个儿童的能力在原有水平上得到发展和提高。

图 4-19 搭高楼

（来源：江西省南昌市龙泉实验幼儿园）

(三) 规则的制定

每个区域都有不同的游戏规则来保证活动的顺利开展,数学区域也不例外。区域的规则,教师可以与儿童(特别是大班儿童)共同商量制定,如每个活动区中进区的人数、在活动区开展活动应注意什么、活动后收拾整理材料等方面的内容。规则的呈现形式应图文并茂,让儿童容易理解。规则制定后,一定要严格遵守,才能养成良好的行为习惯。

我们要根据场地的大小,限制进区域的人数。例如小班儿童控制人数的方式,可以在地垫边的地面贴上"小脚印",有几双小脚印就意味着一次能进几名儿童。当人数已满时,请选择其他区域或者在一旁等待,这种形式既让儿童懂得了鞋子要摆放整齐,还学会了给鞋子左右配对。其次,数学区域活动中的材料丰富多样,教师可以将材料用托盘分类摆放,每一种材料可用文字或图案来做标记,让盘子和柜子上的标记对应,也便于让儿童养成把材料放回原处的好习惯,引导儿童正确的行为规范。

三、数学区域活动的指导

正如研究游戏的专家苏塔玛说的那样:"游戏材料只是游戏的一个必要条件,在没有与游戏有关的直接和间接指导的情况下,游戏材料本身不会有教育意义和可解释性。"因此,在有效投放材料的同时,教师该如何利用这些材料,并指导儿童与材料充分互动,物尽其用呢?

(一) 教师在活动中适宜地指导

1. 指导的时机

有些材料适合让儿童自己探索玩法,让儿童自己一边探索一边建构自己对数学的认知,这经常会创造出意想不到的玩法。而有些是需要教师先进行讲解,了解了玩法之后才能进行的,这就需要教师自己要对材料本身和儿童的发展水平都相当地了解,视情况而定,做到准确地把握。

延伸拓展

案例:要不要先示范?

如:小三班在学习了《排序》后,周老师在数学区域新增了操作材料"排排乐"。下午的区域活动开展前,周老师先给大家介绍了新材料,心里担心有些孩子不会操作,就很认真地在黑板上示范了几种排序的方法,再让儿童开始自由操作。结果,大部分孩子都只排了和老师示范的几种方法,只有平常不大听话的鹏鹏排出了几种和老师完全不同的方法。

周老师虽然是一位非常认真负责的老师,但这个游戏采用先示范讲解显然是不可取的。因为大部分孩子已经学习了简单的排序方法,因此出示新的操作材料时,应该让儿童自己去探究各种排序方法。因为是新增材料,周老师可重点观察指导此区域活动,如果遇到有困难的儿童,再介入帮助指导,而不是先集体示范。这样虽然提高了儿童操作的成功率,但这种模仿性的操作,抑制了儿童的想象和创造,阻碍了儿童在探索中学习的乐趣。

有些教师认为作为学前儿童的引导者和帮助者就是要经常主动参与到儿童的活动当中去,但是介入指导的时机非常重要,教师的角色首先是观察者,其次才是指导者,教师要学会在儿童真正需要帮助的时候才提供帮助。

案例：碰倒了的"高楼"

区域活动时间，比比选择了数学区域中的"建高楼"游戏，游戏规则就是按要求的数量将纸杯进行叠高。这个游戏在认知上并不难，但对叠高的技术要求却很高，一不小心就会弄倒。比比试了好几次，终于找到了一点感觉，他发现搭的时候要特别专心仔细、动作要轻。当他正要搭第7层高楼时，易老师走了过来，看着比比的成果面带微笑地问："比比，你真厉害，你现在正在搭第几层啊?"因为是老师问话，比比不得不停下来，眼睛往下看了看，心里默默数了数："第七……"话还没说完高楼就被举着的手碰倒了。这时易老师拍了拍比比的头说："没关系，再重新搭，老师相信你一定会成功的。"比比心里特别难过，但也只好重新再搭。

活动中的易老师介入的时机非常不合适。当儿童正在认真专注地探索、操作，并且完全不需要寻求教师帮助时，教师却很不适宜地去打断儿童进行无意义的询问，这样的做法大大影响了儿童的探究过程，同时也降低了儿童的学习兴趣。

一般来说，出现以下情况需要教师给予指导：① 儿童主动向教师寻求帮助，如：有些儿童用语言（"老师，我不会""老师，××材料用完了"）直接向教师求助；有些儿童虽然嘴上不说，但是却用眼神示意教师来帮助他。② 儿童在区域活动中无所事事，没有目的时，教师应引导儿童选择区域材料进行活动。③ 儿童出现破坏规则行为时，教师应及时制止。④ 当儿童之间出现纠纷时，教师应及时引导儿童解决纠纷，避免干扰其他儿童进行活动。⑤ 当儿童只进行简单而重复的游戏时，教师应引导儿童不断提高操作水平。

2. 语言的引导

活动中，当儿童思维受阻或者是遇到困难时，教师要适时地介入进行指导，并学会用启发性的语言来引导儿童，巧妙地运用语言来激发孩子的好奇心与求知欲，要重视活动中的交流与反馈，从而帮助指导儿童学会归纳、总结和提炼。

案例：乐乐的储物柜

乐乐在今天的区域活动中，选择了数学区域的分类游戏"整理我的储物柜"。老师在托盘中提供了许多的蔬果、衣物、碗筷、鞋子等卡片和几个不同颜色的储物柜，请小朋友们帮它们分类整理。乐乐先选择了给鞋子分类，他将厚厚的靴子都摆在柜子的第一排，将单鞋、球鞋摆在第二排，最后将拖鞋、凉鞋摆在了第三排，摆完之后就准备将卡片收拾好放回原位，再去选择其他的玩具了。

这时，在一旁观察的龙老师走过来对乐乐说："乐乐，你摆得真不错！你是按什么方法来分的呀?"

"我把冬天穿的放一排,春天穿的放一排,夏天穿的放一排。"

"那除了这种分法,还有没有其他的分法啊?"

乐乐抓抓脑袋,一时没想出来。

龙老师:"那你知道你们家里的鞋柜都会摆哪些人的鞋吗?"

"哦,我知道了,还可以把爸爸的放一层,妈妈的放一层,宝宝的放一层。"

"乐乐真棒!马上想出了一种,不过老师可是想到了好几种分法呢!不知道你能不能想到比我更多的方法?"

"真的吗?那我要想更多的方法!"

接下来的时间,乐乐就一直专注地坐在那里操作摆弄,并且想出了按大小、颜色、功用等多种分类的方法。

龙老师能在观察中发现并及时介入指导,在与儿童互动的过程中利用语言来发散儿童的思维,启发儿童发现其规律,并帮助儿童归纳经验,知道了同样的物品可以有不同的分类方法。巧妙的语言激发了孩子的探究欲,较好地调动了儿童思考的兴趣。

(二)结合不同主题活动确定数学操作区的指导重点

教师可结合主题活动为背景,以儿童的生活经验为起点,挑选出一些儿童比较感兴趣的,并适合数学操作区的内容加以安排。还可根据主题活动确定每周的指导重点,有针对性地进行指导和帮助。这样,既延伸了主题活动的相关内容,又保证了儿童参与的每个活动之间都能有机地联系和统整。

例如:在主题活动《动物王国》中,我们可以结合主题将所有的区域活动都设置一些与主题相关的内容。如:在数学区就可创设"动物接龙""小动物种花""小动物住新房"等多种数学操作材料游戏。在主题活动《我的小区》中,我们可以在数学区设计:"我的电话号码""找邻居""哪条路回家近""我给小区来种花"等与主题相关的数学内容。教师每周都要有重点、有针对性地进行指导,让活动区的内容既渗透了主题,又帮助儿童自主地建构相关的数学经验,同时也能推动主题活动的持续发展,充分地发挥活动区应有的教育功能。

(三)活动后做针对性的评价活动

每次区域活动结束后,教师要组织儿童将活动中的表现(如:操作过程或操作结果)进行分析和评价。此环节要根据儿童的年龄来安排,小班儿童可以借助活动中教师拍摄的照片展示,以教师评价分析为主;中班儿童可以是教师描述自己观察中的发现,带领儿童共同寻找解决问题的办法;大班儿童主要让他们自己阐述操作过程或者遇到的困惑,并邀请全班儿童一起想办法帮助解决。通过对问题的思考讨论,能激发儿童再次活动的欲望,同时也提高了他们解决问题的能力。在评价环节中,教师不应仅仅只关注操作活动的结果,更应关注儿童在活动中的学习品质。儿童的发展存在着个体差异性,教师应在活动中抓住每一个儿童的闪光点加以鼓励,激发儿童活动的自信。通过评价环节能更好地引导儿童发现自己的优点、学习他人的长处,并能找出自己下次努力的方向,激发儿童盼望再次开展活动的兴趣,为下一次的活动确定目标,做好铺垫。

第二节　幼儿园其他活动区域中的数学教育环境的创设与利用

在幼儿园的各个班级中,我们会将活动室的空间进行相对的划分,创设多个不同类型的区域活动,供儿童自由选择。这些活动区域包括数学区、社会性区域(如医院、餐厅、娃娃家等角色扮演区)、建构区、美术区、语言区、体育区、科探区等。但是专门的数学活动给儿童提供的数学学习机会太少,在我们的生活中充满着数、量、形、空间的有关知识和内容,利用日常生活对儿童进行数学教育可以使儿童在既轻松又自然的情况下获得简单的数学知识,因此要将数学知识有目的、巧妙地与其他的区域活动融合在一起。如果教师在各个区域中能有意识地创设隐含数学教育的环境,儿童的数学思维能力也会相应得到提高。

一、角色扮演区中的数学教育

角色游戏是学前儿童最为喜爱的区域之一,它就像一个"迷你型社会",包括"娃娃家"、"小吃街"、"医院"、"超市"等。幼儿园每一个年龄段的儿童都能找到自己喜欢的角色区进行活动。学前儿童在角色扮演区中的活动,除了发展他们与人交往的能力之外,也能将数学教育的内容有机渗透在其中。接下来我们将以大班儿童的"超市"活动为例,具体阐述如何将数学教育内容与角色扮演区相结合。

(一) 集合概念

在"超市"中,所有的物品都是按不同类别的用途进行分类摆放的,有日用品区、学习用品区、食品区、工艺品区等。每一个区域中的商品还进行了第二次分类,如学习用品区中又按照物品的名称进行分类摆放,橡皮泥归为一类,蜡笔归为一类等;食品区中矿泉水摆在一起,王老吉摆在一行等。

(二) 数概念

(1) 10 以内加减运算

① 活动开始后,儿童要先到银行取"钱",每人限定十元钱,儿童可以随意选择,有的取两张五元,有的取十张一元,有的取五张一元和一张五元,能力稍弱的儿童也可以选择一张十元。

② 每位顾客都要领取一张购物单进行购物,上面提出的任务,有的是"请购买两样加起来一共 10 元的商品",有的是"请购买一样 5 元,两样 2 元的商品"。当儿童购物完成之后,还要填写购物统计表(图 4 - 20),最后将自己所买的商品价格合计。

③ 在收银台,收银员们正忙着帮顾客结账,他们要把顾客购买的每样商品的价格加在一起,当顾客出示整钱时,还要给他们找零。在游戏各个环节的过程中,让儿童无意识地进行加减法的运算。

图 4 - 20　购物统计表
(来源:江西师范大学附属幼儿园)

（2）计数

每位管理员要整理好自己负责的货柜，每层的商品要保证数量是 10 个。在摆放货品时，他们自己发现，除了一一点数之外，如果按群计数能大大地提高他们的工作效率，有的以 2 为单位计数，有的则是以 5 为单位计数。

（3）理解基数、感知数的守恒

管理员发现虽然物品的大小、长短、粗细不一，货品摆放的形状不一，摆放商品所占的位置大小也不一，但每层商品的数量都是 10 个（组图 4－21）。在摆放商品的过程中儿童感知到了数的守恒教育。

（4）理解序数

管理员摆放货物时，会将体积小的商品摆在货架的最上面，将体积大的商品摆在最下面；顾客在购买商品时发现"××是在第一层，××是在第三层"，"我要买的商品是在第×层"等。序数概念的学习就渗透其中。

（5）数字的书写

每位顾客在购物完成之后填写自己购物统计表，在巩固加减法运算的同时，也是在练习书写数字；为保证给"超市"提供充足的货源，还增加了"加工厂"，儿童在检验商品合格后，还要给出厂的商品写上价格，然后再送到超市中销售。

（三）几何形体

"超市"中摆放的物品有各种各样的形状，如：长方体的牙膏盒、正方体的饼干盒、圆柱体的奶粉罐等等。

（四）量的概念

① "超市"中的"工艺品区"，里面所有的商品都来自于儿童"加工厂"，他们做出了很多精美的"手链""项链""艺术相框"等，都是按规律排序进行加工的。另外，超市里的很多货物都是按从高到矮、从小到大等规律摆放在货柜上的。

② 在"加工厂"，孩子们制作手链前，必须先测量手腕的周长，才能确定手链的长度。他们寻找各种测量工具，并且通过操作发现用尺子、笔等硬物做测量工具没有绳子这种软的、能随意改变形状的测量工具合适，还发现了成人和儿童佩戴的手链长度是不同的。

组图 4－21　好看的造型

（来源：江西师范大学附属幼儿园）

延伸拓展

大班角色区域活动:"超市"

活动目标:

1. 理解数的实际意义,会用已有的数学知识解决生活中的问题。

2. 尝试进行 10 以内的加减运算。

3. 会使用购物单进行购物(图 4-22),并将所购买的商品进行简单的统计。

4. 提高计算、语言能力,发展与他人合作、协商等方面的品质和能力。

5. 懂得游戏规则,遵守游戏规则。

活动重点:

能根据两个维度的购物单进行购物、收银(收银员、导购员、顾客)提高儿童计算游戏的兴趣及简单的人民币换算。

图 4-22 购物单

活动难点:

如何让儿童很好地进行集体游戏,在游戏中发现生活中的数学问题,并用学到的数学知识解决问题。

活动准备:

1. 创设小银行:十元、五元、一元人民币若干张

2. 创设小超市,超市分四个区:日用品区、学习用品区、食品区和手工艺品区,商品上分别贴上 1—10 元不同价格的标签,2 个收银台。

3. 儿童用于统计的纸若干张、笔若干支。

活动过程:

一、活动导入

二、介绍游戏规则

(一)了解每种角色的不同职责。

(二)商量角色的分配,决定后把牌子别在胸前。儿童自选角色,并说说自己所扮角色的职责。

各角色职责如下:

1. 导购员:负责入口处的引导、发放购物单,并在儿童第二次购物前检验第一次购物填写的统计表。

2. 管理员:负责补货,每种货品的数量随时要保证有 10 个。

3. 收银员:负责收银,每个顾客付钱时,要先验证是否按购物单的要求购物。

4. 顾客:要按购物单的要求进行购物,并填写购物统计清单。

三、游戏活动:活动中教师重点观察指导幼儿填写统计表

四、游戏结束:听到音乐,指导儿童收拾整理物品

五、教师引导幼儿共同评价

(一)让儿童谈谈自己的游戏感受,例如:在游戏中遇到什么问题,你是如何解决的?我们

的超市还有什么方面应该改进、如何改进等等。

（二）评价儿童填写的购物统计表。

（江西师范大学附属幼儿园　邹婕设计）

除此之外，小班的"娃娃家"，可以让儿童给娃娃扣纽扣（对应）、喂食物（图形饼干、数数）、戴项链（按颜色、形状、大小等规律排序）。在大班的"医院"中，病人必须先挂号，然后按号码排队看病，医生要学写"处方"，上面要写清楚吃哪种"药"、药量多少，药房的工作人员要能按"处方"上的要求提供药品等。

二、美术区域中的数学教育：

美术区是操作材料较为丰富的一个区域，儿童可以在这个自由展示的空间中充分发挥自己的想象力和创造力。美术区域中隐含的数学教育有以下几个方面：

（一）分类

教师在美术区域中投放了各种材料，并进行分类摆放。儿童在活动结束时也要将材料按类别摆放。

（二）数概念

如在小班"美丽花坊"中，教师让儿童利用插花来表现生活中的美。老师投放的塑料瓶上面贴有不同颜色和数量的点子，另外再提供一些不同颜色、不同形状、不同材料的花瓣，让儿童根据花瓶上的点子数量进行数物对应的匹配；大班儿童进行"自制小书"活动时，每页还要依次用数字标出页码，数字的书写就渗透在其中；大班儿童制作"手机"时也要写上数字，增加书写的乐趣。

（三）量的概念

如"包糖果"活动中，教师提供大小不一的橡皮泥作为"糖果"，可以让儿童感知大小的概念；儿童在卷筒纸芯上作画后，摆一摆就能感知高矮的概念（图4-23）；儿童给"糖葫芦"上色时可按照规律涂色，感知有规则排序；用同一块橡皮泥制作出不同的造型，可感知体积的守恒；折纸活动中将正方形对折变成两个三角形，让儿童感知面积的守恒。

图4-23　纸芯比高矮
（来源：江西省南昌市龙泉实验幼儿园）

（四）形状

儿童绘画的作品就是各种图形的组合，如图4-24"围棋电视节目"作品中就运用了各种图形；"剪窗花"活动中巧手能剪出各种图形；陶泥活动中的作品是由各种图形组合的，如图4-25中儿童用陶泥制作出三角形和圆形的果盘；中班《春天》的主题活动里，教师让儿童进行"美丽的花蝴蝶"绘画时，有意识地引导儿童运用数学活动中学过的"对称"去表现和创造蝴蝶，并将它们装饰在活动室的墙面上。

图4-24　围棋电视节目
（来源：江西省南昌市龙泉实验幼儿园）

图 4-25 果盘

（来源：江西省军区机关幼儿园）

（五）时间

教师可让儿童用废旧材料制作时钟，如不同形状的钟面及时针、分针等。有位教师让班上的儿童自由组合，分成几个小组进行"我们的一天"连环画创作，要求儿童按照一天的作息时间进行绘画，通过绘画感知"一天"的时间概念。

（六）空间

绘画活动能够提高儿童的空间知觉能力，能帮助儿童感知事物之间的前后远近的比例关系。如图 4-26 中，体现了远近（近处的人物要大一些，远处的人物要小一些）、上下（三级楼梯中最下面的楼梯最小）等空间感知。

图 4-26 绘画"中国好声音"

（来源：江西省南昌市龙泉实验幼儿园）

延伸拓展

案例：陶吧中的"图形王国"

谭老师在上完数学活动《图形王国》之后，在延伸活动的部分，直接把孩子们带到了幼儿园的美术活动区之一的"陶吧"。她今天给大家布置的任务是用陶泥将各种喜欢的几何图形拼成好看的图案，然后拿到"图形王国"展览。孩子们立刻高兴地行动起来。搓的搓，捏的捏，大家都忙得不亦乐乎。活动结束后，大家都纷纷拿出自己的作品介绍都是由哪些图形组成的。看到自己的作品在美术区新布置的"图形王国"中展示时，孩子们开心极了。

捏泥巴、玩泥巴是大部分儿童钟爱的游戏，在"玩泥巴"这最惬意的游戏中，也可以使他们从中获得丰富的造型经验和无比的乐趣。在儿童操作之前要引导他们学会多方面地观察各种实物，经过反复地玩和练习，在制陶过程中学会目测大小比例、形状，通过揉、搓、捏、压、描等动作还发展了手部肌肉的灵活性、协调性。案例中，谭老师能将数学活动的延伸部分直接搬入美术区，并将二者巧妙地结合，既调动起儿童的创作激情，又复习巩固了刚刚所学的知识，让数学的运用变得生动起来。

三、体育活动区中的数学教育

幼儿园体育活动区是依据幼儿园的环境,因地制宜地把各种不同的场地创设成不同的活动区域并投放相应的材料,让儿童自由地进行各种体能活动的区域。可通过体育活动促进儿童身体动作的协调发展,培养他们良好的意志力,同时也可以渗透数学领域的相关知识。

(一)一一对应

如果体育器材是人手一份的话,儿童就能感知材料和小朋友一一对应,还能感知有一位老师和许多小朋友在开展活动。

(二)分类

教师组织队形时可按男女分组;可按身上张贴的图形标志、颜色标志进行分组……活动结束时材料要归类摆放。

(三)数概念

如拍球、踢毽子、跳绳时要口头数数;排队时的报数也涉及到数数;用身体摆数字(图4-27)能感知数字的形状,为书写做铺垫。

图4-27 我们摆个"5"吧
(来源:江西省广电大湖之都幼儿园)

(四)量的概念

教师提供的材料中隐含了量的概念,如儿童可感知轮胎有大有小,搬起来有轻有重;"跳竹竿"的竹竿有长有短;排队时可按高矮次序排队,还可按一个男孩一个女孩等各种规律排序;丢沙包时要测量远近等。

(五)形状

教师提供的体育活动材料本身就有各种形状,如圆形的呼啦圈、轮胎、梯形的梯子以及各种立体图形;教师还可组织儿童用身体摆出各种几何图形(图4-28);体育活动时的队列队形也涵盖了不同的形状,如小班走圆形等。

图4-28 我们摆个方形吧
(来源:江西省广电大湖之都幼儿园)

(六)空间

如小朋友排队时就能感知前后、左右的概念;儿童体育活动时的各种动作,可以认识上下、前后等空间方位和向上、向下、向左、向右等运动方向。

延伸拓展

两种与数学教育相结合的体育游戏

体育区游戏1:

名称:《池塘里的小青蛙》

准备:小青蛙头饰若干;一些不同图形,如圆形、三角形、正方形、梯形(根据儿童的年龄进行适当的选择)的地垫

玩法:参加游戏的儿童围着池塘欢快地蹦来蹦去,一边念儿歌:小青蛙跳跳跳,小青蛙回家

了。当说到回家了时,可有两种玩法:

(1) 儿童可选择离自己最近的一张"荷叶"(图形)跳上去,大声地说:"我跳到了一张××形的荷叶上。"

(2) 教师发出指令,如:小青蛙们跳到圆形荷叶上。

体育区游戏2:

名称:朋友圈

准备:呼啦圈5个、数字卡片、有节奏的音乐

玩法:老师或选一名儿童做总指挥,参与游戏的儿童站在圈外四散走,边听音乐边拍手走,当音乐停止总指挥一边随机出示数字卡片,如抽到3,一边发出指令"3",这时所有的儿童要按3人一组跳进圈内抱好,总指挥到每个朋友圈检验每组是否正确,然后游戏重新开始。

四、语言区域中的数学教育

教师在语言区提供图书、供表演的手偶或纸偶等材料用来发展儿童的语言能力。教师可投放一些与数学内容相关的书籍,让儿童在提高阅读能力的同时,还能获得相关的数学知识。如在《好饿的小蛇》这个读本中,儿童可以感知生活中常见物体的各种形状;儿童在阅读图书时,从第一页开始一页一页往后看,能感知数字、数序等知识;儿童在整理图书时,能感知书本的厚薄、大小等量的概念;教师在书柜和图书上分别贴上数字标记,可让儿童运用一一对应的方法将书本放回相应的位置。儿童在利用手偶表演故事时,要进行角色的分配,表演时要制定好出场的先后顺序。

延伸拓展

案例:电话超市

数学区域活动中的操作材料"我的电话号码"投放已有几天了,张老师观察到这两天儿童不再像刚投放时那样抢着玩了,大家的新鲜感已过,游戏热情也减了不少。于是张老师想了一个办法,她在语言区增设了一个"电话超市"(组图4-29),将数学区的"我的电话号码"游戏材

我的电话号码
(来源:江西省八一保育院)

打电话
(来源:江西师范大学附属幼儿园)

组图4-29

料放在里面,每个孩子可以将自己的电话号码卡贴好后留在区内,其他小朋友来做游戏时,可以打电话给自己的好朋友。这一下,"电话超市"热闹起来了。

张老师能认真观察儿童在区域内的活动情况,及时掌握儿童动向,在发现区域内出现的问题之后,能及时做适当的调整。她通过在语言区内新增"电话超市"来吸引儿童的注意力,利用电话超市的"打电话"游戏将数学中的排列电话号码操作材料进行恰到好处的融合,灵活地利用语言区域活动为数学教育活动做有力的补充,反映出张老师的教育智慧。

将数学与语言区域活动结合,既能发展儿童的口语表达能力,又能激发儿童的数学兴趣。教师可以在"猜一猜"的语言游戏中,请一名儿童悄悄地看一张水果卡片,然后描述此物的颜色、大小、形状让其他儿童猜测。教师也可以在语言活动后,将图片无序地投放在区角,让儿童一边讲述故事,一边给对应的图片排序编号。

五、建构区中的数学教育

建构区是教师提供各种建构材料(如积木、积塑、沙、土等)供儿童动手造型的区域。建构区的活动能发展儿童的想象力、动手能力及创造力,也可以在玩乐中发展儿童的构造、空间知觉和想像力,理解整体与部分的概念。

(一) 分类

建构材料的种类丰富,儿童在收拾材料时要将同一类的材料放到一个筐子里;儿童在建构时,教师可要求他们按颜色建构作品,如要建构红色、黄色的房子等。

(二) 数概念

如儿童搭建了楼房后,可让他们数数搭了几层;在搭建好的"小区"中数数有多少栋房子;引导儿童给房子编上号码,写好数字编号后进行张贴(图 4-30);教师还可让儿童对自己建构的喷泉所用的材料进行统计(图 4-31)。

图 4-30　小区的高楼
(来源:江西师范大学附属幼儿园)

形状	数量
◯	2
◠	4
▭	4
✦	1

图 4-31　喷泉
(来源:江西师范大学附属幼儿园)

(三) 量的概念

儿童在建构时有时要找出一样高的材料进行建构(图 4-32),"美丽的小学"建构活动中,儿童需要找出一样长的卷筒纸芯才能围成一样高的围墙,这其中就渗透了长度的概念;儿童还可按着一定的规律进行建构(图4-33),建构的高楼中,儿童就利用了"蓝黄绿蓝黄绿"的规律。

图4-32 美丽的小学

(来源:江西省人民政府直属机关保育院)

图4-33 有规律的高楼

(来源:江西师范大学附属幼儿园)

(四)形状

建构区中除了提供购买的各种造型的材料之外,还可提供一些废旧材料,这些废旧材料本身也具有各种立体形态,如易拉罐、各种盒子等,儿童在建构的过程中潜移默化地感知了各种形状;同时儿童还会有意识地利用各种材料进行造型的搭建。

(五)空间

大班儿童在建构之前,教师可提供一些建构图纸供他们选择,儿童在建构时要按照图纸中的要求进行建构,这能很好地发展他们的空间知觉能力,对前后、左右等概念有进一步的了解。如图4-34,儿童必须依据图纸设计出到每一区域的路线,先铺好"马路",然后开始进行角色游戏。

图4-34 娃娃公交公司

(来源:江西省人民政府直属机关保育院)

六、自然角中的数学教育

自然角的创设能萌发儿童爱护动植物、亲近自然的情感,同时能激发儿童的学习兴趣,教师可以将数学知识渗透其中,改变儿童的学习方式,提高儿童的学习能力。

自然角中有许多的植物需要浇水,但是每种植物对水的需求是不一样的,教师可让儿童先去了解每种植物的浇水要求,之后按照水量的多少进行分类,如一周浇一次水、三天浇一次水、一天浇一次水等,并用不同颜色或形状的图画进行标识。同时他们把每天需要浇水的花盆放在花架的最底层,把一周浇一次水的放在最上层。在这一活动中,渗透了分类、时间、序数等概念。

儿童会时刻关注自然角中的各种植物,他们会观察哪个种子先发芽,哪个种子后发芽;哪棵植物的叶子多一些,哪棵植物长得高些,可利用测量的知识进行比较。

七、音乐表演区中的数学教育

音乐区域打击乐可按种类、颜色、大小进行分类摆放,投放一些具有重复旋律和歌词的音乐、歌曲;供儿童使用的图谱,上面可以标出声音强弱、大小、快慢的标记,每个乐器在每个乐段演奏的次数;通过舞蹈表演来感受空间、方位的变化等等。

时装表演时,儿童在进行服装设计时会利用各种形状和色彩的辅助材料按照规律进行装饰;儿童在选择表演的服装时会考虑到大小尺寸;在走秀环节,儿童会考虑到队列队形的变化;儿童评委打分时,他们要算出谁的分数最高,谁是第一名等。

八、科学探索区中的数学教育

数学作为科学领域的一部分,和科学有着密切的联系。儿童在科学探索区中的活动离不开数学知识。如大班儿童在科学区制作人体骨骼模型的活动中,教师投放的纸张稍稍小了一点,儿童通过自己的发现明白了对角线的长度是最长的(图 4 - 35);儿童在进行坡度探秘时(图 4 - 36),能感知坡度的大小和汽车滑下来距离的远近关系等数学知识。

图 4 - 35　画模型
(来源:江西省南昌市龙泉实验幼儿园)

图 4 - 36　坡度探秘
(来源:江西省八一保育院)

第三节　幼儿园与数学教育相关的环境布置

幼儿园的教育环境包括物质环境和精神环境。我们要充分利用各种环境对儿童进行教育,让儿童在与环境的互动中,丰富知识、启迪情感,促进儿童全面发展。幼儿园也是一个小社会,儿童在这种有目的的环境创设中,进行人际交往,并与同伴共同活动,有意识地将数学知识渗透在环境的创设中,有利于提高儿童的数学能力。

一、与数学教育相关的物质环境的创设

幼儿园物质环境是指幼儿园室内外的活动设施与设备。如室外有园舍、院落、操场等;室内包括门厅、走廊、窗户、楼梯、活动室(包括寝室、盥洗室)、功能室等。只要教师做个有心人,这些环境都能与数学知识相结合,促进儿童数学思维能力的发展。

(一)室外环境
幼儿园室外环境中的布局结构、建筑造型、文字图案、色彩呈现等因素都能启发儿童的想象,促进他们身心健康和谐发展,并让儿童形成良好的道德品质和行为习惯。

1. 园舍

儿童的发展离不开环境,如果室外环境向儿童展示了丰富、具体、形象、生动的数学认知内容(图 4-37),将会大大激发儿童对数学的探索和认知兴趣。

(1)幼儿园大门。可以用各种图形、各种颜色的花纹、图案来进行装饰。大门上的图案除了让儿童领会其内涵(五个娃娃手拉手构成一朵花的造型象征着幼儿园所有的儿童要学会分享、与人合作,像花朵一样快乐健康成长)之外,还可请儿童找一找大门的铁栅栏是按照什么规律进行涂色的?栅栏上面大大小小的花朵图案,分别有什么颜色?大的小的各有几朵?让儿童一走进幼儿园就能与周围环境主动、积极地互动起来。

(2)门厅。门厅是儿童每天的必经之地,是幼儿园对外的宣传窗口。有的幼儿园在门厅中张贴幼儿园的办园宗旨之外,还在墙壁上挂了几面形状不一的时钟,有中国的北京时间,以及美国、英国等国家的时间,将时钟的认识与环境布置进行结合,可让儿童养成准时到园的习惯,还可以了解不同国家时间的差异。

(3)教学楼。进入幼儿园后,映入眼帘的就是幼儿园的教学楼了,我们可以让儿童数数一共有几层?我们班级在第几层?是左边数过来的第几间教室?大楼的窗户都有哪几种形状?每种形状分别有多少个?教学楼分别能找出多少种形状?请儿童进行分类统计。

图 4-37　美丽的幼儿园
(来源:江西省人民政府直属机关保育院)

2. 庭院

教师可结合本园自身的特点,因地制宜地利用环境。从幼儿园的树木、花圃、玩沙池、种植园地等开展有效的数学教育活动,挖掘出其中的教育价值。例如:

(1)院子中的大树,老师可以让儿童数数一共有多少棵树?有几种树木?每种树木各多少棵?比一比院子里的第几棵树最高?让儿童手拉手,或借助绳子、纸、书等不同的测量工具来比较树的粗细,并引导儿童发现:测量工具的不同,测量的结果也不同。

(2)花圃中的鲜花,组成了一个大大的圆,一圈红的,一圈黄的,一共有四个圈。每个圈都是由多少盆花组成的呢?每朵花有多少花瓣呢?哪种花最大?哪种花最小?

(3)玩沙也是儿童十分喜爱的游戏,在这里他们无拘无束,可以用捡来的小树枝在沙地里写数字、画图形;用小桶、铲子进行量的守恒的学习;还可以跟自己的好朋友搭建各种形状的城堡。如大班有位教师在玩沙区观察发现,几个儿童在搭建"生日蛋糕",之后他们又找了许多枯枝一根一根插在"蛋糕"上,之后他们进行点数,又拿走了两根枯枝。问其原因,教师了解到枯枝代表生日蜡烛,因为他们是给 6 岁的小朋友做的生日蛋糕,只能插 6 根蜡烛。刚才插了 8 根蜡烛,多插了 2 根,所以要拿走。可以看出来,在这一活动中渗透了数数、加减等数学知识。

（4）当秋天来了，教师组织儿童在户外散步时，可以一起收集各种不同形状的落叶，分别数一数拾到的数量，按照形状给这些树叶分分类，按照一定的规律进行树叶排序。教师还可以引导儿童把各种形状的树叶拼搭在一起变成精美的图画（图4-38），瞧：小女孩牵着大黄牛在田野里奔跑；小金鱼在池塘里嬉戏玩耍；蝴蝶和蜻蜓在天空中愉快地飞舞……这些都是出自儿童的想象，他们把秋天的落叶变成了美丽的童话故事。除了介绍自己的作品之外，教师还可以让儿童说说自己用了哪几种形状的树叶、一共用了多少树叶等。

图4-38 树叶拼图
（来源：江西师范大学附属幼儿园）

（5）在大型玩具区，儿童通过玩不同类型的滑滑梯，直观地感受到了直线和曲线的区别，感受到了从上面滑到下面的快乐；小朋友玩横杠的垂吊，一边前进一边给自己数数"1、2、3、4……"感受着量的递增，并能知道谁的数字越大，谁过的根数就越多；矮个子小朋友每次玩滑梯都是从左边上去玩，因为右边上去的台阶更高；滑滑梯上面的小朋友比地面上的小朋友要高；排队玩滑梯时，感知了前后概念，同时懂得人数越多等待的时间就越长；滑滑梯有三层，我要到最高那一层等等。

3. 操场

早操是每个幼儿园必有的环节，都会根据需要划定场地。有的地方画圆圈，有的排方阵，为了方便儿童找位置，还会在中间贴上相应的点作为标记。儿童可以通过数点，了解共有几排几列，横排能站几个人，竖排能站几个人。另外，在操场上进行户外活动时，儿童还可以用粉笔在地上画自己喜欢的各种造型。在室外活动能增强儿童控制环境的自信心，加深儿童对生活的热爱，拓展儿童的视野，为儿童的发展提供更广阔的空间。

（二）室内环境中的数学教育

我们为儿童创设的环境不能只是硬件设备的堆砌，除了起装饰作用外，还要和教育相互依赖、相互包容、相互影响，它们是不可分割的共同体。

1. 活动室

活动室是班级儿童朝夕相处的地方，我们要充分利用儿童最熟悉的活动室环境来影响他们。只要我们用心发现，到处都能挖掘出数学教育的价值，对儿童进行全方位的信息刺激。

（1）室内的墙面有大有小、有宽有窄，教师可以给儿童看一看班上的平面设计图，让他们直观地感受平面和立体的关系。

（2）每个活动室里有供儿童学习、生活用的桌椅，我们可以让儿童数一数班上一共有多少张桌子和椅子；再看一看一张桌子能坐几个小朋友？想一想可以利用什么样的工具，什么样的方法来测量桌子的长度呢？通过测量的结果来比一比每张桌子的高度和宽度是否都是一样。

（3）让儿童观察活动室里的窗户一共有几扇？它被划分成几块，又分别是什么形状？

（4）班上共创设了几个活动区域？每个区域每次可以进入几个人？把所有进入区域人数加起来，是不是刚好和班上的人数一样多呢？

（5）在整理活动室的学具柜（图4-39）时，还可以引导儿童数一数共有几个学具柜？每个柜子里包含有多少个小格子？每个格子里的学号是怎么排列的？你的柜子在第几排的第几个？你能用什么方法快速找到自己的柜子？

（6）每个活动室都会安装日光灯，仔细去观察它们一共有几盏？每盏灯里面有几根灯管，它们加起来一共是多少根灯管？现在亮了几盏，灭了几盏？

（7）活动室墙上的时钟，能帮助儿童学习认识整点和半点。

（8）饮水区的柜子上我们给每位儿童的水杯都贴上了学号或者标记，儿童在喝完水之后，要将自己的杯子放在和杯子上的标记对应的位置上。你的水杯放置的位置在第几层？是最高的，还是最低的那层？

图 4-39　整理学具柜
（来源：江西师范大学附属幼儿园）

（9）走进活动室，就见到一只可爱的长颈鹿（图4-40），仔细一看，原来是用来量身高的尺子，儿童在入园和离园时，总爱让爸爸妈妈帮自己量一量，最近长高了吗？

2. 盥洗室

在盥洗室里我们可以在室内的瓷砖上将各种几何图形拼贴成各种图案，让儿童观察。我们还可以设计不同形状的小水池吸引儿童，孩子们会找自己喜欢的那个形状的水池洗手。每个水池都对应的有一个水龙头，盥洗室里一共有多少个水龙头呢？洗手的时候，大家都会自觉地排好队等待，每个水池前，都站了多少名小朋友呢？其中，女孩几个，男孩几个？我们可以创设轻松的数学环境氛围，以激发儿童的"无意注意"，让儿童在自然、轻松的状态中获得知识，发展能力。

3. 墙面

我们在幼儿园墙面环境中可通过设计有意义的情境，给儿童感受、互动的机会，促进儿童数学方面的能力。如：墙面可贴上小动物、大树、小鸟等情景让儿童练习点数或者目测数群（图4-41），墙面上还可以布置一些组成、加减、时间、空间、分类、守恒、排序等方面的数学内容，下方留一块空间，提供材料让儿童操作验证。

图 4-40　量量有多高
（来源：江西师范大学附属幼儿园）

图 4-41　数数有多少只小鸟
（来源：江西师范大学附属幼儿园）

主题活动《生活真奇妙》当中很多内容都是来源于儿童的生活，让儿童们真正了解生活，时间、天气就是与我们的生活息息相关的一个内容，老师根据这个制作了墙面环境"你知道今天的天气吗？"（图4-42），让儿童和家长一起互动，每天回家看天气预报，了解几月几日星期几，然后在墙面上自己动手操作，并进行简单的统计，既发展了儿童的动手能力，扩大了他们的知识面，同时又渗透了星期、月、日等时间概念。

在主题活动《关爱你我他》中，教师将儿童自己装饰的漂亮雨伞张贴在墙面上（图4-43），再结合关爱这一切入点，在雨伞下面加入两个小朋友，表示应该帮助同伴、给同伴撑伞关心他人，学会关怀他人。儿童一边欣赏画面的同时，一边数数伞有几把，小朋友有几个，伞的数量和人的数量是一样多的吗？哪个多哪个少？

图 4－42　天气预报
（来源：江西师范大学附属幼儿园）

图 4－43　主题墙
（来源：江西师范大学附属幼儿园）

4. 走廊与楼梯

（1）走廊的过道虽然并不开阔，但它却是儿童在闲暇时间里经常去玩耍的地方，所以，我们也要充分利用这个环境，在走廊的地面上铺上一些图形组成的图案（图 4－44），走廊的窗台上悬挂一些儿童自制的七巧板图形（图 4－45），让儿童看一看，找一找；走廊上还可以悬挂一些吊饰，如图 4－46 将各种图形的装饰盘装饰在彩色圆柱体上，数数一共有多少个圆柱体，每个圆柱体上分别粘了多少个装饰盘呢？在走廊的墙面上还可以提供一些供儿童操作的材料，如图 4－47 中的图形拼板，儿童可以在底板上拼出各种图形。

图 4－44　走廊地面
（来源：江西省南昌市龙泉实验幼儿园）

图 4－45　七巧板拼图
（来源：江西师范大学附属幼儿园）

图 4－46　吊饰
（来源：江西师范大学附属幼儿园）

图 4－47　拼图形
（来源：江西省人民政府直属机关第二保育院）

在走廊的过道上画些传统的"走迷宫"、"跳房子",让儿童自由地游戏,在宽松、和谐、愉快的氛围中获得身心发展。

（2）楼梯也是我们可以利用的地方,如可以在每一层台阶上都贴上各种颜色的数字及与之相对应的圆点,让儿童在上下楼梯时有意无意地边走边数数,感知数序、序数和相邻数;有的台阶上可以把几何图形按规律排序的方式呈现出来;在楼梯的墙面上,也可以贴一些由几何图形拼贴的画。上下楼梯靠右行走的小脚印,会让儿童在不知不觉中渗透了左右的概念。如组图 4-48 所示,教师在楼梯中渗透了半圆形、圆形、方形等图形的概念,同时还让儿童感受到了拼图的魅力,如"小小足球队"和"运动的小人"就是各种大小不一、形状不一的图形拼贴的作品。

小小足球队　　　　　　　神奇的小汽车　　　　　　我认识的汽车标志

生态校园　　　　　　　　　运动的小人

组图 4-48　楼梯环境

（来源:江西省人民政府直属机关保育院）

（三）与数学教育相关的精神环境创设①

幼儿园的精神环境是指幼儿园中人与人之间的社会关系,包括教师与儿童之间的关系、儿童与儿童之间的关系、教师与教师之间的关系、教师与家长的关系、教师与领导的关系等。精神环境与物质环境一起,共同构成了幼儿园的教育环境。

1. 教师与儿童之间的关系

《幼儿园教育指导纲要（试行）》指出:"教师应成为幼儿学习活动的支持者、合作者、引导者。"师幼之间要在平等的基础上开展各种活动才能建立积极的、融洽的师幼关系。教师首先应尊重儿童,而且应尊重每一个儿童,给每个儿童鼓励的眼神,针对儿童的个体差异因材施教;善于倾听,给儿童表达的机会,善于对儿童作出积极有效的回应。

---

① 裴指挥.幼儿社会教育与活动指导[M].北京:高等教育出版社,2014:305.

2. 儿童与儿童之间的关系

同伴关系是影响儿童心理发展的重要因素。教师应引导儿童学会与同伴交流自己的想法，了解他人的情绪，学会解决矛盾，建立互相关心、互相帮助、分享合作、文明礼貌、轮流等待、友好谦让的伙伴关系，让儿童在良好的班风中健康成长！

3. 教师与教师之间的关系

教师与教师之间的关系除了会影响教师工作时的心情之外，还会影响到班上的每一位儿童。教师是儿童的榜样，教师之间的人际交往方式会直接影响到儿童的交往方式。尤其是一个班级中的三位老师，一定要让儿童感受到教师之间互相体谅、互相关心、互相合作的氛围，不能当着全班儿童的面发生正面冲突。如果幼儿园全体教师之间能够建立温馨、和谐的心理氛围和良好的园风，会让儿童耳濡目染，激发他们积极的社会性行为。

4. 教师与家长之间的关系

教师与家长应建立友好的合作关系，双方要相互尊重、相互理解，多从对方的角度考虑。教师应积极主动与家长沟通，共同探讨教育策略，当家长有需求时给予指导。教师与家长之间的交往态度会直接影响到儿童与同伴的态度。如果家长回家后就当着儿童的面说老师坏话，儿童就有可能背地里说教师、同伴的坏话。如果教师与家长之间坦诚相待、友好相处，儿童也就学到了与同伴友好相处。

5. 教师与园领导之间的关系

教师与领导之间要本着相互尊重、相互理解的原则进行交流。领导对教师应一视同仁，关心每一位教师的成长。教师应做好做自己的本职工作，对幼儿园存在的问题提出自己的想法，为领导排忧解难。有位上任不久的园长在教师过生日时买了鲜花和蛋糕，并亲自送到还在班级工作的教师手上，让全体儿童与教师共同过生日，让每一个儿童都对教师说出祝福的话语。活动中，教师感受到领导对自己的关心，感受到幼儿园浓浓的情谊，同时激发了儿童热爱教师的情感，并体验到了分享的快乐。

思考与实践

一、简答题

1. 简述幼儿园数学区域活动的教育价值。
2. 数学区域活动中材料投放多样性具体体现在哪些方面？
3. 如何创设幼儿园的精神环境？

二、论述题

1. 联系实际，谈谈如何创设幼儿园数学区域活动。
2. 联系实际，谈谈教师应如何指导幼儿园数学区域活动。
3. 举例说明，角色区中有哪些数学教育活动？
4. 举例说明，美术区中有哪些数学教育活动？
5. 举例说明，体育区中有哪些数学教育活动？
6. 举例说明，语言区中有哪些数学教育活动？
7. 举例说明，建构区中有哪些数学教育活动？
8. 举例说明，自然角中有哪些数学教育活动？

9. 举例说明,音乐表演区中有哪些数学教育活动?

10. 举例说明,科学探索区中有哪些数学教育活动?

三、实践性学习活动

结合幼儿园见习,分析所参观幼儿园中与数学相关的环境布置并进行分析。

第五章　学前儿童集合概念发展的特点及教育指导

学习目标

1. 了解集合的基本知识。
2. 掌握学前儿童集合概念学习的意义。
3. 了解学前儿童集合概念的发展特点。
4. 重点掌握学前儿童集合概念的教育指导要点。

学习提示

在本章的学习中,一是要认真了解学前儿童集合概念学习的意义及发展特点,并能在日常生活中对学前儿童进行观察;二是要结合学前儿童集合概念学习的年龄特点,通过集体教学、区域游戏活动及日常生活活动帮助他们提高分类、区分"1"和"许多"以及比较两组物体的数量关系的能力。

案例导入

20 世纪 60 年代,一个数学家的女儿从幼儿园放学回到了家中,父亲问她今天学到了什么? 女儿高兴地回答道:"我们今天学了'集合'。"数学家觉得要学习这样一个高度抽象的数学概念,女儿的年龄实在太小了,因此就关切地问道:"你懂吗?"女儿肯定地回答道:"懂! 一点也不难。""这样抽象的概念会这样容易懂吗?"听了女儿的回答,作为数学家的父亲仍然放不下心,因此就追问道:"你们的老师是怎么教你们的?"女儿回答道:"老师首先让班上所有的男孩子站起来,然后告诉大家这就是男孩子的集合;然后,她又让所有的女孩子站起来,并说这是女孩子的集合;接下来,又是白人孩子的集合,黑人孩子的集合……最后,教师问全班:'大家是否都懂了?'"教师得到了肯定的答复。显然,这个教师所采用的教学方法并没有什么问题,甚至可以说相当不错。因此,父亲就决定用以下的问题作为检验:"那么,我们是否可以将世界上所有的匙子或土豆组成一个集合?"迟疑了一会儿,女儿最终做出了这样的回答:"不行! 除非它们都能站起来!"①

此案例中的小女孩到底有没有掌握集合概念,看完整个案例大家都应该明白。到底什么是集合? 学前儿童集合概念学习有什么重要的意义? 学前儿童集合概念的发展具有什么特点? 教师应如何帮助儿童掌握集合概念? 这些就是本章所要解决的问题。

---

① 郑毓信.数学教育哲学[M].成都:四川教育出版社,2001:183.

第一节 集合的基本知识

一、集合及其元素

（一）集合的概念

1874 年，德国著名数学家康托尔提出"集合"的概念，他对集合所下的定义是：把若干确定的、有区别的（不论是具体的还是抽象的）事物合并起来，看作一个整体，就称为一个集合，其中各事物称为该集合的元素。简言之，集合就是具有某种相同属性的事物的全体。如在日常生活中，我们经常把同类事物归放在一起，如把茄子、空心菜、莲藕、生菜……归在一起，称为蔬菜；把电视机、电吹风、DVD 机、电风扇、空调……归在一起，称为家电。

前苏联幼儿教育专家列乌申娜认为，"我们将不同分析器感受的同类对象（物体或现象、声音、运动等）的总体叫作集合"。这是从心理学的角度总结集合的概念，强调运用分析器感知集合。如听到小狗的叫声，1 下、2 下、3 下、4 下、5 下……，就是"5 下小狗叫"的集合；如学小猫走路，1 步、2 步、3 步、4 步、5 步……，就是"5 步小猫走路"的集合。可见，把一组具有共同属性的对象看成一个整体就形成了一个集合。

（二）集合的元素

组成集合的每个对象叫作这个集合的元素。例如，小一班所有教师组成一个集合，其中每个教师是这个集合的元素；又如小明所有的玩具组成一个集合，其中每件玩具是这个集合的元素。

集合的元素必须满足三个属性：

1. 确定性

即任一元素都能确定它是某一集合的元素。如小狗、小猫是家畜集合中的元素，而狼、野象则不是家畜集合中的元素。

2. 互异性

即集合中任何两个元素是可以区分的。如一个集合可以表示为{1、2、3、4、5}，但不能表示为{1、2、3、4、5、5}。

3. 无序性

即不需要考虑元素之间的顺序，只要元素相同，就可认为是同一集合。例如，{1、2、3、4、5}和{1、5、2、4、3}可以看成是同一集合。

了解集合的性质是儿童学习集合的重要内容，对于儿童把握集合特征有重要意义。我们可以从以下案例入手分析。

【案例】 在某幼儿园数学教育活动中，教师在教集合的概念[①]。

教师："请女生站起来。"（女生迅速地站了起来）教师继续问："站起来的女生能否构成一个

---

① 熊小燕.学前儿童数学集合概念的教学策略[J].早期教育(教科研版).2011(12).

集合?"

幼儿:"能!"

教师:"那现在请班级中'高个子'的女生站起来。"(教室里迟迟缓缓地站起来几位幼儿,有的站起来又坐下去了)教师继续问:"高个子的女生能否构成一个集合?"(有的幼儿说能,有的幼儿说不能)

教师:"(向站起来的一位女生提问)你的身高是多少?你以什么标准来确定你是'高个子'?"

幼儿:"体检时,我测量到的身高是100厘米,而且有不少人都说我长得比较高。"

教师:"既然100厘米是'高个子',那么98厘米是不是'高个子'?大家能说出'高个子'的标准吗?"(幼儿顿时议论了起来,少数幼儿还争论不休)

确定性、互异性、无序性是集合元素的性质。以上案例是对集合内元素确定性的认识。案例中"高个子"的女生不能构成一个集合。因为儿童无法给出所谓"高个子"的标准,在"高个子"这个集合中元素的特征不明确,因而元素的个数也就无法确定。类似的问题有"善良的人"、"肥胖的人"、"知名人士"等,由于没有一个统一的标准,导致集合的元素都不确定,所以都无法构成一个集合。因此,在幼儿园进行集合教学时,作为教师首先应该掌握这些知识。

二、集合的种类及表示方法

(一) 集合的种类

根据集合中元素的个数情况,可把集合分为有限集合、无限集合和空集合。

1. 有限集合

有限集合是指由有限个元素所组成的集合,如小一班老师的集合;10以内的奇数的集合。

2. 无限集合

无限集合是指由无限个元素组成的集合,如自然数的集合。

3. 空集合

集合中一个元素也没有了,这就是空集合。如小一班教室里一个小朋友都没有。

(二) 集合的表示方法

集合的表示方法一般有列举法、描述法和韦恩图(文氏图)法。

1. 列举法

列举法就是把一个集合中的所有元素一一列举出来,写在{ }里,用来表示这个集合的方法。例如,小一班的老师的集合 A 可表示为:A={张老师,冯老师,王老师}。

2. 描述法

把集合中的元素所满足的条件用文字或符号描述出来,写在{ }里,用来表示这个集合的方法。例如,A={今天扎了两个辫子的女生}。

3. 韦恩图法

用一条封闭的曲线把集合中的所有元素圈起来表示集合的方法。如图5-1表示的就是五个香蕉的集合。

由于韦恩图能较直观地看出元素和集合间的关系,所以在学前数学教学中被广泛使用。如在教儿童计数时,在手口

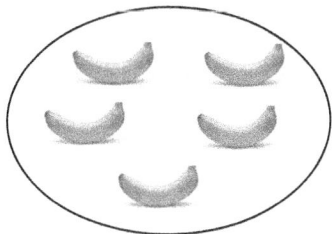

图 5-1 韦恩图

一致点数的基础上，最后在点数物的外面用手画一个集合圈，并说出总数。采用韦恩图进行集合概念的教学，有利于用图、数、形相结合的方法帮助儿童建立集合概念。

三、集合间的关系及运算

（一）集合间的关系

一般说来，集合间有包含关系和相等关系。

1. 包含关系

包含关系是指对于两个集合 A 和 B 来说，A 中的任何一个元素都是 B 中的元素，则集合 A 包含于集合 B，集合 A 可称作集合 B 的子集。如 A＝{小白兔}，B＝{动物}，A 就是 B 的子集。A＝{苹果}，B＝{水果}，A 就是 B 的子集。

如图 5-2 就是用韦恩图表示，集与子集之间，存在着包含关系。两个集合的包含关系是整体和部分的关系，感知集合的包含关系便于儿童理解类包含的观念。

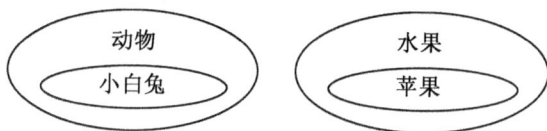

图 5-2　集与子集

2. 相等关系

集合间的相等关系是指两个集合中的元素完全相同，如 A＝{10 以内的奇数}，B＝{1,3,5,7,9}，则 A＝B。

再如韦恩图（图 5-3）所示，水果的 A 集合与 B 集合也是相等关系。

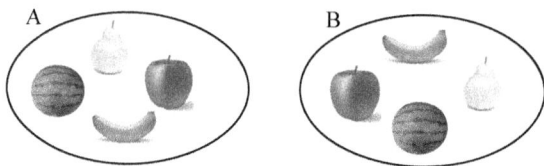

图 5-3　水果集合

（二）集合间的运算

集合与集合之间还存在运算，即通常所指的交集、并集、差集、补集的运算，就像数与数之间可以进行加、减、乘、除运算一样。两个集合的交集是同时属于两个集合的元素组成的集合；并集是所有属于两个集合的元素组成的集合；补集是由全集中所有不属于它的子集的元素组成的集合；差集是由属于一个集合而不属于另一集合的元素组成的集合。可以用图 5-4 所示的集合图中的阴影部分表示。

例如，明明的玩具集合为{直升机、皮球、

交集　　并集　　补集　　差集

图 5-4

102

小汽车},如图 5-5。江江的玩具集合为{积木、小汽车、直升机},如图 5-6。那么,明明与江江的玩具集合的交集就是{直升机、小汽车},如图 5-7 中阴影部分。明明与江江的玩具集合的并集就是{直升机、小汽车、皮球、积木},如图 5-8 中阴影部分;明明(江江)玩具集合和江江(明明)玩具集合的差集就是{皮球(积木)},如图 5-9;在明明的玩具集合里,{直升机、小汽车}是{皮球}的补集,在江江的玩具集合里,{直升机、小汽车}是{积木}的补集,如图 5-10。

图 5-5

图 5-6

图 5-7

图 5-8

图 5-9

图 5-10

　　可见,从集合的角度看,学前儿童数学教育中的加法就是求两个已知无交集的有限集合的并集的基数,减法就是有限集合与其子集的差集的基数。集合概念是儿童掌握数,进行数运算的基础。

第二节　学前儿童集合概念学习的意义

　　集合在数学中有着极为重要的地位和作用,它是现代数学的一个最基本的概念。集合对于数学和逻辑概念的形成起着基础概念的作用。早期逻辑入门的最合适和最自然的原始材料是具体东西的集合和对它们的初等运算。可见,具体集合的概念及其运算是儿童学习数学概念的感性基础,对于学前儿童的数学发展与教育而言,集合也占据着不可或缺的位置。

　　儿童感知集合的教育,主要是在数学教育中渗透集合的一些观念、内容,从而促进儿童数学概念的学习,推进儿童逻辑思维能力的发展,为儿童以后的加减运算等更深入的数学学习奠定良好的基础。

一、对集合的笼统感知是儿童数概念发生的起始

　　对于儿童数概念的获得,长久以来,人们往往认为,是从计数开始的,即通过反复教儿童数数,他们就会自然认识数了。这种看法并不全面,强调计数活动在儿童掌握初步数概念中的作用是正确的,但是,计数并不是儿童数概念发生的起始。

　　国内外的一些研究表明,儿童数概念的最初发生起始于对集合的笼统感知。这种感知表现为一种泛化的、模糊的知觉,尚不能明确知觉集合中所有元素的数量,但却能辨别是多还是少。即儿童对一组物体不能精确地说出它的数量(有几个),只能辨别是多还是少。前苏联幼儿教育专家列乌申娜曾指出:"儿童最初形成的是关于元素的含糊的数量观念,而后是关于作为统一整体的集合的概念,在这个基础上发展对集合的比较的兴趣和更准确地确定集合中元素数量的兴趣,以后儿童才能掌握计数的技巧和数数的概念。"根据这一观点,儿童需要在对集合的笼统感知的基础上,才能逐渐产生作为统一整体的集合的概念,并由此准确地意识、比较、确定集合中元素的数量,最后过渡到能掌握计数的技巧和数的概念。可见,儿童在数概念的发生和发展过程中,最初形成的是关于元素的含糊的数量概念,即对集合的笼统感知。

　　她的这一观点也被国内外的一些研究所证实。如我国心理学家刘范等在《国内九个地区3—7岁儿童数概念和运算能力的初步研究》课题实验中发现,"儿童在没有掌握口头数数以前,其实已经有了关于数量的模糊观念。"[1]例如,2岁左右的儿童还不能说出数词,但是已经能对不同数量的糖果作出不同的选择反应,儿童倾向于选择多的糖果。说明儿童数概念的发生是从"能笼统感知数量的多少或大小,区分其间较明显的差别"开始的。而杭州大学的吕静等人在《婴幼儿数概念的发生的研究》中又进一步肯定了这一观点[2]。他们测查了2岁—5岁儿童的"辨数"(分辨两堆不同数量的物体哪堆多、哪堆少,包括1粒和2粒、2粒和3粒、3粒和4粒、4粒和5粒等物体相比)、认数(凭直觉,不凭点数,在瞬间认出物体数目,包括2、3、4、5粒木珠)和点数(按物点数,说出是几个)。测试结果见表5-1。

　　① 幼儿数概念研究协作小组.国内九个地区3—7岁儿童数概念和运算能力的初步研究[J].心理学报.1979(1).
　　② 吕静,王伟红.婴幼儿数概念的发生的研究[J].心理科学通讯.1984(3).

表 5-1　2—5 岁儿童辨数、认数和点数能力通过人数的百分率　　　　　（单位:%）

年龄(岁)	辨数	认数	点数
2	15	0	0
2.5	49	6	3
3	81	31	10
3.5	99	48	53
4	99	70	81
5	100	93	100

　　由表 5-1 表明,2—5 岁儿童辨数、认数和点数能力逐年提高,通过人数的百分率逐年增加。表现出数概念的发展过程是规律性的。其中,辨数在各年龄段的成绩都是最好的。可见,儿童数概念的发生,起始于对集合的模糊知觉。他们开始只能辨别多和少(即辨数),不会精确地说出数量。在模糊的基础上,逐渐产生了对物体整个数目的知觉(即认数),最后才能进行逐一点数。这一研究再次说明儿童数概念的发生起始于对集合的笼统感知。

二、感知集合是儿童数概念形成和发展的感性基础

　　儿童在对集合进行笼统感知的阶段,对明显数量不同的物体集合,能够做出哪个多、哪个少的直觉反应。例如,对于两堆数量差异明显的糖果,他们往往会选择数量多的那一堆。但是,儿童对于集合中的数量究竟是多少并不确切知道。他们没法说出这两堆糖果的确切数量。此时,儿童还不能感知到集合中的每一元素,也不会用一一对应的方法逐一计数物体的数量。只有当儿童能准确感知集合中的每个元素,以及会用一一对应的方法比较集合中的元素,才有可能为进一步的计数和最初的数概念的获得创造条件。

　　我们经常会发现,三四岁的儿童在学会计数之前,往往会出现手口不一致的现象:可能数快了,也可能点快了。这种手口不一致的现象,说明了儿童还没有建立数词与手的点数动作之间的一一对应的关系。而儿童对集合的元素缺乏精确的感知,正是源于缺少对集合及其元素的感知及两个集合间元素的对应这一中间环节的训练,才会使学习计数和掌握数概念发生困难。有人曾经对儿童进行单纯的计数训练,结果发现它对数概念的形成和发展并无作用。一个月的训练之后,只有 30% 的儿童学会。这也反过来证明,计数活动并不能直接导致数概念的形成和发展,只有当儿童形成集合中所有元素的确切感知时,才能对数概念有深入的理解。

　　列乌申娜在分析一个 5 岁零 1 个月的男孩数数时还出现手口不一致的现象时说:"儿童们借助于数词过早地转到了计数活动。他们还没有形成对集合的所有元素的确切知觉。他们还没有学会在实践中把集合的元素用一个与一个相对应的方法对它们进行比较,缺少这些知识使他们不能精确地掌握计数活动和更进一步地深入理解作为集合等量标志的数的意义。"据此,她认为,在对集合进行笼统感知的阶段之后形成的是集合概念,较早地向儿童进行集合教学,有利于儿童更快地掌握计数活动和深入理解数的概念。

　　对于集合教学,我国学者曾以幼小儿童为对象,进行了实证研究①。他们将两个初入园的

---

① 重庆市市中区区级机关幼儿园计算教学实验组,通过集合教学促进小班幼儿初步数概念形成的实验报告。

小班分为实验班和对比班,并对两个班进行教学,内容均为 4 以内的数,教师水平相当,教学时数相等。其中,实验班在教儿童计数前参加分类、排序、认识"1"和"许多"及对应比较等内容的感知、比较集合的游戏活动,教 4 以内的数时,又充分运用韦恩图等方法感知各种物体的数量。实验结果见表 5-2。

表 5-2　实验班与对比班数概念总成绩比较表

项目 班次	$\overline{X}$	s	t	p
实验班	94.7	10.28	4.05	<0.01
对比班	75.6	23.77		

　　由表可见,实验班数概念发展水平明显优于对比班。实验班总平均成绩比对比班高 19.1 分,而标准差却比对比班低 13.49,实验班数概念发展的平均程度和一致性均优于对比班。经显著性检验,两个班的数概念发展水平明显存在显著性差异。这也进一步证明,集合教育对于儿童学会计数,理解数的实际含义及促进儿童初步数抽象概括能力发展具有显著效果。由此说明,对于学前初期的儿童,应教会他们感知集合和按元素比较集合等方面的集合教育,而不是计数训练,这样才能帮助儿童更好地从笼统感知过渡到学会计数,掌握最初的数概念。感知集合是儿童数概念形成和发展的感性基础。

三、感知集合的包含关系有助于儿童掌握数的组成及加减运算

　　包含关系在逻辑和数学上都是重要的。集合概念中就蕴含了包含关系。集合与组成集合的元素本身就是包含与被包含的关系。对于包含关系的理解,可以促进儿童数概念的形成和建立。例如,儿童数 5 个实物时,在还不能说出总数之前,只是一个一个地数,他还不能把这 5 个实物作为一个整体来看待。(问儿童"你有几个苹果",儿童边数边回答,"1 个、2 个、3 个、4 个、5 个";问他到底有几个,他还是边数边说"1 个、2 个、3 个、4 个、5 个",而不会说"1 个、2 个、3 个、4 个、5 个,一共有 5 个"。)这是因为,这时儿童并没有理解包含关系,他把 1 个、2 个、3 个、4 个、5 个当成了所点数的苹果的名称,而非数量概念。

　　儿童要表示数目,应该把几个物体看成整体,必须在思想上形成包含关系。这种关系如图 5-11 所示。图 5-11 表明,儿童要在思想上,把"1"包含在"2"内,"2"包含在"3"内等。当给儿童 5 个物体,如果要他用 5 来表示这组物体的总数,而不是只表示最后一个物体时,他必须在思想上将 5 个物体形成一个包含关系,这样他就进一步深入理解了 5 的实际含义。

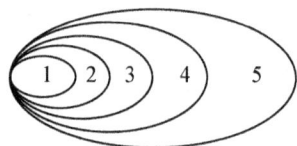

图 5-11

　　另外,用韦恩图可以直观地表示出数的组成和加减运算的含义,如图 5-12 所示。这种直接地表示数的组成及加减运算,实际上也是集与子集关系的体现。因此,在儿童未正式学习数的组成及加减运算之前,给儿童感知集合和子集以及它们的关系的机会,能够为儿童进一步学习数的组成和加减运算做铺垫,做好感性经验的积累。同时,在学习数的组成和加减运算时引入韦恩图的运用,能够帮助儿童直观地理解他们的含义及数群关系。

图 5 - 12

四、感知集合与集合中元素的对应关系有利于儿童深入理解数量关系

在两个集合中,当一个集合的每个元素分别与另一个集合的每个元素形成某种对应关系,那么这种对应关系就叫作一一对应。一一对应在儿童数学中被广泛应用。通过一一对应,儿童可以不必计数就能比较两组物体的多少。儿童在计数过程中,能把要数的那个集合里的元素与自然数列从 1 开始的自然数顺次建立一一对应关系,从而说出总数(图 5 - 13)。可见,这种一一对应的逻辑概念,正是帮助儿童形成和理解数的等量关系和进行数的多少比较的基础(图 5 - 14)。

图 5 - 13

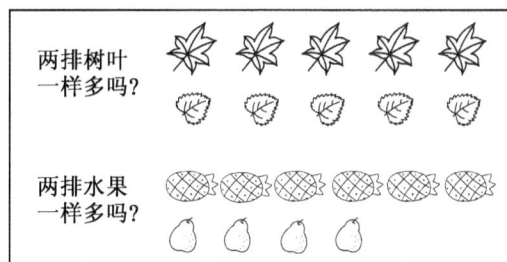

图 5 - 14

总之,感知集合符合儿童认数的规律,是儿童认数、学算的感性基础。在儿童数学启蒙中渗透感知集合的教育思想和内容,不仅为儿童学数提供了准备教育,而且也帮助儿童形象、直观地学习和理解早期数学概念,掌握和具有一些学数的基本能力,同时还有利于发展儿童多种感官能力、抽象概括能力,调动数学学习的兴趣和积极性,所以它应贯穿于整个学前儿童数学教育的过程中。值得注意的是,在对儿童进行集合教育的过程中,提供感性经验和刺激思维能力是关键,一定不能要求儿童机械地学习集合相关的名词和术语。

第三节　学前儿童集合概念发展的特点

学前儿童的集合概念的发生发展经历了一个从泛化笼统到精确的过程。一般可分为四个阶段,每个阶段有其各自的发展特点。

一、泛化笼统的知觉阶段(3 岁以前)

儿童的集合概念在最初是泛化的、笼统的,他们不能看到集合的明显界限,也不能感知集合中的每个元素,表现为他们倾向要"多"的糖果,或用"好多"、"很多"来表示。这时,儿童感知到的是一堆不确定的、模糊不清的东西,而不是作为具体完整结构的统一体的集合;儿童也没有精确地意识到集合中元素的数量。例如,儿童看到很多样子相同的娃娃会很高兴,但是他拿走几个后,剩下的就忘记了。这是因为,儿童并不会注意到集合中的元素数量变少的情况。这一情况也会发生在日常生活中,例如,教师让儿童把所有的积木都放进盒子里,他们在收了一部分积木之后就认为完成任务了,成人如问他是否收好了积木,他会回答所有的积木都放好了。这说明儿童此时还看不到集合的界限。

我国的寇崇玲等人曾做过一项学前儿童对 5 个物体集合的两边元素消失实验[①],结果发现,2—3 岁儿童能注意到两边元素消失的仅占 23.9%,3—3.5 岁儿童能注意到两边元素消失的占 63%。这说明 3 岁前的儿童对集合还不能作为一个结构完整的统一体来感知。

如果让儿童用重叠法感知一个集合中的元素,他们往往将物体摆到集合的范围之外。如图 5-15 所示,左边是画有 4 个扣子的集合图,要求儿童用同样颜色和大小的扣子叠放在扣子图形上,右边是这个阶段的儿童摆放的结果。他们除了将扣子放在扣子图形上,还在所有的空隙之间也摆满了扣子,甚至在集合之外也放了扣子。

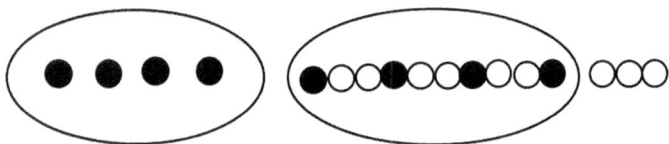

图 5-15

由此可见,3 岁以前的儿童,不能发现集合的明显界限,也不能感知集合中元素的数量,处于泛化笼统阶段。值得注意的是,虽然儿童不能精确感知集合的界限和集合中的每一个元素,但是儿童对于明显的"多"和"少"是有笼统感知的,当让儿童从两堆糖果中选择一堆时,他们一般会选择数量明显较多的那堆。

二、感知有限集合的阶段(3—4 岁)

3—4 岁儿童已经能够逐步感知集合的界限,对集合中元素的感知也从泛化向精确过渡。首先,这一阶段的儿童,能感知集合的界限。当用重叠法感知一个集合中的元素时,他们往往会将物体摆在集合范围内,并逐渐达到精确的一一对应。如图 5-16 左圈所示,儿童摆放扣子的位置已经限制在集合的头尾两个扣子之间,只是在空隙处多放了扣子,图 5-16 右圈所示表明儿童逐渐能做到一个扣子图形上放一个扣子的一一对应。

图 5-16

---

① 寇崇玲等.学前儿童集合发展阶段的初步研究[J].学前教育.1988(5—6).

　　在一项实验中,要求儿童完成一个杯子配一个杯盖的任务,结果表明,3 岁半儿童能够完成该任务的为 50％,4 岁儿童能够完成该任务的高达 84％,且两者的差异达到了显著性水平。由此可见,3 岁半至 4 岁是对应能力迅速发展的阶段①。因此,儿童从 3 岁以后就可以不用数,而用对应比较的方法,来确定两个物体组之间的等量或不等量。但是,他们还缺乏对集合元素的明确感知,在感知作为结构完整的统一体的集合时,出现了两个起算点,即儿童的注意力放在集合的界限上,从而削弱了对所有组成元素的注意。好像除了两端的元素外,没有注意到集合中其他的元素。同时,儿童在分放物体时常常在右边用右手,在左边用左手。在感知作为结构完整的统一体的集合时,手和眼的运动也出现了两个起算点,从集合的两边向中心过渡。如集合的左边界限是起点,数数的动作就是用右手从右向左进行,反之向左。例如,让儿童数娃娃,儿童从左往右数娃娃时,就用左手;从右往左数娃娃时,就用右手。

　　另外,这个阶段的儿童,开始具有简单的分类能力。类是逻辑学上的概念,也就是数学上的集合。由于学前儿童已经能够初步感知集合的界限及元素,所以也能够将一类事物(集合)的每一个物体归在一起,形成一类。但是,3—4 岁的儿童只能进行简单的分类,他们分类的依据主要是物体的明显外部特征,如颜色、形状、大小、长短等。他们能够根据这些特征,把相同的物体放在一起。但是,这个年龄阶段的儿童,不能理解集合(类)的包含关系。例如,指着一堆由 3 辆红色汽车和 1 辆蓝色汽车组成的汽车卡片,问儿童是"红色的汽车多,还是汽车多?"儿童的回答往往是"红色的汽车多"。这是因为,汽车是红色汽车和蓝色汽车的上位概念,也是儿童不能直观看到的,他们具体看到的,只有红色汽车和蓝色汽车。要获得汽车这种类概念,儿童需要具有一定的抽象概括能力,不能凭直觉判断。因此,在缺乏包含概念的儿童眼里,自然红色汽车就多了。

三、感知集合元素的阶段(4—5 岁)

　　4—5 岁已经能够准确地感知集合及元素,他们在感知两个物体集合的数量时,能够通过计数的方法准确地比较哪个集合的元素数量多,哪个数量少。并逐步地能不受物体的大小、排列的方式等的影响,正确地判断出集合中元素的数量。同时,儿童按某一特征进行分类的能力也得到了提高。这个阶段的儿童除了能很好地完成小班的各种分类要求,那根据简单的分类依据如颜色、形状、大小、长短等进行分类之外,还可以按物体的简单用途和数量分类。但是,这个阶段的儿童,在直观的条件下,只能初步理解集(类)和子集(子类)之间的包含关系。方富熹等人的实验研究指出,能正确回答集和子集包含关系的,只有 4 名儿童,占总人数的 5％,而5 岁儿童为 45％(实验中并排数 3 只小猪,都背着救生圈,其中两只小猪都穿着红裤衩,问:"背救生圈的小猪多,还是穿红裤衩的小猪多?"要求儿童回答并说明理由)②。这个实验可以得出两个结论,一方面,4 岁—5 岁是学前儿童对包含关系的理解能力发展较快的时期;另一方面,这一阶段的儿童,对于包含关系的理解还是很有限的,处于初步理解的阶段。

四、感知集合包含关系的阶段(5—6 岁)

　　5—6 岁儿童对集合的理解进一步提高和扩展,他们能够根据集合的不同特征,从不同角

---

①　方富熹,方格.学前儿童分类能力的初步实验研究[J].心理学报.1986(2).
②　方富熹,方格.学前儿童分类能力的初步实验研究[J].心理学报.1986(2).

度认识理解物体集合。

此时，儿童能够按事物的两种特征进行分类。例如，对一组不同颜色、不同大小和形状的图片进行分类时，能把大的、圆形的图片分成一类，把小的、方形的图片分成另一类。又如，儿童玩食品厂游戏，制作"蛋糕"①。在制作前，他们将材料分成两堆，一类是从"超市中买来的东西（面粉、模子），另一类是娃娃家借来的东西（微波炉、勺、白糖）。这时，教师拿出从家里带来的"鸡蛋"，儿童发现，难以把"鸡蛋"归到两类中的任何一类，因为它既不是从"超市"中买来的，也不是从娃娃家借来的。怎么办呢？教师建议他们重新分类，仍然分两类，而鸡蛋要放进去。结果，儿童把所有东西分成可以吃的（面粉、白糖、鸡蛋）和不可以吃的（模子、微波炉、勺）。从这一活动中，可以看出儿童已认识到物体有多重属性，因而它们不仅仅属于一种类。

这个阶段的儿童能够较好地理解集合和子集的包含关系。对于上述小猪实验，能够正确理解集和子集包含关系的儿童，已经从5岁的45％上升到了6岁的65％，说明儿童能够按高一级的类概念要求进行分类，如按蔬菜、水果、树木等一级类概念进行分类。同时，对集和子集的理解，也表现在大班儿童可以懂得数的组成和加减运算中数群及子群的关系，从而促进儿童在理解的基础上，学习数的组成和加减运算。

值得注意的是，根据学前儿童集合概念发展的特点，让儿童感知集合元素的同类性特点并逐渐丰富分类维度，以封闭的方式排列集合中的元素有利于儿童将集合作为统一的空间封闭的整体来看，扩展了儿童对不同形式的集合元素呈现方式的经验，从而也有利于儿童集合概念的发展。

第四节　学前儿童集合概念学习的指导

学前期的感知集合教育是指在不机械地教儿童集合相关的名词和术语的前提下，让儿童感知集合的界限和集合中的元素，学会用一一对应的方式和计数的方式比较集合中元素的数量，并将有关集合、子集及其关系的一些思想渗透到整个学前儿童数学教育的内容和方法中去。

本节在介绍各年龄段集合教育具体要求的基础上，将集合的有关概念与思想渗透、应用到儿童数学教育中的具体内容之中。这些内容主要包括以下几个部分：

一、各年龄段集合教育的具体要求②

（一）小班

1. 知道自己和自己相关的物体的归属，体验物体的共同属性。如引导儿童从一堆物体中把名称相同的物体拿出来并归放在一起。

2. 引导儿童感知体验，区别一个物体和许多个物体。感知理解"1"和"许多"的关系，即"1

① 张慧和. 学前儿童数学教育［M］. 重庆：西南师范大学出版社. 2001：127.
② 徐青. 学前儿童数学教育［M］. 北京：高等教育出版社. 2011：100.

个、1 个……"合起来就是"许多",许多可以分成"1 个、1 个……"。

3. 能按物体的一种特征做集合或集合的子集。例如,引导儿童按照物体的某一外部特征(如颜色、形状)和量(如大小、长短、高矮)的差异进行分类。每类物体宜在 4 个左右。

4. 引导儿童用一一对应的方法做等量集合。

5. 引导儿童比较两个集合的多、少和一样多。

(二) 中班

1. 能按类的观念做等价集合。

2. 能概括物体的两个特征并能按物体的两个特征做集合。

3. 能按物体两个以上特征做集合和排列。

(三) 大班

1. 对集合做层级分类,体验集合与子集的包含关系。

2. 能将物体进行多重分类。

二、分类

(一) 分类活动的教育意义

分类就是指把具有某一共同属性(特征)的物体归并在一起。也就是根据事物的某种特征将其集合成类的过程。分类活动是感知集合教育的重要内容,具有重要的教育意义。

1. 分类活动可帮助儿童感知集合并逐步形成关于具体物体的集合概念

当儿童能够把具有相同属性的物体归并在一起的时候,意味着对这一具体的物体集合有所感知。

例如,就分水果而言,当儿童把一篮子水果按苹果、梨子、香蕉等分好的时候,他们对苹果类、梨子类、香蕉类的集合就有所感知了。而在这个实际分类活动的过程中,儿童也可以感知水果与苹果等的部分与整体的关系,对类与子类,即集与子集也就有所感知和体验了。

2. 分类是计数的前提,是形成数概念的基础

人们要了解某类物体的数量,就必须先将这类物体与其他物体区分开来,然后才可能计数。例如,要知道活动室里有几个玩具娃娃、皮球、小桶等,就必须先将它们分门别类放好,然后才能进一步地进行计数。分类活动有利于儿童感知部分与整体的关系、集与子集的关系,这为儿童学习数的组成和加减运算打下了基础,因为数的组成和加减运算反映的就是集与子集的关系,总数与部分数的关系,以及部分数之间的关系。

3. 分类能促进儿童思维能力的发展

在分类活动过程中,儿童对所要分类的物体进行分析、比较、观察等思维的基本过程,也在一定程度上反过来有利于提高儿童的逻辑思维能力,有助于儿童良好思维品质的培养。而在对一组物体进行分类的过程中,儿童需要对物体进行分析和比较,找出物体的相同点和不同点,这是分析的过程。在此基础上,儿童把具有相同属性的物体归并在一起,这是综合的过程。分析和综合是思维的基本过程,也说明了分类活动能促进儿童思维能力的发展。

(二) 分类的方式

1. 按物体的一个特征分类

(1) 按物体的名称分类

即把相同名称的物体放在一起。例如,把一堆玩具中的皮球都拿出放在小筐内。

（2）按物体的外部特征分类

即按物体的颜色、形状分类。例如，将一盒装有不同颜色的积木，按颜色分别放在不同的小筐内；将一盒装有不同形状的积木，按形状分别放在不同的小筐内。

（3）按物体的物理量分类

即物体大小、长短、粗细、厚薄、宽窄、轻重等量的特征分类。例如，将木棍或塑料棍按长短进行归类，把重的球（玻璃球）和轻的球（乒乓球）放在不同的小筐内。

（4）按物体的用途分类

例如，将积木、玩具、娃娃等归为一类（玩具），把铅笔、橡皮、文具盒、纸、尺子归为一类（文具）。

（5）按物体的材料性质分类

例如，按不同的质地布料（麻布、棉布、绸布）和材料（木、塑、铁、纸等）将物体分类。

（6）按物体间的联系分类

如鞋子与鞋带、手和手套、碗和筷子、乒乓球和乒乓球拍等归并在一起。

（7）按物体的数量分类

是指将具有相同数量的物体归并在一起，如将所有具有 4 个物体的卡片放在一起，所有 5 个、6 个物体的卡片分别放在一起；把单数归为一类，双数归为另一类。

（8）按物体的一个特征肯定与否定的标准分类

肯定标准指的是具有某一特征的所有物体；否定标准指的是不符合某一特征的所有物体。如在一堆的玩具汽车中，有红色的、黄色的、蓝色的，按这一标准，可以将这堆玩具汽车分为红色汽车和不是红色汽车这两类。

2. 按物体的两个特征分类

即能同时从两个角度来划分物体的类别。例如，要求儿童把红色的短裙放在一起，把大的皮球放在一起，把系鞋带的黑色鞋子放在一起等。

3. 多角度分类

即对一组物体可以确定多种标准进行分类，一个物体可以划分到不同的类别中。例如，同样一堆积木，可以按颜色进行分类；可以按形状进行分类；也可以按大小进行分类。在给衣服分类时，可按穿着的季节进行分类；也可以按成人或儿童服装进行分类；也可按男装、女装进行分类；还可按棉织品与非棉织品进行分类。如教师给儿童一副扑克牌，儿童可以按颜色分为两类（黑色与红色）；按着花色分为四类（红心、黑桃、梅花、黑桃）；可以按照有无图案分为两类（J、Q、K 及大小王归为一类，其余归为一类）。

4. 层级分类

即按物体的某种特征，多级次地将物体连续地分类。例如，一堆积木，儿童可以先按大小分成两类，接着按颜色将已经分成两类的继续分类，最后再按积木的形状和是否有图案继续进行分类（图 5-17）。

图 5-17 层级分类

（三）各年龄班分类教育的要求

小班

1. 探索物体的特征,学习讲述物体的异同。

2. 学习按物体的某一外部特征(如颜色、形状)进行分类。

3. 学习与分类有关的词语:如"相同"、"不同"、"把同样的东西放在一起"、"找出一个和某某一样的东西"等等。

中班

1. 学习按物体的数量进行分类。

2. 学习概括物体(或图形)的两个特征。

3. 学习并掌握有关的词语:"分成"、"分开"、"合起来"等。

大班

1. 学习按某一特征的肯定与否定进行分类,讲述某种事物所不具有的特征。

2. 学习按两个特征进行分类并在表格中摆放图形。

3. 学习把集合分成若干组成部分(子集),比较集合与子集的数量,初步体验集与子集的关系。

(四) 分类教育的指导要点

1. 明确各类分类活动的难度层次,掌握儿童分类发展的最近发展区,引导儿童进行分类活动

首先,对物体按一个特征进行分类,不同的特征分类要求的具体特点和难度是不一样的。由于物体的名称、外部特征和物理量是儿童可以直接感知到的,或者能够获得直接线索的,所以难度最低。而物体的用途、性质是由它与人们的关系来确定的,这种关系无法看见,需要人们用过,或者感官感受过,才能知道,因而难度较高。而按物体间的联系进行分类需要儿童将具有一定联系的物体进行匹配,而物体之间的联系又是多样的,如手可以和手套归为一类,也可以跟牙刷归为一类,因而难度更高。最后,按物体的某一特征肯定与否定的标准进行分类,涉及到更高程度的概括性和抽象性,因而难度最高。

值得注意的是,在对物体进行单维度的分类时,如果存在干扰刺激的话,会加大分类的难度。如要求儿童对积木按形状进行分类的时候,给儿童提供大小、颜色各异的积木的做法,比只给儿童提供大小颜色相同,只在形状上存在不同的积木的做法,对儿童提出了更高的难度要求。因此,在儿童学习分类之初,应减少干扰刺激。而在儿童分类活动经验较丰富之后,可以逐渐引入干扰刺激。

其次,就整体而言,分类活动的难度从低到高的顺序为:单维度分类、双维度分类、多维度分类、层级分类。但是并不绝对,有的单维度的分类活动难度可能高于双维度甚至多维度的分类,因为单维度分类可能涉及了对概括性和抽象性更高的要求。如中班儿童已经可以学习概括物体的两个特征了,但是到了大班,儿童才学习按某一特征的肯定或否定标准进行分类。可见,虽然后者只是一个维度的分类,但是难度水平却高于便于直观的两个特征的分类。因此,在引导儿童进行分类活动的时候,在难度的递进上,也是需要考虑的因素。

另外,提高儿童分类难度的过程,要求儿童按不同的一维特征进行分类,有助于培养儿童思维的可逆性、复杂性,帮助儿童逐渐实现"去中心化"。在此基础上,引导儿童按两个维度、多个维度甚至进行层级分类,有助于培养儿童思维的抽象性、发散性和灵活性。

2. 引导儿童认识并按分类标记进行分类

标记是一种符号,是表示特征的记号。儿童认识和运用标记进行分类,需要对标记进行观察、辨认、对照,分析和比较物体的特征是否与标记一致,从而对其思维能力提出要求,反过来也促进了儿童思维能力和问题解决能力的发展。如小班儿童按照颜色标志(图5-18)进行分类时,有的儿童每拿一个物体都要和颜色标记对一对、比一比,看看是不是一样的,如果对照后符合要求,他就将这一物体放在相应的分类盒中,如果不符合要求,他就进行调换,再寻找与标记要求一致的物体。

图 5-18　按颜色标记分类

分类标记的认识和运用,也有助于儿童数学语言的发展。数学也是一种语言,如数学符号和数字,都是特征的符号和语言。例如,等号(=)表示两组物体数量或物体量的相等。儿童学习分类标记,在一定程度上可以帮助他们逐步过渡到数学符号中,从而促进儿童数学语言的发展。

3. 充分利用多样化的表现形式,引导儿童积累丰富的分类经验

即用不同的材料、不同的表现形式,组织儿童对同一分类要求进行活动。这样儿童可以积累丰富的感性经验,深化对相关知识的掌握。例如,在对儿童学习按两个特征给物体进行分类时,可以提供分类盒让儿童分类(图5-19),可以让儿童看表格进行分类(图5-20)。在儿童进行层级分类时,教师也可提供层级分类表(图5-21)供儿童进行操作。

图 5-19　分类盒

图 5-20　摆相应的物体

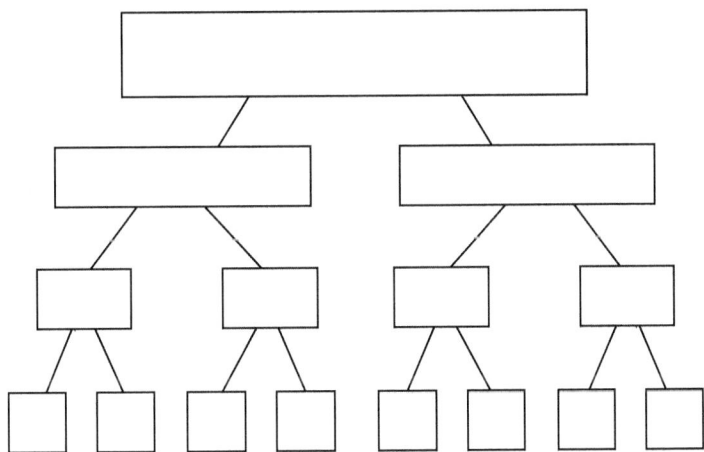

图 5-21　层级分类

4. 在自然情境中引导儿童学习分类

除了有组织、有目标的专门的分类活动,还可以在自然情境中,通过儿童的游戏、生活等渗透分类活动和要求。例如,可以鼓励儿童给一类物体起一个共同的名称;在日常生活中,引导儿童注意两个物体的特征;还可以在游戏中,为儿童选用不同的物体作为儿童小组的标记,并鼓励儿童自由选择小组类别。如图 5-22 中教师将六位儿童分成一组,分别取名为菠萝组、梨子组等。为了便于小班儿童排队时迅速找到位置,教师还在活动室地面上贴上相应的标志,如图 5-23。还可以要求儿童在每次游戏活动结束之后收拾玩具,引导其按玩具的种类放好玩具。在午睡时,引导儿童将被子、衣服、小凳子等都分类整理好,放在固定的位置。这些活动不仅训练了儿童的分类能力,也培养了儿童做事情的条理性和良好的生活习惯。

图 5-22 小组标记

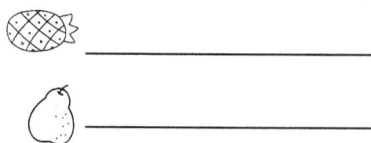

图 5-23 按标记排队

5. 鼓励儿童分享交流分类结果

对于学前儿童来说,其思维具有具体形象性,因而需要通过外部语言和外显的动作进行逻辑表达。而且,外部语言是重要的学习手段,也是儿童内化所学知识的必要途径。儿童在分享分类结果的时候,需要自发地对自己的分类活动进行归纳总结,并进行自我检验,有助于进一步提高分类水平。而多个儿童的交流,可以推进儿童发现不同的分类方法和维度,丰富儿童对分类的认识。此外,教师适当地归纳和提升,也有利于儿童深化对分类的关键性经验的理解。

三、区分"1"和"许多"

(一) 区分"1"和"许多"的教育意义

"1"是自然数的基本单位,也是表示集合中元素数量的基本单位。"许多"是一个笼统的、不确定的数量,它代表两个以上元素的集合,"许多"总是由单位元素组成的。儿童在很小的时候,对数量的多少就有所感知了,如他们拿东西的时候常常会去多拿一份,某样食物吃完了,会说"我还要"。儿童也有很多机会接触"1"和"许多",并表现在他们的语言表达中,3 岁大的儿童知道什么是 1 个,什么是许多个,如他们会说"我有一个大苹果"、"我有一个小妹妹";还会说"我要好多葡萄"、"妈妈买了许多铅笔"等。然而,尽管儿童感知了"1"和"许多",对于二者之间的关系却不了解,不知道"许多"是由 1 个、1 个、1 个……合起来的,"许多"可以分成 1 个、1 个、1 个……让儿童知道"1"和"许多"的区别,目的就是要引导儿童感知集合及其元素,促进儿童感知元素的分化过程,为学习手口一致地逐一点数和认识 10 以内的数奠定基础。因而区分"1"和"许多"是小班初期学数学准备教育的内容。

(二) 区分"1"和"许多"的教育要求

1. 能区别 1 个物体和许多物体。

2. 能感知和体验"1"和"许多"之间的关系。即知道 1 个、1 个……合起来就是许多,许多可以分成 1 个、1 个……

3. 在日常生活中会运用"1"和"许多"的词汇（如会说："1 个老师,许多小朋友"、"1 张桌子,许多椅子"等）。

（三）区分"1"和"许多"教育的指导要点

1. 通过游戏的方式,引导儿童体验"1"和"许多",感知"1"和"许多"之间的关系

教师可以在带领儿童玩音乐、体育游戏的时候,渗透认识"1"和"许多"的教育。例如音乐《排排坐　吃果果》,儿童在唱这首歌的时候,教师可以引导他们感知一个小朋友、一个小朋友、一个小朋友……合起来就是许多小朋友;许多苹果,分给小朋友们的时候,变成了一个苹果、一个苹果、一个苹果……体育游戏《小兔子拔萝卜》,每只小兔子跑到地里拔一根萝卜,小兔拔回了许多萝卜。

2. 引导儿童充分利用各种感官感知"1"和"许多"

在区分"1"和"许多"的教学中,为儿童提供一定的材料和环境,引导儿童通过感觉器官的直接参与来体验和加以区分是一种常见的方法。如教师可以为儿童准备一些直观材料,让儿童通过视觉的观察比较来区分和判断物体是 1 个还是许多个,初步理解"1"和"许多"都可以表示物体的数量。此外,教师还可以通过其他感官,如听觉、触摸觉、运动觉等,来区分"1"和"许多"。例如,教师可以通过敲小铃,让儿童听听响了一下,还是响了许多下;可以让儿童摸一摸,猜猜魔术袋里有一个乒乓球,还是许多个乒乓球;可以让儿童拍一下手,或者拍许多下手;可以让儿童学兔子跳一下,或者跳许多下。

3. 引导儿童在一定的环境中寻找比较"1"和"许多"

首先,教师可以在创设的环境中引导儿童寻找"1"和"许多"。例如,在桌子上放着一把水壶和许多水碗;一个娃娃玩具和许多小动物玩具;在图片上画一棵树,树上有许多小鸟,等等。

其次,教师可以在自然情境（幼儿园内、家里、街道上等）中引导儿童寻找"1"和"许多"。例如,幼儿园教室里有一位老师和许多小朋友;家里有一个小朋友和许多大人;街道上有一位交警和许多行人;天上有一个月亮和许多星星,等等。

需要注意的是,在自然情境中寻找"1"和"许多"的难度较高,因为这里所要找的东西是分散的,儿童要克服空间知觉影响造成的困难,才能将分散在空间内的不同物体概括起来,在头脑中形成一个整体。

最后,教师可以引导儿童回忆寻找比较"1"和"许多"。即凭记忆,引导儿童说出幼儿园、家里和其他场所中什么东西有一个,什么东西有许多个。例如,家里有一张饭桌,许多椅子;幼儿园院子里有一个大滑滑梯,许多小木马;公交车上有一位司机,许多乘客等等。这些形式需要表象和记忆的参与,因而对儿童的挑战更大,也需要教师的引导和启发。

四、比较两组物体的数量关系

（一）比较两组物体的数量关系的教育意义

第一,两组物体（两个集合）数量关系的比较活动,即把集合的元素一个一个地对应起来的方式,可以让儿童直观地看到集合中的元素,从而可以帮助儿童准确地感知集合中的元素,这也是进行比较的前提。

第二,两组物体数量关系的比较活动,可以促进儿童学会用对应的方法比较集合中元素数量的多少。对应对儿童具有重要意义,除了可以帮助儿童解决两组物体数量关系的比较问题,

还是儿童学习计数乃至理解整个数概念的必不可少的基础和准备。在计数过程中,有一条原则就是"一一对应",即要求儿童把所数的物体与自然数列中从"1"开始的数字对应起来,如所数第一个物体对应自然数"1",所数的第二个物体对应自然数"2"……因此,儿童不能熟悉掌握对应的方法,也就不能掌握计数活动,不能理解数目的实际含义。国内外学者都把对应看作一种前数概念,是数前教育的重要内容。

第三,比较两组物体的数量关系,需要儿童对数量的相等、多和少进行观察、分析和总结,使儿童从小就养成按组成集合元素的数量进行比较的习惯,而不是按集合所占的空间面积,集合中元素的形状、大小、轻重等其他特征进行比较,这样有助于儿童感知到集中元素的数量,从而获得数的感性经验。

(二)比较两组物体数量关系的教育要求

1. 学习用对应的方法比较两组物体的数量,知道哪组多,哪组少,或是一样多。
2. 会用"一样多"、"不一样多"、"多"、"少"等词语表示两组物体数量比较的结果。
3. 学习不受物体大小、排列形式的影响,比较两组物体数量相等或不相等。

(三)比较两组物体数量关系教育的指导要点

1. 引导儿童运用重叠法和并置法进行两组物体数量关系的比较活动

(1)重叠法

即将一组物体横向线性一字排开,再将另一组物体逐一重叠到前一组物体上面,比较两组物体的数量关系。例如,比较乒乓球和乒乓球拍的数量关系,可以先将乒乓球拍一字排开,再将乒乓球放在乒乓球拍上,然后引导儿童进行比较,乒乓球和乒乓球拍是不是"一样多"? 如果不是,"哪个多? 哪个少?"(图5-24)。

图5-24 重叠法

(2)并置法

即将一组物体横向线性一字排开,再将另一组物体一对一地并列放在前一组物体的下方,然后比较这两组物体的数量关系。例如,比较乒乓球和乒乓球拍的数量关系,可以先将乒乓球拍一字排开,再将乒乓球一对一并列放在乒乓球拍下方,然后引导儿童进行比较,乒乓球和乒乓球拍是不是"一样多"? 如果不是,"哪个多? 哪个少?"(图5-25)。

图5-25 并置法

在使用重叠法和并置法时,需要注意以下问题:

第一,并置法要求儿童一一对应排列整齐,相对于重叠法的操作难度更高,因而宜先教儿童重叠法,再教儿童并置法。

第二,摆放物体时,教师应要求儿童使用右手、从左到右摆好,以培养儿童动作的规范性。

第三,物体应排成横排,这个容易使儿童看清楚每个物体,并有利于进行对应比较。

第四,在比较中,要先教儿童进行两组物体数量相等的比较,再进行两组物体数量不相等的比较,以逐渐提高比较的难度。

第五,每组物体的数量应在5—6个,因为这是数前教育,重在感知集合及学会对应。数量太大会给儿童带来负担,影响效果。

2. 引导儿童从外部控制到内部控制的方式进行两组物体的数量关系的比较活动

对于比较时有困难的儿童,可以引导其在比较时,用手指着实物,同时用语言描述正在做的事情,如儿童一边用手指着,一边说:"一个碗,一个勺子;一个碗,一个勺子……"这样,就可以帮助儿童通过手、动作和语言的协调,控制和调节自己的行为,感知物体间的对应关系,进一步知道两组物体之间的数量关系。随着儿童进行数量关系比较的熟练度提高,可以减少儿童边比较边说的要求,让儿童自觉从需要说出来到不需要说出来就能进行比较,从而实现由外部控制转向内部控制。

3. 引导儿童在自然情境中比较两组物体的数量关系

我们已经知道,自然情境中充满了儿童进行学习的机会,对于两组物体数量关系的比较,也是如此。例如,分早点的时候,可以让儿童比一比,今天的点心的数量和小朋友的人数是一样多? 还是多了或少了? 外出游戏的时候,小朋友练习跳绳,可以引导小朋友在游戏之前比一比,小朋友的数量和绳子的数量,是一样多? 还是多了或少了? 等等。总之,幼儿园充满了自然的情境,教师可以用来引导儿童感知和比较物体间的数量关系。

延伸拓展

日本幼儿集合概念的教育[①]

日本幼儿数学教育专家认为,幼儿期在数、量、形方面教育的基础是集合和对应两个概念。因此,他们特别重视引导幼儿对集合和对应这两个概念的理解。

1. 概念的理解。日本幼儿教育专家认为,幼儿对集合概念的理解,一般包括以下几个方面:① 明确作为对象的范围;② 把考察对象中具有相同条件的对象找出来;③ 明确进入某个集合(群体)的考察对象和不能进入这个集合的考察对象;④ 给出表明集合的适当的名称和记号;⑤ 根据需要,降低进入集合的条件,扩展集合。当然,幼儿对上述各方面的理解不是理性的,而是感性的。

2. 集合教育的阶段性。一般来说,对集合概念的发展,大体可以分为以下几个阶段。① 集中同类物体。幼儿在日常生活和游戏中,有时会把同类物体放在一起,这说明幼儿已经开始注意集合中元素的特征,开始感觉到集合的范围。这时教师应该给予关注,引导幼儿了解同类物体的特征,并和其他物体区别开来。② 找出符合集合条件的物体。在幼儿已经能够收集一些同类物体的基础上,教师要有意识地引导幼儿根据要求,找出一些符合集合条件的物体。③ 说出集合的特征。在前两个阶段,幼儿在日常生活或游戏中,已能收集同类物体或找出符合集合条件的物体,但还不能用语言表达集合的特征。要用语言说出集合的特征,对幼儿来说并不是一件容易的事。教师应鼓励幼儿说出自己收集的东西的特征,还要鼓励幼儿说出

---

① 王黎,曹能秀.日本幼儿集合概念的教育[J].幼儿教育.2000(12)..

别的幼儿收集到的东西的特征。

3．教师的指导。教师应充分利用不同的情境,为幼儿的集合教育提供支持。① 在日常生活中会运用集合概念的实例,但有时他们自己并没有意识到。教师的主要任务就是引导幼儿在日常生活中运用集合的概念,使他们加深对集合概念的理解。② 在教师组织的活动中教师要有意识地引导幼儿理解集合的概念,让幼儿在一定的环境中自然掌握有关数、量、形的知识,而不是直接把有关集合的知识教给幼儿。

附录

活动设计一:

小班数学活动:看电影①

活动目标:

1．复习1和许多的数量,巩固1和许多的关系。

2．学习正确运用量词。

活动准备:

挂图一幅;"电影票"(小卡片、印有1朵或许多朵花)每个幼儿一张;每张椅子上贴有和电影票相同的卡片;印章人手一份。

活动过程:

一、情景引出活动。

指导语:"今天妈妈要和宝宝一起去看电影喽。我们先清点一下人数。"

引导幼儿发现并说出有一个妈妈和许多宝宝去看电影。

二、看电影。(目测巩固)

(一)取票入座

发给每位幼儿一张"电影票",上面是1朵花或许多花。

指导语:"你的电影票上有几朵花呀?"请幼儿说出自己票面上印的是1朵花还是许多花。

请幼儿对号入座;每张椅子的后背上分别贴有1朵花或是许多朵花,请幼儿找到与自己票面一样的椅子。

(二)观看电影

出示挂图,引导幼儿观察:"今天放的是什么电影?"(鸡妈妈带小鸡)

"影片中有几只鸡妈妈? 有几只鸡宝宝?"(1只鸡妈妈、许多只鸡宝宝)

这么多的鸡宝宝有什么地方不同?(颜色不同)

"有些什么颜色?"(黄色和黑色)

有几只小黑鸡?(1只小黑鸡)有几只小黄鸡?(有许多小黄鸡)

教师根据图片随机编故事讲给幼儿听。

三、做"电影票"。(操作巩固)

指导语:"刚才的电影好看吗? 有很多的爸爸妈妈也想来看电影。现在我们一起来做电影票,送给他们好吗?"

---

① 俞春晓.钱文.幼儿园建构式课程幼儿园教师用书科学数学(上)[M].上海:华东师范大学出版社,2009.稍作修改.

每位幼儿从票箱中拿走一张要制作的电影票时,老师提醒:"刚才票箱里有许多电影票,小朋友把电影票一张一张拿走了,票箱里还有吗?"(没有了)

教师提出制作要求:在正面画有一个圆点的电影票背面印上一个图案,在正面画有许多圆点的电影票背面印上许多图案。

幼儿操作,教师指导。

幼儿将制作好的电影票一一放回票箱。教师提醒:"小朋友一个一个将电影票放回票箱里,你们看票箱里又有许多电影票。"(强调一个一个合起来就是许多)

活动延伸:

在日常生活中引导幼儿仔细观察什么是1个,什么是许多个。如自己身上有1张嘴和许多牙齿、1个头和许多根头发;活动室中有一扇门和许多窗户;果园里有1棵苹果树和许多苹果等。

活动设计二:

小班数学活动:小帮手①
南京市中华路幼儿园　金翠萍

活动目标:

1. 观察袜子、手套的特征(大小、颜色、图案),能将相同的袜子、手套进行配对。

2. 初步理解"一双"的含义,了解成双物体之间的对应关系。

3. 愿意参加活动,能说出自己的发现。

活动准备:

1. 经验准备:幼儿有按实物标记将物体分类的经验,认识红、黄、蓝等基本颜色。

2. 物质准备:晾衣架、夹子各若干,袜子每人一双,手套人手一副,篓子若干。

活动过程:

一、我们的袜子

教师:看看,你的小脚上穿着什么呀? 你的袜子是什么样子的? 有几只呢? 两只一样吗? 哪里一样?

引导幼儿自由观察自己的袜子,初步感知两只袜子的大小、颜色、图案相同,知道什么是"一双"。

二、晾袜子

(一)展现晾袜子的场景,引起幼儿的兴趣。

教师:今天妈妈洗了许多的袜子,还没来得及晾,你们愿意帮忙吗?

(二)出示一只袜子,引导幼儿观察、配对。

教师:一双袜子要晾在一个衣架上,那这只袜子应该晾在哪里呢? 谁愿意试一试?

个别幼儿示范将相同的袜子晾在一起,师幼共同检验。

教师:为什么把它们晾在这里?

引导幼儿说出两只袜子的相同特征。

---

① 金翠萍.早期教育[J].2014(6):43.

（三）幼儿操作,将相同的袜子配对。

教师:还有些袜子没有来得及晾在衣架上,请你们每人拿一只袜子,找到它的好朋友,把它们夹在一起。你们愿意帮忙吗?

（四）幼儿集体游戏,鼓励幼儿表达自己寻找的过程。

教师:袜子都晾好了吗? 袜子一双一双晾在一起了吗?

集体验证结果是否正确。

三、收手套

（一）介绍游戏玩法。

教师:今天妈妈很高兴,大家都很爱劳动。瞧,妈妈洗的手套也晒干了,我们一起把它们收下来吧。什么样的手套放在一起呢? 把同样的一副手套用夹子夹起来放在篓子里哦!

（二）幼儿操作,迁移匹配袜子的经验,将相同的手套放在一起。教师观察、指导,帮助幼儿进一步理解什么是"一双(一副)"。

（三）相互检查配对结果。

教师:都放好了吗? 我们来看一看有没有都放对。

四、结束活动

教师:谢谢你们帮妈妈晾了袜子,还收了手套,我们穿鞋子回家吧。我们脚上两只鞋子也应该是一样的噢?

引导幼儿找两只一样的鞋子穿起来。

活动设计三:

中班数学活动:《小兔搬新家》

江西师范大学附属幼儿园　龙　维

活动目标:

1. 学习按物体的某一共同特征进行分类。

2. 大胆地描述分类的过程和结果,并积极地参与到操作活动当中。

活动准备:

1. 果蔬、衣物、碗筷、鞋子等图片若干

2. 教师自制教具:橱柜、衣柜、冰箱各一个(组图 5-26);鞋柜两个(图 5-27)

图 5-26

图 5-27

活动过程:

一、导入部分:谈话创设情境,引起幼儿兴趣

教师:奇妙的大自然里有一座神奇的房子,这是一座飘在空中的房子。小兔子一家听说以后就想把自己的家搬到这座神奇的房子里。可是搬家真是件麻烦的事儿啊,家里的东西全都乱了,请小朋友们帮它们整理整理吧!

二、基本部分

(一)学习按物体的用途及种类分类

1. 按物体用途进行分类

(1) 首先出示自制教具:4 个柜子,引起幼儿分类的兴趣。

(2) 然后出示果蔬、衣物、碗筷、鞋子等卡片。

教师:请小朋友们看看自己的桌上都有些什么卡片,每个小朋友挑三张自己喜欢的卡片,想想应该放在哪个柜子里?

(3) 幼儿操作:请幼儿自主选择 3 种自己喜欢的物品(卡片)进行分类。

(4) 师幼小结:师幼共同讨论冰箱、衣柜、橱柜、鞋柜的用途并将个别分错的物品送回它应放的柜子(图 5-28)。

图 5-28

2. 按物体种类进行分类

(1) 第一次操作——自由分类

① 教师打开"冰箱""衣柜""橱柜""鞋柜"门,引起幼儿兴趣。

教师:请小朋友们闭上眼睛,数到 3 再睁开。看看冰箱里面有几层?(三层)

② 幼儿操作:请幼儿将各个柜子的东西分装进柜子里面。(要求:三层都要放东西。)

③ 师幼讨论:请幼儿说说自己为什么要这样分,是按什么分类的。

(2)第二次操作——按要求分类

① 幼儿操作:请幼儿合作整理柜子。(要求:按同一类的东西放在一起的方法整理。)

② 师幼小结

教师提问:你是怎样分类的? 为什么要这样分类?

幼儿小结:我是把衣服和衣服放在一起,裤子和裤子放在一起,裙子和裙子放在一起。

教师小结:对了,我们是按照把同一类的东西放在一起的方法进行分类的(组图 5-29)。

组图 5-29

(二)利用鞋柜进行多角度分类

1. 教师根据幼儿分类结果出示另一组不同于幼儿分类结果的鞋柜,让幼儿进行观察(图 5-30)。(按种类分或按大小分)

图 5 - 30

教师:就在小朋友们帮小兔把家里的东西分类的时候,老师也帮小兔子家的鞋柜分了分类,请你们看看,我鞋柜里的鞋子是怎么分类的?

2. 引导幼儿发现其规律,并帮助幼儿归纳经验:同样的物品可以有不同的分类方法。

三、结束部分

(一)游戏:抱抱团

1. 请幼儿尝试将班上的小朋友分一分类。

教师:为了感谢小朋友的帮忙,老师准备了一个好玩的游戏,但是做游戏之前有一个小小的要求,请小朋友们把自己也分一分,想想看可以怎么分呢?(例如:性别、头发样式、衣服颜色、鞋子种类等。)

2. 听音乐开汽车,当音乐停时,按教师发出的口令抱一抱(例如:男孩男孩抱一抱,女孩女孩抱一抱;有辫子的抱一抱,没辫子的抱一抱),游戏 5—7 次。

(二)结束活动:按教师指令分批离开活动室。(例如:黄色衣服回家啦;穿球鞋的宝宝回家啦。)

思考与实践

一、名词解释

1. 集合　2. 集合的元素　3. 分类　4. 重叠法　5. 并置法

二、简答题

1. 简述集合的三种表示方法。

2. 学前儿童集合概念的学习有哪些重要的意义?

3. 学前儿童集合概念的发展有什么特点?

4. 幼儿园各年龄班集合教育有什么具体的要求?

5. 简述分类活动的教育意义。

6. 简述分类活动的方式。

7. 幼儿园各年龄班分类教育有什么具体要求?

8. 学前儿童区分"1"和"许多"有什么教育意义?

9. 简述学前儿童区分"1"和"许多"的教育要求。

10. 简述学前儿童比较两组物体的数量关系的教育意义。

11. 简述学前儿童比较两组物体的数量关系的教育要求。

三、论述题

1. 联系实际谈谈学前儿童分类学习的教育指导要点。

2. 联系实际谈谈学前儿童区分"1"和"许多"的教育指导要点。

3. 联系实际谈谈学前儿童比较两组物体数量关系教育的指导要点。

四、实践性学习活动

1. 观摩幼儿园小班、中班、大班儿童分类教育活动的现状,分析他们各自的发展特点,并提出有效的指导方法。

2. 依据学前儿童的年龄特点,制定出在一日活动中渗透区分"1"和"许多"的方案。

第六章　学前儿童数概念发展的特点及教育指导

学习目标

1. 正确理解学前儿童数概念的相关定义。
2. 深入了解学前儿童数概念发展的特点和学习数概念的意义。
3. 重点掌握学前儿童数概念的教育指导要点。

学习提示

数概念是数学中最基础的知识,也是学前儿童开始积累数学的感性经验首先遇到的问题之一。掌握数概念是一个比较复杂的过程,不仅要会数数,还要理解数的含义,知道数的顺序和大小,理解数的分合(即数的分解与组合)、数的守恒,掌握数的读写法。究竟应如何对学前儿童的数概念学习进行指导呢? 本章首先从学前儿童数概念发展的特点进行剖析,详解学前儿童数数能力、认识数序和序数、掌握数的守恒、对数的分合的认识以及10以内加减运算概念的发展特点;其次从学前儿童基数、数的序列、数的守恒、数的组成与分解、10以内加减运算、数字的认读与书写等方面提出学习指导要点,从而明确学前儿童数概念学习的意义。

案例导入

现实当中有这么三种情况:(1) 某学前教育机构中,一位家长自豪地说自己2岁半的儿子数学能力特别强,可以从1数到100。(2) 有些人认为,学前儿童学习数学就是学习数数和加减运算,识数、会算是第一重要的,数学教育的价值似乎就在于培养"神算子"。(3) 不少幼儿园把教会学前儿童计算、会做一定量的加减法来作为招生的噱头。

数学教育在学前儿童的发展中起着重要的作用,而数概念的发展是数学教育的重要组成部分。《幼儿园教育指导纲要(试行)》中要求:"引导幼儿对周围环境中数、量、形、时间和空间等现象产生兴趣,构建初步的数概念,并学习简单的数学方法解决生活和游戏中某些简单的问题……"那么,究竟学前儿童数概念发展有什么特点? 案例中的这些情况是不是就能断定儿童掌握了数概念呢? 如何有效地引导学前儿童建立初步的数概念,理解数概念,并能运用数学知识解决生活和游戏中的简单问题呢? 这就是本章所要讨论的问题。

第一节 学前儿童数概念发展的特点

学前儿童数概念的发展是国际发展心理学较早的研究课题之一,数概念的发生发展是儿童思维发展的主要标志,而掌握数概念是一个比较复杂的过程,不仅要会数数,还要理解数的实际意义,知道数的顺序和大小,理解数的组成和数的守恒,掌握数字的认读与书写。因为学前儿童年龄小,身心都在发育中,需要在不断积累感性经验的基础上逐步形成数概念,所以要经历一个比较长期的过程。

延伸拓展

不少学者都在研究学前儿童数概念发展的特点,比如许智权、宋宝玲对3—5岁的儿童掌握数概念进行了个案追踪研究,研究结果表明,3—4岁时儿童有可能、有必要掌握最初的数概念,4—5岁是掌握数概念关键性的一年。吕静等人对2—5岁儿童进行5以内的辨数、认数和点数的测试,发现儿童数概念发生有一定顺序,先辨数,次认数,再发展到点数,并存在发展的关键期。吕静还研究了表象在儿童数概念发展中的作用。数概念的发展是从直接感知到间接感知、从具体到抽象的过程,表象在数概念的形成与发展中,起着桥梁作用。周仁来、张环、林崇德关于儿童"零"概念形成的实验研究发现,"零"概念的掌握是儿童数概念形成中较高级水平的标志之一。"零"概念的获得要晚于其他数概念,7岁左右可能是儿童"零"概念获得的一个转折点。

数概念是一个复杂而系统的结构,除了基数、数序(自然数的顺序)、数群概念、数的守恒、计算和简单应用等内容外,还应该包括相邻数、数的组成和数的读写等。

学前儿童数概念的发展不仅有一定的连续性,而且表现出一定的阶段性,数概念发展的阶段性只是一种大体的趋势。学前儿童掌握10以内数概念的年龄阶段一般是四个阶段:第一阶段(2岁半至3岁半),这是学数前的准备阶段;第二阶段(3岁半至4岁),这是学会计数和初步理解实际意义的阶段;第三阶段(4岁至5岁),这是计数能力的巩固和初步数概念形成的阶段;第四阶段(5岁至6岁),这是进一步认识数的关系及数群概念初步发展的阶段。

一、学前儿童数数能力的发展特点

(一)数数的基本概念

数数是儿童早期数概念发展中最重要的技能之一,但数数概念在心理学界的研究中没有形成统一的界定,一般包含了概念性知识和过程性知识两个部分。按照华东师范大学周欣教授在《儿童数概念的早期发展》一书中的界定,在过程性知识中,数数"是儿童早期数概念发展中最重要的技能之一。数数即数词和要数的单位实体之间的——对应"。数数的概念性知识主要指的是对基数概念的理解。儿童最初的数数过程和基数概念是相互分离的,当数数过程和基数意义建立联系的时候,儿童才实现了对数或数数的真正理解。基数概念的考查一般涉及到两种方法,一种是点数并说出总数,另一种是按数取物。但目前基本认同按数取物是准确表达儿童基数概念的一种考查方法。

数数,也叫计数,是确定一个集合中元素个数的方法,是一种有目的、有手段、有结果的操作活动,其结果表现为数的形式。计数活动是学前儿童形成初步数概念的基本活动。计数活动的实质是将具体集合的元素与自然数列里从"1"开始的自然数之间建立起一一对应的关系。

数数是学前儿童一项重要的认知能力,但数数并不是儿童唯一的或最早发展的计数能力。目测是人类的另一种计数能力,即在不用数数的情况下能较快地、准确地说出小的集合中物体的数量。研究表明,尽管 2 岁儿童还不会用数词来数数,但他们已有了目测能力,不管计数物体在排列的空间特征上有什么不同,儿童都能运用目测准确地讲出数量。但 4 岁和 5 岁儿童最大的目测数都是 4。吕静和王伟红(1984)发现中国 4 岁和 5 岁儿童的最大目测数为 5。现有研究认为,儿童最初数数能力的发展很可能得益于目测。目测能力发展在先,它有可能帮助儿童去理解最初所学的数词的含义(周欣,2004)。张华、庞丽娟等人 2004 年的研究显示,儿童数数的精确性在 3—4 岁期间得到快速提高,4 岁儿童数数的精确性明显高于 3 岁儿童,4 岁是儿童计数能力发展的关键期。在数数策略的使用方面,4 岁和 5 岁儿童处于数认知发展的相似水平。2004 年,张华、庞丽娟等人对 3—4 岁儿童的数数规则和策略进行研究。该研究以个别测查的方式进行。研究结果说明,该年龄段儿童的数数策略有触摸式点数(手逐个触摸物体点数)、非触摸式点数(指着物体但不碰到物体)、口头数数和内隐策略(直接报出总数)4 种。儿童使用触摸式点数策略的人数最多,而且数列的数目越大,使用该策略的人数也越多。

数数也并非是数概念,数数是学前儿童用于建构非正式数学知识系统的重要工具,但是学前儿童初步数概念的发展离不开数数,学前儿童数数技能水平的高低代表了学前儿童数概念的发展水平,但这一技能的发展和完善却要经历相当长的时间,大多数儿童数数技能的最终完善要到小学一年级才能完成。

非正式数学知识是指儿童依靠实物和对实物的表象获得的数学知识。皮亚杰认为,儿童在获得正式的数学知识(即使用抽象数学概念的能力,如书写数字和数学运算符号)之前已经具有了一些数学认知能力,如小数目的数数、确定两组物体之间的数量关系等。数数能力是儿童较早获得的数学能力。随着年龄的增长,儿童把数数能力与其他数学知识相结合,逐步创造出计数策略,进而建构其非正式的数学知识系统。

(二) 学前儿童数数时应遵循的计数规则

1. 学前儿童的数数行为遵循一一对应的计数规则

在唱数的过程中无意学会了这些数字的排列顺序。当学前儿童正式进入数数阶段的学习时,自然就运用到了唱数时所具备的固定数字顺序能力。

早期儿童还处于直观思维阶段,所以数数会借助动作来完成抽象的数学活动。最突出的表现是手的动作,儿童用手触摸着物体,一一点数。动作也体现在语言方面,儿童在数数的过程中,嘴里会发出声音。对于 3 个物体,儿童能够不用数而直接看出物体的总数是 3。在点数 7 个、15 个及 30 个物体时,4 岁组和 5 岁组 90% 以上的儿童在数数的时候,都是用手指挨个指着物体,按从左至右或从右至左的顺序,出声或不出声地一一点数,他们已经知道数数时一个物体只和一个数字相对应,这说明他们的数数是以一一对应规则为基础的。极少数儿童可以不借助手的动作而直接一边看一边数,这些儿童数数时虽然没有借助手去指物体,但从其数一个数字点一下头的动作可以看出他们的数数也是遵循一一对应规则的。

2. 学前儿童的数数行为遵循固定顺序的计数规则

学前儿童知道按照一种固定的顺序来数数,即按"1、2、3、4、5……"的顺序来数数,说明他们在数数时遵循了固定顺序的规则。

在数数过程中违反固定顺序的人数较少,学前儿童大多能按顺序正确说出数词,但这并不代表他们能够进行正确的数数。他们中的一部分人发生了一一对应的错误,如漏数、重复数或跳数,显然他们尚未掌握数词—物体间的对应关系,没有真正理解数的实际意义;还有一部分儿童虽然数数的过程性行为完全正确,但不知道数列末端的数代表该数列的总体,当主试询问他(她)有多少个物体时,儿童会再次重复数数的过程1、2、3……还不能从概念上掌握数的意义。

儿童数数行为的发展首先需要掌握数词系统,在此基础上逐步由过程性的数数行为向概念性数数行为发展。

3. 学前儿童的数数行为遵循基数的计数规则

基数规则是指数数时数到的最后一个数代表这组物体的总数。儿童在数完一组物体后,能够立即把数到的最后一个数作为这组物体的总数报告出来,说明他们了解了基数规则,他们的数数是以基数规则为基础的。

虽然儿童的数数能力已经发展到一定水平,能够正确数出物体的数量,但他们还不能将数数作为解决问题的策略来灵活使用。儿童在数数时表现出遵循一定的规则,并不能说明儿童已经理解和掌握了这些数数规则,儿童可能只是在模仿成人的数数行为,因此这只能被看作是儿童的一种数数技能。

儿童在刚开始数数时(2—3岁),可能更多的是在模仿成人的行为,但随着儿童动作水平和认知能力的发展,他们的数数行为就是以理解数数规则为基础的。4—5岁儿童是在理解的基础上运用一些重要数数规则进行计数活动的,他们会在数数时遵循一一对应、固定顺序和基数等规则,并且他们是在理解的基础上应用这些规则的。但他们还不能自发地将数数作为一种策略来解决两组数目是否相等的问题。

4. 学前儿童的数数行为遵循抽象性的原则

抽象性原则是指关于数数的原则可以用于任何事物。数学本身就是一门抽象的学科,学前儿童学习数学也是一个由简单到复杂,由直观到抽象的过程。学前儿童数数能力的发展是建立在对集合感性认识的基础之上的,不是机械地记忆阿拉伯数字。为了丰富学前儿童的感性经验,在教学过程中需要给儿童提供一些直观的材料,比如可以提供一些实物,儿童通过触摸感知物体的数量。当学前儿童具备了一定的感性经验,就可以通过直观的图片来练习数数能力,最后过渡到运用数字符号系统进行数数。

5. 学前儿童的数数行为遵循顺序无关原则

顺序无关原则是指一个集合的总数是与这个集合中的每一个物体的顺序无关的。无论从哪一个物体开始点数,最后数出的总量都是一样的,即数的总量不受点数的顺序影响,总量总是一致的。对于初学点数的学前儿童来说,为了提高点数的重要性,学前儿童会被要求从固定的方向对物体进行点数,避免多数和漏数,而且学前儿童也会将这种要求内化为自己的一种习惯。随着数数能力的增强他们会慢慢意识到可以按照其他的方式进行数数。

（三）学前儿童数数能力的发展顺序

学前儿童数数能力的发展顺序是口头数数→按物计数→说出总数→按数取物→按群计数。这一顺序反映了儿童从逐一计数向按群计数过渡。下面就从这五个方面来介绍学前儿童数数能力的发展特点。

1. 学前儿童口头数数能力的发展特点

数数能力包括三个组成部分：用正确的顺序有声或无声地说出数词；能确认可用于计数的若干单位实体；能把数词与计数的单位实体一一对应（周欣，2004）。儿童的数数能力可以通过唱数和点数能力来反映。唱数是学前早期经验中发展最早、发生次数最多的一种数数技能，[①]年龄越大的孩子，其唱数水平也越高。唱数是学前儿童在数系统中最先掌握的部分，学前儿童只有在对这一初始部分熟练掌握了以后，才有可能进一步掌握数系统的其他部分。林崇德（1950）认为，儿童是在学习唱数后才逐步理解数的真实含义。

学前儿童口头数数带有"顺口溜"的唱数性质，年龄越小这个特点越明显。具体来说，各年龄段儿童口头数数的特点如下：

3岁儿童一般只能从1开始按顺序一个一个地数，稍一干扰就容易数错。在口数过程中，常常出现乱数、重数、漏数的现象，一般不能从中间的任意一个数开始数，更不会倒着数数。3岁儿童重数、乱数的现象最严重，占68％。

4岁儿童是口头计数能力发展的最佳期。5岁以后的儿童很多能从中间任意一个数接着往下数，但遇到进位时常发生错误，往往又会从头数起。儿童常常因为不能正确进位而影响数数，每逢由9进10，再由10往下数时，常常出现停顿、乱数、乱接现象。6岁儿童重数、乱数的现象占28％。

儿童口头数数出现这些特点，说明这个年龄阶段的儿童还没有真正理解数的实际含义，不了解自然数列的顺序，他们把数数看成一种游戏或机械地模仿成人数数，在头脑中所建立起来的联系是一种单一的、呆板的、机械的联系。[②]

2. 学前儿童按物计数（按群计数）能力的发展特点

按物计数也叫按物点数，要求学前儿童在口头数数的基础上，将数字与客观事物的数量联系起来，建立数与物之间一一对应的联系，做到口手一致地点数。

所谓"口手一致地点数物体"或称"按物点数"的实际意义就是在具体集合的元素和自然数列之间建立一一对应关系。假设一个具体集合是由五只苹果组成的，那么，按物点数的意义可用图6-1表示：

图6-1

图中，第一行表示包含有五个元素的集合，第二行表示自然数列（即正整数），"↕"表示一一对应的关系。

---

① 周欣. 儿童数概念的早期发展[M]. 上海：华东师范大学出版社，2004.
② 李淑贤，王景英. 3—6岁儿童计数能力发展的研究[J]. 现代中小学教育，1990（1）：53-56.

学前儿童按物计数的水平普遍比口头数数水平低,这说明按物计数比口头数数困难得多。按物计数需要多种分析器参与活动。当学前儿童边点数物体边正确说出数词时,他的手、眼、口、脑需要协同一致活动。按物计数要求将口说的数词与客观事物建立起对应的联系,做到口手一致。4—5岁是儿童按物计数能力和按数取物能力发展的最佳期。

学前儿童在5岁以前,由于大脑皮层抑制机能发展较差,手眼协调动作不灵活,口头数数还不熟练,因此会产生种种手口不一致的现象:(1)口能从1—10顺着数,但手却不能按物体一个个地点,而是乱点;(2)虽能按物体的顺序一个个地点,但口中却乱数,如边点边数着1,2,3,8,9,10等,其中往往只有开始的几个数和最后的几个数是顺序说出的;(3)口与手虽能有节奏地配合,但不是一对一地配合,即不是数一个数点一个物体,而是数两个数点一个物体,或相反地数一个数点两个物体。5岁儿童在给出物体说出总数的活动中手口就比较一致,能够一边点数物体一边正确地说出数词。

由于学前儿童的数数技能和理解力还处于较低水平,在点数物体时,随着物体数目的增加,儿童数数的正确性逐渐下降,儿童易犯一些错数(数词顺序上的错误)、漏数或重复数的错误。在进行按物点数时,由于物体的摆放是无规则的,加大了点数的难度,儿童必须记住哪些物体数过了,哪些还没有数。

(四)学前儿童说出总数能力的发展特点

总数是在按物点数时叫出的与最后一个元素相对应的数。说出总数是指按物点数后能说出被数物体的数量。

有的儿童能数到20、30,但老师叫他拿3块积木时,他却只拿来1块。此现象表明,这些儿童没有学会按物点数,没有了解总数的意义,只会简单地按顺序口头数数。

按物点数的过程并不能代表计数活动的终结,它只是计数活动的手段和形式。计数活动的目的是为了明确具体集合的数量,因此,说出总数具有重要的意义。第一,说出总数是计数能力的一个新的水平,这是初期数概念形成的一个质变,标志着学前儿童已能把一定的数量作为一个数群来把握,也标志着学前儿童开始理解某数的实际含义。例如,以前儿童数5个实物时,只是一个一个地数,没有把这5个实物作为整体看待,在能说出总数时,则是以数到的最后一个数来标志这一群对象的全体。第二,说出总数为进行实物加减提供了条件。例如,在"3个苹果加2个苹果得5个苹果"的实物加法运算题中,其结果是要用总数5来表示的,实物减法也是如此。另一方面,经过实物加减运算,学前儿童的基数、数群概念又获得发展和巩固。

对于3—4岁的儿童来说,说出总数是很难的。3岁儿童点数后说准总数的占50%,其他部分儿童虽然会点数(能正确点数实物),但点数后说不准总数,经常说错。4岁以后的儿童基本上都能正确地说出总数,说准总数的占92%以上。

3岁儿童在按物说数中,一般会一边点数着物体一边大声地说出数词,4—5岁的儿童一般会默数。5岁以下儿童在"以十为进位"上常常出错,如数到39,接下来应该是40,儿童往往弄不明白,会说20等其他数字。5岁儿童一般能正确地进位。

说出总数的发展要比按物点数能力的发展更晚一些,因为这需要在掌握点数的基础上理解数到最后一个实物时,它所对应的数词就代表这一组实物的总数,要把数过的实物作为一个整体——数群来把握。由于学前儿童的理解能力和概括能力较差,需要一个较长时间的反复实践才能逐步掌握。

（五）学前儿童按数取物能力的发展特点

按数取物，就是要求学前儿童按所给的数量（数词）取物。实验证明，儿童按数取物的能力，比口数、点数、从任何一点数的能力发展要晚。因为按数取物是个比较复杂的过程。它首先要求儿童理解所给数量的实际含义，记住所要求取物的数目，然后根据所给数目取出相应数量的物体，使数目和物体建立一一对应的联系，这是一个较复杂的分析综合过程。

在进行按数取物时，儿童要口手一致地完成这个步骤，对儿童动作的协调性和精确性也提出了一定的要求。学前儿童的精细动作发展水平有限，这可能也是造成学前儿童成功率低的原因之一。3—4岁儿童一般只能按数取出5个以内的实物，儿童按物点数的数目都比说出总数和按数取物的数目多。5—6岁儿童不仅计数的范围逐步扩大，计数的准确性也逐步提高，基本上都能按指定的数正确取出实物。

按物点数是由点数具体物体而找到抽象的数目，而按数取物则是根据抽象的数目找到具体的物体，是学前儿童对数概念的实际运用。按数取物活动有助于学前儿童更好地在数词和实物数量之间建立起正确的对应关系，有助于加深学前儿童对数的实际含义的理解。例如，让学前儿童从筐子里取出4块积木；找找桌子上有什么东西是2个的（桌上可以摆放1个娃娃、2个皮球、2只杯子、3朵花之类的）。

（六）按群计数

按群计数就是将物或数分成群，以群为单位按顺序数数。计数时不以单个物体为单位，而是以数群（或物体群）为单位。如，以"2"为单位，2个2个地数（2、4、6、8、10……）；以"5"为单位，5个5个地数（5、10、15、20……）；以10为单位计数是10、20、30、40……

按群计数是数群概念初步发展的标志之一，标志着其数概念发展有了飞跃。因为数群概念是指能将代表一个物体群的数作为一个整体去把握，而不需用实物和逐一计数确定物体群的数量。这种能力要求具有一定的数抽象水平，才能在没有实物的情况下理解和运用，口头说出的相应数目。

受身心发展水平的局限，学前儿童按群计数的能力发展缓慢；儿童在生活中接触按群计数的机会也比较少。

按群计数比一个一个地顺序数难度大，4岁前儿童不会按群计数，在计数方面很少受过这方面的训练，他们已经形成了一个一个数的定势，还没有建立起数群概念，概括能力较差。5—6岁是儿童按群计数能力发展的最佳期。6岁以后的儿童基本上能按群计数，这说明儿童在计数方面有较高的分析、概括能力，已基本上形成了数群概念，同时这个阶段儿童的倒数能力也较快地发展起来。

二、学前儿童认识数序和序数的特点

掌握数的序列结构，是掌握数概念的一个重要组成部分。数的序列，一是指数序，二是指序数。其中包括知道自然数的顺序、每个数在自然数列中的位置、数与数间的顺序关系和大小比较，以及序数的含义。

（一）学前儿童认识数序的特点

数序就是指自然数的顺序。每个数在自然数列中的排列，都是按照后面的一个自然数比前一个自然数多1的规律排列起来的。也就是说，数序指的是每一个自然数在自然数列中的位置以及与相邻两数之间的大小关系。数序包括口头顺数、倒数、说出某数的相邻数和指出物体的数序等内容。

　　学前儿童在学习计数的过程中,已经接触到数的序列,也逐渐认识一些自然数的顺序。但是从掌握数的序列结构来说,还是很初步的。特别是在开始学习计数时,往往是把一个数词与另一个数词机械地建立起联系,并不明白数的顺序关系。随着比较实物数量的多少、给实物或数目排序等活动,逐渐掌握数的顺序关系。

　　口头顺数是认知数序的开端,学前儿童口头顺数是从模仿成人数数开始,带有"顺口溜"的性质。儿童在口头顺数中有如下几个特点:第一,早期儿童的口头顺数带有"顺口溜"的性质,即口头会数,但不一定懂得数的实际意义。第二,年龄越小,在口头顺数中脱漏的现象越严重。第三,少数早期儿童在口头顺数中出现循环、重复的情况。第四,各年龄组都出现过不能正确进位的现象,逢 19、29、39……进位到 20、30、40……时,往往进错位。

　　儿童口头倒数的水平远远落后于口头顺数。说出某数的相邻数方面,说出某数后一个相邻数的水平高于说出某数的前一个相邻数。前者只要具备顺数和中途数数的能力就可以胜任,而后者是与倒数能力相联系着的。有的儿童还不大会倒数,但在给予启发的条件下,能用顺数或中途数数的办法算出某数前一个相邻数。

　　3—4 岁是儿童从数序任何一点起计数能力发展的最佳期。3 岁儿童基本不会从数序的任何一点计数。其他年龄段儿童这种计数能力也不高,主要原因是与传统的教育模式有关,长期以来,无论是教师,还是家长在教儿童计数时总是从"1"开始一个一个地数。这种单一的教学模式,使儿童养成了从"1"开始的习惯,所建的联系是呆板的、固定的,使儿童把自然数列看成是单一的、不可分割的整体。另一方面是由于儿童对数的含义、数与数之间的关系还不完全理解。所以,一提到数数,就同"1"联系起来,只能按 1、2、3……的顺序数,否则就会出错。

　　给三个以上的实物或数字卡片排序的能力,也反映儿童掌握自然数的顺序和大小的水平。儿童在这方面的能力发展得更晚一些。因为在排序时不仅要熟悉数的顺序,还要能比较每两个数的大小,同时能协调几个数目间的关系,每次选择的一个数要比前面的一个数大而比后面的一个数小,这对儿童来说是比较难的。调查表明,4 岁以下的儿童大都没有排序的能力。4—5 岁的儿童,排序的能力明显提高。例如,能给画着 1—5 只小猫的画片排序的达 58.3%,能给三张 10 以内的点子图排序的约 75%。给数字卡片排序的成绩稍好一些。这阶段的儿童在排序时大多采取尝试错误的方法。到 6 岁以后,一般都能按照数的顺序比较顺利地排出 20 以内的数的顺序,显示大多数儿童掌握了 20 以内数的顺序关系。

　　儿童比较数的大小能力比计数能力发展要晚一些。3 岁多的儿童多数能从 1 数到 10,但是若问 7 和 9 哪个多,大都不知道;4 岁多的儿童能答对的也不到一半,5 岁至 5.5 岁的儿童也只有 50%能答对。有的儿童提出要求说,"你得拿出(东西)来让我数"。由此可见,较小的儿童,只能看着实物依靠数数来比较数的大小,还没有建立起抽象数的顺序与数的大小的明确关系。5.5 岁以后,一般儿童都能较顺利地比较 10 以内数的大小,顺序观念才有明显的发展,才能够正确地指出物体的数序。

　　(二)学前儿童认识序数的特点

　　掌握数序的另一重要方面是理解数的序数含义。当自然数用来表示事物的次序时称为序数,通常用"第几"表示。

　　例如,丹丹排队站在从左边数第三的位置上,明明排队站在从右边数第二的位置上;小狗住在第二层左边数第二个房间,小兔住在第四层右边数第三个房间;动物运动会上,赛跑比赛中,小兔得了第一名,小乌龟得了最后一名,这些游戏形式的问答中都包含序数的数学表达。

儿童理解和掌握数的序数含义,一般比较晚。因为这需要儿童先掌握开头几个数的顺序,能够一一对应地点数物体,还要有给物体或数目排序的经验。据研究,儿童最初分不清基数与序数,两者常发生混淆。例如,当问到"这是第几个"时,2—3岁的儿童通常不会回答,或者用基数回答"三个"、"五个"。要求他们按指定的序数取物更困难些,大多数拿第一个或最后一个,有的还随便拿一个或两个。4岁多的儿童,序数观念有了较快的发展,多数能指出5个以内的物体的排列顺序;5—6岁的儿童,大都能理解10个以内的物体的排列顺序,但仍有少数对基数与序数发生混淆。

在选序数的任务中,3岁儿童基本上不能够理解第几个物体,有的乱点。4—5岁儿童基本上能明白,并且能正确指出来。这些结果说明,儿童的数概念发展受到儿童思维发展水平、手脑协调能力和言语发展水平制约,表现出发展水平的年龄差异。

三、学前儿童掌握数的守恒的特点

数的守恒是指物体的形式(主要是外部特征、数量、物质、长度、面积、重量、体积)等发生变化,但个体认识到的物体的量(或内部性质)并未改变。也就是说,一组物体的数目不会因为它的体积、大小、颜色、形状以及排列方式等改变而改变。数的守恒本身是一个重要的逻辑概念,只有理解和掌握了数的守恒,才能真正理解数的实际含义,发展数概念。因此,学前儿童掌握数的守恒是发展其数概念的重要一环。

学前儿童守恒研究在国际上是心理学工作者研究较多的课题之一。在20世纪的上半叶,皮亚杰提出了一整套解释儿童智力和数学能力发展的理论。他认为儿童对数的处理大多涉及理解上的混淆和缺陷,最显著的缺陷是数的守恒能力。皮亚杰认为数守恒形成年龄为6.5—7岁,儿童数概念的形成要经历3个阶段:缺乏守恒性阶段、中间阶段和建立守恒阶段。

延伸拓展

皮亚杰给儿童看两排纽扣,每排10个,两排纽扣一一对应、长度相等。当儿童同意这两排纽扣数目相等以后,实验者拉长其中一排,皮亚杰发现小于5岁或6岁的儿童易于被知觉外表所迷惑,常判断较长的一排含有较多的纽扣。

Schiff(1983)通过对儿童实行与皮亚杰原实验相对等的非言语测验方式,考察出言语测验对年幼儿童产生的影响,结果发现3.5岁到5岁的儿童都可以达到守恒。Gaudia(1972)在研究中得出不同种族的儿童获得守恒的年纪也不相同。我国一些研究者也认为,皮亚杰可能低估了学前儿童守恒观念的发展。当今社会飞速发展的教育和经济条件,相比皮亚杰时代,无论从教育观念、家长对儿童的重视程度以及教育环境上都有很大的提高,因此,儿童数的守恒的发展出现了年龄阶段提前的现象。

学前儿童掌握数的守恒的难易或发展顺序大致如下:异数比较→同数比较→体积守恒。3.5岁以前较少有儿童达到异数或同数的守恒。4岁以后这三项达到守恒人数逐渐增加,大多约在6岁以后才基本掌握。学前儿童是根据空间排列长短,或分散、聚拢后空间所占的面积来判断数量,而不是根据数目本身,他们没有将数和空间变化形式分隔开来。物体的空间排列的变化对判断数量的影响,年龄越小,影响越大。除空间变化外,影响儿童守恒辨认的因素还有:客观刺激物的不同、数目大小的不同,以及异数比较中的两数差别的大小不同。从不守恒到守恒中间有一个过渡阶段,表现出动摇和犹豫不决,这种现象在体积守恒中尤为突出。

不同年龄阶段的儿童在数的守恒方面具有不同的发展水平。小班儿童极易受物体排列形式的影响,部分中班儿童仍摆脱不了物体排列形式的影响,大班儿童初步形成了数的守恒。

小班儿童的思维具有单向性和不可逆性,尚未形成数的守恒,并在作出判断时带有很大的情绪色彩,其数的守恒的发展呈现出以下特点:第一,知道一一对应是一样多;第二,易受物体大小的影响;第三,极易受物体排列形式的影响;第四,基本上不能排除大小颜色的干扰。

中班儿童数的守恒得到一定发展,主要表现在:第一,不容易受物体颜色的影响;第二,中班儿童主要是通过一一对应的方法来判断物体数量的,而没有使用数数的策略,逐步摆脱物体大小的干扰,能以数量来判断两组物体是否一样多;第三,仍受物体排列形式的影响;第四,按数取物缺乏灵活性。

大班儿童数的守恒已基本形成,具体表现在:第一,不受物体大小、颜色的影响,能根据事物的本质作出判断;第二,逐步摆脱物体排列形式的影响;第三,按数取物凸显灵活性。

延伸拓展

珠子守恒实验:两组数目相等的珠子,让儿童一个一个分别放入两个相同的容器内,各组珠子所抵达的水平线也相同。现在从任何角度看,儿童都觉得这两组珠子是相等的。然后把其中一组先后倒入两只形状不同的容器,一只宽而浅,另一只窄而深。这时问儿童:新容器内装的珠子和未更换容器那一组中的珠子数是否相等,或两组珠子是否可以串成一样长的项链。

经典守恒实验:将同样颜色、大小、数目的纽扣排成相同的两横行(每排六个)。当儿童承认它们的数目是一样时,将下面一行的距离拉开,问:下面一行纽扣拉开后,两行纽扣还是一样多吗?或是哪行多?(在测验开始之前,主试先融入儿童的游戏环境,主试告诉被试即将玩一个游戏,激发被试的好奇心,把注意力集中到任务上。将扣子摆成一样长度的两排,每排六个。指导语:"小朋友,现在我们来做个游戏好不好?看,我这里有两排扣子,都是红色的。好,现在我把它们放好,那我要问问你啦,它们是一样多的吗?为什么?"待被试作出判断以后,将靠近被试的一排扣子移动使其分散,长于靠近主试的一排,继续问:"那么你能告诉我,现在他们是一样多的吗?为什么?")

形状变换守恒实验:呈示两行(每行6颗)纽扣,排列整齐,在儿童确认两行数目一样多后,将其中一行变成宝塔形排列。问:它们还是不是一样多?或是哪个多?(在测验开始之前,主试先融入儿童的游戏环境,主试告诉被试即将玩一个游戏,激发被试的好奇心,把注意力集中到任务上。将扣子摆成行/两堆呈相同形状的方形。指导语:"小朋友,现在我们来做个游戏好不好?看,我这里有两行/堆扣子,好,现在我把它们放好,那我要问问你啦,它们是一样多的吗?为什么?"待被试作出判断以后,变换左边的一行/堆扣子,使其变成宝塔形/三角形,继续问:"那么你能告诉我,现在他们是一样多的吗?为什么?")

四、学前儿童对数的分合的认识特点

数的分合,即简单数的分合,又称数的组成,或数的分解与组合,具体来讲是指一个数(总

数)可以分成几个部分数,几个部分数又可以合成一个数(原来的总数)。数的分合实质上是一种概念水平上的数运算,是理解抽象加减的前提。

学前儿童理解、掌握数的分合比理解基数、序数的含义要晚一些。教育实践表明,4岁左右的学前儿童受其思维发展水平的限制,还不能很好地理解数的分解与组合,如提供一定数量的材料,学前儿童可以将其分成两份,但不理解数的分合的含义;如果让他再次分时,学前儿童往往无法完成任务,有的学前儿童无法理解任务,只对材料本身感兴趣。

在教育的影响下,学前儿童到了5岁以后,初步了解数的分合,如提供一定数量的材料学前儿童可以将其分成两份,也可以按照教师的要求,完成所有不同的分法,但是掌握抽象的数的组成式还有困难。6岁左右的学前儿童基本能够理解数的分合,不仅能熟练用实物摆出一个数所有的组成式,能理解整体与部分,部分与部分之间的关系,也能熟练地说出一个数所有的组成式。

数的分合实际上反映的是集与子集之间存在的等量关系、互补关系、互换关系。分合是学习加减的基础,因为加法里蕴含着合的思想,减法里蕴含着分的思想。学前儿童对“数的分合”的理解、掌握过程有严格的心理发展顺序,基本上都要经历五个阶段,走过相同的学习路径。[①]

(一)第一阶段——积累“量的分合”经验

在理解“数的分合”之前,学前儿童需要积累大量的相关经验。学前儿童对“数的分合”的理解也是从动作水平的摆弄开始的,学前儿童需要通过自身的操作体验去发现数的分合规律。只有基于动作水平上的“量(实物)的分合”经验,学前儿童才能真正理解什么是分,什么是分两份,体验一个量可以分成两个部分量。理解这一点,是学前儿童学习“数的分合”过程中的重要一环。

(二)第二阶段——从“量的分合”到“数的分合”

通过第一阶段的经验积累,学前儿童虽然能够理解量(实物)的不同分法,但要让他进一步理解抽象的“数”也有这些分法就难了。只有在操作诸多“量的分合”的基础上,学前儿童才能逐步抽象出“数的分合”这一知识,而不是停留于具体“分东西”的行为上。

刚开始接触“数的分合”活动时,儿童并不理解分5个苹果和分5个梨子本质上是一样的,教师需要提供不同的材料让儿童操作,除了分苹果外,还可以分梨、分香蕉、分橘子……再至分豆子、分玩具、分勺子等,让儿童发现虽然具体分的东西不一样,但都是将5个东西分成两份。在“实物分合”的基础上,儿童慢慢抽象出“数的分合”。

(三)第三阶段——领会数的分合规律

学前儿童在积累大量操作经验的过程中,会发现一个东西分成两份有多种不同的分法,逐步学会有序分合,从而穷尽所有的分法。在了解每个数有几种分法的同时,继而发现数的分合中存在的规律。

延伸拓展

在教学中,学前儿童已通过操作学习积累了5以内数的分合经验,那么,从学习6的分合开始,教师就应进一步引导学前儿童进入对“数的分合规律”的学习,帮助学前儿童归纳出已有

①　彭小元.基于幼儿学习路径重新审视“数的分合”教学[J].幼儿教育,2013(1,2):70-71.

的分合经验,并进一步解决下列问题:从2—5,怎样对每个数进行有序的分合?每个数的分法有几种,和它自身比有什么规律?2—5的分法的递增规律是什么?如果掌握了这些规律,学前儿童就可以借助它们自主学习6—10的数的分合,而无需教师再一个数一个数手把手地教了。在此过程中,可能会有少数学前儿童跟不上集体学习的进程,教师可以针对他们的个别需求,继续帮助他们掌握6—10的数的分合。

(四)第四阶段——掌握数的分合关系

只有基于以上三阶段的学习,学前儿童才能逐步理解分合中"总数"和"部分数"之间的包含关系以及两个"部分数"之间的互补关系和互换关系。

例如,2和5合起来是7,7包含了这两个部分数。(包含关系)

例如,从1和6变到2和5,左边多1、右边少1,合起来还是7个。(互补关系)

例如,3和4、4和3都是7的分法,两个部分数相同但位置互换。(互换关系)

皮亚杰指出,对儿童来说,"包含关系"的掌握是一个难点,因为儿童一注意部分就会忘了整体。同时,学前儿童在理解"数的分合"中隐含的互补关系、互换关系时也有很大困难,而这些关系恰恰是学前儿童能否真正理解"数的分合关系"的关键所在。

(五)第五阶段——用推理的方法学习分合

学前儿童通过已经掌握的数学知识推断出更多的"数的分合"规律,或通过掌握一些数学的基本规律来进一步学习和理解互补、互换等规律。推理方法的掌握,不仅可以简化解决问题的过程,还可以促使学前儿童运用更有效的思维方法,避免死记硬背。

四、学前儿童10以内加减运算概念的发展特点

加减运算能力是学前儿童数学认知能力的重要组成部分,是其深入掌握数学知识以及解决日常数学问题所必备的基础能力之一。研究发现,儿童数概念与其运算能力的发展是相互促进、相互渗透的,运算能力的发展能帮助儿童更好地理解数概念,也可为他们以后的数学学习打下基础。通过学习加减运算,儿童还能获得一些简单的数学方法,以解决日常生活中遇到的数学问题。

(一)学前儿童加减法运算能力发展的一般过程

学前儿童加减法运算能力发展要经历三个阶段:

1. 具体水平上的加减运算

这是指儿童以实物或图片等直观材料为工具进行的加减运算。

在实物加减运算中,学前儿童关于数群构成的观念还要借助于实物,在发展的更高一个阶段,数的组成已达到了概念的水平,这是儿童进行口头加减运算的基础。这时儿童口说的数,已不止是事物数量的标志和掌握手段,连同它所负载的数的概念也成为运算的对象了。

实物加减不但巩固了数群概念,更重要的是在实物加减中引起儿童对数群构成的观念发生变化,即数群可以分解也可以合并(尽管这时还是就实物的数群结构说)。这样的含义就不再是同样的一些"1个"的集合,它的内部已经有了不同形式的组合。例如,5个既是五个"1个"的集合,又是"4个"和"1个"、"3个"和"2个"、"2个"和"3个"、"1个"和"4个"等种种子群的组合。

3岁半以前的学前儿童面对实物,却不知道用它来帮助进行加减运算。他们要依靠成人

将实物分开、合拢给他看,才能说出一共有几个或是还剩下几个。他们不理解加减的含义,不认识加减运算的符号,数的运算对这个年龄的学前儿童来说是很困难的。

2. 表象水平上的加减运算

运用表象进行加减,是指可以不借助于直观的物体,而在头脑中依靠对形象化的再现进行加减运算。口述应用题就是运用表象进行加减运算的典型手段。口述应用题以其生活中熟悉的情节表示出数量关系,唤起儿童头脑中积极的表象活动,从而帮助儿童理解题意和数量关系,选择正确的方法进行运算。

运用表象进行加减是学前期加减运算学习的主要手段。尤其在儿童开始学习加减时,以表象为依托的口述应用题,对儿童理解加减法含义和数量关系以至运用运算符号和式题等均起着十分显著的作用。

4 岁学前儿童一般会自己运用实物进行加减运算了,但在进行加法运算时,需要将表示加数和初加数的两堆实物合并,再从第 1 个开始一个一个地逐一点数说出总数(即得数)。在进行减法运算时,也一定要把减掉的实物部分拿掉,再逐个数剩下的物体个数,得到剩余数。这时学前儿童完全依靠动作思维,是在最低的思维水平上学习数的运算。

但是值得注意的是 4 岁以后的学前儿童已经表现出有初步运用表象进行加减运算的能力了。如"树上有 3 只小鸟,又飞来了 1 只,现在树上一共有几只小鸟?""树上有 3 只小鸟,飞走了 1 只,现在树上还有几只小鸟?"这类的问题,研究结果表明,4 岁学前儿童正确解答求和、求剩余口述应用题的人数可达 90％和 56％,但他们不能回答"用什么方法算的"问题。学前儿童是凭借生活经验和应用题中熟悉的情景而引起积极的表象活动,使问题得到正确解答,这虽不是真正意义的加减运算,但可以看出口述应用题在学前儿童学习加减运算中的重要作用。

3. 抽象水平上的加减运算

抽象水平的加减也可称作数群概念水平的数运算,是指直接运用抽象的数概念进行加减运算,无需依靠实物的直观作用或以表象为依托。表现为能直接进行口头或书面的加减式题运算等,这是较高水平的加减运算。

5 岁以后,学前儿童学习了顺数和倒数,他们能够把顺数和倒数的经验运用到加减运算中去。此时,多数学前儿童可以不用摆弄实物,而是用眼睛注视物体,心中默默地进行逐一加减运算。5 岁半以后,随着学前儿童数群概念的发展,特别是在学习了数的组成以后,他们在教师的引导下,开始运用数的组成知识进行加减运算,这样就从逐一加减向按数群加减的水平发展。

延伸拓展

可用一个例子对这三种水平运算做出区分:

(1) 出现绒布教具时叙述:有 3 只小鹿在树林里玩耍,一会儿又跑来了 2 只小鹿,现在树林中一共有几只小鹿? 这是具体水平,因为有教具呈现在眼前,儿童可凭直观,计数小鹿的数量。

(2) 不出现小鹿,只口头叙述这道应用题,这是表象水平的加减运算题。儿童凭借口头叙述的情景,引起头脑中小鹿数量的再现进行运算。

(3) 口述或出现数字式题 3＋2＝? 这是舍去了所有可凭借的直观和表象的形象,只凭抽象的数字进行的加减运算。

（二）学前儿童10以内加减运算概念的发展特点

学前儿童在学习加减运算的过程中,如果他会进行算式的运算而说不清算式所蕴含的数量关系的含义,就不能认为他已经形成了加减运算的概念。只有当学前儿童能够将抽象的数学概念与具体的事物相联系,才能说他真正理解了数学概念。

学前儿童4岁以前,一般来说基本上不会加减运算。4岁以后,儿童会自己动手将实物合并或取走进行加减运算。5岁以后,儿童学习了顺数和倒数,能不困难地运用到加减的运算中去。

国外的研究发现,3—4岁儿童在解决加法和减法问题时,不会自发地使用数数策略。4岁儿童开始自发地将数数策略用于解决单系列物体的简单加减法问题上。但是只有满足下述条件时,4岁儿童才能自发地使用数数策略:被点数过的原始系列被遮盖或数目被改变;问题以口头形式呈现,而不以实物形式呈现。

研究表明,儿童在4岁半以前还不能理解数的部分与整体的关系,所以在这年龄以前,虽然他们能记住一些数的组成的答案,但可能大都是通过机械记忆的方式,但儿童在5岁以后已逐步理解,并在6岁时大部分都能理解这些数之间的关系(林嘉绥,1981)。儿童一般到5.5岁左右就会运用数的组成来进行加减运算(幼儿数概念研究协作小组,1979)。

对于年幼儿童来说,加减之间的逆反关系是其数学学习伊始必须获得的关键的概念关系之一,正确理解和运用加减逆反关系被视为儿童数概念发展的一个里程碑。所谓理解加减运算之间的逆反关系,是指在一定的初始集合上先加一定数量然后减掉相同数量后(反之亦然)能迅速判断初始集合数量保持不变。

延伸拓展

加减运算之间的逆反关系题目基本表述:"你有××粒糖/块饼干/片雪花片,我又给了你××粒/块/片,现在你一共有多少粒/块/片?"或"你原来有××粒糖/块饼干/片雪花片,吃掉/拿走了××粒/块/片,还剩下多少粒/块/片?"

儿童至少在4岁的时候已经有了部分或者不稳定的对加减逆反概念的理解和运用,但是要到5岁甚至更晚才能够达到较为一致而稳定的程度;儿童加减运算技能和对加减逆反概念理解和运用之间存在着较为复杂的关系,两者之间的发展水平有可能是一致的,也有可能呈现相反的趋势。[1]

延伸拓展

学前儿童数运算能力的形成和发展有着明显的年龄特征:最初的运算是在2岁以后。但2—2.5岁的儿童仅仅在"2"以内进行加减,并且绝大部分儿童是依靠实物完成的。3—4岁儿童,大多数能依靠实物完成"5"以内的加减;少数能直接进行"5"以内的运算。4—5岁的多数儿童能依靠实物完成"20"以内的加减,少数能直接进行"20"以内的加减运算。5—6岁的大部

---

[1]　任培晓.4岁—6岁幼儿对数学加减逆反原则理解和运用的发展研究[J].早期教育,2012(9):19-24.

分儿童能够不用实物直接进行"20"以内的口头或书面运算,有少数儿童开始掌握"50"以内的加减运算,极少数儿童能用"百"以上数字来演算加减习题,且能演算简单的乘法习题。6 岁以后儿童在此基础上发展,但未见明显的变化。[①]

5 岁以后,儿童学习了顺数和倒数,多数儿童可以不用摆弄实物,而是用眼睛注视物体,心中默默地进行逐一加减运算。5.5 岁以后,随着数群概念的发展,他们运用表象解答口头应用题的能力进一步提高,可以不限于加减数为 1 的运算,能较顺利地运用表象进行按数群的加减运算。特别是在他们学习了数的组成以后,能在成人的引导下,运用数的组成的知识进行加减式题的运算,从而摆脱了逐一加减的水平,达到按数群运算的程度。

5—6 岁是儿童从具体数学思维向抽象思维迅速转化的时期,也是他们在幼儿园开始正式接触书面加减运算的时期。但是其学前晚期发展起来的学习加减的能力还有三个特点需要引起注意:

第一,学前儿童学习减法要难于加法。因为减法是加法的逆运算,儿童用数的组成知识学习减法时,需具备三个数群关系的逆反能力,即将两个部分数合起来等于总数,转换成总数减去一个部分数。即将 A=B+C 转换成 A−B=C 或 A−C=B。对没有学过减法的儿童提出这样的一个问题:请你种 8 颗豆子,如果你第一次种 5 颗,第二次要种几颗才能完成任务? 学过数的组成的儿童能正确回答出得数,还会解释为什么是 3 颗:因为 8 可以分成 5 和 3,所以 5 加 3 是 8。(一年级小学生在学 20 以内的加减运算学习,刚开始学时也有同样的特点。)

加与减,等量关系与逆反关系在一定的教育条件下,到学前晚期能够顺利地进行这种转换。这个条件就是教育者有意识地将数的组成与加减法结合在一起进行教学,并对减法的逆转关系重点予以讲明,使儿童切实掌握。实验证明这样将三个数群之间的各种关系联系起来,有利于促进儿童理解数群关系的完整系统,使数的组成切实起到加减运算基础的作用。

第二,由于儿童思维抽象性的个别差异以及教育条件、地区文化背景的不同等,有的大班儿童在他们遇到困难时,还会返回到扳手指头逐一计数的水平,这是不可避免的,成人不应禁止,应视儿童发展的可能性,逐步引导以组成知识联系加减。

第三,学前晚期儿童运算策略处于"策略丰富"阶段,具有多样性的特点。儿童运算策略的发展与运算水平的发展存在一定关系,但这种关系不是体现在儿童加减运算策略的多少,而是体现在儿童对加减运算策略选择的水平上。题目难度与题目表征对儿童的运算策略选择都有一定的影响。

第二节　学前儿童数概念学习的指导

儿童数学能力的发展问题一直是哲学家、心理学家和教育学家们关心和探讨的问题。理性主义认为人脑中有一种先天的数概念系统,这种数概念系统给儿童后来的数学能力的发展

① 林崇德.学龄前儿童数概念与运算能力发展[J].北京师范大学学报,1980(2):67-77.

提供了基础。以维果斯基为代表的社会文化历史学派却认为,数知识的发展是一种社会传递的结果,是以人类赖以生存的社会、文化和物质环境为基础的。而皮亚杰认为,儿童数概念的发展完全是他们自己主动建构的过程,文化和后天的学习经验影响甚微。究竟如何对学前儿童数概念的学习进行指导呢?

一、各年龄班认识 10 以内数的教育要求

(一) 小班

1. 学会手口一致地点数 5 以内的实物,并能说出总数。

2. 按实物范例和指定的数目取出相应数量的物体,学习一些常用的量词。

(二) 中班

1. 能正确点数 10 以内的物体,并能说出总数。

2. 学习目测数群,学习不受物体空间排列形式和物体大小等外部因素的干扰,正确判断 10 以内的数量,感知和体验 10 以内自然数列中相邻两个数的数差关系,学习 10 以内的序数。

3. 认识数字 1—10,会用数字表示物体的数量。

(三) 大班

1. 进一步按数群数数。

2. 感知和体验 10 以内相邻 3 个数之间的等差关系。

3. 感知和体验 10 以内数除 1 以外,任何一个数都可以分成两个较小的数,两个较小的数合起来还是原来的数;体验总数与部分数之间的包含关系,部分数与部分数之间的互补关系和互换关系。

4. 学习 10 以内数的加减,认识加号、减号,初步理解加法、减法的含义,会解答简单的加减应用题,感知和体验加减互逆关系。

二、学前儿童基数学习的指导

一般认为基数概念的发展先于序数概念。基数是指表示事物数量的自然数或正整数。儿童一般在 3.5 岁和 4 岁之间形成数的基数概念。儿童在发展数数和基数概念的关系上走过了很长的一条路。虽然儿童很早就开始学习数数,但是他们对基数的理解能力却发展缓慢。[①] 最初的基数概念要到 3 岁左右才开始萌芽,因此儿童的点数能力在 2.5 岁—3 岁间发展得更快。

(一) 学前儿童数数技能的指导

儿童学习数数有两种信息加工活动,一种是联结学习活动,另一种是数列规则的学习掌握活动。计数教学,可以使学前儿童熟记一些数词,了解自然数的顺序,形成自然数列的概念,理解数的实际意义,理解数是代表物体数量的,了解数与数之间的关系和联系,知道总数的意义,培养了基数和数序概念,形成了数群概念。

数数技能的发展涉及不同子技能的发展和协调。数数即数词和要数的单位实体之间的一一对应。儿童数词的学习和发展经历了两个阶段,第一阶段是初步获得数词阶段,儿童主要在语言意义上学会讲数词;第二阶段是数词完善阶段。数数技能包括了三个组成部分:用正确顺

---

① 周欣.儿童数概念的早期发展[M].上海:华东师范大学出版社,2004.

序说出数词;确认可计数的单位实体;把数词与可计数的单位实体一一对应(周欣,2004)。儿童最先接触的数词情景是唱数、数物体和基数情景(周欣,2004)。现有观点认为儿童的唱数水平与他们总体上的数数水平和对数的理解都有关系(周欣,2004)。

1. 学前儿童数数技能在不同的年龄班有不同的教育内容与要求

小班只需掌握 10 以内的口头数数、按物计数;中班要达到 30 以内的口头数数、按物计数,并学习目测数数;大班则是 50 以内的口头数数、按群计数,并学习倒数。

2. 学前儿童口头数数的学习

学前儿童在计总数的活动中包含了这样的动作协调过程:学前儿童首先必须保证口述和手点动作的协调一致,这就涉及一一对应的逻辑观念;其次是序列关系的正确,口述的数序与点物的动作序列必须是连续的,不能有遗漏或重复;最后要把所有动作合起来形成一个总数,这就涉及整体和部分的包含关系。学前儿童就是通过这种外部动作与内部动作的协调统一过程在集合元素之间建立相应的数学关系的。

(1) 培养学前儿童计数能力的措施

教师要在培养儿童逐一计数能力的基础上,重视培养儿童从数序的任何一点起的计数能力和按群计数的能力,培养儿童数群概念。提高儿童计数能力可采取以下措施:

① 提供给儿童可以计数的各种各样的物品。如不同形状、不同颜色、不同属性的物体,让儿童从中体会数概念并不依赖于物品的具体属性,它是抽象的。在教儿童开始学习计数时,一般宜先选用较大的物体作为直观教具,将物体间隔地排列成行,并让儿童一边拨动物体一边说出数词。此后要视儿童计数能力的情况,适时改用密集排列、不拨动物体、小声说数等方式进行。

② 使计数能成为儿童生活和游戏的一部分。如教学楼的楼梯数、活动室里桌椅的数目等;在积木游戏中,数数搭的楼房共有几块积木构成……让儿童在活动中对数概念有更深刻的表征。

③ 用各种方式计数。如顺着数、倒着数,单数数、双数数,也可以 5、7、10 等群数,也可用各种感官,如目数、听数、触摸数,还可心里数数等。让儿童充分体会数量抽象的意义和具体的各种表现。

④ 训练学前儿童倒数的能力。倒数是指按自然数列相反的方向数数。学习倒数,可以使学前儿童从相反的方向掌握自然数的顺序,发展学前儿童的逆向思维能力,为学习减法运算打下基础。学前儿童进行减法运算时依靠的就是倒数的方法。当儿童理解了倒数的含义后,教师可采用多种方法帮助儿童练习。如教师可利用儿歌帮助儿童学习倒数,如"小火箭,要发射;发射火箭啦——10、9、8、7、6、5、4、3、2、1,发射! 一飞飞到蓝天上!"还可结合生活中的情景帮助儿童巩固,如马路上等红绿信号灯时、乘坐电梯下楼时可引导他们跟着倒数;教师可以在体育活动中渗透倒数的教育内容,如图 6-2,儿童可以按 1→6 的顺序跳房子,也可按 6→1 的数学跳房子。

6	3	1	3
2	5	4	2
1	2	3	1

图 6-2　跳房子

总之,让儿童在现实的、有趣的计数活动中,早日形成初步的数概念。

(2) 培养学前儿童说出总数能力的措施

教师教学的重点不仅要放在教儿童如何按物点数上,而且更重要的是,要强调说出总数的意义。为了使儿童更好地掌握总数,教师可以采取以下措施:

① 教师完成按物点数的过程,让儿童在此基础上说出总数。例如,出示 5 个苹果,教师由 1 数到 5,让儿童说出一共有几个苹果(5 个)。

② 教师在集合的界限内画个圈,加深儿童的印象,教师可按图 6-3 画圈。

图 6-3　画个圈儿表示集合

③ 说出总数时带上名称。上例中,教师带领儿童数到 5 时,说出"一共是 5 个苹果",并让儿童跟读。当儿童不仅能按物点数,而且能准确地说出总数时,我们就可以说儿童已初步掌握了计数关系。

④ 儿童开始学习计数时,按物点数与说出总数是一个连续的过程,而不是同一过程。儿童往往会手口一致地点数物体,却不能正确地说出总数。儿童从按物点数过渡到说出总数需经过一个关键的步骤。在经过这个关键步骤的过程中,儿童说出总数往往会出现下列几种现象:一是直接回答"不知道";二是重复按物点数的过程;三是用一个固定的数词作答,如不论点数几个物体都回答是"5 个";四是机械地模仿成人的答案等等。因此,教儿童计数,要特别重视说出总数这一关键步骤。

(二)学前儿童认识相邻数的指导

儿童在理解数序的过程中,首先要知道每个数在自然数列中排列的位置。对于数序的认识,除了"唱数"之外,教师还可以通过按数字顺序连线的方式(图 6-4)进一步加深儿童对数序的认识。连线的数字可以是 10 以内、20 以内、30 以内等。

除此之外,教师还应帮助儿童理解数列中的每个数与前后两个数之间的关系。相邻就是指一个数与前后两个数之间的关系,即三个数之间的关系。帮助儿童理解任何一个数(除 1 外)比前面一个数大 1,比后面一个数小 1。教师可采用多种活动来帮助儿童掌握相邻数。

图 6-4　数字连线
(来源:江西省八一保育院)

1. 环境的创设

教师可以在活动室的墙面上张贴数量为 1—10 的实物图片与数字图片(图 6-5)。直观的图片让儿童潜移默化地理解了任意三个数之间的关系。

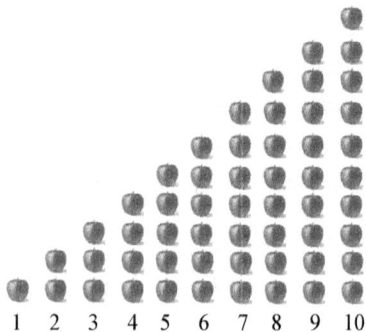

1　2　3　4　5　6　7　8　9　10
图 6-5　1—10 的数序排列

2. 提供操作材料,让儿童进行练习

如教师可开展"按序填物"活动(图6-6)、"按序补物"活动(图6-7)。在这些活动中,能让儿童感知10以内自然数之间多1和少1的关系。当儿童对数序有了基本的认识之后,教师还可以开展专门的"相邻数填空"活动(图6-8)。教师提供实物卡片、圆点卡片及数字卡片的操作单,让儿童对任意一个自然数都能找出相邻数。

图6-6　按序填物

图6-7　按序补物

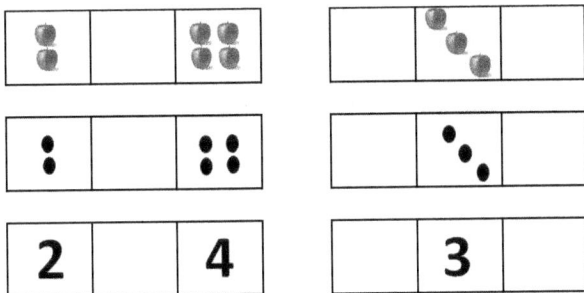

图6-8　相邻数填空

3. 游戏中进行渗透

如教师可以给每位儿童一张数字卡片(1—10)或扑克牌。当教师说出"7"时,持该数字的儿童首先站出来,持"8"和"9"数字卡片的儿童也要站出来,而且三人要按序排好队,教师发问:"谁站在他的前面,为什么?"、"谁站在他的后面,为什么?"

三、学前儿童序数学习的指导

学前儿童对序数概念的掌握还不够全面,与幼儿园的教学习惯有关。如教师习惯教儿童从上往下数或从下往上数起,从而忽视了对其他维度的引导;也可能是儿童思维发展的局限性所致。教师在引导儿童学习序数时应注意以下几个方面的问题:

(一)帮助儿童理解序数的含义

教师可以通过直观的操作材料,边演示边讲解,帮助儿童理解"第几"的含义。如"给动物排队",教师边挪动小动物边说:"我从左边开始排,请小狗排在第一个,小兔排在第二个,小熊排在第三个……",接着请个别儿童回答教师提出的"××排在第几个?"的问题,然后改变玩具的位置,或请儿童来排列和提问,改变方式继续进行。让儿童理解序数就是"第几"的意思,两个序数只有顺序位置的不同,不能比较大小和多少。

(二)帮助儿童学会判断物体在序列中位置的方法

学习序数,首先应让儿童明确从哪个方向开始数(可让儿童理解箭头的意思),第一个物体称第一个。开始可以让儿童从左往右数,以后可引导儿童从右到左、从上到下、从下到上等不同的方向看物体在数的序列中所占的位置。因此教师提供的教具应体现多样化的特点(图6-9)。教师还应结合日常生活,让儿童明白楼房的楼层只能从下到上数,小朋友爬山,最高的是第一;小动物赛跑,跑在最前面的是第一等基本的生活常识。

图6-9 到底排第几

(三)逐步加大序数学习的难度

如教师开始提供的材料是一个维度的序数学习,之后可提供两个维度的序数学习。如图6-10所示,通过操作材料让儿童明白从左往右的方向找出各个小动物乘坐的车厢号。图6-11就是让儿童既要掌握从下往上的方向,还要掌握从左往右的方向找到小动物的家。

		小鸡	小猴	小狗	大象	小鸭	小兔	小熊	小马

图6-10 坐在哪节车厢

图 6-11　找找小动物的家

(四) 引导儿童在日常生活和游戏中进行序数练习

教师要从儿童熟悉的生活经验中选取有趣的教育活动的内容,帮助儿童在生活中体会序数的存在,学习序数知识。例如,在中班学习序数时,教师为儿童创设了一个公交车的情境。大多数儿童都有乘公交的经验,有司机、乘客,孩子们轮流扮演司机,扮演乘客的孩子要说出车上有几个乘客,自己是第几位乘客,回答正确才能够顺利乘公交出行。在活动中,儿童能够结合自己的生活经验感知序数问题,并且这个活动也能够让儿童脱离板凳,动起来,这样的活动也是他们比较喜爱的。

教师还可开展游戏活动,将序数概念渗透其中。如"开玩具店"的游戏:在玩具架的每一层上放若干玩具,教师要讲明规则,玩具架的最下面叫第一层,玩具架的最左边的玩具是第一个,可先由教师当售货员做一次示范,儿童当顾客,然后改由儿童当售货员,儿童必须正确说出要买第几层第几个什么物体,才能买到需要的物品。"换位置"的游戏:先请几位小朋友到前面依次排好,请儿童记住他们的排列次序,然后请大家闭上眼睛,教师调换其中两位小朋友的位置,让儿童判断第几位小朋友和第几位小朋友换了位置等。同样的,教师也可以模拟餐厅排队买食物,收银台排队付款的情境,这些不仅跟儿童生活联系密切,也给学前儿童提供了丰富的活动机会。

在日常生活中,教师也要有意识地让儿童感知、体验物体的位置,通过排队、报数等活动,让儿童学会表达自己的位置,使儿童逐渐体会到一个数不仅可以表示一共有几个物体,而且还可以用来表示物体的顺序或位置。

四、数的守恒的学习指导

数的守恒的形成受儿童感数能力的影响,所谓感数就是能通过视觉迅速准确地识别小数量集合的数目。感数能力的发展存在年龄差异,感数能力较差的儿童在辨别数量时往往需要借助数数等途径或策略,而不能目测。

学前儿童达到守恒的途径各有不同。一部分儿童不是从"数"来作判断,是借助知觉的帮助,借观察物体排列的疏密、空间分布的形式来判断数量。这种情况不仅 4 岁阶段有,5、6、7 岁中的儿童也有。说明儿童已经开始了解空间与数的关系。另一些儿童是通过计数来判断数量,这种情况在 5 岁儿童中是大多数。还有的儿童能根据"没有拿走""没有加"这种事物恒等关系的推理,来判断物体数目没有改变。

进行数的守恒教育,教师要在学前儿童认识基数的时候渗透守恒教育,有意识地让儿童数不同排列形式的同一数量。在此基础上,通过设计数的守恒的教学活动,整理、提升儿童的经验。

对于小班儿童,可以让他们数排列形式不同的物体,积累关于数守恒的经验。数的守恒教育主要在中班进行,可以通过两种活动方式开展:一是通过操作,让儿童感知数的守恒;二是改变物体排列形式,进行数量判断。

教师在教儿童认识数的同时,要引导儿童排除各种数量因素的干扰,在理解数的实际意义上体验数的守恒,明白数的守恒,在任何情况下都能保持对数量的稳定认识,排除颜色的干扰、大小的干扰、形状的干扰、排列的干扰……

例如:(1) 相同物品,不同颜色,不同大小,相同数量比较(图 6-12)。

图 6-12 数的守恒学习

(2) 相同物品,相同大小,不同颜色,不同排列,数量相同的比较(图 6-13)。

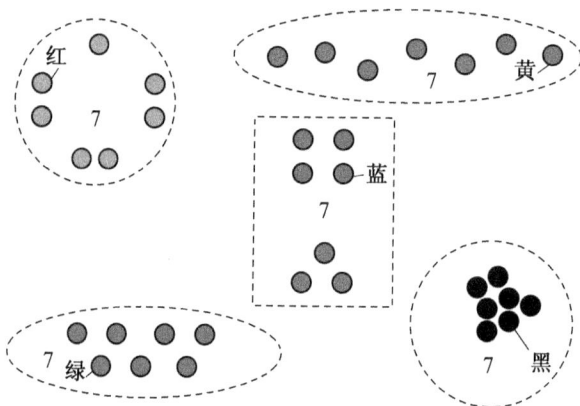

图 6-13 数的守恒学习

(3) 不同物品,不同颜色,不同摆放形式,相同数量比较(图 6-14)。

图 6-14 数的守恒学习

五、学前儿童数的组成与分解的学习指导

在进行数的组成教学时,过去我们编排内容的依据只是数量的递增,而未充分考虑学前儿童对数的组成概念的理解是如何逐步发展起来的。掌握了数的组成,反过来也为口头按群加减创造了条件。研究证明,凡是进行过数的组成教学的儿童,6岁半以后口头运算水平比以前有很大的提高,关键在于学前儿童不再采用逐一加、减的方法,而是按数的组成对数群进行分析,综合而得出运算结果。

教师在开展数的组成教育中,可以采用以下的方法:

1. 让儿童在操作活动中理解数的组成与分解

在学习数的组成与分解时,有的教师会让儿童先观察教师演示实物或操作图片,得出数的组成的规律,然后进行操作验证并口述结果。也有的教师会先把数的组成与分解以规律性的知识传递给儿童,然后让儿童通过操作实物或图片来练习和巩固。在这样的操作过程中,儿童虽然可能学到了数的组成与分解的知识,但并不能体现出建构数学关系的思维过程,不利于数学思维的发展和数学能力的提升。因此教师可以提供操作材料让儿童自己先进行探索与发现。

如儿童在学习"5的组成"时,大致可以经过以下几个步骤:

① 儿童探索:教师发给儿童每人一盘扣子(不少于20个),请儿童先取出5个扣子,试着将5个扣子分成两个部分。

② 指导探索:完成某一种分法,继续启发儿童再拿出5个扣子,探索其他的分法,要求每次分的形式要和前面的不一样。

③ 归纳探索结果:教师可请那些做出不同分法的儿童,分别说明自己是怎样分的。

④ 共同探讨规律:左边逐一递减,右边逐一递加,总数不变。

学前儿童只有在参与了大量的操作活动,使用了大量的材料,通过操作,获得了大量的感性经验并与他人交流、讨论自己的观察和发现的基础上,才能较好地掌握数的分合概念。

延伸拓展

游戏《谁的糖果多》是这样玩的:儿童用自己手中的糖果去匹配放在果盘格子中的糖果,数一数合起来等于指定的数量,便可取出。这是儿童喜欢的、有利于积累"数的分合"学习经验的游戏。

《引导幼儿学习8的分合》活动过程的设计是这样的:以"复习7的分合"引入,然后为每个儿童提供8个双色圆片(一面为红色,一面为绿色),让儿童玩"撒圆片"的游戏,要求把撒出的结果(几个为红色,几个为绿色)写在记录单上。撒一次记录一次,重复的结果不记录。操作完成后,教师与儿童一起归纳出"8有7种分法",并进一步引导儿童观察、分析记录单上分合式中数字递增、递减的规律。案例中的"撒圆片"也是很好的帮助儿童积累前期经验的数学游戏。"分合"不是儿童有意识操作验证的结果,而是在"撒"的过程中自然出现的,儿童只需通过数数即可感受到不同的分法。这些游戏在中班末期就可以让儿童玩了,以让幼儿在玩的过程中体验量的分合。

2. 在内容安排上一般可分成 3 个单元,每一单元应有其重点与要求

① 学习 5 以内数的组成

教育要点:知道除 1 外,任何数都可以分成两个较小的数,两个较小的数合起来仍是这个数;知道在将一个数(除 2 以外)分作两份时,可以有不同的结果;在将一个数分作两份时,能分出所有的结果;会用数字、分合号记录数的分合过程;在教师的引导下,能分析、比较记录的几份分合式的相同点与不同点。

② 第 2 单元可学习 6、7、8 三个数的组成

教育要点:儿童学习按顺序将一个数的全部分合形式分出来;儿童在教师的引导下,感知和体验两个部分数之间的互补、互换关系。

学前儿童理解"数的分合"中隐含的互补关系、互换关系,是教学中的重点和难点。教师可以引导儿童在体验分合有序性的同时,观察两个部分数之间的互补、互换关系,帮助他们去发现:一个部分数增加几个,另一个部分数就会减少几个;有相像的分合式(两组部分数相同,总数相同,但部分数位置可互换),并从其中一个分合式推断出另一个分合式。应该强调的是,在"数的分合"教学中,重点在于让儿童理解上述三种逻辑关系(包含关系、互补关系、互换关系),至于儿童是否会说"一个数可以分成几和几,几和几合起来就是这个数",则不是教学的目标和重点。

③ 第 3 单元学习 9、10 两数的组成

教育要点:教师引导儿童运用已有的经验(即对数的组成规律的感知),类推 9、10 两数的组成,会按序或按交换的关系进行数的分合。

例如,在"10 的分合"的教学中,如果儿童已经较好地掌握了分合的三种逻辑关系,就完全可以让他们运用推理的方法直接写出 10 的 9 个分合式。

在"数的分合"教学中,教师关键是要通过观察和分析,判断儿童处在学习路径中的哪一个阶段,这样才能将"以学定教"真正落到实处,才能有效促进儿童的学习和发展。

3. 通过多种活动和游戏形式,巩固儿童对数的组成的认识

教师可提供实物让儿童进行操作练习,如图 6-15 中教师提供了雪花片、吸管、彩圈等让儿童进行练习。当儿童掌握了数的组成规律之后,还可以提供数字卡片让他们进行分合式的练习(图 6-16)。

图 6-15　实物材料的分合
(来源:江西省八一保育院)

图 6 - 16　数字分合式

（来源：江西省八一保育院）

教师还可以设计专门的作业单，让学前儿童进行练习（图 6 - 17）。

○ ○ ○ ○ ○		5	
○	○ ○ ○ ○	1	4
○ ○	○ ○ ○	2	3
○ ○ ○	○ ○	3	2
○ ○ ○ ○	○	4	1

4	3	2	1

5

4			1
	2	3	

5

图 6 - 17　数的分合作业单

除此之外，教师还应开展各种游戏帮助学前儿童巩固数的分合。如"卡片游戏"：儿童每人一套 1—10 的数字（或圆点）卡片，教师问："5 可以分成 3 和几？"儿童应举起 2 的卡片，也可由教师举出一张卡片（总数），要求儿童举起两张合起来总数和教师一样多的卡片。"报数游戏"：如练习 7 的组成，教师（或一儿童）说"我报 3"，请出另一位儿童说"我报 4"，然后大家一起说"3 和 4 合起来是 7"等。

4．关注儿童的个体差异

在"数的分合"的教学过程中，教师要鼓励学前儿童运用多种有意义的方式来加强对数的分合的理解。同时，由于儿童之间存在着个别差异，因此教师应允许儿童采取适合自己水平的方式，如借助分实物来直接感知，将操作与推理结合起来等等。

六、学前儿童 10 以内加减运算学习的指导

《3—6 岁儿童学习与发展指南》中对 6 岁儿童提出"理解加和减的实际意义"的要求，针对的正是当前实践中重运算技能、轻概念理解的误区。儿童学习加减运算，绝不仅仅是学会如何计算几加几，更重要的是理解算式是一种抽象的符号，抽象的算式可以表示很多具体的事情。只有这样，当儿童遇到具体问题时，才能认识到其中蕴含的数学概念、数学关系，并自觉运用数学的方法进行思考。

在对儿童进行加减逆反的教学中，教师要合理分配加减运算技能练习和概念理解的时间，

不可偏废一方,尤其是不能只关注儿童加减运算技能的习得而忽视帮助其获得对加减逆反关系的理解。

对加减逆反法则的理解和使用至少是在 5 岁儿童的"最近发展区"内,4 岁儿童也已经开始逐渐萌发出对加减逆反概念的理解。因此,在教学活动中适当引入加减逆反相关的材料和活动并没有过高超越他们的发展水平。如教师、家长可以通过和儿童玩"给和拿"之类的游戏,逐渐让儿童积累关于加减逆反的经验。

(一)实物加减运算的学习指导

儿童以实物或图片等直观材料为工具进行加减运算,这是具体水平上的加减运算。学前儿童最初是用实物加口头数数的方法来做加减运算的。大多数 3—4 岁的儿童都是在有实物的情况下才能完成加法运算。在运用实物进行加减运算的发展阶段的后期,当学前儿童进行加法运算的实践时,可能会发现他们用不着把所有的物体都数一遍,而是可以在其中一个已知集合的基础上接着数另一个集合从而得到总数。

教师可运用游戏的方法增加趣味性,并帮助学前儿童进一步理解加减的含义。

1. 拿了多少个

教师出示实物若干,让儿童记住数量,然后请儿童闭上眼睛,教师拿掉一部分后再请儿童看看现在还有的数量,之后让儿童猜猜老师到底拿走了几个? 并请儿童说说理由。

2. 扣碗猜数

先请一位儿童数一数围棋子并说出总数,之后将围棋子放在一只碗下。教师从碗中摸出若干围棋子给儿童看,然后请儿童猜一猜碗中还有几颗围棋子? 并请儿童说说理由。

此时尽管儿童的运算仍离不开实物,但他们的表征水平有了一个很大的进步,他们能把感知性实物同时表征为一个加数和总数,即同一物体集合既是加数,同时又是总数中的一个部分。这表明儿童在实物层面上已经对部分—整体的关系有了初步的认识。儿童在大量运用实物进行加减运算的基础上逐步发展了使用数词本身来进行运算的能力。儿童从运用把数词全部数一遍的方法到运用从一个加数的数词接着数的方法的转变,标志着儿童的数数技能和对数概念的理解进入了新的发展水平。

当儿童会用数数的方法来做加减法时,这种对数的符号系统的理解在数学认知方面为儿童的进一步发展提供了基础。儿童最后发展到运用数的组成知识和口诀来做加减法。

延伸拓展

儿童数感的教学应以游戏活动为平台,使儿童在熟练掌握数知识的同时,感悟体验数与生活的关系,理解其中的数关系、数概念。"老鼠和饼干盒"游戏是"数世界"中针对 3—4 岁儿童设计的活动,目标是让儿童形成对减法的直觉印象。教师分给每个儿童相同数量的数数筹码(每个儿童各自拥有一种颜色的筹码),让儿童假装他们的筹码是饼干。教师要求儿童数清楚自己有多少"饼干",并记住自己饼干的颜色。儿童午睡时,所有饼干被放进盒子里统一保管。教师假扮成"老鼠",从盒子里拿走一块或两块饼干。儿童醒来后,教师告诉他们情况,并问:"怎么知道谁的饼干被老鼠拿走了?"

尽管儿童马上能想到把盒子里的饼干倒出来,数数自己颜色的饼干还有几块,但对很多3—4 岁儿童而言,当发现自己现在只有四块饼干(而原来有五块)时,还不能意识到自己少了一块饼干,可能是被"老鼠"拿走了。儿童会尝试着一遍一遍数自己剩下的饼干,并根据教师的提示将饼干排列在一起,互相比较,察看谁的饼干最多、谁的最少,然后才能判断出谁的饼干被"老鼠"偷走了。作出判断后,儿童去搜索"老鼠洞",看看究竟谁的饼干被偷了,用以验证自己的推断。

这个活动不仅为儿童提供了发展数数技能的机会,更给了他们形象地感受简单数量变换的机会,让他们有机会探索发现如何用数数来预测和解释数量的差别。

(二) 口述应用题的教育

从数学问题解决的角度来看,儿童学习数学加减应用题的一大难点是对问题的正确表征,同时,儿童在解题能力上的重要差异还表现为选择运算策略的水平。

1. 口述应用题在学前儿童学习加减运算中的作用

口述应用题是儿童掌握加减运算的有力工具和必要基础。儿童解答口述应用题是儿童学习 10 以内加减的首用形式。口述应用题能帮助儿童较容易而准确地理解加法和减法的含义及有关运算符号,促进他们思维的发展。儿童在开始学习加减时,成人就让儿童解答口述应用题,引导儿童懂得加减的含义。根据学前儿童加减运算能力的一般发展过程,从具体到抽象(从具体水平加减到表象水平加减到抽象水平加减)进行出题指导。口述应用题的题目和情节应是儿童熟悉的。如:老师拿来 4 块积木,后来拿走了 1 块积木,现在桌上还有几块积木? 应用题中的情节贴近儿童的生活,就能够帮助他们理解应用题中所表达的意思。

重视应用题训练,充分利用生活中的数学学习机会。在教学中,教师应根据儿童的思维发展特点,创设贴近儿童生活经验的情景,以启发引导的方式促进儿童对应用题的理解,并适当增加应用题的训练;通过应用题的学习,帮助儿童理解加减法的含义,在此基础上学习笔算和口算,从而促进儿童加减运算能力的发展,最终提高儿童运用数学知识解决日常问题的能力。

2. 学前儿童学习口述应用题的类型

学前儿童学习的口述应用题包括成人出题儿童理解和儿童自编口述应用题两种。自编口述应用题有助于巩固和加深儿童对加减法的理解和掌握,并能培养儿童灵活运用知识的能力。儿童学习自编应用题安排在大班后期,学习了 10 以内数的组成和加减后进行。

3. 学前儿童自编应用题出现的问题

学前儿童在学习自编应用题时,因为对应用题的结构理解、掌握较差,常出现以下问题:① 大多数儿童不会提出问题,常直接说出答案。如"树林里有 3 只小鹿,又跑来了 1 只,树林里一共有 4 只小鹿";② 有的儿童不会提出问题,编题也不完整。如"妈妈给了我 1 个苹果,爸爸又给了我 1 个苹果";③ 所编的应用题不符合生活逻辑或事物发展的规律。如"我中午吃了 4 碗饭,一会儿又吃了 4 碗饭,我一共吃了几碗饭?""我家院子里的苹果树上长了 2 个苹果,过了一会儿又长了 2 个苹果,我家的树上一共长了几个苹果?"等。

4. 学前儿童自编应用题的指导

针对儿童自编应用题出现的这些问题,教师应指导儿童开展教学。

(1)教师示范讲解,帮助儿童掌握应用题的结构

儿童学习自编应用题始于模仿。模仿口述应用题,是在不要求抽象地掌握应用题结构要求的前提下,模仿成人编题。儿童有爱模仿的特点,在教师适当的启发和同伴讨论互相纠正错误后,完全可以达到在感性水平上正确地自编口述应用题。

教师应结合教具边示范边讲解应用题的结构,让儿童明白自编应用题有三个要求:① 讲的是一件事;② 要有两个数,而且这两个数说的是一样东西;③ 最后还要提出一个问题。通过教师的讲解才能真正让儿童明白应用题中的"已知条件"、"问题"这些术语的含义,了解应用题的结构特征。

(2) 循序渐进逐步教会儿童自编应用题①

① 教儿童模仿编题。教师编了一道应用题后,让儿童复述或编一道意思相仿的题目。

② 教儿童补充编题。教师编应用题时,可讲前面的一件事、两个数,提出的问题请儿童来补充完成;或者儿童讲前面的一件事、两个数,提出的问题请教师来补充完成;或者儿童之间互相补充,编出应用题。

③ 多种形式让儿童独立编题

教师帮助儿童独立编题时应遵循由易到难的原则:教师演示教具,儿童自编应用题→教师出示图片,儿童自编应用题→教师出示算式,儿童自编应用题→教师出示两个数字,儿童自编应用题→儿童自由编应用题。

让儿童看图编多个加减运算题时,有的儿童可能会编出 2—3 道加减题,这时教师就可以启发性地问:"除了可按花上面和花外面小蜜蜂的数量编加减题之外,你们还发现小蜜蜂头上都有帽子吗? 帽子的颜色一样吗? 请小朋友仔细看看,还可以再编几道加减运算题?"

延伸拓展

某幼儿园一次数学活动的一个片段。

师(拿出几幅画,指着其中一幅):请用三句话描述这幅图画。

幼:(没有回答)

师:树上原来有 8 只小鸟,现在只剩 6 只,飞走了几只? 大家跟我说一遍。

幼:(跟着说一遍)

师:大家说飞走了几只啊?

幼:2 只。

师:对,飞走 2 只。(指着第二幅图)池塘里有 8 只小鸭,岸上有 5 只,那么池塘里的小鸭比岸上的多几只? 大家跟我说一遍。

幼:(跟着说一遍)

……

这位教师采用的教育方法是机械背诵法,这种方法只能锻炼儿童的记忆力,而不能提高儿童的理解力,儿童很难因此掌握自编应用题的方法。此外,整个活动过程中师幼之间缺乏交流,互动不足,儿童提不起学习兴趣,教学效果也不佳。在实践中,教师偏重于笔算和口算练习,而对应用题的练习较少,这也是造成儿童解答应用题能力较弱的原因之一。

组织儿童编应用题时的素材可与儿童的活动相结合。如在学习自编 10 以内口头应用题时,可以设计体育游戏《打保龄球》。教学一开始,教师就介绍游戏玩法:每个小朋友连续击两

---

① 金浩. 学前儿童数学教育[M]. 上海:华东师范大学出版社,2000:206.

次,每次击中的个数自己记住,然后根据两次击中的个数编加减运算题。再比如,在学习 9 的加减法时,教师可以组织儿童玩音乐游戏《狐狸和兔子》,"小狐狸"把抓来的"小兔子"分别放到两个"笼子"里,然后根据两个数字来进行加减运算,比一比哪只"小狐狸"最精。在欢乐的音乐气氛中,儿童愉快地学习了 9 的加减法。

(三) 列式运算的教育

列式运算的教育主要是让学前儿童识别加号、等号,列出算式并用数学语言表征。

1. 首先,教师结合教具编出应用题,讲解"+"、"-"、"="

如:草地上先飞来 4 只蝴蝶,后飞来 2 只蝴蝶,草地上一共有几只蝴蝶?

教师讲解:"草地上先飞来 4 只蝴蝶,用数字 4 表示。"同时把数卡 4 放在 4 只蝴蝶教具的下面。"后飞来 2 只蝴蝶,用数字 2 表示。"同时把数卡 2 放在 2 只蝴蝶教具下面。"一共是几只蝴蝶呢?"待儿童回答是 6 只后,教师出示数卡 6 放在 2 的后面。

教师接着讲解:"这道题是把先飞来的和后飞来的蝴蝶合起来,合起来用加号(出示+)表示,放在两个数的中间,读作'加';等号(出示=)表示两边一样多,读作'等于',放在两个数的后面;整个式子完整地读作 4 加 2 等于 6。"

如:草地上有 4 只小兔,走掉了 1 只小兔,草地上还剩下几只小兔?

教师讲解:"草地上有 4 只小兔,用数字 4 表示。"同时把数卡 4 放在 4 只小兔教具的下面。"后走掉 1 只小兔,用数字 1 表示。"同时把数卡 1 放在 1 只小兔教具下面。"还剩几只小兔呢?"待儿童回答是 3 只后,教师出示数卡 3 放在 1 的后面。

教师接着讲解:"这道题是 1 只小兔走了之后还剩下的数量,可以用减号表示,'-'表示'去掉、吃掉、走掉……'的意思(出示-),放在两个数的中间,读作'减';等号(出示=)表示两边一样多,读作'等于',放在两个数的后面;整个式子完整地读作 4 减 1 等于 3。"

2. 其次,教师运用不同的口述应用题,引导学前儿童正确运用运算符号列出算式,得出得数,并用语言表达出来

如教师出示应用题:操场上有 3 个小朋友在跳绳,又来了 3 个小朋友,操场上一共有几个小朋友? 儿童要能分析出这道题用加法,因为是变多了,并说出原来的 3 个小朋友和后来的 3 个小朋友合起来一共是 6 个小朋友,也就是 3 加 3 等于 6。

操场上有 6 个小朋友在跳绳,后来走了 2 个小朋友,操场还剩几个小朋友? 儿童通过理解能分析出这道题用减法,因为是变少了,并说出原来有 6 个小朋友,走了 2 个小朋友,还剩 4 个小朋友,也就是 6 减 2 等于 4。

3. 最后,教师利用不同形式进行列式运算的巩固练习

① 教师可以组织专门的加减运算游戏帮助儿童练习。

"掷骰子":儿童同时掷两个骰子,可用两个数相加,也可以用大数减小数。

"算式接龙":每张卡片的左边为一数字,此数字为另一算式的得数,卡片的右边为一算式题(图 6-18)。

| 3 | 3+1= | 4 | 4+2= | 6 | 2+3= |

图 6-18 算式接龙

"开锁":一把钥匙开一把锁。钥匙上呈现加减算式,锁上面呈现答案。

"动物找家"：一只动物对一个门号。动物身上呈现加减算式，家中的房门上呈现答案。

"送信"：教师做好若干信封，每个信封上写一道 10 以内加减的试题，再设置 10 个信箱，分别标上 1—10 的号码，请儿童将信封投入到信箱中去。

"感知练习"：如视觉，让儿童看图片进行计算；如听觉，按声响的次数进行计算（两次声响之间有明显的停顿）；触摸觉；在两只口袋中各放几块积木，把口袋标上号，表明是第一只 A 和第二只 B，让儿童用左右手分别去摸，说说一共是有几块，A 与 B 的比较。

② 利用角色游戏活动进行练习

例如，为了巩固 10 以内数的加减运算，可以开展"超市"游戏活动。请两名儿童当收银员，一名儿童当导购小姐或先生，参加游戏的儿童分别当顾客，每名顾客给 10 元钱，让儿童自由地进行买卖活动。在商品上写价值时，注意算式的不同，有的直接写数字 6 元，有的写"2＋3＝?"有的写"8－4＝?"这样一来，既锻炼了儿童的加减运算能力，还培养了儿童之间文明礼貌与友好合作的品德。

③ 书面练习

如教师出示几道算式题和得数，请儿童把试题和相应的得数用线连起来；也可以将两组试题中相同得数的试题圈起来等。教师还可以自制一些操作材料，让儿童在进行加减练习时增加趣味性。如图 6－19 中的"找座位"，儿童要给 16 位小观众找座位，他们必须算出每位小观众是第几排（算式）和第几号（算式）。图 6－20 中的找出小朋友的电话号码，也是将算式运用其中。

图 6－19　找座位
（来源：江西省八一保育院）

图 6－20　你知道我的电话号码吗
（来源：江西省八一保育院）

④ 口头练习

教师出题，儿童说出得数；儿童出题，另一位儿童作答等。

七、学前儿童认读数字与书写数字的学习指导

数字是表示数的一种符号，学习 10 以内阿拉伯数字是学前儿童的主要任务，学习包括认读和书写。数的认读是数记忆的基础，学习阿拉伯数字和书写是数学学习的主要内容，也是学习数学的基础。学前儿童认读和书写 10 以内的数字能巩固对 10 以内数的认识，提高对数抽象性的理解，更是幼小衔接的重要内容。

对于学前儿童认读和书写阿拉伯数字时要注重的一个过程，不同年龄的学前儿童掌握数概念的水平也不同。一般来说，学前儿童学习数字有一个小步骤阶梯：机械认读→数的实际意义→数数→认识 10 以内的数→认识两位以上的数→数的守恒→书写。教学要求上，中班只要

教会儿童认读阿拉伯数字,并能用数字表示 10 以内的数即可;大班则教儿童正确书写阿拉伯数字 1—10。

(一) 学前儿童认读数字与书写数字的目的

1. 能正确地读音,了解每个数字所代表的数量,进一步掌握数的实际意义。

2. 通过书写数字,熟练掌握各个数字的特征,提高学前儿童的记忆能力、分析判断能力。

(二) 学前儿童认读数字的学习指导

1. 在学前儿童学习数数的基础上学习认读 10 以内的数

教师可以利用多种教具进行数数,出示数字符号进行讲解。根据学前儿童的认知特点,借助多种教具,帮助学前儿童掌握数字符号,加深记忆。

比如,认识数字"3",出示教具让儿童数数并回答这是 3 个苹果,再出示教具让儿童数数,回答这里有 3 个梨。然后老师小结:"3 个苹果,3 个梨,我们都可以用数字 3 来表示。"边讲边出示数字 3 的卡片,贴于教具旁边。接着,教师还应通过一些例子,进一步讲解数字所表示的意义。如"3"还可以表示 3 个小朋友、3 张桌子等。最后请儿童来说说"3"还可以表示什么物体。这样就把"每个自然数是表示一类等价的非空有限集合的共同特征的标记"的含义基本讲解清楚了。

2. 通过形象的比喻让学前儿童记住字形

当数字符号出示之后,教师可利用学前儿童所熟悉的事物与数形象进行比较。把数字编成形象的儿歌,可适当加动作,帮助儿童记忆,增加学习兴趣。

比如《数字歌》:"1"像铅笔细长条;"2"像小鸭水上漂;"3"像耳朵听声音;"4"像小旗迎风摇;"5"像秤钩来卖菜;"6"像哨子嘟嘟响;"7"像镰刀割青草;"8"像麻花拧一道;"9"像勺子能吃饭;"10"像棍子打棒球。让学前儿童在朗朗上口的儿歌中熟悉数学的字形。

3. 比较字形相近数字,帮助学前儿童分析区别字形

由于儿童方位知觉发展不够完善,观察不仔细,对"3"与"5"、"6"与"9"等字形相近的数字容易混淆。因此,在教学中,对外形容易混淆的字要做比较,帮助儿童分析区别,正确认识。在认读数字的过程中,教师还要帮助儿童正确地掌握各数的重点和难点。教师可以用形象化的方法,帮助儿童记忆容易混淆的数字。例如"6、9":小辫朝上 666,尾巴朝下 999;"3、5":3 像耳朵听声音,5 像钩子能钓鱼。

4. 让学前儿童跟读,念准字音,在点数的基础上了解每个数字所代表的数量

在讲清数字含义,初步认识数字的基础上,让儿童准确地跟教师读准字音,特别是一些平翘舌音。如"3"(sān)儿童易读(shān 山),"4"(sì)儿童易读(shì 市),把"7"(qī)读成(xī 西),教师要注意纠正儿童的发音。

5. 多种形式的练习巩固对数字的认读和理解

(1) 教儿童认读数字时,可以引导儿童发现数字与周围事物的联系,以加强记忆理解效果:1 个脑袋、2 只手、5 个手指头等。再例如,教师念数,让儿童找出相应的数字卡片;在很多数字卡片中,对某一个数字涂上颜色,以巩固儿童对数字的认识。

(2) 多用游戏的形式进行练习。

如:听声音找数字(教师给儿童提供数字卡片,让儿童听教师敲了几下鼓就找出数字几来);看物体摆数字(用数字来表示物体数目);按数画物(看到一个数字就画出相应数目的物体)。

（3）物数对应的方法练习巩固对数字的认读和理解。

如教师可提供各种材料让儿童在认识数字的同时，理解数字代表的含义。如图 6-21 中，儿童可以根据数字"5"的要求摆出 5 个珠子；图 6-22 中，儿童可以根据数字"1—5"的要求摆出相应数量的卡片；图 6-23 中，儿童可以根据数字和点子的数量进行拼图活动。

图 6-21　按数字摆珠子

（来源：江西省八一保育院）

图 6-22　按数字摆小球

（来源：江西省八一保育院）

图 6-23　数字点子拼图

（来源：江西省八一保育院）

6. 教儿童认读两位数以上的数字时，要教儿童认识个位、十位、百位……，和正确的读法例如：十个；12（从高位读，从前往后读，从左往右读）。

（三）学前儿童书写数字的学习指导（可结合数的组成进行）

进入大班以后，儿童开始练习书写阿拉伯数字。儿童的小肌肉群发育尚不健全，初步书写数字时，手腕转动不灵活，握笔也很吃力，在实际教学中要按照由易到难、化繁为简、化抽象为形象的教学方法，帮助儿童较快地掌握书写数字的要领。书写数字要向儿童交代清楚起笔和落笔的走势，使儿童正确地掌握写字要领。

1. 帮助学前儿童养成正确的书写姿势

正确的书写姿势十分重要，它是写好数字的前提，也有利于保护儿童的视力及身体正常发育。因此，从开始学习书写时就应保持正确的姿势，家长和教师应协调一致，严格要求，并持之以恒地坚持下去。教师首先要做好示范：如何推笔、如何坐、手如何放。

（1）坐姿的基本要求是两脚并拢，自然平放地面，身子坐正坐直，头要直，眼离桌子一尺，胸部和桌边保持约一拳头的距离，纸放正，左手轻轻按住纸，右手握笔离笔尖一寸。

（2）握笔的要领是用大拇指、食指、中指这三个手指握笔，手指握笔部位约离笔尖两手指宽，小指轻触纸面作为支点。

（3）运用"儿歌"帮儿童理解掌握写字姿势。

小朋友，要记牢，写字姿势很重要；

写字时，脚放平，头不歪来身坐正；

手离笔尖两指头，胸离桌面一拳头；

眼离本子一肘远，写字姿势才好看。

2. 帮助学前儿童掌握笔顺，注意书写格式及笔顺，做到格式规范

学前儿童学习书写数字，一般运用"田字格"，首先观察田字格中的数字 0—10，向儿童说明"田"字格的上下左右部位，字体要写满第一个"日"字格，但不能出格。然后根据每个数字讲解书写的顺序，即从何处起笔、向什么方向运笔、如何拐弯等。

起落笔的方位包括左上角、右上角、左下角、右下角、左边线、右边线、上线、中线、下线。

田字格用两种颜色区分日字格，让儿童掌握空格。书写时，虽然儿童已认识数字，但书写时仍较困难，阿拉伯数字 0—10，其中 1、2、3、6、7、8、9 都是一笔写成的，4、5、10 是两笔写成的。儿童写 2、3、5、8 比较困难，往往把"2"写成"ʓ"，把"3"写成"ʓ"，"8"写成"8"或写成两个圆圈等。

因此，教师要做到：首先，形象分析字形特点和笔顺。其次，教师在"日"字格示范，要突出书写中的难点。例如："3"的写法——起笔不碰左边线，向上向右碰线，略成半圆（比 2 字上端的半圆小），再向中线以上停止，转向右下方碰右边线，向下碰线，弯弯地碰到左边线为止。上下都是大半个圆圈，但下面比上面大。具体要求如图 6-24。

图 6-24　日字格数字书写要求

（1）"1"是从右上角附近起，笔直拉斜线到左下角附近。不是简单地将两角连起来，右上角和左上角都要空一点。

（2）"2"是靠左边线起笔，再向上、向右碰线，略成半圆，斜线到左下角，碰下线一横碰右边线。

（3）"3"的起笔不碰左边线，向上、向右碰线，略成半圆向中间弯，在中线以上转向右下方碰右线，向下碰底线，最后，弯向上碰左边线，上下都是大半个圆圈，但下面比上面大。

（4）"4"是从上线的中间起笔，向左斜线到下格，碰左线三分之一处后再横折过去，向右碰线。第二笔从右边线上格一半不到的地方向下，斜下去到下格的当中碰底线。

（5）"5"是从上线一半偏左的地方起笔，向左下到中格角附近过中线，再向上超过中线画一个大半圆向右向下碰线，向左上二分之一不碰线为止。最后，在上面画一横线，离右上线三分之一处向右碰线。

（6）"6"是从上线偏右一点起，画一个弧形，向左碰左线、向下底线，向上碰右线画成一个小圆，小圆上面超过中线，不能把圆写得太小。

（7）"7"是靠近上线，从左上角附近到右上角附近画一横线，再折线向下，到底线中间偏左的地方收笔不碰下线。

（8）"8"是从右上碰线到左线成半圆，拐向右下格成圆，碰右线、下线、左线，再向上，在中线以上和原线相交，最后，线到右上角附近稍离起笔处为止。不封口。

（9）"9"是在上格画一个四面碰线的圆，和起点相交，向下角附近向左下面一直线到底线中间。

(10)"10"占两格,左边一格写"1",右边一格写"0"。"0"从上线正中偏右起,向左画弧,中线以下碰左线,再碰下线、右线,画成一个斜斜的椭圆,向上回到起笔的地方为止。

3. 指导学前儿童正确书写,并随时提醒儿童耐心、认真书写数字

书写前老师带领儿童用右手食指先作书空练习,掌握笔顺。书空练习后,可让儿童进行描红书写(图6-25)。之后儿童可在田字格本上试写两遍,然后由教师检查评议,再一次帮助儿童掌握书写要领。但要注意的是儿童书写数字的时间不宜过长,一般不专门用一节活动时间进行,而是与其他数学教学内容组织在一起,如可与数的组成的学习相结合。当儿童要进行数的分合式书写时,教师就可提醒儿童按照笔顺认真书写。教儿童书写数字时,要从左到右,一个一个写,一行一行写,一笔一画要工整,保持书写整洁,养成书写的好习惯。

图6-25 数字描红

经过书空、试写等练习后,儿童开始正确练习写数字,教师则巡回指导儿童的书写情况,检查书写的笔顺是否正确,及时纠正他们不正确的坐姿及握笔姿势。

4. 家园配合

家园相互配合才能取得一致性的教育效果,家长们每天应抽出一定的时间关注孩子,根据孩子的实际书写情况进行具体指导,使孩子养成良好的学习习惯,为入小学做好准备。

附录
活动设计一:

中班数学活动:我去超市帮帮忙
江西省人民政府直属机关保育院 王智萍

活动目标:
1. 理解6以内数字的实际意义,尝试将数字标记与实物进行匹配。
2. 乐意参与数学游戏活动,体验生活中运用数学的快乐。

活动准备:
1. 创设"小猪超市"的情境,货架红、黄、蓝共6块(3块有1—6数字,3块有18个动物图像)。
2. 红、黄、蓝各写有1—6数字的工作牌共18张、盘子10个(装果蔬、日用品图片数张),

进货单18张(标有货物及数字)、送货单18张(标有小动物图像、货物及数字)、小篮子18个

活动过程：

一、情景导入

师：小朋友们，看，今天小猪的小超市开张了，可是小猪经理急得团团转，超市的工作人员在上班的路上堵车了，这可急坏了小猪经理，怎么办呢？它想请我和小朋友帮帮忙做超市的小小营业员，你们愿意吗？(愿意。)好，请小朋友先挂好工作牌，坐在小椅子上准备接受任务(老师也挂上)。

二、我去超市帮帮忙

(一) 认识货架、工作牌

师：小猪超市的货架真漂亮，分别是什么颜色的呀？数一数有几层呢？营业员们再看看你们挂的工作牌，你是几号员工？(老师先问红色6号)，哎，这里还有两个6号(指向黄、蓝6号)，三个6号工作牌有什么不同？(颜色不同)它告诉我们，红色6号的工作地方在红色货架第6层(请红色6号站在红色货架旁指出货架上的第6层)，黄色6号的工作地方在哪？蓝色6号的工作地方在哪？

请所有的幼儿根据工作牌的颜色和数字到货架旁报到。

师：(老师检查)你们太棒了！记住哟，每个员工只要管理好一层货架。

(二) 我们来摆货

师：员工们，超市的货架还是空的呢，小猪会给你们每人发一张进货单，请你们按进货单上的要求取货摆到货架上，你是负责哪一层你就摆在自己的那一层，不要摆错哦！

师：这就是小猪超市的进货单，进货单上有什么？(数字"6"和胡萝卜)连起来是什么意思呢？进货单上数字是6，那我们应该进6个胡萝卜。

教师提出要求：在进口处排好队领取一张进货单和装货的小篮子，到仓库里取货，取货时数一数检查一下，然后就摆到你相同颜色的货架上。找到你负责管理的那一层，先把进货单摆在左上角，然后再把货物摆上去。把篮子放在货架下面。

幼儿根据进货单取相应的商品，并整齐地摆放在模拟的对应货架上。

集中交流检查：货物都摆对了吗？让幼儿先检查红色货架，看一看，有什么错误？如有错误，请幼儿进行纠正。

三、我们去送货

师：小猪的超市生意好极了，瞧，它接到了厚厚一大叠的订货单(出示厚厚一大叠的订货单)，下面要请我们小工作人员帮忙送货哦！(教师出示订货单，引导幼儿观察订货单的内容，请个别幼儿尝试取物)。这就是顾客需要买的东西和数量，我们一起来看一看，大家一起来说一说，什么意思？送货单上点数是6，那我们应该送几个果蔬？到谁家里？(送6件衣服到小狗家)。

幼儿自由选择一份送货单，根据送货单的内容选择商品放入小筐。然后就摆到与送货单相对应的动物货架上，并把送货单摆在小动物旁边，把篮子放在货架下面，如果货架上的货物不够，就请到仓库取，提醒小朋友要做文明的员工。

幼儿根据订货单取相应的商品，并整齐地摆放在模拟的动物家里。

集中交流检查：货物都送对了吗？现在请大家帮小动物来检查。

四、幸运大抽奖

教师：小猪经理说你们真是太棒了，帮了它很大的忙，它要奖励你们哦！请小朋友在抽奖

盒里摸取一张奖票,根据奖票提示,从箱里领取相应数量的奖品。

活动建议:

此次活动中创设的情境利于调动幼儿的积极性,为了取得好的效果,便于教师更好地指导每一名幼儿,建议进行分组教学。

活动设计二:

中班数学活动:福娃运动会

江西省人民政府直属机关保育院　熊乐乐

活动目标:

1. 在游戏中,理解序数 1—5,初步了解序数的意义。
2. 感知生活中序数的规律性,形成良好的秩序感。

活动准备:

1. "福娃运动会"课件(如图)。
2. 红、黄、蓝三色奖牌、记事贴、塑料筐。
3. "数高楼"儿歌音乐。
4. 场地上一根起跳线,小红旗。

活动过程:

(一)"数高楼"游戏,感知序数的语言描述。(播放音乐)

师:福娃新村做好了啦! 哇……这么多的高楼,我们一起来数数吧!

(二)福娃爬竿大赛

1. 组织幼儿有序排队入场

师:今天福娃们要举行运动会,我们坐上和谐号火车去参加运动会吧!

呜——和谐号火车来了,小朋友们赶紧排好队上车吧! 谁排在了第一呢? 为什么? 车头调到了这边,谁排在第一呢?

小结:噢! 原来车头是可以调换的,离车头最近的就是第一。

幼儿开火车有序地进场坐下,从大门(老师与一幼儿搭大门)一个一个进去,教师依次说第一个,第二个……

2. 播放课件(1),引导幼儿找出排序规律

师:运动场上,福娃们都站好了,他们谁排第一呢? 为什么?

小结:你是从这边开始数过来的,也就是从右边开始数。

还有谁有不同的意见? 为什么?

小结:你是从那边开始数过来的,就是从左边开始数。

3. 播放课件(2)以小红旗为标记物,给福娃排队

师:今天我们就看准小红旗的位置,从左边开始给福娃排队,贝贝排第一,晶晶排第二……

4. 观看爬竿比赛

① 播放课件(3)先请幼儿猜测说说谁会得第一。

师:今天的比赛项目是爬竹竿大赛,你觉得谁会得第一呢? 你怎么觉得他会得第一名呢?

② 播放课件(4)观看比赛,引导幼儿根据竿上标记说出比赛结果。

师:比赛开始了,我们一起为福娃加油! 看谁得第一呢? 你怎么知道他是第一的呢? (爬得最快、最高、最先爬到竿顶)

③ 播放课件(5)按照比赛成绩颁发奖牌。

小结:对,离竿顶最近就是第一名,接下来就是第二名、第三名、第四名和第五名。

(三)通过小朋友参加运动会再次感知序数

师:刚才福娃们举行了运动会,他们也邀请我们一起来参加运动会,现在我们已经分成三组坐好啦!

1. 通过分组活动感知序数

老师站在这边,开始数起,哪里是第一组的运动员呢? 第一组在哪里? 挥手示意,教师和幼儿击掌。

2. 介绍比赛项目和规则,教师示范

今天的比赛项目是立定跳远,你看,在大家面前有一条起跳线,一组一组地进行比赛,跳的时候双脚并拢,"一,二——三!"跳出去后站在原地不动,保护好你的成绩哦! (做好标记)我们也要比一比,谁能得第一名!

3. 热身运动

左三圈,右三圈,脖子扭扭,屁股扭扭,跳跳跳!

4. 幼儿分组(每组请5名运动员)有序地进行立定跳远比赛,并为每组的幼儿颁发奖牌

第一组:请第一组的小运动员们上场。他们排队的顺序是怎样的? 谁排在了第一? 为什么? 我们从小旗开始说说第一组运动员的顺序吧! (开始比赛→贴好标记→评出结果→颁发奖牌)

第二组:你们准备谁站第一个? 那么就今天就请你排第一个,你排第二个……好,第二组上场! 他们都站对了吗? (开始比赛→贴好标记→评出结果→颁发奖牌)

第三组:请第三组运动员上场! (开始比赛→贴好标记→评出结果→颁发奖牌)

四、结束部分

师:今天小运动员们都表现得很棒,这次我们比赛的是跳远,下次我们还可以在跑步比赛中看看谁能得第一名、第二名;谁能在丢沙包比赛中得第一名、第二名。老师希望你们好好锻炼,争取取得好成绩,到时老师再给你们颁发奖牌。

附课件

课件 1

课件 2

活动设计三：

中班数学活动：《数的守恒(10以内)》①
龙海市华侨幼儿园　叶雅娟

活动目标：

1. 初步感知等量物品的数量不随实物的大小、颜色、种类及排列形状的变化而改变,准确计数10以内物品的数量。

2. 体验数守恒的有趣现象。

3. 逐步树立自信心和创造意识。

活动准备：

1. 知识经验准备：幼儿学过5以内数的守恒,幼儿学会念咒语和"十个印第安小朋友"的游戏玩法。

2. 教具准备：米奇玩具1只,磁性教具若干(兔子背影、鱼背影、米老鼠背影各1只、兔子5只、鱼7条、米老鼠10只)。

3. 环境创设：米奇妙妙屋一间,布置成小舞台样。

4. 幼儿操作学具、记录纸、铅笔。

5. 背景音乐4首。

活动过程：

一、以到米奇家玩,引入活动

教师出示米老鼠布绒玩具引入活动："嗨,小朋友,我是米奇,要不要到我的妙妙屋玩啊?"

---

① 叶雅娟.中班数学活动：《数的守恒（10以内）》[EB/OL]. http://www.fjzzjy.gov.cn/newsInfo.aspx? pkId＝61651,漳州市教育信息网,2009－9－25.

教师:"进入妙妙屋要念什么神奇的咒语呢?"

(幼儿念咒语,教师掀开用布遮住的米奇妙妙屋)

二、玩游戏"猜影子",激发幼儿学习兴趣

教师:妙妙屋里有三种小动物,是谁呢? 这些是它们的背影,小朋友们来猜一猜。

三、观看妙妙屋里的动物表演舞蹈(初步得知等量物品的数量不随实物的大小、颜色、种类及排列形状的变化而变化,体验数守恒的有趣现象)

教师:小动物们要表演节目给小朋友看,大家要注意观察它们的队形发生什么变化。

(一)欣赏第一个节目《兔子舞》(复习 5 的守恒)

1. 在音乐《兔子舞》的伴奏中,教师出示 5 只穿着不一样的、动态不一样的兔子。

提问:① "这几只兔子都一样吗? 哪里不一样?"

② "一共有几只小兔子?"

2. 在《兔子舞》音乐的伴奏下,教师在妙妙屋舞台中操作 5 只兔子的磁性教具,进行表演舞蹈,当变换一种队形后,音乐停止时。

提问:① 兔子的队形发生什么变化?

② 小朋友数数现在有几只兔子,跟原来一样多吗?

③ 请 1 个小朋友到大记录卡上记录这次兔子表演时队形的变化,并引导全班幼儿一起验证该幼儿记录是否正确。

3. 教师引导幼儿通过《兔子舞》大记录卡上 5 只兔子队形变化的记录情况,体验 5 守恒的有趣现象。

教师小结:不论 5 只兔子的队形怎么变,5 还是 5 只,不会增加也不会减少。

(二)欣赏第二个节目《水中芭蕾》(感知新知识点:7 的守恒)

1. 在音乐《四小天鹅》伴奏中,教师逐一出示 7 条大小、颜色、形状不一样的鱼。

提问:① "这些鱼有哪些不同?"

② "一共有几条鱼参加表演?"

2. 教师在《四小天鹅》伴奏音乐中,操作 7 条鱼表演水中芭蕾舞,当变换一种队形后,音乐停止。

提问:① 现在鱼的队形有没有发生变化?

② 小朋友数数现在有几条鱼在表演舞蹈? 和原来一样多吗?

③ 请 1 个小朋友到《水中芭蕾》的大记录卡上记录这次鱼表演时的队形变化,引导全班幼儿一起验证该幼儿记录是否正确。

3. 教师引导幼儿通过《水中芭蕾》大记录卡上 7 条鱼队形变化的记录情况,体验 7 的守恒的有趣现象。

教师小结:7 条鱼虽然颜色、大小、形状不一样,不论摆的队形怎么变,但总数量都不会变,7 条鱼还是 7 条鱼。

(三)欣赏第三个节目《米老鼠恰恰恰》(感知新知识点数量:10 的守恒)

1. 在音乐《恰恰恰》伴奏中,教师出示 10 只性别、大小、穿着不同的米老鼠,提问:① "这几只米老鼠哪里不同?"② "一共有几只米老鼠表演舞蹈?"

2. 教师在《恰恰恰》舞曲伴奏中,操作 10 只米老鼠表演《米老鼠恰恰恰》,当变换一种队形后音乐停止。

提问:① "米老鼠的队形变化没?"

　　　②"我们来数数变了队形后,有几只米老鼠在表演? 和原来一样多吗?"

　　　③请1个小朋友到《米老鼠恰恰恰》大记录卡上记录这次米老鼠表演时队形的变化,引导全班幼儿一起验证该幼儿记录是否正确。

3. 教师引导幼儿通过《米老鼠恰恰恰》大记录卡上 10 只米老鼠队形变化的记录情况,体验 10 的守恒的有趣现象。

教师小结:不管这 10 只米老鼠排成什么队形,始终都是 10 只米老鼠。

四、游戏活动"十个印第安小朋友"

教师:小朋友闭上眼睛,数到3时睁开眼睛看着我们今天的游戏(请几个小朋友出来玩游戏)。

玩法:请1名幼儿当组长,在清唱歌曲"十个印第安小朋友"歌声中,组长去请出 9 名幼儿,念"我变、我变、我变变变"的咒语,整组幼儿自由合作,组合设计动作,变换队形后,老师引导其他幼儿一起验证组长邀请的人数是否正确,错误的要跳 10 下。若场地允许,可若干组同时进行。

五、幼儿操作

1. 幼儿根据不同歌曲指示,分组拿操作学具到自己座位上进行操作。

2. 播放轻音乐,幼儿安静地分组进行操作学具,并将操作结果记录到记录纸上。

第一组学具:形态各异的兔子

第二组学具:颜色不同的小鱼

第三组学具:颜色不同的星星

活动延伸:

将操作学具投放到活动区域,让幼儿进一步探索发现。

活动设计四:

大班数学活动:我的好邻居[①]

活动目标:

1. 理解相邻数,能说出 2—9 各数与其相邻数的关系(多1或少1的关系)

2. 能熟练地找出 2—9 的相邻数。

3. 进行朋友间团结友爱的教育。

活动准备:

1. 1—10 的数字头饰一套、1—10 的数字卡一套;教师用数字贴绒 1—10。

2. 操作材料人手一份、笔;每个幼儿手上有一张座位号。

活动过程:

(一)找位置(创设情景,呈现已有经验)

教师在每排椅子后贴数字,然后请幼儿按照自己手上的座位号找到位置。

找一找座位上的邻居抱一抱。

说说自己的左邻右舍都是哪个数字。

(二)比大小(探索相邻数之间的等差关系)

---

① 俞春晓,钱文.幼儿园建构式课程幼儿园教师用书科学数学(上)[M].上海:华东师范大学出版社,2009.

1. 教师出示数字 2 的卡片。

数字 2 也要来找它的邻居,和它紧挨着的是哪两个邻居呢?

幼儿回答,教师出示相应的 1 和 3 的数字卡片。

请你仔细看一看,数字 1、3 和数字 2 有什么关系?

小结:你们都发现了,前一个数比数字 2 小 1,是 2 的小邻居;后面一个数比数字 2 大 1,是 2 的大邻居。1 和 3 是 2 的邻居,我们给它取个好听的名字,叫相邻数。

2. 幼儿操作。

师:请你为数字 3 找相邻数。幼儿操作数字卡片。

为什么 2 和 4 是数字 3 的相邻数?(分别比 3 小 1 和大 1)

以同样的方式让幼儿找出 4、5、6、7、8 的相邻数。

3. 找错游戏。

教师出示 5、3、1 的数字卡,提问:这样的规律对吗? 为什么?

教师小结:相邻数必须是紧挨着的数字。

(三)为相邻数找共同的邻居(复习巩固相邻数)

出示 2、4 两张数字卡,提问:谁既是 2 的邻居,又是 4 的邻居呢? 幼儿操作数卡。

使用操作材料。要求:请在中间的花盆里画出比左边的花多 1,比右边的花少 1 的花朵。如下:

4 朵花		6 朵花	

请在两边的花盆里画出比中间的花多 1 和少 1 的花朵。如下:

	6 朵花	

(四)游戏"找朋友"

游戏玩法:将幼儿每十人分为一组,每组幼儿将 1—10 的数字头饰戴在头上。教师请代表数字 3 的幼儿找相邻朋友时,全体幼儿一起唱《找朋友》的歌曲,最后把 2 和 4 找出来并按顺序站成一排,告诉大家,数字 3 的相邻朋友是谁和谁,为什么?

(五)结束活动

教师:今天,我们知道了每一个数字宝宝都有两个好朋友是邻居,它们之间互相帮助,团结友爱,快乐地生活着。我们小朋友也要像数字宝宝一样,大家团结友爱、互相帮助。

活动延伸:

教师把头饰、数字卡投放到数学区中,小朋友可在区角活动中进行游戏。

活动设计五:

大班数学活动:身体上的单双数

江西省人民政府直属机关保育院　陈丽

活动目标:

1. 通过观察人物表情图卡及游戏活动认识区分单双数。

2. 能够正确判断身体器官的单双数。

3. 养成遵守游戏规则的好习惯。

活动准备：

1. 图卡1—4、磁铁教具数字1—10、黑板一块、大记录纸一张。

2. 幼儿操作材料人手一份。

3. 两个游乐场场地布置：三本书、两盒橡皮泥、两块垫板、四张色纸、白纸若干、三盒水彩笔；两副棋盘、两副小型网球拍、翻绳的绳子四根。

4. 游戏券每人一张、两个游戏箱、两张游戏标记、《找朋友》音乐。

活动过程：

（一）音乐游戏，引发兴趣

播放《找朋友》音乐，师让幼儿随着音乐每次找到一位好朋友，并两人抱一抱。

（二）观察图卡1—4，认识单双数

1. 请幼儿观察图卡1（1个哭脸娃娃）、图卡2（两个笑脸娃娃）有什么不一样？

教师小结：像这个找不到朋友的数字有一个好听的名字叫作单数（数字1是单数，它没有朋友，所以有点伤心），这种由两个娃娃组成好朋友的数字叫作双数（数字2是双数）。

2. 请幼儿观察图卡3（两个笑脸娃娃、1个哭脸娃娃）、图卡4（两个笑脸娃娃）有什么不一样？

教师："数字3和数字4哪个是单数，哪个是双数？你是怎么知道的？"

教师小结：3和1一样也是单数，它们两个单数是一样的吗？对了，3里面有两个找到了好朋友，有一个没有朋友，不管我们的数字有多大，只要有一个娃娃找不到好朋友那它就是单数，好，请你们来看看4和2这两个双数，不管它们的数字有多大，只要他们能两个两个找到朋友它就是双数。

（三）幼儿验证5—10数字中的单双数

1. 出示数卡5，请小朋友通过个别演示，集体共同验证判断5是单数，并在记录纸上记录。

教师：5是单数还是双数呢？老师这里有很多小娃娃图片，请××小朋友到前面来，把你的想法演示出来，其他小朋友认真地看他是用什么方法知道的。

教师：他的结果是"5是单数"，因为有一个小娃娃找不到朋友。××刚刚是先把5放在垫板的上面，然后找出5个小娃娃，用两两找朋友的方法得出结果的。我这里有一张记录表，小朋友，我们用哪个表示单数？哪个表示双数呢？我们用找不到朋友的一个娃娃来做单数的标记，用两个好朋友来做双数的标记。现在老师把5写在单数这边。

2. 幼儿分组验证6—10的单双数，并将结果写在记录纸上。

幼儿分组操作，教师巡回指导。

师：老师为你们每人准备了一份操作材料，有的是棋子，有的是小娃娃，请你们在垫板上摆一摆，看看6、7、8、9、10里面谁是单数？谁是双数？然后把你的结果写在你的记录表上。看看哪组小朋友操作又快又准确。

鼓励幼儿自我验证记录结果，师生集体评价。

教师请一个小朋友把结果告诉大家，教师把正确的写在黑板的记录表里。

教师：请小朋友仔细地对照一下自己的结果，有不一样的吗？请不一样的小朋友说出来，我们一起来讨论。请结果一样的小朋友把记录表放在前面的筐子里。

（四）找找身体上的单双数

师：这段时间你们一直对自己的身体很感兴趣，你们有谁知道我们的身体上有哪些东西是

单数?哪些是双数呢?(一个头是单数,两只耳朵是双数,一只手的五个手指是单数,两只手十个手指就是双数等)

(五)游戏"数字宝宝玩游乐场"

师:你们今天的表现可真好,现在我们一起去游乐场玩吧!

介绍游戏场景:你们瞧我们旁边有两个大的游乐场,一个单数游乐场和一个双数游乐场。单数游乐场是一个人也可以玩的,像画画呀折纸呀,双数游乐场是必须两个人合作才可以完成的,像下围棋呀、翻绳子呀等游戏。

提出游戏规则:第一,去游乐场的入场券在两个箱子里,请小朋友先排队去抽券,每次只能抽一张。第二,请看清楚你的入场券上的数字,如果是单数就去单数游乐场,如果是双数请你去双数游乐场。第三,请看清楚入口和出口,入口处有管理员,他们会检查你们的入场券。第四,在游乐场玩要注意安全,游乐场下班的时间一到我们就必须从出口出来。

(六)结束活动

教师摇铃鼓:游乐场下班了,我们回家吧!

活动设计六:

大班数学活动:解密电话号码[①]

活动目标:

1. 通过解密电话号码活动,提高加减运算的能力。

2. 能用加减运算的方法记录自己的电话号码并和同伴交流。

3. 养成按要求操作的良好习惯。

活动准备:

1. PPT《解密电话号码》。

2. 活动前,幼儿记住自己家的电话号码。

3. 表格(正面:教师编好同伴家电话号码的题目;反面:画好表格由幼儿自编家庭电话号码)。

活动过程:

1. 激发解密电话号码的兴趣

教师:再过几个月,我们小朋友就要离开幼儿园去上小学了,你们会想念李老师吗?那你们有什么办法和我联系呢?(幼儿自由说出生活中与他人联系的方式:给李老师写信、上网和李老师聊天、到幼儿园来看老师、打电话给李老师。)

教师:打电话是和李老师保持联系的好办法,因为打电话非常方便,也能非常快地找到李老师。

2. 解密老师家的电话号码

教师:你们知道李老师家的电话号码吗?

(幼儿:不知道,李老师快告诉我们啊!)

教师:我家的电话号码就藏在这些数学题中。如果你们能按顺序算出这些题目的答案,并

---

① 李颖,戴彦.幼教博览[J],009(11):34.有改编。

按从上到下的顺序读出来,你就知道李老师家的电话号码啦。

播放PPT,幼儿集体练习数学题目。

最后接通李老师的电话,引起幼儿的兴趣。(幼儿感到既神奇又开心)

3. 解密同伴家的电话号码

教师:你们真聪明!把李老师藏在算术题中的秘密都找出来了。老师这里还有三个好朋友的号码,我们一起来试一试,看看,是谁家的电话号码呢?

(1)幼儿自由分三组计算三张表格上的算术题,教师巡回指导。(分别是三个好朋友的电话号码)

(2)播放PPT,验证幼儿的电话号码。

4. 同伴互相编题目并解密电话号码

教师:我们把自己家的电话号码用数学题目的形式记录下来,记录好以后去和你的好朋友交换,并互相把号码破解出来,这样你就得到一个好朋友的电话号码了。试一试吧!

(1)幼儿编题并互相破译电话号码,教师观察,帮助有困难的幼儿。

(2)检验能力较弱幼儿的电话号码。

5. 生活中特殊的电话号码

教师:刚才我们破解的电话号码是8位数的家庭电话。那是不是所有的电话号码都是8位数呢?你们知道我们生活中有哪些特殊的电话号码?

(幼儿:我爸爸的手机号码是133×××××××。我妈妈的手机号码是138××××××××。还有110、120、119呢,还有114、112呢。)

播放PPT,验证生活中特殊的电话号码。

教师:在我们的生活中,有时会发生一些紧急的事情,遇到这些事情我们可以拨打这些特殊的号码,但平时我们不能随便打这些电话。

活动延伸:

在《我上小学了》区域活动的数学活动中继续解密电话号码的活动。

思考与实践

一、名词解释

1. 数数　2. 基数　3. 数序　4. 序数　5. 数的守恒　6. 按物计数　7. 按数取物
8. 数的分合

二、简答题

1. 学前儿童口头数数能力的发展有什么特点?

2. 学前儿童的数数行为会遵循什么规则?

3. 学前儿童认识数序和序数有什么特点?

4. 小、中、大班儿童数的守恒发展各有什么特点?

5. 学前儿童对数的分合要经历哪五个阶段?

6. 学前儿童加减法运算能力发展要经历哪些阶段?

7. 学前儿童自编应用题时常出现的问题有哪些?

三、论述题

1. 联系实际谈谈学前儿童数的守恒学习的教育指导要点。

2. 联系实际谈谈提高学前儿童数数技能的教育策略。

3. 联系实际谈谈帮助学前儿童掌握相邻数的教育策略。

4. 联系实际谈谈如何提高学前儿童认识序数的能力。

5. 联系实际谈谈如何指导学前儿童进行数的组成的学习。

6. 结合学前儿童的特点,联系实际谈谈如何指导学前儿童 10 以内加减运算的学习。

7. 联系实际谈谈教师应如何指导学前儿童自编应用题。

8. 联系实际谈谈教师应如何指导学前儿童认读与书写数字。

四、实践性学习活动

观摩幼儿园小班、中班、大班儿童的数学教育活动,比较不同年龄段儿童数概念的发展特点和教育指导策略。

第七章　学前儿童空间和几何形体发展的特点及教育指导

学习目标

1. 了解空间及几何形体的基本概念以及学前儿童学习空间和几何形体的意义。
2. 了解学前儿童空间和几何形体概念发展的特点。
3. 能够根据学前儿童学习空间和几何形体的要求及特点,设计和组织开展相应的活动,促进儿童的发展。

学习提示

要对学前儿童空间和几何形体发展的特点有深入了解,不仅需要结合学前儿童心理学的相关理论,同时也需要在学习和生活中留意儿童的各种外在表现,将理论学习与细致观察相结合,才能全面了解儿童的发展特点和状态,从而采取有效的教育措施引导儿童的发展。

案例导入

小班的搭积木时间,腾腾把插塑积木搭成一个宽长条,正无聊地玩着,过了一会儿,他把积木枕放在一块积木上,搭成了一条斜坡路,并拿着一辆无轮车玩滑行(他附近只有这辆车)。见其已有滑行的意识且正在积极地探索中,我静静走过去,拿了一个圆形的积木放在上面,积木滚下来了,他一见便开口笑了,也找来类似的圆形物放在上面玩了起来。我站在旁边静静地待着没做什么解释。腾腾玩得非常开心,还不时"噢噢"叫着,吸引了旁边儿童的参与,他们有的拿车子,有的拿轮子,有的拿圆柱形积木,有的拿花片,有的拿方积木……这时拿方积木的文昊叫了起来:"老师,它滑下来的。""对,请你们仔细观察谁是滚下来的,谁是滑下来的。"我又请腾腾搭了一条积木车道,让儿童站在桌子两边,手里拿着一个圆积木和一个方积木同时放在两条积木车道上,儿童都说:"圆的滚下来,方的滑下来。""观察真仔细,请你们再去试试别的吧!"(来自教师的观察记录)[①]

　　从这则案例可以看出,小班儿童已经能够通过操作和观察所获得的感性经验初步了解到圆的积木可以滚动,这是圆柱体具备的一个重要特征。同时他们在自由活动中将圆积木和方积木进行对比,进一步获得对两种不同几何形体特征的了解。这种体验无疑对于学前儿童早期数学的学习是有积极意义的。多数研究都认为儿童在对积木的摆弄过程中,不停地研究布

[①]　教育案例——积木车道,作者江淑慧,北京学前教育网,http://www.bjchild.com/Article/ArticleShow.asp?ArticleID=25763.

局、结构,这有利于他们掌握物体形状,辨别空间方位,把握二维和三维空间及其转换,发展空间智能。本章节将从基本空间与几何形体的概念入手,探讨学前儿童在空间和几何形体方面发展的特点,并结合这些特点进行有针对性的教育指导。

第一节　空间、几何形体的概念及对学前儿童发展的意义

在数学领域中,"数"和"形"历来是两大重要支柱,它们都是现实世界的一部分,二者相辅相成。"数"概念相对而言较为抽象,而"形"则能够通过客观物体形状反映出来,具有普遍性和典型性。对空间和几何形体的感知和认识是学前儿童早期数学学习的重要内容,能够帮助儿童建立对客观世界的认识,对形形色色的物体进行识别、辨认和归类。

一、空间

(一)空间的概念

空间是客观物质存在的形式,任何物质都存在于一定的空间之中,可以由长度、宽度、高度表现出来。人对空间的知觉不是生来就有的,而是随着生活经验的丰富,在与客观世界的互动中逐渐发展起来的。不同的学者对空间知觉的界定存在差异。霍夫(Hoffer)提出人的七项空间知觉能力包括:

① 手眼协调能力:例如连点成图,在迷宫中顺着路径描绘路线,描绘图形的外缘或给一部分着色,仿立体图形堆积木等能力。

② 图形—背景知觉的能力:即从背景中分辨前景的能力。

③ 知觉恒常能力:例如,辨认相似和全等的图形,依大小排列图形的能力。

④ 空间位置知觉能力:即认识空间中物体和自己的方位关系(上下、前后、左右),以及图形的移位、倒转、翻转的能力,主要是以主体为中心分辨方位关系。

⑤ 空间关系知觉能力:即认识空间物体的彼此方位关系的能力,以客体为中心分辨方位关系。

⑥ 视觉分辨能力:即指认物体间相似或相异的能力,例如从两幅图片中找出不同之处。

⑦ 视觉记忆能力:即回忆已不在视线内的物体的能力[①]。

美国数学教师协会 NCTM 于 2001 年提出,儿童空间能力发展指的是儿童能对空间的相对位置进行描述、命名和解释,并学习应用这些概念;能运用空间记忆和空间视觉来创造几何图像;能用不同的手段来认识和表征形状,并把几何概念、数和测量概念的学习和运用联系起来。[②]

一般来说,空间概念有广义和狭义之分。广义的空间概念,包括对各种空间变换关系的认

---

① 周淑惠.幼儿数学新论——教材教法.[M].台北:心理出版社,1995:111-115.

② 李季湄、冯晓霞主编《3—6岁儿童学习与发展指南》解读[M].北京:人民教育出版社,2013:139.

识(如辨识物体在空间中的移位、翻转或旋转变换),还有对大小和形状的认识①。狭义的空间概念,即空间方位概念,指的是对客观物体的相互位置关系的认识,如前后、上下、左右等。本节所谈及的"空间"主要指的是狭义的概念,即空间方位的辨别。学前儿童对空间方位的辨别就是对物体在空间中所处的位置关系的辨别,需要依赖视觉和触觉协作完成。

(二)空间方位概念的特点

仅以狭义的空间概念而言,当要对空间方位进行辨别(即确定上下、左右、前后)时应注意两个方面的问题。

其一是确定参照物。立体的三维空间由纵、横、深等几对方向构成,竖直方向可以用上下来表示,纵向可以用前后来表示,横向用左右来表示。与描述物体的颜色、材质不同(例如绿色的树、坚硬的石头),空间方位都是相对的概念,不是固定不变的。如教师站在黑板与儿童中间时,以黑板为参照物,教师站在黑板的前面;如果以儿童为参照物,教师站在儿童的后面。当确定的参照物不同,出现的结果就不同。因此,在物体位置的辨别中,教师需要帮助儿童确定以什么为"参照物"。

平常在生活中,我们会用两种参照系,一种是主体为参照,判断客体相对于主体的空间位置关系,例如桌子在我的前面;另一种是以客体为参照,判断客体相互之间的空间位置关系,例如黑板在桌子前面。学前儿童在辨别空间方位的过程中要经历以自身为中心(即主体为参照)逐步过渡到以客体(其他的人或事物)为中心的定向过程。

其二是空间位置关系具有这几个特点:相对性、可变性和连续性。如前所述,空间方位的上下、前后、左右都是相对某一参照物而言的,上相对于下、前相对于后、左相对于右,这就是空间方位的相对性。也正因为这一特性,它具有了可变性。当参照物发生改变时,该物体的方位也随之发生改变。例如教师和儿童都面向黑板站立,教师站在儿童的右边,当教师移动位置后,就可能站在儿童的左边,或者两人都调转方向,教师就可能在儿童的后面。这种物体的空间方位随着参照物的位置或朝向的改变而改变的现象就是空间方位的可变性。当物体或参照物位置改变时,这种改变是连续的,不是突然发生的改变。例如上一个例子中,教师在从儿童右边转移到儿童左边的过程中,他们之间方位关系的改变也是一个渐进的、连续的过程:原先教师在儿童的右边,如果教师从儿童的前方走过去,教师逐渐变成在儿童的右前方、前方、左前方,最后站在儿童的左边(图7-1)。如果教师从儿童的后方走过去,教师逐渐变成在儿童的右后方、后方、左后方,最后站在儿童的左边(图7-2)。这反映出来的就是空间方位的连续性特点。

图7-1 教师和儿童方位关系改变的过程　　图7-2 教师和儿童方位关系改变的过程

① 张慧和.学前儿童数学教育[M].重庆:西南师范大学出版社,2001:266.

二、几何形体

几何形体是对客观物体形状的抽象和概括,是人们用来衡量物体形状的一种标准形式。形体包含"形"与"体","形"即形状,属于平面的概念,体现人们通过物体的外轮廓线获得的对形状的判断,是我们识别物象特征的基本依据之一。"体"即物体的体积,是立体的概念,指的是物体所占有的空间,一切物体的存在都表现为一定的形状和一定的体积,不论是一棵树、一张纸还是一粒沙子甚至显微镜下的物质,尽管看似细微,但依然具有一定的体积并存在于三维空间。

"形"和"体"是互相依存且不可分割的,"形"需依附于"体","体"必须具有一定的"形",客观物质世界中,无"形"的"体"和无"体"的"形"都是不存在的。

学前期的几何形体认识包括平面图形和立体图形认识两部分。其中,我们将同一平面内由点、线、面构成的图形叫平面图形(二维平面),这种图形没有厚度;而将点、线、面及其组合不全在同一平面内的图形称之为立体图形(三维平面),又叫"几何体",他们是由面所围成的封闭图形,有长、宽、高。认识几何形体有助于儿童对客观世界的物体进行辨认,发展空间知觉和空间想象力,为进一步的后续学习奠定良好的基础。下面将对儿童生活中常见的十种图形作简单介绍(表7-1),其中平面图形六种:圆形、正方形、三角形、长方形、椭圆形、梯形;立体图形四种:球体、圆柱体、长方体、正方体。

表 7-1 儿童生活中常见的十种图形

几何形体	概念	示例	儿童能够理解的表述
圆形	在平面内,到一定点距离等于定长的点的集合	硬币、碗口、太阳、车轮(截面)	圆溜溜的,没有尖角,可以滚动
正方形	有一个角是直角且有一组邻边相等的平行四边形	魔方、开关、骰子(截面)	有四个角,四条边,角一样大,边一样长
三角形	由不在同一直线上的三条线段所围成的封闭图形	屋顶、交通标志、衣架(截面)	有三个角,三条边,有尖尖的角
长方形	有一个角是直角的平行四边形(两组对边分别平行的四边形)	门、书本、黑板、桌面(截面)	有四个角,四条边,四个角一样大,相邻的两条边不一样长
椭圆形	在平面内,到两定点距离的和等于常量的点的集合	椭圆形镜面框、椭圆盘子(截面)	长长的圆形
梯形	只有一组对边平行的四边形	水坝、花盆、足球球门侧面(截面)	有四个角,四条边,看起来像梯子或者花盆

几何形体	概念	示例	儿童能够理解的表述
球体	一个半圆以它的直径为轴旋转所得的曲面围成的几何体	足球、篮球、地球仪、弹珠	从哪个方向看都是圆，哪个方向都能滚动
圆柱体	以长方形一边所在直线为轴旋转一周形成的曲面所围成的几何体	圆积木、罐头、蜡烛、纸巾筒	两头是一样大的圆形，中间是一样粗细的圆柱子
长方体	地面是长方形的直平行六面体（底面是平行四边形且侧棱和底成垂直的平行六面体）	电视机、冰箱、砖头、豆腐	有六个面，六个面都是长方形，相对的两个面一样大
正方体	棱都相等的长方体	魔方、方形积木、方糖、微波炉	六个面都是一样大的正方形

三、学前儿童学习空间及几何形体的意义

在生活中我们会发现，有些成人说自己"方向感不好，找不到路"，高中学生学习立体几何总是难以下手，这些都与空间智能的发展有关。对学前儿童来说，学习空间和几何形体是儿童认识和了解周围世界的一项重要技能，也是几何学习的重要基础。具体来说，包括下列几方面：

（一）有利于发展儿童的观察能力，促进视觉的敏感性和准确性

随着儿童的不断成长，他们逐渐能够认出自己的奶瓶、妈妈的脸、自己的玩具，这些都说明他们的空间感有所发展。成人如果善于引导儿童观察生活中的不同三维立体图形，比较不同形状、不同图案之间的差异，能够帮助儿童发展观察能力。

（二）有利于发展思维的形象性，使儿童富于想象、善于想象

通过了解三维空间不同物体的形态和各种可能的组合，可以促进儿童思维和想象力的发展，他们可以把一个简单的圆形天马行空地想象成各种生活中的物体，如苹果、太阳、甜甜圈、眼睛等，这对于儿童的智力发展和学习活动各个方面都会起到积极作用。

（三）有利于促进对空间关系的把握，发展方向感

一个月到半岁大的婴儿有很多的时间在小床上玩耍，如果成人在床上方悬挂风铃或者音乐玩偶，他们会用眼睛寻找声音的来源，获得了用耳朵和眼睛去判断物体位置的经验。通过不断地学习和经验的积累，儿童能够更加准确地判断物体位置的相对关系，方向感得到强化。

（四）有利于培养艺术素养，增强发现美、创造美的能力

我们都知道苏州园林很小，但游人却并不感觉其小，正是这种独特的空间处理，使之著称于世。对空间的运用与表现也是在创造美，通过培养儿童的空间感和对立体几何的欣赏与创造，能够增强儿童发现美、创造美的能力，从而提升艺术素养。

第二节　学前儿童空间及几何形体概念发展的特点

一、学前儿童空间概念发展的特点

学前儿童空间方位概念发展的特点我们可以从两个方面进行阐述,其一是儿童空间概念发展的一般过程,反映的是大多数儿童发展中的共同趋势;其二是儿童空间概念发展的年龄特征,即同一年龄阶段的儿童表现出来的整体特征。

(一) 学前儿童空间概念发展的一般过程

学前儿童空间方位知觉是随着年龄的增长而逐步发展的,具有明显的年龄差异,同时也有一定的个体差异性,但是总体而言,在发展的过程中,体现出以下几个共同特点:

1. 从儿童认识空间方位的发展顺序讲,是先上下,再前后,最后是左右

儿童对空间基本方位的认识和判断的顺序是,上下→前后→左右。这与方位本身的难易程度密切相关。尽管这些方位都是相对而言的,但是上下的方位以"天地"为标准来确定,"天为上、地为下",具有永恒不变性,这种参照物不会随着物体位置的移动、身体的转动而发生改变,并且上、下的区分较为明显,因此儿童容易辨别,上下方位也最早被儿童掌握。

前后、左右两组方位会随着参照物的移动而发生改变,儿童在了解这两组方位概念过程中经历了两个阶段。第一阶段,儿童以自己的动作来试验方位,例如他会将身体直接移动到和物体接触,如果是背靠着物体,就说物体在他后面;如果是左手摸到了物体,就说物体在他左边。第二阶段,儿童的动作逐渐内化,他们开始能够用视觉来估计物体之间的空间关系,以及物体和主体之间的关系。刚开始还需要借助于手指或者身体朝向,随着年龄的增长和经验的丰富,他们只需注视物体的位置即可作出判断,这说明他们的动作已经完成内化的过程。

另一方面,左右方位对儿童来说存在较大难度。前后方位虽然也会因自身朝向的改变而发生变化,但是依然有较为清晰的判断依据,很多儿童会说"我看得见的是前面,看不见的是后面"。直到小学阶段,依然有部分儿童难以以客体为中心区分左右,说明左右方位对儿童来说较难辨认。

2. 儿童对空间方位的认识,是从以自我为中心逐渐过渡到以客体为中心

在空间方位的特点中我们已经知道,在生活中人们实际上会采用两种参照系,儿童辨别空间方位的过程是一种参照系向另一种过渡的过程,即从以自我为中心逐渐过渡到以客体为中心。

一开始儿童是从自身开始,以自己的身体作为定向来辨别其他事物的方位。离开了自身这个中心点,儿童就难以辨认方位。最开始他们将方位与身体部位相联系,这也是儿童最为熟悉的部分,如身体的最上面是头、最下面是脚、前面是脸、后面是背、拿筷子的是右手、扶碗的是左手。在此基础上,儿童以自身为中心确定客体相对于自己的方位。如"电灯在我上方、地板在我下面","我的左边是碗、右边是筷子"。这时儿童判定方位的对象是客体,但是仍然以自我为中心,确定的是客体相对于主体的位置关系,因此仍然属于以自身为中心的位置定向。

以客体为中心的方位定向,是指从客体出发确定其相对于其他客体之间的相互位置关系。如"屋子前面是树、屋子后面有小河""桌子上面有积木、桌子下面有皮球"等等。随着思维和语言能力的丰富,儿童逐渐能够以自身以外的客体为中心辨别前后和上下,但是如果要求儿童以客体为中心辨别左右,则仍存在一定的难度。例如两只动物玩偶小兔和小熊,当它们与儿童排成同一朝向时,儿童能够分辨"小兔在小熊的左边"或"小熊在小兔的右边",但是如果改变动物的朝向,即与儿童相反,就需要儿童在头脑中以小兔或小熊为立足点和定向,调转180度的方向,这对儿童来说显得较为困难。

部分研究结果也证实了这一现象。儿童心理学家朱智贤在"儿童左右概念发展的实验研究"中认为:5—7岁儿童往往只能辨别自己的左右方位,而不能辨别对面人的左右方位,7—9岁儿童开始不仅能以自己身体为基准辨别左右方位,而且也能以别人身体为基准辨别左右方位。可见以自己身体为中心到以客体为中心的定向过程是个逐渐过渡的过程。[1]

3. 儿童认识空间方位,是由近的区域逐步扩展到远的区域

同儿童空间方位的辨别中以自身为中心开始一样,在空间方位定向的发展中,儿童也是从离自身范围较近的空间逐渐扩展到更远的空间区域范围的。当儿童以自己身体为中心确定客体相对于自己的方位时,一开始往往局限在离自己身体不远、正前/后/左/右区域以及面向自己的物体。对稍稍偏斜的客体或者离自身较远的客体空间位置的判定往往存在一定的困难。例如,当在儿童左前方放置了一个皮球,较小的儿童往往不会把它看作是"在身体的前方"。随着年龄的增长,尤其是对于空间位置的相对性、连续性的逐渐理解,较大的儿童才开始能够辨别离自己身体较远的上下、前后或左右的空间方位,同时也对自身左前方、右前方的物体有了正确的定向。

4. 儿童对空间方位的认识从绝对化逐渐过渡到相对化

在儿童开始认识空间方位概念时,不能意识到方位的相对性,将"上下""前后""左右"这样的方位概念看作是永恒不变的,这与他们抽象逻辑思维发展不充分有直接关系。随着儿童思维灵活性和逻辑性的增强,以及生活经验的丰富,他们逐渐意识到方位概念的相对性。

(二)学前儿童空间概念发展的年龄特点

从辨别空间方位的区域来看,随着年龄的增长,儿童辨别空间方位的区域也在不断扩展。从小班到中班再到大班,空间概念的发展都具有明显的年龄特点。

1. 小班

小班3—4岁的儿童基本已经能够较好地区分上下的空间方位,正在学习辨别前后方位,但表现出一定的局限性。他们只能辨别离自身近的可以直接感知的、正对自己的客体,如问一名3岁多的儿童,位于其右前方30—45度区域内的皮球的位置时,儿童往往会说"它不在前面,在靠边一点的",既不认为它在右边,也不认为是在前面。

2. 中班

中班4—5岁年龄段是空间概念迅速发展的时期,这一时期的儿童不仅能够辨别前后,也开始学习以自身为中心辨别左右。同时他们能够辨别离自己身体稍远的物体,以及稍微偏离上下、前后、左右方向的物体的方位。

---

① 徐青主编. 学前儿童数学教育[M].北京:高等教育出版社,2011:191.

3. 大班

大班5—6岁的儿童能正确辨别上下、前后,他们能把空间分成两个区域,左/右或者前/后,还能把其中的每一个区域分成两个部分。如把区域分成前/后,则前面的区域可以分成前左、前右,把后面的区域分成后左、后右,还可把区域分成左前、左后和右前、右后。但是他们还不能很好地做到以自身为中心辨别左右,更不能做到以客体为中心辨别左右。

延伸拓展

有研究者以两名说汉语儿童和两名说英语儿童为研究对象,将方位词分为上、下、里、外、前、后、中、旁、左、右,对四名儿童方位词得及使用情况进行研究分析,研究发现说汉语的两名儿童的方位词习得遵循一定的顺序,即:上类及里类方位词最先被习得,且使用频率最高;左、右类方位词到四岁时仍未习得。说英语的两位儿童 on/up/over,in/inside,under/down,out/outside 中,on 和 in 的使用频率最高,两名儿童均未习得 left 和 right。研究者认为这表明:(1)儿童对各类方位词的认知经历了一个较长的过程,3岁儿童习得上、下、里、外,4岁儿童已基本掌握前、后方位词。直到4岁零10个月,儿童还没有完全习得左、右。(2)儿童方位词的习得存在关键期。3到4岁是儿童习得上、下、里、外、前、后的飞跃期。(3)就习得顺序和频率而言,说汉语儿童最早习得"上"类和"里"类,且出现频率最高;说英语儿童也较早习得 on/up/over,in/inside,且 on 和 in 的使用频率最高,左、右类方位词的习得最晚。到四岁零十个月,说汉语儿童能分清自己的左右手,但是不能完全理解左、右的空间意义;而说英语儿童完全没有习得 left 和 right。儿童方位词的习得顺序以及使用频率与儿童认知水平发展、语言输入、语言的复杂程度等因素密切相关。[①]

二、学前儿童几何形体概念发展的特点

对于学前儿童来说,几何形体比抽象的"数"更易于被他们接受,因为儿童自出生起就生活在各种有形的客观物质世界中。他们从婴儿时期就开始用眼睛看、用手触摸、用嘴感知等方式学习形体。他们能够感受到某些物品的形状与其他物品不同、某些物品更容易滚动,在学会用词语来描述不同形体特征之前,他们早就能感受到不同形体的差异。但是这些感受到的"形"和"体"还未脱离实物形态,还没有将其看作是经过抽象和概括的几何形体。因此,儿童对几何形体的了解源于熟悉的实物,但真正对几何形体有准确的认识要晚几年。

那么,学前儿童几何形体概念是如何逐渐发展起来的? 在发展过程中又呈现出哪些年龄特点?

(一) 学前儿童几何形体概念发展的过程

瑞士儿童心理学家皮亚杰曾经对儿童几何形体概念发展的过程做过深入研究,他从两个层次研究了儿童几何概念的发展:知觉的层次和概念的层次。[②]

皮亚杰让儿童触摸隐藏的实物,然后要求其在另一堆实物中指认出相同者或画出实物的

[①] 李尤.英汉儿童空间方位词习得对比研究[D].长沙:长沙理工大学,2012.
[②] 张俊主编.学前儿童科学与数学教育[M].苏州:苏州大学出版社,2001:83.

外形。根据结果提出了儿童图形知觉发展的三个阶段：

第一阶段（2—4 岁）：能分辨开放图形和封闭图形，但不能分辨欧氏图形。儿童的典型行为是用手顺着实物的四周轮廓描摹，把手指穿入洞中分离它。这些对物体外围界限的知觉，注意其是否开放、封闭或分离，属于拓扑几何的性质。

第二阶段（4—6 岁）：是过渡期，能辨认欧氏图形，即区分直线图形（正方形、长方形、平行四边形、菱形）和曲线图形（圆、椭圆）。儿童用眼和手跟随图形的边围，并辨识角。

第三阶段（7 岁左右）：具有逆向思维能力，能辨识直线形成的封闭图形。辨识图形时，由某一固定参考点开始，较有计划性和系统性。

对于概念层次的研究，皮亚杰让儿童仿画几何图形，结果发现了同样的规律：

第 0 阶段（3 岁前）：涂鸦阶段。

第一阶段（3—4 岁）：能分别画出封闭图形、开放图形、两圆的内外关系、相交关系，但不能分辨不同的封闭图形（如画出的三角形、正方形和圆都是不规则的封闭曲线）。

第二阶段（4—6 岁）：能分辨直线和曲线图形，直线、角、斜度等开始发展。

第三阶段（6—7 岁）：能正确地画出所有图形，具备了欧氏几何的形状概念。

皮亚杰关于儿童几何概念发展阶段的划分，为我们解释了儿童认识几何形体的一般规律。我国也曾有研究者对儿童形状辨认能力做过调查研究，发现学前阶段各年龄班儿童对形状的辨认活动中成功率最高的是配对活动（找出与给定的范例图形相同的图形），其次为指认活动（按成人口述图形的名称找出相应的图形），再次为命名活动（说出给定图形的名称）。[1] 结合皮亚杰以及其他研究者的研究结论，我们可以初步总结出学前儿童几何形体概念发展的特点。

1. 儿童对形体的认知呈现从拓扑图形到欧氏图形的趋势

儿童最初对形体的认识属于拓扑性质，这点可以从皮亚杰的实验结果得到验证。在儿童眼中的圆形、正方形、三角形与成人不同，三四岁的儿童画出的圆形、正方形和三角形都类似 形，因为在欧氏几何中线条有曲直之分，而拓扑几何中没有曲直之分，但是儿童已经能够区分出开放图形和封闭图形。之后儿童在生活中借助对球、铅笔、电视机等几何形体物品的认识逐渐丰富对形体的细节辨认，在拓扑概念基础上探索、再认各种欧氏图形，先区分曲线和直线图形（如圆形和正方形），再在曲线和直线图形中进行细分。因此，儿童认识平面图形的一般顺序为：圆形→正方形→三角形→长方形→半圆形→椭圆形→梯形；认识立体图形的一般顺序为：球体→正方体→长方体→圆柱体。这种认识图形的顺序主要与儿童生活经验及教育训练有关，在生活中儿童经常接触的形状认识较早，成人的教导也更多。

2. 形体的感知与词汇的发展密切联系

我国有学者通过对几何图形命名的角度阐述了儿童几何形体概念发展的过程，他们认为儿童从感知几何形体的外部形状到能用相应的词汇予以表达，还需经历"平面几何图形与名称匹配"→"根据所说图形的名称指认图形"→"对平面图形进行命名"的过程。[2] 其中，儿童认识几何形体的关键是掌握图形的名称。儿童对几何图形命名的发展趋势是，几何形体与实物等同（如将长方形叫作门）→几何形体与实物作比较（如解释圆形像盘子）→几何形体作为区分物

---

① 黄瑾.学前儿童数学教育［M］.上海：华东师范大学出版社，2007：184.

② 丁祖荫.幼儿形状辨认能力的发展［J］.南京师范大学报（社会科学版），1985（3）.

体形状的标准(如说明皮球是球体、盘子是圆形),或按照形体选出相应的物体(如找出圆形的东西)。

3. 感知觉与动作协同促进儿童对形体的认识

心理学的相关研究表明,儿童认识形状不仅仅是在视觉感知过程中实现的,同时需要配合触摸动作的联合作用,才能逐渐达到精确化,并借助语言表达来实现。如当教师要求儿童从盖着布的筐子里挑出"刀"(长方形),儿童摸到一个有角的形状立刻拿出来,发现是三角形又马上放回去,又摸了一个发现是个梯形,又放回筐子,直到最后把布掀起来才找到长方形的"刀"。说明当儿童的视觉、触觉、动觉相结合,在多种分析器的协同下儿童对形体的感知更为准确。

有研究结果显示,3岁儿童感知几何形体往往局限于匆忙的视觉运动,只注意到某一个部分或某个特点。4岁儿童眼睛只注意到图形内部,而不关心图形的边界,因此在教师示范折纸时他们不会特意压平纸的折边。5—6岁儿童的视觉才开始注意对象最典型部分,眼睛逐渐能够沿着图形外部轮廓做运动,从而保证其对形状的确切感知。

4. 对形体的认知易受非本质特征的影响

当儿童开始认识形体时,由于对其形状特征把握得不够准确,抽象思维能力还没有发展起来,他们对图形的判断往往会受到大小、摆放角度的影响,而不是以几何概念的本质特征作为界定图形的标准。例如当同时出现如图7-3中的多个三角形的不同变式时,有的儿童会认为2、3不是三角形,还有的儿童认为旋转了45度的正方形不是正方形。台湾的周淑惠曾与4—6岁的儿童进行谈话,在谈话中儿童表达的看法说明了这一问题(见案例)。究其原因是儿童的抽象能力较差,教师在引导儿童认识三角形时也多使用等边三角形,可能造成儿童认为其他的钝角三角形、等腰三角形不是三角形。只有在感知了多种具体形体和讨论了形体的属性后,儿童才开始从具体感知特征中抽象出对形体的理解与认识。

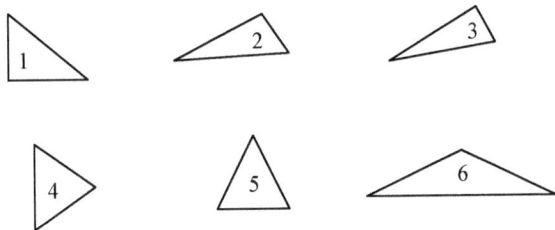

图7-3　三角形的不同变式

案例:《翻转三角形》(4岁幼儿,中班)[①]

研究者:这是什么形状?

幼　儿:三角形

研究者:这是三角形,好聪明噢! 知道这是三角形,那么这样子呢?(将小卡片当幼儿面翻转,使顶点朝下)

幼　儿:不知道。

研究者:好! 那么这样子呢?(将卡片翻转回原态)

幼　儿:三角形。

---

①　周淑惠.幼儿数学新论—教材教法[M].台北:心理出版社,1995:148.

（二）学前儿童几何形体概念发展的年龄特点

学前儿童辨认形状的能力随着年龄增长而不断提高。研究表明,学前期各年龄幼儿正确辨认形状的人数百分比如下:4—5 岁,23.8%;5—6 岁,58.8%;6—7 岁,63.8%[1]。同时他们抽象思维稳步发展,小班儿童会将图形与物体等同起来,但是到了大班儿童已经感知到图形的守恒,能够通过自己的观察、运用自己的语言进行图形特征的概括,并且在头脑中建构了初步的图形模型,在操作中感受几何形体的变化和多种组合关系。

1. 小班

3—4 岁的小班儿童一般能够认识和区分圆形和三角形,其次是长方形、正方形、椭圆形、菱形、半圆形、梯形和六边形。根据国内相关研究发现,小班儿童入园时平均能认识 4 种图形,到小班末期能认识 6 种图形,掌握最好的是圆形与三角形,最差的是菱形和六边形。对半圆形的认识人数增加的幅度最大,原因可能是儿童较早认识圆形,一旦学会半圆的名称,就很快掌握了这种图形。[2]

小班儿童对图形的认识不仅表现在能够配对和指认、能叫出名称,还能按照图形找出周围生活中相应的物品。但是在他们辨别图形时,不是从这些形状的特征来认识,而是将其和自己生活中熟悉的物体相对照,有时小班儿童会把圆形说成"太阳",把三角形说成"小旗",把正方形说成"电视机"等。

2. 中班

4—5 岁的中班儿童认识几何图形的能力有一定的发展,对图形的兴趣也大大提升。有研究认为,4 岁是图形知觉的敏感期,他们能正确认识圆形、正方形、三角形以及长方形、椭圆形、梯形、半圆形等,且能理解平面图形的基本特征,图形守恒能力进一步发展,不容易受到图形大小、摆放位置的影响。抽象思维也有了一定发展,表现为能够对相似的平面图形加以比较,理解图形之间的简单关系。他们对图形的组合和拼搭活动表现出更高的积极性,作品也更加富于创造性。

3. 大班

5—6 岁的大班儿童不仅已经理解平面图形的基本特征,并且在头脑中形成某种图形的"标准样式",能够根据图形的特征进行正确的判断。有国外研究表明,大班儿童可以在一定抽象水平概括图形之间的关系,如他们可以将正方形、长方形、梯形、菱形等概括为四边形,因为这些图形共同特征是有四条边、四个角。他们开始进一步了解图形之间复杂的组合关系(图 7-4),他们能够在成人的引导下理解"一个长方形可以分割成两个长方形和一个正方形"、"一个三角形可以分割成三个三角形"、"一个圆可以分成两个半圆或若干个扇形"、

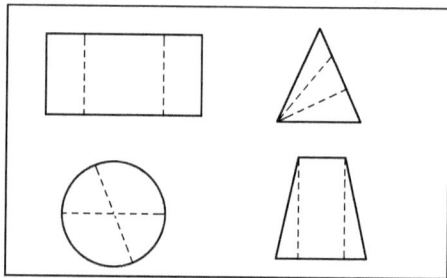

图 7-4 图形之间复杂的组合关系

"一个梯形可以分成两个三角形和一个长方形"。同时他们开始认识一些基本的立体图形,能正确地进行命名,并基本概括它们的基本特征。

① 丁祖荫. 儿童心理学[M]. 济南:山东教育出版社,1984:143.
② 周欣、黄瑾等. 幼儿园综合课程中的数学教育[M]. 南京:南京师范大学出版社,2012:28.

延伸拓展

有研究者通过几何图形组合能力测查工具(Clements,Wilson&Sarama,2004)考察3—6岁儿童的几何图形组合能力的发展状况和年龄特点,以及几何图形组合能力与几何图形辨认能力之间的关系,发现3—6岁儿童的几何图形组合能力主要处于零散组合阶段到图像阶段过渡期、图像阶段、图像阶段到形状组合阶段过渡期这几个水平。3—6岁儿童的几何图形组合能力存在显著的年龄差异。大班儿童多数达到形状组合阶段。3—6岁儿童完成不同类型的图形组合任务时存在不同特点,但不存在性别差异。已有的操作经验影响3—6岁儿童的几何图形组合能力,有操作经验的儿童体现出更高水平阶段的特征。[①]

第三节　学前儿童空间及几何形体学习的教育指导

学前儿童在学习空间方位和几何形体的过程中,呈现出一定的年龄特点,对于教育者来说,应该积极地对儿童进行观察,在充分了解现有发展水平以及能够达到的发展水平上,因势利导,根据他们的年龄特点和个别差异采取富有针对性的教育措施。

一、学前儿童学习空间方位的教育指导

(一) 学前儿童学习空间方位的要求

不同年龄班的儿童呈现出来的空间方位发展特征各不相同,但总体来说,对儿童发展的要求随着年龄的增长难度逐渐增大。本节中提到的对儿童学习空间方位的要求是在同年龄段一般水平儿童能够达到的水平,教育者也需要有意识地进行引导,由于对儿童的学习要求会因地区和个体差异有所不同,下面结合《3—6岁儿童学习与发展指南》以及常规要求列出部分内容,以供参考。

1. 小班

(1) 区分并说出以自身为中心的上下、前后方位,包括自己身体部位的上下、前后位置,在自己上面/下面、前面/后面的物体。

(2) 学习判断两个物体之间明显的上下关系,说出什么在什么的上面,什么在什么的下面。

《指南》要求:能感知物体基本的空间位置与方位,理解上下、前后、里外等方位词。

2. 中班

(1) 区分并说出以客体为中心的上下、前后方位。

(2) 学会按指定的方向运动,如向上、向下、向前、向后等。

《指南》要求:能使用上下、前后、里外、中间、旁边等方位词描述物体的位置和运动方向。

---

① 常宏.3—6岁儿童平面几何图形组合能力的发展研究[D].上海:华东师范大学,2009.

3. 大班

（1）区分并说出自己的左手和右手，根据自己的身体判断自己与物体的左右关系。

（2）学习辨别物体与物体之间的左右关系。

（3）学习向左或者向右运动。

《指南》要求：能按语言指示或根据简单示意图正确取放物品；能辨别自己的左右。

（二）学前儿童学习空间方位的指导要点

空间方位的辨别与学前儿童的生活有着密切的联系，对他们来说，要在短短几年内准确地掌握诸多富于变化的空间方位并不是一件轻松的事，需要教育者一以贯之耐心地进行指导，利用生活中的问题情境为导入，结合课堂内正式的教学活动，精心设计、科学引导，帮助儿童获得有关空间方位的正确认识。具体来说，教育者可以从以下几个方面把握指导要点。

1. 帮助学前儿童学习并理解方位词的意义

正确地理解方位词是儿童认识空间方位的基础和前提。教师在进行引导时，应注意采用儿童能够理解的语言，呈现儿童熟悉、源自于日常生活的物体，并鼓励儿童自己用语言来描述空间方位。如认识"上下"，可以结合儿童的身体告诉他们"上面是头，下面是脚"，请他们摇一摇"上面"的头，踢一踢"下面"的脚，也可以请儿童摸一摸"上面的头发""下面的脚趾头"，在此过程中应强调"上、下"等代表方位的词。

除此以外教师应时常注意观察儿童能否正确使用方位词，提问"你的头在身体的什么地方？""你的脚在身体的什么地方？"如看到儿童正在摆放玩具，教师可以有意识地询问"你把玩具放在柜子的哪里？""小熊在小狗的前面还是后面？"从儿童的回答判断是否正确理解并掌握了方位词。值得注意的是教师的提问应该明确，让儿童能够理解并作出正确回答。如：一个儿童从书柜上面拿一本图画书，如果教师问："你是从什么地方拿到图画书的？"得到的答案可能是"从那儿"或者"这边"。这个答案没有体现教师的提问意图，原因是设计的问题不准确。教师可以采用这样的提问方式："你是从书柜的上面还是书柜的下面拿的图画书？"这时，儿童会告诉教师，他是从书柜的上面拿的。所以在提问题时，要准确地提出什么为标志物，这样儿童就会正确回答教师所想问的问题。

2. 以学前儿童实际生活中的情境和问题为导入，激发儿童学习的兴趣

《幼儿园教育指导纲要（试行）》明确指出：幼儿园阶段数学教育的内容是"引导幼儿对周围环境中的数、量、形、时间和空间等现象产生兴趣，建构初步的数概念，并学习用简单的数学方法理解生活和游戏中某些简单的问题"。可见，对儿童进行空间方位的教育离不开他们的生活。儿童的游戏、学习和日常生活随时随地都会用到空间关系——位置、方向、距离等。比如儿童在排队的时候会说"我在×××的后面，×××在我前面"，在爬楼梯的时候可以区分"上楼梯"和"下楼梯"，吃饭的时候会说"用右手拿勺子，左手扶住碗"。玩大型玩具时通过攀、爬、钻、滑等过程，能够理解的空间方位包括里面和外面、上面和下面。因此教师可以创设各种生活中的情境，激发儿童学习的兴趣，在趣味化、生活化的活动中，引导儿童认识空间。

如教师可以组织儿童玩"给娃娃布置房间"的游戏。教师先摆好娃娃家的家具（床、椅子、桌子、柜子等），然后向儿童交代任务，说娃娃房间里什么也没有，教师为娃娃准备了许多用的东西，请大家帮忙把东西放好，想一想什么东西应该放在哪里。教师可以一边出示玩具一边问："这是什么？"（被子）"谁能告诉老师，被子应该放在哪里？"（床上）"这是什么？"（鞋子）"应该放在什么地方"（床下面）。依次呈现不同的物品并请儿童说出具体放置的方位。

　　教师还可以自制一些有趣的操作材料让儿童进行空间方位的练习。如图7-5所示,教师给儿童提供了"找位置"的活动材料,让儿童依据起点的位置及箭头的要求找到每个小朋友的位置。

图7-5　找位置
（来源:江西省八一保育院）

　　3. 利用学前儿童的身体和动作探索空间位置关系

　　学前儿童尚未摆脱自我中心的思维方式,他们认识空间方位也同样以自己的身体为参照,并且由己及彼,逐渐拓展到以其他物体为参照。因此成人应结合儿童的这一特点,充分利用儿童的身体和动作,让他们在直观的经验感受中探索空间位置关系。如教师可以利用自由活动时间与儿童玩"摸耳朵"的游戏,由教师发出指令,"用左手摸左耳朵"或者"用左手摸右耳朵",反复交替,还可以由慢到快,增强游戏的趣味性。

　　要注意的是,如果要作出判断的客体与儿童面对面,则左右方位正好相反,对儿童来说理解起来有一定的难度。因此,刚开始进行左右方位的引导时,教师不宜选用面对面的物体为中心来分辨左右,包括在进行早操和动作的示范时,也应采用镜面示范。另外,做早操和户外活动的时候,教师也可以利用这个机会引导儿童关注空间方位,例如手往上举、蹲下来、向左边转、向右边转、伸出左手、踢　踢右腿等等。

　　4. 鼓励学前儿童观察和描述物体的空间关系,善于引导儿童的冲突和讨论

　　心理学家皮亚杰做过一个著名的实验——"三山实验":在一个立体沙丘模型上错落摆放了三座山丘(图7-6),首先让儿童从前后、左右不同方位观察这座模型,然后让儿童看四张从前后、左右四个方位所摄的沙丘的照片,让儿童指出和自己站在不同方位的另外一人(实验者或娃娃)所看到的沙丘情景与哪张照片一样。

图7-6　皮亚杰的"三山实验"

　　前运算阶段的儿童无一例外地认为别人在另一个角度看到的沙丘和自己所站的角度看到的沙丘是一样的。皮亚杰认为这个实验证明了前运算思维缺乏逻辑性的表现之一是不具备观

点采择能力——从他人的角度来看待事物的能力。虽然部分研究者对于皮亚杰的研究结论有不同的意见，但是总体而言儿童较难站在他人的立场看待问题是较为普遍的现象。因此，要从根本上让儿童理解空间概念还应该引导儿童学会从别人的立场思考问题，努力克服"自我中心"的倾向。

在教学活动中，教师要鼓励儿童的探索行为，具体包括：鼓励儿童仔细观察并描述物体之间的空间关系，创设一个让他们想说、敢于说的氛围；通过提问引导儿童思考，如果以别的物体为参照可能是什么样的空间关系。如果儿童的回答与教师预期的有所不同，教师可以通过组织讨论、再现情境等方式帮助儿童意识到冲突，还可以让儿童尝试扮演不同的角色，使他们可以亲身体验不同的角度所观察到的空间关系也是不同的。通过这些方式可以帮助儿童克服并摆脱"自我中心"，并过渡到以客体为中心判别空间方位。

二、学前儿童学习几何形体的教育指导

学前儿童在生活中时时刻刻都在与各种形状的物品打交道，尽管他们并没有意识到，但是在他们探索周围世界的时候，正在以最自然的方式了解每一种物品的特征，在头脑中建构物体的形状。作为成人，不仅应充分利用正式的活动强化儿童的这种感性认识，还应在生活中努力给儿童提供观察、触摸、抓握的物品，教他们描绘形状的词汇和几何形体的名称，为进一步的几何学习奠定基础。

（一）学前儿童学习几何形体的要求

学前儿童对平面图形和几何形体的学习是逐步推进的过程，随着年龄的增长，儿童抽象思维能力的发展，他们从仅仅知道圆形、正方形、三角形等平面图形到知道球体、圆柱体等立体图形，到了大班还能够对物体进行二等分和四等分。我们应了解每一年龄段儿童的发展要求和独特表现，创设更有利于儿童学习的环境，帮助他们更好地理解几何形体。

1. 小班

知道什么是圆形、正方形、三角形，能根据指令找出相应的形状。

《指南》要求：

① 感知和发现周围物体的形状是多种多样的，对不同的形状感兴趣。

② 能注意物体较明显的形状特征，并能用自己的语言进行描述。

2. 中班

（1）知道什么是长方形、椭圆形和梯形，能正确说出名称，并根据指令找出相应的形状。

（2）在对图形进行辨认和命名时，不受颜色、大小及摆放位置的影响。

（3）初步理解图形之间的简单关系，如一个三角形可以分成两个三角形，一个正方形可以分成两个长方形等，并能对图形进行简单的拆分和组合。

《指南》要求：

① 在指导下，感知和体会有些事物可以用形状来描述。

② 能感知物体的形体结构特征，画出或拼搭出该物体的造型。

③ 能感知和发现常见几何图形的基本特征，并能进行分类。

3. 大班

（1）知道什么是正方体、长方体、球体、圆柱体，不仅能正确说出名称和找出相应的物体，还能根据几何体的特征进行分类或排列。

（2）能区分平面图形和几何形体，体会"面在体上"，了解平面图形和几何形体之间的关系。

（3）初步知道等分的含义，能对一些几何形体或有规则物体进行二等分或四等分。

《指南》要求：能用常见的几何形体有创意地拼搭和画出物体的造型。

（二）学前儿童学习几何形体的指导要点

学前儿童几何形体的教育从平面图形、立体图形两个主要部分展开。其中，小、中班年龄段主要安排的是平面图形的教学，目标在于使儿童了解常见的平面图形的名称和特征，大班年龄段主要安排立体图形的教学，不仅要让儿童区分、识别立体图形，还要能够运用几何形体进行创意拼搭。另外，随着儿童抽象能力的发展，到了大班，还需要初步掌握等分的概念，加强儿童对形体特征的认识和区分。在进行教学和指导时，应注意以下几个方面。

1. 紧密联系学前儿童的生活经验，将实物与几何形体建立联系

在前文中，我们已经列出儿童生活中常见的十种形体及相应的实物，可以说，儿童学习几何形体最大的教育资源就是来自于我们日常的生活，从儿童的一日活动来看，能够接触到的图形包括：早晨起床漱口的茶杯、照的镜子、衣服的纽扣、早餐的盘子像圆形；幼儿园中使用的桌椅板凳、吃的饼干、擦手的手帕像正方形；旗子、画图用的三角尺、伴奏用的三角铁像三角形；幼儿园的门、窗户、墙上的画框等像长方形。除此之外，还有吃的肉丸、拍的皮球是球体；豆腐和牙膏盒是长方体；笔筒、铅笔是圆柱体等。教师可以在日常的活动中，将抽象概念与具体生活经验结合，引导儿童观察并搜集这些不同形状、体积的物体，或者有目的性地将其投放在区域中供儿童自由摆弄，增强他们的感性认识。借助对各种物体的边、侧面、角等性质的介绍，使儿童能够逐渐知道这些几何形状的名称。

在正式的教学活动中，教师可以利用儿童先前的经验和认识，逐步抽象过渡到平面和立体图形，引导他们用正确的语言进行表述。一般而言可遵循以下几个步骤。

（1）引导儿童观察并触摸物体的面和体，感知基本轮廓。

实际生活中的物体都是以三维的形式存在的，不存在单纯的平面图形。因此，在认识基本形状时，教师可将物体被感知的那一面呈现给儿童，并引导儿童沿着物体的边缘触摸。如把小手帕、小圆镜、小弹珠等平铺或静止放置在桌面上让儿童一边摸一边感受，并提问这是什么形状等。立体图形的触摸应尽量做到面面俱到，教师适时给予提示，这一面和刚刚那一面的边、角有没有什么不同。

（2）出示与物体的面和形体状相似的几何形体，介绍其名称和特征。

儿童对形体有了感性的认识以后，识记形体的名称是十分关键的一个步骤，很多儿童能够分清梯形和椭圆形、长方体和圆柱体，但往往因知识经验不够，难以准确地用语言对图形进行命名。因此教师应注意运用儿童能够理解的语言进行解释和说明。如介绍三角形的特征时，儿童一边触摸三条边和三个角时，教师应一边告诉他们"这是一条边，两条边，三条边，一共有三条边"，强调"有三条边、三个角的图形是三角形"，着重引导儿童复述"三角形"的名称。介绍球体时，教师可让儿童观察球体在面上的滚动，并告知"像皮球一样滑溜溜地滚动的就是球体"。

（3）出示颜色、大小、摆放位置不同的形体，巩固儿童对形体的认识。

当儿童初步建立了对某一形体的概念之后，教师可以出示不同颜色、大小、摆放位置的形体供儿童观察。例如可以将等腰三角形、直角三角形、锐角三角形、钝角三角形等依次排列在桌上,请儿童触摸三角形的边和角,并数一数有几条边和几个角,在此基础上帮助儿童形成稳固的"三角形"概念。由于小班儿童尚未建立稳固的图形守恒概念,因此教师可在中班通过让儿童玩图形分类、配对、拼图、标记等活动,在操作中辨认和掌握图形的基本特征。

2. 结合视觉、触觉、动觉等多种感官,让学前儿童初步感知几何形体特征

儿童对事物的认识首先是从感官开始的,他们看到物体的外形、触摸物体的轮廓、通过与物体相互作用进而在头脑中建构物体的特征。在认识平面图形时教师不能仅局限于呈现形状、教授名称,更应该重视视觉、触觉、动觉的相互协调配合。如认识三角形,教师可首先引导儿童观察三角形的边和角,并思考生活中有什么物品和这个形状类似,或者在教室中寻找这样的图形,给予每个儿童充分的触摸、摆弄和操作的机会;还可以给物体遮上一层布,请儿童通过触摸告诉教师这是什么图形。

认识立体图形时,教师可事先请儿童收集家中的牙膏盒、纸箱子等,并带来幼儿园,尽量每个儿童都至少有一个。在活动中,示范并指导儿童把盒子拆开(沿着边线拆开,避免拆坏)。拆开以后请儿童仔细看一看,并数一数,拆开的纸盒一共有几个面,分别是什么形状,并请儿童沿着拆开的纸盒轮廓在白纸上描下来。然后用胶带将展开的纸盒还原为长方体,并剪下白纸上的纸盒轮廓,试着将其组合成一个长方体(图 7-7)。通过这样的方式,可以让儿童体会到"面在体上""体由面组成",感知到立体图形和平面图形之间的关系。

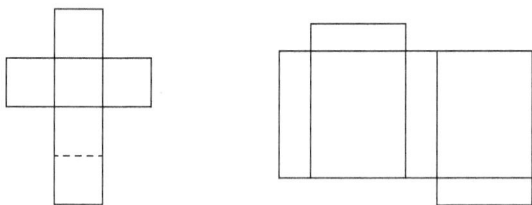

图 7-7 正方体和长方体的纸盒展开图

3. 开展多样化的操作活动,深化学前儿童对几何形体的认识

(1)平面图形的操作活动

① 画一画

教师可以通过几个方法让儿童通过画和涂的方式深化对平面图形的认识。如提供一些白纸、不同大小和形状的几何图形印章,并提供若干铅笔,让儿童沿着印章的轮廓在白纸上画下形状,并说一说这是什么形状。还可以给儿童若干已经印有不同图案的纸,要求儿童给某一种图形涂上颜色(图 7-8),如把三角形涂成红色、把正方形涂成黄色等。这种图形也可以是由几何图形组成的、有趣的图案。

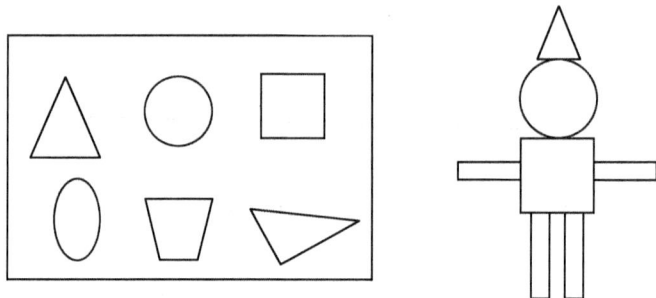

图 7-8 平面图形活动:画一画

② 折一折

教师给儿童提供若干不同形状的纸,可以是长方形、正方形或圆形、三角形等,让他们折叠出不同的平面图形。教师可以首先让儿童自由折叠,观察到有儿童用长方形折成了三角形,进行示范和讲解,让儿童进行模仿学习。例如正方形沿中线对折可以折出两个长方形,圆形沿着中线对折可以得到两个半圆形,正三角形沿着中心对折可以得到两个直角三角形等等。

③ 分一分

"分一分"的活动可以锻炼儿童的抽象思维能力,教师提供若干不同大小、颜色、形状的平面图形,要求儿童按照颜色进行分类,儿童完成任务以后提高任务难度,要求儿童按照形状分类。教师提供的形状最好大小和摆放位置有一定差异,能够考察儿童是否真正掌握了图形守恒。

④ 找一找

这个活动可以采用小组比赛或个人比赛的形式进行,更能激发儿童的参与热情。教师说出图形的名称或特征(如"三角形"或"这个形状有三条边和三个角"),要求儿童从已准备好的各种图形中找出符合条件的图片,并举起来让大家看。随着儿童对图形熟悉程度的增加,可适当增加难度。教师也可以提供某一张几何图形组成的图片,让儿童找一找哪张图片中有半圆形或梯形等。还可以引导儿童在自己身上或教室中寻找符合条件的物品,如在教室中找出长方形等。

⑤ 数一数

教师可以提供若干不同形状组成的图案,让儿童通过用手点数的方式告诉教师该图中一共有多少个图形(图7-9),数一数有多少圆形和菱形。

图7-9　平面图形活动:数一数

⑥ 拼一拼

给儿童准备大小、形状不同的图形若干,让儿童自由拼搭成自己喜欢的图案(图7-10)。

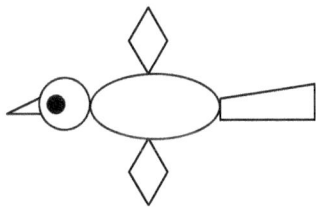

图7-10　平面图形活动:拼一拼

⑦ 围一围

教师可以给儿童提供钉板和橡皮筋,并同时呈现不同的平面图形,要求儿童绷出1—2个图形,既可以由教师来指定图形,也可以让儿童自己决定,或者通过游戏的方式(如蒙眼抽形状)进行。儿童绷出图形后应要求他说出该图形的名称(图7-11)。

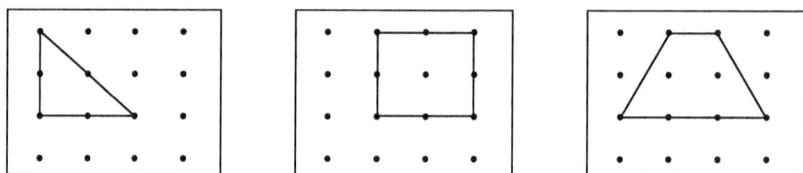

图7-11 围一围

(2) 立体图形的操作活动

立体图形的操作活动与平面图形基本类似,可以通过美工、游戏和生活活动展开。例如教师通过让儿童涂画某一个面或体的方式感知体与面的关系,或者用立体图形作为印章,让儿童在白纸上拓印下面的形状,仔细观察体上不同面的形状。或者在布置好的环境中,按教师要求找到符合条件的物体,如哪些是球体、正方体等。还可以通过积木、七巧板等建构材料进行拼搭(图7-12),教师可提供示范,也可让儿童按照自己的构思和积木的特征进行自由拼搭,如城堡、轮船、电冰箱等。教师还可以提供小棒等材料启发儿童丈量正方体的每一条棱边,让儿童了解正方体的每条棱边的长度都一样,长方体相邻的棱边长度不一样,对边长度一样。

图7-12 拼图形

4. 运用重叠比较的方法,认识几何形体的相似与不同

在儿童认识几何形体时,如果将两种相近的形体放在一起比较,可以使两种形体的特点更加突出、清晰,容易被儿童理解和掌握。这种方法适用于中班儿童,当他们已经认识了某些图形,需要把新学习的图形与已经认识的相似图形进行比较,从而找出相同点和不同点。例如认识长方形和正方形,教师可以将两种图形放在一起重叠比较,儿童会发现两种图形都有四条边和四个角,区别在于正方形每一条边长都一样,而长方形邻边长度不一样。教师在进行材料准备时,可使长方形的一条边的长度与正方形边长一致,更易于儿童的感知。

5. 通过拆分和拼合,认识图形关系,掌握等分的概念

儿童进入大班以后,他们认识的形体越来越丰富,图形之间的各种组合、拆分关系也越来越复杂。学习等分能够帮助儿童获得整体与部分的概念,进一步认识图形之间的关系,加强对形体特征的认识。儿童学习等分(一般是二等分或四等分)的过程需要经过两个步骤:其一是教师的讲解和演示,其二是实践操作。

儿童刚开始接触等分时,教师需要准备同样的两份教具:如两张同样大小的长方形纸片。

第一步,让儿童观察两张纸片的大小是一样的。第二步,把其中一张长方形进行对折,并沿着中线用剪刀剪开,分成两份(或四份)。第三步,将剪开后的两份(或四份)小纸片进行重叠比较,让儿童观察是否一样大小(等分的情况下,纸片大小应是一样的)。当儿童认识到对折后得到的纸片大小一样,教师可以告诉儿童,这叫作二等分。再进行对折,得到的纸片大小一样,叫做四等分。第四步,将等分后的小纸片与原来大纸片进行比较,发现两份(或四份)小纸片可以拼合成一份完整的大纸片,从而引导儿童掌握整体与部分的组合关系(组图 7-13)。值得注意的是,教师进行演示的图形可以是圆形、正方形、长方形、菱形等轴对称图形,也可以是等腰三角形、等边三角形或等腰梯形,二等分或四等分的示范应逐步进行,避免儿童混淆。一开始进行演示时,尽量采用简单的图形,之后逐步过渡到较为复杂的图形,如五角形、心形等。

第一步:两张大小相同的纸片 　　第二步:其中一张对折并剪开

第三步:二等分、四等分 　　第四步:拼合成一份完整的大纸片

图 7-13 演示等分的步骤

当儿童基本了解了等分的规则和规律之后,教师可以提供多样化的操作材料供儿童动手练习。可以提供绳子、纸片、橡皮泥等让儿童用剪刀剪、用手折,或者用小刀切。操作以后教师可以引导儿童判断,哪些是二等分,哪些是四等分,哪些形体可以进行二等分或四等分,而哪些形体无法进行二等分或四等分。还有一些图形进行了分割,但却不是等分(组图 7-14),请儿童试着找一找、做一做。

图 7-14 不是等分的图形示例

另外,教师应引导儿童学习等分的方法。如等分一张纸可以采用对折的方法,边对边对齐后,用剪刀沿着折线剪,这样剪出的两张纸片大小是一样的。如果是等分实物,如蛋糕、面包等,应先仔细观察预估,弄清楚后再用刀从中间切下去,使切开的两部分大小相等。在分割时,教师可以鼓励儿童开动脑筋用多种分割方法将一个图形或物体分成相等的两份或四份。

延伸拓展

福禄贝尔的"恩物"

在幼儿教育之父福禄贝尔看来,游戏不仅仅是一种消遣,而且可以开发幼儿的智力,他设计了一系列游戏活动,并借助他为儿童特制的玩具——恩物来进行。这是以大自然为基础制

作的玩具,主要包括六种,前两种是最基本的,供3岁以前的儿童使用,由6个不同颜色的小球和立方体、球体、圆柱体组成,让儿童认识事物的颜色、形状及其关系。后4种为积木式的立方体,供3—7岁儿童使用,旨在训练儿童对各种几何图形的认识,发展他们的想象力和创造力。因为他认为几何形体反映了事物之间相互联系统一的关系,是儿童认识世界的最好媒介;儿童在玩弄按各种几何图形制作的恩物的过程中,渐渐地认识世界。可以说,恩物是儿童认识世界的一种工具,而游戏则是儿童认识世界的最自然合理的途径。①

附录:

活动设计一:

空间关系的认识②

1. 认识自己的身体(以自我为中心)

活动目标:

帮助儿童判断自己的空间位置,判断自己与其他人和物所处位置的空间关系

活动准备:

儿童自己的身体,环境中的其他人和物

活动过程:

1. 用箱子、木板、梯子、桌子、椅子等制造一条障碍赛道。儿童沿着赛道前进的过程中,能感受到位置、方向和距离。这一活动在室内、户外都可以开展。在儿童活动时,教师可以使用空间词汇说明他们的身体运动:"豆豆正在爬上梯子,穿过管道,走过小桥,滑下滑梯,钻到桌子底下,现在接近终点了。"

2. 找朋友

把儿童安置在不同地方:坐或者站在椅子、积木或箱子上,钻在桌子下,或三个人面向不同的方向坐成一排等。让儿童轮流找一个朋友。发出指令:

找一位坐在椅子上(箱子上、梯子上)的好朋友。

找一位在桌子下面(桌子上面、桌子旁边)的好朋友。

找一位在两位小朋友中间的(在一位小朋友后边、靠近某位小朋友)好朋友。

找一位朝后坐着的(朝前坐着的)好朋友。

找一位在×××小朋友前面(后面的)好朋友。

让儿童想出他们可以藏身的不同地方。在儿童理解了游戏规则后,让儿童轮流发出指令。

3. 按指令找位置

一次给儿童一个指示,让儿童按照指示到某个位置。如爬上梯子、在椅子中间走、站在×××后面、走到门旁边等。儿童掌握规则后,可以自己发出指令,开展游戏。

4. 你的朋友在哪里

让儿童站在不同地方,提出"在哪里"的问题,儿童必须用言语回答。"×××在哪里?"儿童回答:"×××在桌子底下"或"×××在游戏屋的屋顶上"。

---

① 李慕南.教育故事经典全集国外教育名家成长故事[M].沈阳:辽海出版社,2011:228.

② [美]罗莎琳德·查尔斯沃斯著,潘月娟译.3—8岁儿童的数学经验[M].北京:人民教育出版社,2007:133－135.

活动延伸：

在室内和户外分别创造一条障碍赛道以供儿童在自由游戏时间开展活动。

2. 认识物品之间的位置(以客体为中心)

活动目标：

能够根据其他物品判断某一物品的空间位置。

活动准备：

在活动区观察儿童操作材料的过程，是否会将积木叠放，是否将玩具娃娃放在床上，是否将车辆放在建筑结构中？描述他们的行为："红色积木在两块绿色积木的上面"、"娃娃在小床里"。发出指令："坐在×××旁边"、"把桌垫放在盘子下面"、"把这支刷子放进红色颜料里"。观察幼儿能否根据指令行事。

找一些相同的容器(杯子、箱子等)，一些小物件如积木、衣夹、纽扣、木棍、动物玩具、人物形象等。

活动过程：

1. 指一指

如图 7 - 15 所示，按一定空间关系摆放物品，儿童按指令指出相应的物品。

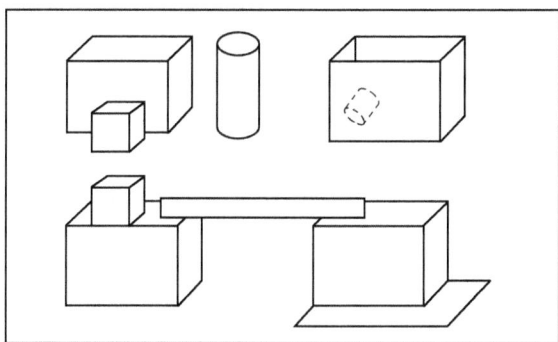

图 7 - 15　指一指在盒子(里面、上面、下面、中间、后面)的物品

2. 把物品放好

摆出几个容器，旁边放一些物品。让儿童把某物品放在容器的里面(上面、底下、旁边等)。

3. 在哪里

如活动设计一，把物品放在某个位置，问："×××在哪里？"要求儿童用空间词汇回答，如"×××在桌子底下"等。

活动延伸：

改用其他物品和容器重复上述活动。在活动区放置一些材料以供儿童在活动时间操作。

活动设计二：

大班数学活动:区分左右
江西师范大学附属幼儿园　张丽花

活动目标：
1. 在以自身为中心区分左右的基础上,尝试以客体为中心区分左右。
2. 能听清指令,用动作准确表示左右。

活动准备：
1. 音乐《左手右手》《碰一碰》各一首。
2. 手腕花每人一个;美羊羊、国王的图片各一张。
3. 左箭头、右箭头的标志若干,包装绳,两扇拱门。

活动过程：
(一)律动导入,引出主题

教师:今天老师要带你们去"左右王国"玩一玩。"左右王国"的国王说:"要进去的小朋友必须表演一个节目。"律动《左手右手》。

教师:刚才表演的节目名字叫《左手右手》,我们每个人都有两只手,一只是左手,一只是右手,那么你们能分清自己的左手和右手吗? 老师先来考考你们(教师发出指令,幼儿按指令举起相应方位的手并做出动作),如:"伸出左手去,收回左手来,伸出左手摆一摆,左手收回来。伸出右手去,收回右手来,伸出右手摆一摆,右手收回来。"

(二)基本部分,区分左右

1. 以自身为中心复习左右

(1)国王说:刚才你们知道了左手和右手,国王请你们找找自己身上有和左手右手这样一左一右的好朋友吗? 幼儿寻找身体上的左右。

(2)国王说:我要和你们玩一个游戏,这个游戏的玩法是伸出我的左手,抬起我的左脚(幼儿要和老师做相反的动作);伸出我的右手,抬起我的右脚。(老师换动作继续游戏;如拍拍我的右肩,拉拉我的右耳朵;指着我的左眉毛,摸摸我的左眼睛;举起我的右手踩踩我的右脚。)

(3)请你们说说你的左边右边坐着谁。(练习用左、右说一句话,如:"我的左边坐着××,我的右边坐着××。")

2. 以客体为中心区分左右

教师:国王说小朋友的本领学得还不错,他请了美羊羊带你们进入王国,他还想考考你们,看看你们能不能闯过他的每一关。

(1)教师出示(美羊羊):"瞧,美羊羊伸出了右手要和你们握手,小朋友也伸出右手,和美羊羊握手吧!

思考:为什么小朋友和美羊羊同时伸出了右手,可是它的右手和你们是相反的呢? 幼儿讨论回答。

小结:两个人面对面的时候,你的左边就是他的右边,他的右边就是你的左边。

(2)现在国王要你们玩碰一碰的游戏。

小结:刚才玩碰一碰的游戏时你们发现了什么秘密? 当两个人面对面,你对面的那个人同时和你伸出的左手刚好和你是相反的。

（3）国王说你们进入我的左右王国里,要有通行证(即手腕花),他的要求是每个小朋友只能取一张通行证,并将一朵手腕花戴在左手或右手上(可自选)。到左右王国时要走过一个迷宫。注意听! 第一,一定要按照箭头指的方向走。第二,你的手腕花戴在右手,当走到有左右箭头的地方就要往右边的右箭头走,如果你的手腕花戴在左手,就要往左边的左箭头走。(可以先出示一张迷宫图让个别幼儿来走一走,再集体一起走。)

（4）"瞧,左右王国的国王来迎接我们了。他的左边和右边有什么不一样,(让幼儿观察国王身上左右不一样的地方。)

（三）结束部分:

教师:国王说我们学会了区分左右的本领,他们非常高兴,想邀请我们参加他的庆功宴。

教师带领幼儿随音乐一同向左、向右跳。

活动设计三:

小班数学活动:图形宝宝找家①

活动目标:

1. 巩固对基本图形的认识,能排除大小、颜色的干扰按形状进行分类。

2. 在教师的引导下帮助图形宝宝找家,并在游戏中体验成功的快乐。

活动准备:

1. 18 个蓝色图形,圆形、三角形、正方形各 6 个。

2. 18 个不同颜色、大小的图形,圆形、三角形、正方形各 6 个。

3. 贴有图形的小房子 3 个(KT 板制作),宝物盒一个,贴有 18 个数字的纸盒各一个。

活动过程:

（一）以神秘宝盒导入活动

1. 教师出示宝盒,启发幼儿猜测宝盒内的物品,从而激发幼儿对游戏的兴趣。

2. 引导幼儿摸宝盒中的宝贝,逐一对圆形、三角形、正方形的图形特征进行巩固认识。

（二）第一次分类(相同大小、相同颜色的图形)。

1. 教师引导幼儿摸大宝盒中的宝贝,调动幼儿学习游戏的兴趣。

注意:向幼儿交代清楚怎样用小手将宝贝从大宝盒中取出来,教师帮助个别能力较弱的孩子一起将图形宝贝从大宝盒中取出来。

2. 幼儿相互交流摸到的图形宝贝。

3. 进行指令游戏,按照教师的要求,请幼儿分别举起不同形状的图形宝宝,进一步巩固对图形的认识。

4. 尝试第一次分类,引导幼儿将相同的图形放在一起并逐一进行验证。集体检查,若有送错的图形宝宝,教师引导幼儿纠正,并说明原因。如"有一个图形宝宝流眼泪了,伤心地哭了,这是为什么呀? 原来它回错家,找不到它的妈妈了,请小朋友来帮它找家"。

---

① 马娥,闫悦主.幼儿园教育活动设计与实践[M].西安:陕西师范大学出版总社,2012:125-126.

（三）第二次分类（不同颜色、不同大小的图形）。

1. 教师引导幼儿第二次摸宝贝，并启发幼儿认真观察此次摸到的宝贝与刚才摸到的宝贝的区别，提升幼儿继续参与游戏的兴趣。

2. 请幼儿将自己摸到的图形宝贝与老师交流，注重引导幼儿说出图形的颜色、形状。

互动的部分需注意：提醒孩子在与教师交流的过程中要说一句完整的话。如"我摸到的是绿色的三角形、红色的圆形"等。教师给予大胆表现、完整表述的孩子印一个漂亮的拇指花，以此作为奖励。

3. 进行第二次分类，引导幼儿将摸到的图形与和它一样形状的图形放在一起，并集体交流放在一起的原因（说说什么地方不一样，什么地方一样）。

4. 教师小结：原来不同颜色、不同大小而形状一样的图形，也可以放在一起。

（四）活动结束。

教师：图形宝宝都回家了，小朋友们也可以休息一下啦。

活动延伸：

1. 修地毯

教师：图形妈妈家的地毯坏了，请小朋友帮助图形妈妈修地毯。

（1）观察这些坑洞有哪些图形。

（2）幼儿操作。

（3）游戏：爬一爬。

2. 家教指导。

请家长朋友在日常生活中引导孩子寻找更多的圆形、方形、三角形的物体，进一步帮助孩子记忆这三种图形的特征。

活动设计四：

中班数学活动：认识梯形①

活动目标：

1. 在比较中感知梯形的主要特征。知道梯形有等腰梯形和直角梯形。

2. 学习按图形的数量进行排序。

活动准备：

教具：等腰梯形、直角梯形、长方形各一个。3 种图形等高（图 7-16）。

图 7-16　认识梯形

学具：长方形图画纸（4×2 cm）；剪刀、彩笔；画图用的长纸条（3×20 cm）；每人准备好一套5 张图形纸条，分别画有 5 个三角形、6 个三角形、7 个正方形、8 个圆形、9 个长方形，和 1 张空

① 北京培华人才培训中心组编：《幼儿园教育活动设计》（教师用书）（中班）[M].北京：海洋出版社，1998：161-162.

白纸条,材料袋每人一个,内装画好图形的长纸条共 5 条,等腰梯形片、长方形片各一张。

活动过程:

1. 在比较中认识梯形

教师出示长方形:"请小朋友在材料袋里拿出和我一样的图形。""拿出来的是什么图形?""长方形有几条边、几个角?"

教师出示梯形(与长方形并置)并提示:"请你再拿一个这样的图形。""它有几条边、几个角?""它叫什么形状?"

"梯形和长方形都是 4 条边、4 个角,它们的形状一样吗?""什么地方不一样?"(长方形上下两条边是平平的,左右两条边是直直的;梯形上下两条边是平平的,左右两条边是斜斜的。)

2. 变化图形

教师拿出一张长方形的图画纸,问:"你能把它剪去一个角变成这样的梯形吗?"(指着直角梯形)

"你能把它再变成长方形吗?"(启发幼儿剪去一个三角形)

"你能把这个长方形再变成这样的梯形吗?"(指着等腰梯形)"你是怎么变的?"

3. 画图形

教师提示:"取出长条纸,用梯形模板画出 10 个梯形。"(先画好的幼儿让他们为梯形涂上各种颜色)

4. 活动拓展:按图形数量排序

让幼儿取出已画好图形的长条纸,加上刚画好梯形的长条纸(共 6 张)(图 7 - 17)。

"数数每张纸条上有几个图形?""请小朋友按图形数量的多少排排纸条。"

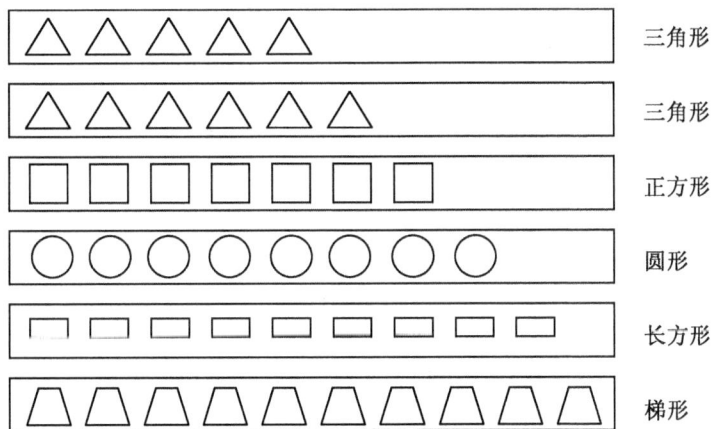

图 7 - 17　按图形数量排序

活动建议:

幼儿对各种变换了方向的梯形往往感到困惑,教师在幼儿掌握了梯形的基本特征后,应多提供各种变化了方向或变化了角度的梯形让幼儿辨别,提高幼儿的分析综合能力。

活动设计五：

中班数学活动：帮圆找朋友
江西师范大学附属幼儿园　文晓梅

活动目标：

1. 通过拼圆、说圆、认圆、找圆、玩圆等一系列活动，探索圆有圆圈、圆面、圆球三种形状。
2. 探索圆与圆连接、圆与其他几何图形连接能成许多新的物体，激发探索的兴趣。
3. 学习简单的统计方法。

活动准备：

1. 摄像机、电视机。
2. 统计图表。
3. 幼儿操作材料（各种大小不同的圆圈、圆面、圆球若干）。

活动过程：

（一）情景导入

幼儿听音乐进教室。教师出示"圆"字卡，向幼儿交代游戏内容——帮助圆找朋友，看一看圆找到朋友后会变成什么？

（二）拼圆活动

探索游戏《给圆找朋友》，请幼儿操作材料，探索圆和圆在一起能变成什么新的物体，教师把幼儿作品进行摄像。

（三）说圆活动

利用摄像内容师幼共同讨论探索圆有圆圈、圆面、圆球三种形状。学习简单统计数量的方法。

1. 教师边出示体操圈、皮球、圆镜三样物品边说："请说说这三样物品有什么相同地方和不同地方？"（相同地方：它们都是圆；不同地方：体操圈的边缘是圆的、中间是空的、它是圆圈；圆镜的边缘是圆的，但中间有一个面挡住，它是圆面；球从哪个方向看都是圆的并且可以滚动，它是圆球。）

2. 播放幼儿作品，巩固复习认识圆中三种形态，并学习简单的统计方法。

教师出示拍摄作品，如蝴蝶，请幼儿说说蝴蝶由几个圆组成，其中圆圈、圆面、圆球各几个？

（四）找圆活动

请幼儿找一找、说一说生活中像圆圈、圆面、圆球的物品（如：地球像圆球、轮胎像圆圈、圆盘像圆面等）。

活动设计六：

大班数学活动：我会分①

活动目标：

1. 学习二等分，学习用数数、折叠、目测等多种方法探索不同的等分形式。

---

① 俞春晓，钱文.幼儿园建构式课程幼儿园教师用书科学数学（上）[M].上海：华东师范大学出版社，2009.

2. 知道不同的物品要用不同的工具来进行等分,学会解决生活中的实际问题。体验成功的喜悦。

活动准备:

1. 实物:米、小西红柿、花生、饼干、糖、绸带、毛线、德克士票、可乐。

2. 工具:剪刀、自制量杯、果冻杯;音乐。

活动过程:

(一)小兔请客(引发兴趣)

教师:今天双胞胎小兔叮叮和铛铛搬了新家,请我们去它们家做客,我们开着汽车去吧。

律动《开汽车》进场。

(二)分一分(自主操作)

1. 引导幼儿观察桌面上的实物

提出要求:"看看我们都给兔姐妹带来什么礼物。我们要把每一件小礼物分成一样多的两份送给兔姐妹才行。"

2. 幼儿分组尝试:二等分各种实物

将桌上的实物分成一样多的两份,并把分好的实物放在各自的盒子里。

尝试后讨论:你分的是什么东西? 你是怎么分的? 你怎么知道自己分的是一样多的两份呢?

教师根据幼儿的回答总结各种实物的分法。

(三)我会分(操作活动)

1. 数量上等分

教师:小西红柿、花生、饼干这些东西,我们可以怎样等分?

小结:点数物品的数量,然后平均分配进行等分。

2. 线的等分

教师:要等分这段绸带,我们该怎么办?

小结:把绸带对折,两头对齐,两部分就是一样长的,用剪刀在中间处剪断就可以了。

3. 面积的等分(重点环节)

教师:这块圆形的"蛋糕"如何将它分成一样的两份呢?

幼儿操作,进行演示。

小结:这块长方形的"蛋糕"如何将它分成一样的两份呢?

幼儿每人一张长方形纸进行操作,并记录操作结果。

总结:我们可以用对折的方法将圆形或方形进行二等分。

活动延伸:

1. 液体的等分

(出示一瓶可乐)我们怎样将可乐分成相等的两份呢?

幼儿自由介绍。

尝试后讨论:你们分的是一样多吗? 你怎么知道它们是一样多的?

小结:原来,我们可以用量杯来分像可乐一样的液体,也可以用两只一样的杯子倒来倒去,用眼睛来看着分。

2. 操作材料

操作方法:小朋友,图片上的物品哪些是二等分,请在下面的空格里打上"√"。

引导幼儿仔细观察图片中的物品哪些是分成一样的两份,再进行判断。

思考与实践

一、名词解释

1. 空间　2. 参照物　3. 几何形体　4. 平面图形　5. 立体图形　6. 图形守恒　7. 三山实验　8. 二等分

二、简答题

1. 学前儿童空间概念发展的一般过程是什么?

2. 学前儿童空间概念发展的年龄特点是什么?

3. 学前儿童几何形体概念发展的过程是什么样的?

4. 学前儿童几何形体概念发展的年龄特点是什么?

5. 皮亚杰的三山实验说明了儿童的什么发展特点?

6. 教师可以通过哪些方法帮助学前儿童获得图形守恒的概念?

7. 学前儿童认识平面图形和立体图形的顺序是怎样的?

8. 掌握等分概念对学前儿童发展有什么意义? 教师应如何指导?

三、论述题

1. 联系幼儿园教育实际,谈一谈教师在指导学前儿童掌握空间方位概念时,可以从哪些方面入手?

2. 联系教学活动实际,谈一谈教师在引导学前儿童认识平面图形和立体图形时有哪些指导策略?

3. 论述如何在其他活动中渗透几何形体的教育。

四、实践性学习活动

结合本章节的学习内容,通过对本班儿童和身边幼儿的观察,分析他们掌握空间方位和几何形体概念的现状。结合幼儿园及班级实际情况,试着制定出多种形式的有效指导策略。

第八章　学前儿童时间概念发展的特点及教育指导

学习目标

1. 了解时间的概念以及学前儿童学习时间概念的意义。

2. 了解学前儿童时间概念发展的特点。

3. 能够根据学前儿童学习时间概念的要求及特点,设计和组织相应的活动,促进学前儿童的发展。

学习提示

在本章的学习中,想要对学前儿童时间概念以及认识时间的年龄特点有深入的了解,不仅需要结合学前儿童心理学的相关理论,也同时要将生活的真实场景与儿童的学习相结合,善于观察、经常与儿童沟通。在对学前儿童进行教育指导时,更应充分发挥家庭和社会资源的优势,通过各种正式和非正式活动,才能帮助学前儿童更好地掌握时间概念。

案例导入

导演张以庆的纪录片《幼儿园》中出现过这样的情境:在一个中班午餐时间,男孩和女孩正在吃午饭,一边吃一边聊天。男孩念叨着:"昨天是星期二,今天就是星期三,明天就是星期四,后天就是星期五啦!"女孩急着制止男孩正在说的话,并抢过话头,说:"你别说,我会说。"接着扳着手指很努力地推算着说:"昨天星期一,昨天星期二,今天星期三,后天星期四,明天星期五。"男孩子在旁边很肯定地说:"对了!"

每次看到这个情境,成人总忍不住微微一笑。实际生活中,儿童也常常在时间的问题上犯错误。例如教师告诉儿童请他们等待五分钟,往往才刚过十几秒儿童就会嚷嚷"时间到了时间到了";还有的儿童会说"我明天就要过生日了",其实离他过生日的日子还有一段时间。可见,对学前儿童来说,看不见摸不着的"时间"对他们来说略显抽象,他们对星期几、几分钟、昨天和明天等与时间有关的词汇难以理解。那么,学前儿童在认识时间概念上有什么特点?不同年龄段儿童认识时间的过程中有何年龄特征?作为成人,我们应当如何根据学前儿童时间概念发展的特点开展有针对性的教育活动,本章将以这些问题为切入点进行讨论与学习。

时间,对于每一个成人来说丝毫不会陌生,每天清晨睁开眼,我们会下意识地看一看现在几点,望一望窗外是否已经天亮,判断是应该继续睡觉还是立即起床;我们也会经常看日历,了解今天是星期几,几月几日,是不是临近某个节日。我们在头脑中很清楚地知道,今天我要去上班,完成哪些工作;明天是星期六,可以不用上班,在家休息等等。但是,这些对成人来说司空见惯的时间概念,对学前儿童来说却并不是那么容易能够理解。

一、时间概念

(一) 时间的含义

时间和空间一样,是物质存在的一种客观形式。如果说空间描述的是物体及其运动的位置、形状、方向等性质,时间描述的就是物体运动的持续性,以及事件发生的顺序。它是由过去、现在、将来所构成的一个连绵不断的、永恒的范畴。任何客观物质都会经历一个持续发展的过程,尽管这个过程有长有短,长到沧海变成桑田、一个人从出生到死亡的过程,短到一个石头从空中落地的瞬间,这种运动变化的持续性和顺序性,都是物质的时间属性。

(二) 时间的特点

人们常说"劝君惜取少年时""有花堪折直须折""少壮不努力,老大徒伤悲",都是规劝人们要爱惜时间。那么,时间究竟有什么样的特点,让人们纷纷有感而发呢?

首先,时间具有流动性。孔子曰:"逝者如斯夫,不舍昼夜。"时间不是静止不动的,是一分一秒地流逝着,且是一秒复一秒,永不停息地向前流动。和水的流动不同,人们可以通过改变客观条件改变水流的方向或者使其静止,却无法改变或暂停时间的流逝,它是不以任何人的意志为转移的。

其次,时间具有不可逆性。时间的流动是有方向的,从过去流向将来,不能倒流,不可逆转。当错过了某一时间,人们再也无法回到同样的时间,也就是常说的"花有重开日,人无再少年"。

再次,时间具有周期性。时间的流动虽然不可逆,但是存在某种规律,呈现出周期性。时间是年复一年、日复一日,今年从春天到夏天、秋天、冬天,之后又会从春天开始,循环往复,四季更迭;今天太阳升起又落下,从清晨到中午、晚上,明天太阳又会升起,重复清晨到中午、晚上。正是在这样的周期中,时间看似无常却交替反复。

最后,时间具有抽象性。与我们可以用肉眼看到的物体、耳朵可以听到的声音不同,时间不具有直观的形象,我们没有办法用手去触摸、用尺子去丈量或者用鼻子去嗅,感官系统都没有办法直接感知到时间的存在,只能通过某种媒介来认识时间和测量时间。这种媒介既有自然界的周期性现象,也可以是人的机体内部节奏性的生理活动。如太阳升起是清晨,日落则近傍晚;万物复苏、莺飞草长是春天;瑞雪纷飞、天寒地冻是冬天。饿的时候人们会意识到已经到了用餐时间,困了的时候往往已近深夜。这种对时间的感知虽然简单,但却十分模糊。从远古时期开始人们也一直在摸索计时的工具,从依靠太阳的阴影来报时,到现代精确的机械表、原子钟等,还有大量纸质印刷的日历、秒表、沙漏等。可见,时间是看不见、摸不着的,具有抽象性的。

(三) 表示时间的词汇分类

在人们的日常生活中,经常能够接触到的表示时间概念的词汇共有五种,分别如下:

1. 表示时间次序(顺序)的,如先、后、同时、以前、以后、再等。

2. 表示时间阶段(单位)的,如秒、分、时、早上、中午、晚上、昨天、今天、明天、日、星期、月、年等。

3. 表示动作时态的,如正在、已经、将要等。

4. 表示不确定时间阶段的,如有一天、从前、有时、尽早、我小时候等。

5. 表示速度的,如快、慢、快点、慢点等。

二、学前儿童时间概念发展的一般特点

儿童对于时间的兴趣从很早就产生了,随着语言的发展和生活经验的丰富,他们学会使用一些简单的、表示时间的词汇,但是直到幼儿园小班阶段,多数儿童依然不能理解抽象的时间词汇(例如几点钟)的真正含义。事实上,对于学龄前儿童来说,要真正认识和理解时间并不是件容易的事,他们建立时间概念需要建立在对时间的知觉基础上,要能够意识到客观事物运动和变化的延续性和顺序性,这同时也需要依赖于思维水平的提高。在时间概念的认知上,学前儿童表现出以下一些特点:

(一) 理解时间概念的主观性

成人在生活中都有这样的体会,当我们正在从事某项我们喜欢的活动或者与朋友聊天聚会的时候,感觉时间过得非常快,但是当一个人坐在嘈杂拥挤的火车上或者在等待某个人的时候就会感觉时间过得十分缓慢。其实时间的速度没有改变,只是人们对时间的感知体验不同。成人尚且如此,学前儿童在感知时间上的主观性则表现更为明显,并且带有较强的情绪性。例如当张老师组织儿童到多媒体教室观看动画片《喜羊羊和灰太郎》时,小朋友们看得十分专注,不知不觉,一集演完已经过去 15 分钟了,张老师说:"时间到了,请小朋友今天就看到这里,明天再接着看。"很多小朋友不开心地嚷嚷:"怎么就到时间了,刚刚才开始看呀!"在幼儿园中,当教师组织儿童从事自由活动或者游戏活动时,即使活动已经开展了一个小时,很多儿童依然嘟嚷"才玩一小会",而当教师要求等待或者静坐时,即使只是五分钟,很多儿童也会抱怨:"怎么这么久! 五分钟早就到了!"这种现象得到了心理学实验的证实。

前苏联学者沙巴林曾经对不同年级的小学生估计"一分钟"时间的长短进行了研究,发现小学一年级的学生在 11.5 秒时认为已经到一分钟,而三年级和五年级学生分别是 24.8 秒和 31.1 秒。可见,即使是小学五年级学生对一分钟的估计也是极不准确的,一般都是估计过短[①],更不用提尚未接受过正式小学教育的学龄前儿童了。皮亚杰在自己的研究中还提到,学前儿童甚至认为钟面大的钟比钟面小的钟指针从一个数字走到另一个数字要花更长的时间。

(二) 易受生活实际经验的影响

成人判定时间多依赖各种计时工具,对于儿童来说,他们既看不懂五花八门的计时工具,也不能真正理解时间的含义,抽象的时间概念在他们头脑中是与具体的生活经验密不可分的,

---

① 法拉波诺瓦. 小学儿童感觉和知觉的特点. 小学儿童心理学. 北京:人民教育出版社,1962.

而不是依赖标准时间的支持。例如儿童理解的早上就是天亮了,太阳升起来了,小朋友起床、刷牙、洗脸、妈妈送小朋友上幼儿园的时候;晚上就是天黑了,吃了饭出去散步的时候;夏天是天气很热,小女孩穿裙子、小男孩穿短裤去游泳的时候;星期天是爸爸妈妈不上班,小朋友不上幼儿园,爸爸妈妈带小朋友去公园玩的时候。因此有的儿童只要看到妈妈穿睡衣,就说"妈妈晚安";乌云遮住太阳天色黑压压的时候,儿童会牵着妈妈的手说"到晚上了,我们回家睡觉"等等。因此,学前儿童对时间概念的认知往往表现得不够精确,带有模糊性,他们也会用"昨天"泛指过去,用"明天"泛指将来。

(三)易受知觉影响,把时间和空间关系混淆

皮亚杰曾经对儿童的时间知觉做过实验研究,过程是:给学龄前儿童看桌子上放着的两个机械蜗牛,实验者同时使两个蜗牛启动爬行,其中一个蜗牛爬得快,另一个蜗牛爬得慢。当快的蜗牛已经停止时,慢的蜗牛还在爬,可是最终仍未赶上快的蜗牛。在这种情况下,儿童不能正确再现究竟是哪个蜗牛先停下。大部分儿童都说慢的蜗牛先停止,因为它走的路程比较短。在皮亚杰的实验里,4.5—5岁的儿童还不能把时间关系和空间关系区分开来,5—6.5岁儿童开始把时间次序和空间次序分开,但仍不完全;7—8.5岁儿童才最后把时间与空间关系分别开来。[1] 国内的黄希庭等(1979)也曾进行研究,结果表明:5岁儿童还分不清空间关系和时间关系,往往用事物的空间关系代替时间关系;6岁儿童已开始把时空关系分开,但很不完全,再现时距的准确度仍受到空间关系的影响;7岁儿童已基本上把时空关系分开。[2] 究其原因,是学前儿童在对时间的认知上没有能够将不同速度的运动纳入统一的时空参照系中,故而造成了这种独特的认知特点。

(四)理解时间的顺序由短周期向长周期发展

在对时间顺序和周期的理解上学前儿童更容易理解短的周期。例如他们最先认识的就是一日之内的三个明显时间单位:早上、中午、晚上。因为"一日"作为时间单位包括日出、日中,到最后日落,呈现出完整的周期性特征,每天都会出现。不论四季如何变化,始终"日复一日"周而复始地在进行,有日出就一定会日落,日落之后太阳一定又会升起。这也同时伴随着人体的生理活动,早上起床和上幼儿园,中午吃午饭和午睡,晚上看电视和睡觉,这样规律性的节奏给儿童留下的直接印象最为深刻,也是他们最熟悉的生活经验。

一周之内的时序包括星期一、星期二、星期三直至星期日,尽管之后又从星期一开始,但是对于儿童来说没有自然现象的规律性变化,也没有明显的时间参照物,儿童认识起来就存在一定的困难。多数儿童只能根据父母的描述判断什么时候到周末,什么时候需要上幼儿园。

季节周期也是儿童掌握较晚的时间词汇。虽然儿童知道春天小草发芽、秋天落叶、冬天下雪等现象,但是他们这种认识依然是基于生活经验的,并不了解四季是个轮回变化的过程。只有在真正经历了几个春夏秋冬之后,结合他们所观察到的及成人给予的信息,儿童才慢慢知道春过了是夏,夏过了是秋,然后是冬,接着又从春天开始轮回。

因此学前儿童在理解时间周期上的顺序一般是:一星期→一个月→一年(四季)。

(五)用词语来表达时间的概念存在一定困难

学前儿童在掌握时间概念上的困难之一表现为:他们学会用言语来表示时间的词汇出现

---

① 刘金花主编.儿童发展心理学[M].上海:华东师范大学出版社,2013:78.
② 黄希庭等.5—9岁儿童时间观念发展的实验研究[J].西南师范学院学报,1980(1).

得既晚又少①。调查发现在 70 名 2—6 岁儿童所讲的 1313 句有修饰语的简单陈述句中,使用时间词汇的仅占 22.76%。而这些时间词汇绝大多数是描述事情发生次序的,如"先"、"然后"、"后来"等,以及描述事情发生的某一不确定的时间,例如"有一天"、"有时候"、"老早"、"我小时候"等。而较少使用表示确定时间单位的词汇,有的儿童即使使用了,但是不够准确,也不能理解它们的含义。比如一天晚上爸爸在安装一个架子,冬冬也兴奋地一直想在客厅里跟爸爸一起玩。等爸爸装好架子了,他还在兴奋着,不肯去刷牙睡觉,玩具一样一样拿起来捣腾,怎么拦也拦不住。妈妈最后只好跟他讲:"最后玩五分钟,妈妈先去做事情,五分钟到了,你跟我去刷牙。"结果妈妈刚离开,冬冬就自己数了下:"一二三四五。妈妈,五分钟到了,我们刷牙吧!"这说明冬冬虽然使用了五分钟这个词汇,却并不理解其含义。

随着儿童年龄的增长,他们能逐渐理解表示时间的词汇,进一步理解时间的相对性和周期性,慢慢就能达到词汇与认知相统一。

延伸拓展

皮亚杰如何研究"儿童的时间"②

在《儿童的时间观念》一书中,皮亚杰论述了学前儿童时间概念发展的特点以及有关儿童时间概念发展的实验研究。皮亚杰认为,对时间概念的理解必须看儿童是否能够应用次序关系和绵延关系来协调两种运动。为此,皮亚杰设计了一个经典的实验:在两个容积相同的玻璃瓶Ⅰ和瓶Ⅱ中注入有颜色的水(图 8-1),每隔规定的时间,让一定量的水从瓶Ⅰ流入瓶Ⅱ。给儿童 6—8 张图纸,上面是瓶Ⅰ和瓶Ⅱ的画面,要求儿童在每次水流动后记下每瓶中水面的位置;把图片打乱,再要求按照次序排好;把剪开的瓶Ⅰ和瓶Ⅱ图纸次序打乱后,给瓶Ⅰ的图纸找到

图 8-1　皮亚杰关于时间的实验玻璃瓶

相对应的瓶Ⅱ图纸进行配对排列。在整个实验任务的完成过程中,可以记录下学前儿童对时间的次序关系和绵延关系协调运动的理解。在此,次序关系是指能够把瓶Ⅰ和瓶Ⅱ各图依序加以排列,形成一种"共进序列"(皮亚杰认为它是时间的本质);绵延关系是指能够理解水从瓶Ⅰ中的一个标记到下一个标记所经过的时间是否与瓶Ⅱ中的一个标记到下一个标记所经过的时间相同,而儿童对上述任务的完成就是对两种运动的时间先后次序和时间的绵延有了运算理解的标志。除了有关时间概念理解的实验外,皮亚杰还设计了一系列其他的实验来研究儿童在时间概念理解上的特点,最后得出学前儿童在时间概念发展上的共性特点。

三、学前儿童认识时间概念的年龄特点

了解学前儿童认识时间概念的一般特点后,我们可以发现,年龄的增长、知识经验的丰富和逻辑思维水平的提升都有助于儿童真正理解时间概念,正确使用表示时间的词汇。从小班

---

① 朱曼殊等.幼儿口头言语发展的调查研究[J].心理学报,1979(3).
② 黄瑾.学前儿童数学教育[M].上海:华东师范大学出版社,2007:42.

仅能通过具体事件判断一日之内的早、中、晚,到大班学会说现在是三点钟、今天是星期天、现在是春天等,儿童对时间的认识越来越丰富,那么,不同年龄阶段的儿童呈现出什么样的年龄特点呢?

(一) 小班

3—4 岁的小班儿童能掌握一些最初步的时间概念,对于一天中明显的变化能够区分并用词汇进行表达,如早上、晚上、白天、黑夜等,但对时间的理解往往需要和生活中的具体事件相联系,比如一名 3 岁儿童晚上睡觉前洗澡时对妈妈说:"早上好。"妈妈说:"现在是晚上,应该说晚安。"该儿童则说穿上睡衣才能说晚安。他们对于具有相对意义的时间,如昨天、今天、明天还不能掌握。

(二) 中班

4—5 岁的中班儿童已经能较准确地理解并使用早晨、晚上、白天、黑夜等词汇,了解白天之后是黑夜,天黑之后又会天亮,每天都是这样度过,到了第二天又是新的一天。他们逐渐开始认识昨天、今天和明天,知道今天就是说话的这个时候;昨天是过去的一天,已经过去的时间;今天过去了就是明天,还没有到来的时间。

(三) 大班

5—6 岁的大班儿童的时间概念较之前有了较大的发展,表现为对时间的认识逐渐从短的周期向长的周期扩展,并且能够理解更短的时间段。他们能够认识到一星期有 7 天,分别是星期一、星期二等;知道每天 8 点钟要到达幼儿园,每天 11 点 30 分吃午饭,之后要午休,下午 3 点起床;感知一年的四季变换,会用语言表达"一年有春、夏、秋、冬四个季节"。他们也建立起了时间的周期性观念,知道周日后面又会有周一,过完冬天还会有春天,这些是连续不断、周而复始的。另外,他们对分化的时间的掌握也更为精确,能区分较小的时间单位,学会看时钟,能认识整点和半点。尽管他们可能更多的是对时针、分针和秒针感兴趣,未必真正了解其代表的时间含义,但是在头脑中已经慢慢开始形成这种时间的观念。

延伸拓展

幼儿园"催促幼儿"现象的反思

有研究者在一个市级示范幼儿园大班做观察,从上午 8 点到 10 点两个小时内,教师有 24 次提醒幼儿抓紧时间——"时间来不及了!""还有一分钟""快快快!""抓紧时间!"在另一个省级示范幼儿园的集体教学活动中,我们同样见到幼儿和教师神色匆匆玩"手掌贴画"——入园晨练后,穿上套衫,先花 5 分钟来听老师的教学活动引入,再在 15 分钟里作画,然后再用 10 分钟集体点评,最后收拾套衫、颜料、玩角色游戏等等。[①]

这些现象从某种程度上体现了成人社会中的时钟时间对幼儿时间的入侵。成人世界的时钟是抽象、可度量、均质的,而幼儿的时间是具体、不可度量、非均质的。很多成人会抱怨幼儿"做事总是拖拖拉拉,不管怎么催都没用,一点时间观念都没有",事实上,因幼儿思维水平的限制,他们确实很难准确地感知到时间的紧迫,一味催促幼儿不仅无法使幼儿真正获得关于时间

---

① 杨艳.幼儿的时间与幼儿园生活.学前课程研究[J],2008(1).

的概念,反而将幼儿置于被动,被成人的"时间表"所束缚。在幼儿园中,教师不妨静静地等待,给予动作较慢的幼儿"五分钟",既可以放置一个沙漏,或者是一个水漏,能够让已经做好准备的幼儿在观察的过程中明白"五分钟"的时间究竟有多长。

第二节　学前儿童初步时间概念学习的教育指导

对学前儿童进行时间概念的教育可以促进他们的时间知觉发展,感知时间的存在和时间的流逝,对于学前儿童来说有重要的意义。这既可以帮助他们建立初步的时间观念,在潜移默化中形成良好的生活习惯,还可以加深他们对序列关系的认识,了解周期性变化的规律,获得整体和部分关系的认识。

一、学前儿童认识时间概念的教育要求

我们已经了解学前儿童认识时间概念的一般特点和年龄特点,对于教育者而言,把握不同年龄儿童掌握时间概念的教育要求也是十分有必要的,这给教育者提供了一个方向和评判儿童发展水平的依据。

(一) 小班

初步理解早上、晚上、白天、黑夜的含义,并能正确地运用这些表示时间的词汇。

(二) 中班

1. 理解昨天、今天、明天的含义,知道它们之间的关系并在日常生活中正确运用词汇。

2. 初步体验时间与事件顺序的关系。

《指南》要求:能感知和发现不同季节的特点,体验季节对动植物和人的影响。

(三) 大班

1. 认识钟表,学会看整点和半点的时间。

2. 学会看日历,知道一个星期有 7 天,以及这 7 天的名称和顺序。能说出今天是星期几,昨天是星期几,明天是星期几。

《指南》建议:感知并了解季节变化的周期性,知道变化的顺序。

二、学前儿童认识时间概念的指导要点

儿童在生活中经常能接触到各种与时间有关的词汇,例如他们在电视媒体中会经常听到"今天是 2014 年 9 月 1 日,星期一,农历八月初八"等播报时间的新闻,也会经常听到妈妈的催促,"快点起床,已经 7 点了,再不起来上幼儿园就要迟到了",或者是听爸爸说"等到了星期天,我们全家一起去游乐园玩"等等。儿童对时间的感知和理解离不开他们的生活经验,只有在具体的生活事件中,他们才能获得有关时间词汇的理解,因此日常生活是他们认识时间的主要途径。不论是哪个年龄班,不论是哪种活动形式,教师都不应该忽视他们的生活经验,而应在活动设计和实施中将时间词汇与儿童日常生活中的活动、具体事件相结合,使儿童对时间的认识建立在生动、直观形象的基础之上。我们将结合儿童认识时间的特点和顺序,对学前儿童认识

时间概念的指导要点进行介绍。

（一）认识"早、中、晚"，"白天和黑夜"

我们已经知道，3—4岁的小班儿童最早认识的就是一日之内的"早、中、晚"及"白天和黑夜"，但是这并不是随着年龄的增长自然而然就习得的，也需要教师和家长有意识地给予引导和解释，帮助儿童了解一日的周期性，形成秩序感，并在生活中学会正确地使用这些词汇。教师和家长在引导时应注意唤起儿童的生活经验，在他们感兴趣、有体验的前提下开展活动，总的来说，可以从以下两个方面着手。

1. 利用图片和图画书等材料让儿童直接感知时间

小班儿童由于年龄较小，思维比较直观、形象，如果仅仅通过语言的方式有些儿童难以回忆起生活中的场景，因此可以借助形象化的图片以及活泼有趣的图画书，结合教师生动的语言，让儿童仿佛置身真实的场景，从而更好地感知一日之内的时间。如教师可以在活动中出示相应的图片，既可以是白天和黑夜的象征（如太阳和星星），也可以是分别在白天和黑夜活动的小动物（如小燕子和猫头鹰），让儿童在观看和理解图片的基础上获得"白天与黑夜"的时间认识（图8-2）。教师还可以呈现出很多表示不同时间生活的画面，如早上穿衣服、刷牙；中午吃饭、散步；晚上看电视、睡觉的画面，让儿童判断图片上的事件发生的时间（图8-3），或让儿童进行排序，制作"我们的一天"画册，再根据图片来讲述一个完整的故事，讲述过程中要求儿童一定要注意使用标志着时间的词汇，如"早上起床、中午吃饭、晚上睡觉"等。图片的选择要注意应符合科学规律和客观实际，既能体现教学意图，又是儿童熟悉喜欢的事物。

图8-2　判断哪个是白天，哪个是黑夜

图8-3　我的一天

（来源：江西省南昌市龙泉实验幼儿园）

2. 通过日常情境谈话和游戏帮助儿童认识时间

在幼儿园的一日活动中,教师有很多机会可以用来和儿童谈论与时间有关的话题。如早晨儿童来园、午饭和散步的间隙、自由活动时间和离园前的准备时间等,对象可以是个别的儿童,也可以是面向集体进行谈话。这种有意识的引导可以帮助儿童在对生活经验的回忆和梳理中形成"早、中、晚"和"白天、黑夜"的正确时间概念,形成秩序感。如教师可以提问儿童"你起床是什么时候?""什么时候在幼儿园上课、玩游戏?""什么时候爸爸妈妈会来接你回家?""你一般什么时候睡觉?"等。还可以通过聊天的方式,与儿童一起巩固关于白天和黑夜的知识,如在午睡前后要特别向儿童讲清楚,午睡是白天短暂的睡觉和休息,时间比较短,而夜晚的睡觉是时间较长的,与白天的休息不一样。在谈话中可以重复儿童提到的关于时间的词汇,加深他们的印象。

另外,各种游戏活动中也可以夹杂认识时间的教育。在自由活动时间,教师观察到儿童在玩娃娃家的角色游戏,这时可以引导儿童思考:娃娃家的爸爸什么时候去上班,什么时候下班回家吃饭? 娃娃家的妈妈什么时候带娃娃去公园,什么时候喂娃娃吃饭? 以此让儿童不断地理解早晨、白天、晚上、黑夜的时间概念。

(二) 认识和区分"昨天、今天、明天"

获得"早、中、晚"与"白天和黑夜"的时间概念在小班阶段多数儿童都能完成,并能够正确地使用这些词汇。对于中班儿童来说,"昨天、今天、明天"则更加抽象和难以理解,因为这些时间单位之间相距的间隔更长,跨度也更大,没有十分明显的标志物,更不易于通过具体的事件帮助儿童去感知。但是这些时间词汇与我们的生活是息息相关的,教师可以通过多种手段让儿童在谈话、观察、思考和操作中获得对"昨天、今天和明天"的认识。

1. 通过谈话和讨论帮助儿童区分时间

与认识一日之内的时间类似,谈话和讨论是帮助儿童掌握"昨天、今天、明天"的重要方式。教师可以从围绕着儿童发生的事情出发,请他们回忆"昨天"已经发生过的事情,"今天"正在发生的事情,以及"明天"即将要做的事情,让他们了解每个时间词汇所代表的含义。例如星期一来园时,教师可以与全班儿童谈论"昨天"即星期天在家发生的事情,讨论"今天"的升旗仪式,午休以后问儿童"今天我们中午吃了什么菜"、"今天我们玩了什么游戏",离园前问"今天你们学了什么本领"、"明天谁做值日生"等等。教师也可以抓住时机与个别儿童进行时间概念的教育。请看下面一个案例:

> 中班的源源今天来幼儿园了,张老师说:"源源,你今天第一个来到幼儿园。"(源源高兴地笑了)
> 教师:昨天是星期天,你在家做了什么?
> 源源:昨天和妈妈出去玩了。
> 教师:买东西了吗?
> 源源:妈妈给我买了玩具。
> 教师:明天谁会第一个来呢?
> 源源:我。(这时扬扬来了)

教师：扬扬，今天源源第一个来到幼儿园，你是第二个来的。①

教师在与个别儿童（源源）的晨间谈话中有意识地使用了较多表达时间概念的词汇，不仅帮助儿童回忆了昨天发生的事情，也加深了他对"昨天、今天、明天"的理解。

2. 帮助儿童明确时间的先后顺序

有一个这样的例子：妈妈答应带4岁的小宝去游乐园，小宝很开心，着急地问妈妈："什么时候到明天呢？"妈妈告诉他："你闭上眼睛睡觉，睡醒以后就是明天了。"于是小宝马上躺到床上，闭了一会眼睛，然后跳起来说："我醒了，该去游乐园了！"在小宝的观念里，他认为这样就可以缩短到明天的时间了。其实儿童会出现这样的行为，一方面是由于他们不理解时间是客观的，无法人为缩短或延长；另一方面他们没有认识到时间的先后顺序，只有今天过去了以后才能到明天。认识时间的先后顺序可以发展儿童的逻辑思维，形成序列观念。对于发展水平较好的儿童，教师还可以与他们讨论时间早晚的相对性，例如："昨天晚上和今天早上哪个发生的时间更早，为什么？"通过这样的提问让儿童认识到"早上不一定比晚上更早"，鼓励儿童思考和相互提问的同时，了解时间的先后顺序。

3. 借助多种手段巩固儿童的时间概念

当儿童初步掌握了"昨天、今天、明天"的时间概念以后，教师可以利用日历（最好是自制日历），鼓励儿童把一天之中印象最深刻的事件通过图画的方式记录下来，到了第二天与儿童共同回忆"昨天"的事件，接着记录今天发生的事件，内容除了发生的事情以外，还可以是谁做值日生、天气（图8-4）、午餐的菜或点心等等。可以在日历上面标注星期儿，一周以后与儿童一起用语言复述这一周发生的有趣的事情，并在小组或集体间相互交流，在这个过程中可以让儿童发现和领会到时间的周期性。除了复述以外，还可以将卡片的顺序打乱，请儿童来进行排列，或进行以小组为单位的排序比赛，增加活动的趣味性。坚持自制日历和操作活动可以帮助儿童理解更长的时间范围，如"月、季节"等。

图8-4　2月天气记录
（来源：江西省新余城北幼儿园）

（三）认识"年、月、四季、星期"

随着儿童年龄的增长和思维水平的不断提升，他们到大班时已经在生活中体验过了"年、月、四季"，有记忆的"年"已经有2—3年，知道"过年"是要放鞭炮、领压岁钱、又大一岁；7、8月份会放暑假；春天是万物复苏、冰雪融化的季节；夏天可以吃西瓜、穿裙子/短裤；秋天会有落叶、是收获的季节；冬天会下雪、可以打雪仗等。这一部分教学内容应充分利用儿童的生活经验，考虑他们现有的发展水平，可以从以下两个方面入手，帮助儿童获得更深入的理解。

1. 结合主题的活动丰富儿童的认识

随着幼儿园课程改革的逐步推进，我国幼儿园大多已打破学科之间的界限，以主题统领教学内容，将多个领域的知识相融合。在这样的课程实施背景下，"时间教育"这一原本属于科学领域下数学教育的内容则能够很自然地与儿童的每日生活相结合。如在主题"认识四季"中，

---

① 崔淑萍，梅纳新主编．学前儿童科学教育．海口：南方出版社，2004：228．

教师通过展示图片、播放视频的方式激发儿童的兴趣,并与儿童充分讨论,提出启发性问题,如"春天后面是什么季节""冬天后面是什么季节""春天过完了以后还会再来吗"等,丰富儿童对四季轮回、无限循环的认识。在主题"我喜欢我"中,教师可以呈现儿童小班、中班、大班不同年龄段的照片,并描述每个年龄段发生的典型事件,例如身高、体重、生活习惯、学习习惯、社会交往情况等,引发儿童的回忆,并让他们自己描述成长的历程,体会到"过了一年我又有新变化"。还可以呈现小学生的照片,如背着书包上学、写作业、做早操等,并告诉儿童"等你们做了小学生也是这样的",让儿童了解"一年以后(或更短时间)"他们可能出现的生活状态。

2. 借助家园合作创设儿童理解和运用时间词汇的环境

对于儿童来说,家庭是最早、影响最为深远的教育环境,教师在对儿童进行时间教育上应充分借助家长的力量,通过家园合作实现时间教育。如幼儿园中教师开展了某项与时间有关的活动以后,可以告知家长,请家长在家里与儿童谈论"今天在幼儿园学习了什么本领,吃了什么菜""今天是星期一,所以我们要上幼儿园,昨天是星期天,所以不用上。等过了星期一、二、三、四、五,到了星期六,可以不用上幼儿园了""马上到冬天了,所以要穿毛衣盖厚的被子""夏天需要穿羽绒服吗?应该穿什么?"请儿童用表示时间的词语来回答和提问,给儿童创设理解和运用时间词汇的环境。

除此以外,家庭中的教育资源也是十分丰富的。如家长可以利用沙漏、水漏等玩具,帮助儿童感知时间流动的快慢,告诉儿童"沙漏漏完的时间就是一分钟";结合特别的日子,如重大节日、小朋友生日、班级集体活动等进行倒计时,每天与儿童谈论"距离班级文艺演出还有5天、距离过年还有3天";进行亲子阅读的时候请儿童思考"灰姑娘的魔法过了今天就会失效,那么是几点钟就算是过了今天呢?""牛郎和织女每年只能见一天,一年到底是多久呢,一天又是多久呢?"还可以请儿童自己根据时间顺序复述出故事发生、发展、结束的过程,家长可以通过"先发生了什么""接着发生了什么""最后怎么样了"来进行引导;在进行手工操作的过程中也应让儿童明确先做什么,再做什么,最后做什么,让儿童知道这些程序在时间上的先后关系,帮助儿童在头脑中建构这些动作之间的逻辑关系。这些都能够让儿童更好地感知到时间的特点,强化幼儿园教育的效果。

(四)认识时钟(整点、半点)

大班儿童数学领域学习的一个重点和难点就是认识时钟,之所以对儿童来说有一定难度与儿童独特的思维有关。在马修斯《哲学与幼童》一书中,孩子问道:"如果我八点钟睡觉,明天早上七点钟起床,我怎么断定时钟的短针只走了一圈呢?我是不是要整晚不睡,一直看着它?要是我望了望别处,哪怕是一会儿,短针也可能走了两圈。"[①]儿童认识时钟的同时也能够了解时间是均匀地流逝的,而不是时快时慢。教师可以从以下几个方面着手:

1. 出示时钟讲解用途

教师导入"认识时钟"的内容时,可以通过猜谜语、猜图片、猜声音的方式让儿童了解"生活中的时钟"。如猜谜语:"会走没有腿,会说没有嘴,它能告诉我们什么时候起床、什么时候睡。"猜图片可以事先将教室中的钟表图片打印出来用白纸蒙住,每次打开一点点,请儿童猜这是我们教室中的哪个物品。教室还可以请儿童闭上眼睛听闹钟的铃声,猜一猜这是什么,再出示正在打铃的闹钟,或者出示不同形状、不同颜色、不同制造工艺的钟给儿童看,并提问"这些钟有

---

① [美]加雷斯·皮·马修斯.哲学与幼童[M].陈国容译.北京:三联书店,1989:3.

什么作用,它们走的时间都是一样的吗?"等,让儿童讨论,教师进行讲解,让儿童知道钟表在生活中的作用,爸爸戴手表因为他可以知道什么时候去上班,什么时候送小朋友上幼儿园等。

2. 引导儿童观察,认识钟面的结构

不同的钟看起来虽然有一定的差异,但是钟面的结构都是类似的。教师在引导儿童观察钟面时应呈现数字较大、容易观察的钟面,让儿童说一说这上面有什么(1—12 的数字),这些数字的排列顺序(用手点数,发现是按照圆圈的方式排列,即顺时针),还有三根针(分别是时针、分针和秒针),它们的长度不一样(短短胖胖的是时针、再长一点的是分针、最长的是秒针),走的速度快慢也不一样(秒针最快,时针最懒),在认识钟面的过程中应注意教会儿童认识数字"11 和 12"。

3. 演示讲解时针、分针转动的方向及规律

教师可以告诉儿童在认时间的时候不用管一直拼命嘀嗒在走的秒针,仔细看时针和分针的位置。教师将时针分针都拨到 12 上,接着演示时针和分针都是顺着 1、2、3……12 的方向走动的,提示儿童观察分针走完一圈时针的变化(即分针走一圈,时针走一个数字,表示过了一个小时)。

4. 多次演示讲解整点和半点

演示整点要强调分针从 12 开始,沿着 1、2、3……12 的方向行走,又回到 12 上,当时针走到数字 3 上时就表示 3 点整,这时时针指向 3,分针指向 12,同样,多次演示讲解 4 点(时针指向 4、分针指向 12)、6 点(时针指向 6、分针指向 12,并连成直线)和 9 点以及 12 点。当 12 点整时,时针已经走过了一圈,与分针重叠,因此 12 点应重点解释。一般中午 12 点是一天之中的中间,晚上 12 点是今天和明天的分隔点。

讲解半点时应基于儿童理解整点的基础上,强调当时针指向 3 与 4 之间、分针指向数字 6,表示 3 点半。再进行多次示范,如 6 点半(时针与分针重合)、9 点半(时针指向 9 与 10 之间,分针指向 6)等等。其中,6 点半应着重讲解。

5. 总结整点、半点规律

在多次讲解和演示的基础上,教师可以告诉儿童,"分针在 12 上,时针在几就是几点",让儿童总结规律,认识整点。认识半点也同样有规律,即"分针在数字 6 上时,时针在几过去一点就是几点半"。教师应在活动室中放置大钟,供儿童经常观察和实践。

6. 儿童练习,巩固对整点和半点的认识

集体教学活动之后,教师可以给每个儿童(或以小组为单位)提供一个小钟的模型,由教师报时,儿童拨动来巩固对整点和半点的认识。一开始报的时间可以是教师示范和讲解过的时间,如 3 点、6 点、9 点、12 点这种较容易辨别的时间,等儿童基本熟悉以后,加大难度,提出挑战,请儿童拨动到 10 点整、2 点半等。还可以组织时钟和时间的配对活动,如请儿童把显示 6 点整的钟送到挂着"6:00"牌号的房间中,显示 4 点半的钟送到挂着"4:30"牌号的房间中。通过多种方式让儿童在操作中巩固整点和半点的认识。对于能力水平不同的儿童,教师的要求应体现出差异性。需要指出的是,在认识钟表的教学过程中,教师可以争取家长的配合,请家长经常与儿童一起观察钟表,谈论时间,如每天晚上 7 点整有新闻联播,之前会有倒计时的报时,可以每天请儿童一起观看。

通过以上几个步骤的详细介绍和说明,教师应该了解到在引导儿童认识钟表时应重视演示过程的直观和简明扼要,操作教具时应规范,按照顺时针拨动表盘。本节提供的教学步骤可

供参考,教师也可先鼓励儿童探索和猜测,然后教师进行总结、归纳和纠正,这些都能够有助于儿童获得正确的关于时间的概念。为了帮助儿童获得更多关于时间的概念,教师还可以在活动中告诉儿童,"现在是 11 点整,你们可以在区域里自由活动,等过了半个小时,到了 11 点半,我们就收拾东西吃午饭。请小朋友自己记得看一看时间。"在活动开始和结束时有意识地强调活动时长、等待时长都有助于儿童建立准确的时间概念。

延伸拓展

在活动室里教师可以通过以下手段,帮助儿童将时间与发生的事件/某种具体的变化相联系:

利用种植角:用大豆或者花的种子,种下去以后让儿童观察,今天种子是什么样,明天是什么样,有什么样的改变。明白种子的样子会随着时间的流逝而改变。

讲故事:用反映婴儿时期的儿童的故事,让孩子了解自己的过去是什么样,并延伸到让孩子带自己小时候的照片来教室,讲讲这是谁? 你那时为什么是这样的呢? 你现在和那时有什么不一样的地方? 让儿童自己来说发生的改变和自己理解的时间。在说的同时,让儿童完成自我教育。

活动室的布置:在活动室内放一面钟或其他的计时工具,如沙漏等,不仅教师可以看到,也要放在儿童能够看到、摸到的地方。教师可以有意识地强调时间,并用一些时间用语,如告诉孩子长的指针是分针,当长的指针指到 6 的时候我们要去睡觉。

制作日历:用图画或其他儿童能够看懂的方式,把一日的流程按时间顺序编排,并贴在与儿童的视线齐平的高度。在进行每个环节的时候可以对照日历表,让儿童讲讲我们"现在"在干什么,"刚才"干了什么,"等会"要去干什么。把每天的日历表收集好,对照前两天有不同地方的日历,让儿童说说有什么不一样的地方。

艺术加工:烹饪可以让儿童看到随着时间的推进食物发生的改变,特别的音乐让儿童知道是象征着什么日子和什么事件,用文学故事把儿童带到不同的时空感受事件。

附录:
活动设计一:

小班数学活动:认识白天和黑夜①

活动目标:

1. 结合生活经验,认识白天和黑夜。

2. 通过操作活动,初步建立时间概念。

活动准备:

1. 手工卡纸制作太阳公公、月亮姐姐,视频《白天和黑夜》,幼儿操作材料人手一份(灯泡、手电筒、蜡烛、太阳帽、太阳镜的图片),幼儿操作框人手一个。

2. 幼儿操作时分为四组,每五个小朋友一组,每一组有一份分别标有白天和黑夜标示(太阳和月亮)的操作框两个。

---

① 俞春晓等主编.幼儿园教师用书(科学·数学)[M].上海市:华东师范大学出版社,2009.06,第 218 页,有改动.

活动过程：

一、视频引入

带领幼儿观看视频《白天与黑夜》，初步感知白天黑夜的特征。

教师：下面小朋友们和老师一起看一个视频，看一看视频里的小朋友和小动物们白天和黑夜都在做什么？（白天小朋友去上幼儿园、白天鸟儿在树上唱歌、白天小狮子布奇在玩球、白天小花猫在睡觉、白天布奇在野餐。晚上布奇在睡觉、晚上小花猫在工作、晚上布奇妈妈给布奇讲床头故事）

二、教师讲述故事《白天与黑夜》进一步感知白天与黑夜

1. 教师：今天老师请了两位客人来班里做客，他们是谁呀？（出示太阳和月亮）太阳公公和月亮姐姐。

2. 教师：快听，太阳公公和月亮姐姐在吵架呢，他们为什么吵架呢，你能不能帮助他们呢？

3. 教师讲述自编故事《太阳公公与月亮姐姐》：有一天，幼儿园里的小朋友们在操场上做游戏。他们有的玩沙包，有的玩皮球，有的在和老师玩捉迷藏的游戏。太阳公公笑着看着他们，温暖地照着他们，心里可高兴了。月亮姐姐看见了也非要出来看看，他带着许多小星星把太阳公公挤走了。这下可不得了了，天一下子黑了，小朋友什么也看不清了，有的还害怕得哭了起来。太阳公公生气地说："白天你不能出来，快回去！"月亮姐姐一看小朋友们不高兴，赶快回家了。太阳公公又出来了，小朋友重新高兴地玩起来了。

4. 结合故事进行提问，使幼儿进一步感知白天与黑夜的不同。

（1）太阳公公和月亮姐姐为什么吵架呀？

（2）谁应该在白天出来？我们能在白天做什么？

（3）谁应该在黑夜出来？我们在黑夜能做什么？（启发幼儿大胆发言，表达自己的看法）

三、幼儿操作

1. 教师带领幼儿说一说图片上的物品都是做什么用的（灯泡、手电筒、蜡烛、太阳帽、太阳镜）。

2. 请幼儿将自己操作框里的这些图片分分家，哪个是白天用的，哪个是黑夜用的。幼儿将图片分别放在标有白天和黑夜标示的区域里。

四、教师讲评

教师和幼儿一起检查每一组的操作成果，说一说哪一组都做对了，哪一组有小朋友放错了，并请小朋友给他们改正过来。

五、游戏环节

1. 教师和幼儿一起做猫捉老鼠的游戏，老师当小花猫，小朋友们当老鼠。

2. 播放音乐，一起做游戏。

活动设计二：

时间朋友①

活动目标：

1. 能理解"昨天、今天、明天"并区分其顺序。

---

① 俞春晓等主编.幼儿园教师用书（科学·数学）[M].上海市：华东师范大学出版社，2009.06，第277页，有改动.

2. 能正确运用"昨天、今天、明天"等词汇。

活动准备：

1. 挂图(发芽的三个步骤、小鸡出壳的三个步骤、开花的三个步骤、代表天气的图案等)。

2. 自制挂历、笔。

活动过程：

一、认识昨天、今天

(一)说今天(理解今天)

1. 今天的天气怎么样？

2. 今天谁送你上幼儿园的？

3. 今天早餐你都吃了哪些东西？

(二)看挂历(找出今天)

1. 这是什么？(挂历)

2. 挂历有什么用？(记录一个月的日子)

3. 今天是几月几日星期几？你能把它圈出来吗？

(三)找昨天

1. 指导语：你们知道昨天在日历上的哪个位置吗？(用笔圈出)

2. 提问：昨天的天气怎么样？

　　　　昨天下午是谁接你回家的？

　　　　昨天在幼儿园你和小朋友都学了什么本领？

　　小结：昨天就是今天的前一天，是过去的那天，是夜晚前面的那天。

二、找明天

(一)找到挂历上的明天(告诉幼儿今天后面的一天是明天，并出示"明天"的字卡，找到后用红笔圈出来)

(二)讨论：明天你想干什么？

　　小结：今天、昨天、明天是三个好朋友，今天的前一天是昨天，已经过去，今天的后面一天是明天，它还没有到来。

三、讲述故事

(一)教师讲述故事：有一只小猴子昨天就想盖房子，可是他很懒惰，说明天是个好日子，要等到明天盖，可是到了明天，它又偷懒了，说等明天吧！到了明天，它能盖好房子吗？为什么？

(二)如果你是小猴的朋友，你会告诉他什么呢？

　　结语：时间过得很快，我们可不能像小猴一样把昨天的事情留到今天做，把今天的事情留到明天做，这样事情是永远做不好的。

四、操作和延伸活动

请小朋友用纸画一画你昨天和今天干了什么，并根据图片说一说"我的昨天"和"我的今天"。

活动设计三：

大班数学活动：金老爷买钟①

背景介绍：

金老爷独自住在一座三层小洋楼里。有一天，他在自家阁楼里找到了一只钟。为了知道它究竟准不准，金老爷上街买回了一只新钟，并把它摆在三楼的卧室里。金老爷先看了这只钟的时间，然后爬到阁楼上再去看那只旧钟，这一看，他糊涂了，阁楼上的钟比卧室里的钟快了一分钟。他只好再去买一只钟……这样接二连三地买回了三只钟之后，金老爷还是搞不清究竟哪只钟是准确的。最终，还是钟表师傅用自己的怀表帮他解决了疑惑。这下，金老爷总算找到了问题的症结所在——钟表师傅前脚出门，他马上后脚上街买了一只和钟表师傅一模一样的怀表。从那之后，他所有的钟都准确了……

《金老爷买钟》是一本有趣的图画书，其中蕴含的关于时钟的知识经验有：整点和半点、分钟的认识以及时间的流逝性。反复阅读这个故事，分析其教育价值，发现作者所要阐述的是时间的流逝性，即时间不会停住，一直在不断地往前走。本活动就是围绕着这个故事展开的。

活动目标：

1. 进一步识别时钟上的整点、半点和分钟，感知时钟与时间变化的关系。

2. 开展有关时间的探索，初步发现时间的流逝性。

活动准备：

幻灯片、故事场景（包括金老爷家的四层楼房剖面图）、大面钟一个、金老爷家的四个钟、幼儿人手一个小钟

活动过程：

一、讨论对时钟的认识，关注故事中所出现的问题

（一）首先与幼儿讨论钟的用处，你家里有钟吗？为什么许多人家里都有时钟？

（二）通过故事导入，并观察认识金老爷和他家的钟，带着问题听故事：金老爷家有没有钟？在哪里？他家有钟为什么还要去买钟呢？究竟是金老爷家的钟有问题，还是有什么其他的问题呢？

二、交流各自的看法

（一）听教师介绍"金老爷买钟"的故事以后，引导幼儿关注教师根据故事情节拨动钟面所发生的变化。

（二）故事中强调以下内容，供幼儿思考（不展开讨论）。

第一段：究竟是阁楼上的钟快还是卧室里的钟慢。

第二段：强调金老爷对钟时，不断与第一时间看到的钟面做比较。

第三段：为什么屋子里没有两个钟的时间是相同的。

第四段：跟着钟表师傅一起对钟时，一次又一次地发现钟表师傅的表与金老爷家每一个钟的时间完全一致。

（三）听完故事后讨论"究竟是金老爷家的钟有问题，还是有什么其他的问题"，说出各自的理由。

三、拨动小钟找答案

---

① 李慰宜主编.一课一案.幼儿园优质案例汇编[M].上海市：华东师范大学出版社,2011.05,第168页.

（一）每人一个小钟，跟着金老爷买钟的故事情节，一起拨动小钟找答案。

（二）观察指针行走的方向，懂得钟表倒拨易损坏，况且把钟表倒拨，时间还是只能前进不能倒退。

（三）引导幼儿通过拨动小钟思考以下问题：

问题一：金老爷来到阁楼上时，下面卧室里看不见的钟是几点？

问题二：金老爷跑到卧室时，餐厅里的钟是几点？下楼的时候钟在向前进还是停止不动或者后退？

问题三：卧室里的钟是 4 点 26 分时，其他的钟分别是几点几分？

问题四：金老爷买好表回到家正好是 6 点，他家会不会有一个钟不是 6 点？

四、进一步体会时间的流逝性

（一）联系故事提出问题：是不是每次上楼、下楼使用的时间都一样？

（二）运用生活实例，引导幼儿进一步思考。

活动设计四：

大班数学：圣诞节倒计时①
奉贤区南中路幼儿园　陈燕霞

活动目标：

1. 了解倒计时的含义以及在我们生活中的作用。

2. 尝试计算"倒计时"，体会倒计时给我们生活带来的方便。

活动准备：

1. 经验准备：幼儿看到过计时器，并对计时器有初步的了解。

2. 环境准备：PPT、计时器、月历、笔、圣诞节倒计时牌、绿灯。

活动过程：

一、倒计时的认识（了解倒计时的含义）

（一）邀请小广播播报××倒计时，让幼儿看自己记录的××倒计时的图片，以 PPT 的方式逐个展示。

你发现了什么？（这些数字是倒着数的，数字越来越小）我们一起来数一数。

倒计时上的数字是怎么变化的？（数字由大到小表示时间由多到少的变化）

（二）小结：像这样倒着数，由多到少计算时间的方法，我们叫它倒计时。它可以帮助我们清楚地记住时间，提醒我们及时完成要做的事情。（出示汉字，倒计时）

二、寻找生活中的倒计时（了解生活中倒计时的作用）

（一）按幼儿的回答，依次出示倒计时 PPT。

重点提问：你还知道哪里会有倒计时？（出示照片或图片）它们有什么用？

1. 红绿灯：绿灯上的倒计时提醒人们抓紧时间过马路，如果时间不够就要等一等。（模拟过马路，2 名幼儿先后过马路，其余幼儿倒着数）

---

① 上海学前教育网 http://www.age06.com/Age06.Web/Detail.aspx? InfoGuid = d2ed53e3-c80e-41ef-941f-85de6404f2f9&CategoryID=eac660a6-1d36-4837-b4c5-ff488ffd725e.

2. 微波炉：让大家知道食物还要煮多久。（看看微波炉工作的情况）

3. 火箭发射"倒计时"：火箭发射倒计时告诉大家离发射的时间越来越近了，工作人员要做好准备，才能把火箭顺利送上天。

4. 牙刷：提醒你要保证刷牙的时间。

5. 拳击比赛：限定倒下的运动员起来继续比赛的时间。

（二）出示计时器

重点提问：猜猜这是什么？（计时器）它上面有什么？（数字）数字是怎么变化的？（越变越小）

小结：在我们的生活中有很多地方都会用到倒计时，倒计时给我们的生活带来了方便。

三、尝试计算倒计时（交流并讨论计算倒计时的方法，体会倒计时给我们生活带来的方便）

（一）出示 12 月的月历

重点提问：12 月份有什么节日？（圣诞节）圣诞节是 12 月几日呢？

教师：让我们一起来做个圣诞节的倒计时牌吧。圣诞倒计时就是要知道今天离圣诞节还有几天。

（二）四个朋友为一组一起讨论并制作圣诞倒计时牌，教师观察幼儿计算倒计时的方法。

重点提问：今天是几月几日？除了要找到今天的日期，还要找到哪个日期？

（三）把各小组的记录结果展示在黑板上。

重点提问：离 12 月 25 日还有几天？你是怎么计算的？

（顺着数，两个两个数，倒着数，圣诞节的那天不算进去）

小结：有了圣诞节倒计时，我们就能清楚地知道今天离圣诞节还有××天，我们可以在这一段时间里为圣诞节做准备。

活动延伸：

让幼儿说说还想为什么节日做倒计时牌。

思考与实践

一、名词解释

1. 时间　2. 时间的周期性　3. 时间的抽象性　4. 时间的不可逆性

二、简答题

1. 学前儿童时间概念发展的一般特点是什么？

2. 学前儿童时间概念发展的年龄特点是什么？

3. 皮亚杰说"有的学龄前儿童认为钟面大的钟比钟面小的钟指针从一个数字走到另一个数字要花更长的时间"，说明了儿童思维的什么特征？

4. 学前儿童认识时间的顺序是怎样的？

5. 教师可以通过哪些方法帮助学前儿童获得更加丰富的时间概念？

三、论述题

1. 联系幼儿园教育实际，谈一谈教师在指导学前儿童掌握时间概念时，可以从哪些方面入手？

2. 联系实际，谈一谈教师在引导学前儿童掌握时间概念时可以从哪些方面争取家园合作？

3. 论述学前儿童时间教育如何与其他领域的活动相融合。

4. 材料：一个五岁的孩子睡醒后问妈妈："今天是昨天，还是明天？"另一个四岁的儿童当知道自己的生日是后天时，立刻问妈妈："我应当再睡几次？"妈妈回答说"两次"后，他立刻闭上眼睛发出两次鼾声，并高兴地说："生日到了！"只要父母注意观察孩子，就会发现类似上述种种有趣的事情。

请根据所学知识想一想：

(1) 为什么儿童会这么说？

(2) 如果你是家长或教师，当听到儿童的话时会怎么向儿童解释？

四、实践性学习活动

结合本章节以及幼儿园教材中的相关内容，试着在幼儿园中或生活中观察不同年龄段的儿童如何表述时间，反映出他们什么样的思维特征。根据不同儿童的发展水平和具体情况，采取相应的措施，可以是组织正式的教学活动，也可以是随机的、个别的谈话教育，将观察的结果、分析的过程以及实施方案记录下来。

学习目标

1. 了解量及测量的概念。
2. 掌握学前儿童量的概念学习的意义。
3. 了解学前儿童量的概念的发展特点。
4. 重点掌握学前儿童量的概念的教育指导要点。

学习提示

在本章的学习中,要注意以下几个方面:一是要认真了解学前儿童量的概念学习的意义及发展特点,并能在日常生活中对学前儿童进行观察;二是要结合学前儿童量的概念学习的年龄特点,通过集体教学、区域游戏活动及日常生活活动帮助他们提高排序及测量的能力。

案例导入

案例:我要彩虹棒棒糖

妈妈带着两岁半的红红去超市买东西。红红看见超市里有各种糖果:一根根的棒棒糖、一袋袋的水果糖、棉花糖、QQ糖等。红红吵着要妈妈买糖吃,妈妈答应她只能买一根棒棒糖。超市里有两种棒棒糖(图9-1、图9-2),红红认真观察每一种糖果,并将两种糖果拿在手上比来比去,最后她选定了图9-1的彩虹棒棒糖。妈妈问她为什么选彩虹棒棒糖,是不是喜欢这种糖果的口味,可是红红告诉妈妈的理由是:"这根棒棒糖是大的。"

图9-1　　　　　　　　　　　　　图9-2

从上述案例中可以看出,红红对棒棒糖的大小判断仅仅是依靠感知,如在视觉、触摸觉之间建立联系来进行判断的。学前儿童对大小、长短、重量的认识具有哪些特点?学前儿童测量技能有哪些特点?如何根据学前儿童量的发展特点开展各种教育活动?这就是本章所需要解决的问题。

第一节　学前儿童量的概念学习的意义

人们在认识各种事物时,都要通过观察或测量来比较它们的大小、长短、轻重、高矮等,可以说任何事物都有量方面的特征。如苹果有大有小,铅笔有长有短,球有轻有重,小朋友有高有矮。人们往往从不同的角度进行比较和测量。物体的粗细是指横截面的大小,物体的厚薄是指扁平物体上、下面之间距离的大小;物体的宽窄是指物体横向距离的大小。在日常生活中,学前儿童经常能接触并感知事物的各种量,如物品的大小、马路的宽窄、衣服的厚薄、树木的粗细等。那么,什么是量以及测量呢?

一、量及测量

(一) 量

量是指客观世界中物体或现象具有的可以定性区别或测定的属性,如长度、面积、体积、轻重、大小、高矮、粗细等,也就是说,事物的多少、大小、长短、轻重、高矮、速度的快慢等客观事物的属性都是量。

量可以分为不连续量和连续量两种。不连续量是表示物体的集合元素有多少的量,又称分离量。如文具盒里有多少支铅笔、乘坐电梯有多少人、冰箱里有几个苹果等。不连续量从一种程度到另一种程度是"跳跃式"变化的,也就是说从一种程度开始,只要经过有限多种程度的逐次更替就能变化到另一种程度。如我们数出文具盒中铅笔的数量,从 1 开始,逐次经过 2、3、4……最后变化到 5,说明文具盒中有 5 支铅笔。不连续量只能用整数来表示其程度。连续量是表示物体属性的量,又称相关量,如长度、质量、面积、体积、温度、速度等。连续量从一种程度到另一种程度是"连续地"变化的,也就是说从一种程度开始,要经过无限多种程度的连续更替才能变化到另一种程度。如喷泉喷水的高度从 1 米变化到 10 米,就一定是从 1 米开始,经过 2 米、3 米、4 米……最后才变到 10 米;而从 1 米变化到 2 米时要经过 1.1 米、1.2 米、1.3 米、1.4 米……1.9 米等各种不同的程度;再进一步,我们还会发现从 1 米到 1.1 米也不是跳跃地变化的,中间还会有无限多种程度地更替,如 1.01 米、1.02 米、1.03 米……1.09 米等。连续量的程度除了用整数表示之外,还可以用小数来表示。

学前儿童能够初步认识生活中一些常见量,例如大小、多少、长短、粗细、高矮、厚薄、轻重、远近。如晨间锻炼时,儿童在扔沙包,他们就会比比看谁的沙包扔得更远些;游戏活动搭积木时,他们也会比比看谁的"楼房"搭得更高等。

(二) 测量

所谓测量,是指把要测定的量同一个作为标准的同类量进行比较的过程。用来作为计量标准的量,叫作计量单位。如要测量一个人的高度,就可以选用厘米、分米或者米作为计量单位。用一个计量单位去测量某一个量,结果得到这个量含有计量单位的若干倍,这个数值就叫作这个量的量数。如当我们描述"甲的身高为 180 厘米"时,这表明他的身高是以厘米作为计量单位,量数为 180;当我们描述"甲的身高为 18 分米"时,这表明他的身高是以分米作为计量单位,量数为 18;当我们描述"甲的身高为 1.8 米"时,这表明他的身高是以米作为计量单位,量数为 1.8。因此,可以看出,同一个量,如果用不同的计量单位进行计量,所得的量数是不一样的。

常用的计量方法有直接计量和间接计量两种。直接计量是指把计量的量同计量单位进行比较并且得出结果的计量方法,如用米尺去量教室的长和宽就是直接计量。当直接计量不可能完成或者是在不方便的情况下,就必须采用间接测量的方法。如用米尺去测量两个行星间的距离是不可能的;又如用平方米去度量教室的面积是很不方便的,这就需要间接计量。通过计量其他有关的量,再借助于公式进行计算而得到结果的计量方法叫作间接计量。如要测量教室面积时,先用米尺测出长和宽后,再计算求出教室的面积。

一般对于学前儿童来说,只要求他们进行自然测量,即利用各种自然物作为计量单位对物体量进行直接计量。如儿童用绳子作为测量单位来比较桌子的长短;用脚步来测量距离的远近等。

二、学前儿童量的概念学习的意义

(一)利于学前儿童正确地认识和区别生活中的物体

生活中的每一物体都具有一定的外部特征,如颜色、形状、大小、长短、粗细、厚薄、宽窄等。当学前儿童能正确认识量的概念,会让他们更好地认识各种物体,并能运用相应的词汇进行描述。如当教师请学前儿童观察大象并进行描述时,他们除了用数量描述大象的外形(两只耳朵、两只眼睛、一条尾巴、四条腿)之外,还会说"大象很大"、"大象很重"、"大象的腿很粗"、"大象的尾巴比较细"等有关量的概念。

(二)利于学前儿童观察能力的发展

如教师出示一个大的红苹果和小的青苹果时,他们会发现虽然都是苹果,但它们有很多不一样的地方,如颜色不同、大小不同等。当教师给学前儿童厚度差异较小的两本书比较厚薄时,他们会仔细辨别,观察得更为细致。

(三)利于学前儿童思维能力的发展

有位幼儿教师在上一节语言活动《猜猜我有多爱你》时,让儿童模仿绘本中兔妈妈和兔宝宝举起手臂比谁的爱更多,提出的游戏规则是谁的手臂举得高,谁的爱就多一些。教师先请了儿童 A 和儿童 B,结果儿童 A 获胜;之后儿童 C 又和儿童 A 比较,结果还是儿童 A 获胜。当教师问有谁能超过儿童 A 时,班上一位儿童 D 告诉教师没有谁能超过儿童 A,因为他是班上最高的,因为他的身高是最高的,所以举起手臂也是最高的。如教师要求儿童从左边开始对 6 个物体进行从大到小排序,他会懂得从左边看物体越来越小,而从右边看物体越来越大,这说明儿童已经懂得排序的可逆性这一关系。

(四)利于学前儿童解决问题能力的提高

某大班在"小小木工坊"活动区中,两位儿童在尝试着做一张小桌子。教师提供了各种长短不一、宽窄不一的木板,钉子、锤子、锯子等工具。两位儿童找了一块方形的木板准备做桌面,然后找了四块长条形的木板准备做桌子的四条腿。当他们合作钉好一条桌腿后,非常满意。可当他们将第二条桌腿钉好后,却发现了问题,两块木板不是一样的长度,导致桌腿不平。这时,他们没有继续钉第三条桌腿,而是在思考怎么解决这个问题。他们得出一致结论,四块长条形的木板要一样长,这样桌子才能放平。于是他们就在一堆木板中找出四块一样长的木板做桌腿。过了一段时间后,教师在活动区新增了尺、笔等材料,同时减少相同长度的木板数量,目的是让儿童学会用测量的方法解决这一问题。在教师的引导下,儿童在做桌椅时,会用一块短一些的木板作为模版,在另外三块稍长的木板上画好刻度,先用锯子锯出相同的长度,之后再进行"组装"的工作。这说明学前儿童会结合生活中的经验,利用简单的测量方法解决他们在游戏活动中的问题。

第二节　学前儿童量的概念的发展特点

一、学前儿童量的概念发展的一般特点

(一)先认识有明显差异的物体,再认识差异不明显的物体

学前儿童很早就能对物体的量进行认识和区别,如挑选自己喜欢吃的食物会选大的,不喜欢吃的食物就会选小的。对于有明显量的差异的物体,学前儿童能较为轻松地进行区分,这是因为他们只要通过目测就能发现物体的区别;但是对于只有细微差异量的物体,学前儿童则显得有些困难,这是因为他们通过目测没有办法进行区分,可能还需运用到各种测量的方法,这对年龄小的儿童来说有些难度。3岁左右的儿童能够在差异明显的变量中辨别区分出最大、最小、最长、最短的。随着年龄的增长,对差异不明显的量也能进行区分。

(二)对量从绝对化认识逐步发展到相对性的理解

学前儿童对量的理解缺乏相对性,他们对量的认识最初是一种绝对化的认识。如教师让学前儿童回答"家中谁最高"这一问题时,他们都会说家中爸爸最高,当教师再问:"我们班小朋友的爸爸,谁最高?"他们都会说自己的爸爸是最高的,甚至有时还会争得面红耳赤。只有给学前儿童呈现两个物体进行比较时,他们才懂得谁高谁矮、谁大谁小、谁长谁短要比一比才知道。当给学前儿童呈现三个或更多物体进行比较时,他们对量的相对性有了更进一步的理解。如在家中妈妈和宝宝比高矮时,妈妈高,但是妈妈与爸爸比高矮时,妈妈矮。他们知道妈妈到底是"高"还是"矮"要看和谁比。

(三)语言表述从模糊不精确到逐渐精确

学前儿童在日常生活中积累了许多物体量的经验,也能进行区分,如让他在毛笔、水彩笔和蜡笔中找出最长的、最短的,他们能很好地完成任务。但他们对长短、高矮的概念常常是比较模糊的,他们还不能用准确的词汇进行表达,如3—4岁的儿童常常用"大"、"小"来代替其他的变量(如长短、粗细、厚薄等),他们会把长的、粗的、厚的等都用大的来替代,把短的、细的、薄的等都用小的来替代。有研究表明,小班60名儿童中有15名儿童将"高矮"说成"大小",而中班和大班儿童几乎全部理解高矮概念。对于"宽窄"的理解,大部分儿童把宽窄说成"胖瘦"、"粗细"、"大小"。随着年龄的增长,他们在语言、词汇的运用和表述方面的发展逐步精确。如他们能正确区分长短和高矮应在什么情况下使用。如小朋友比较身高时要说"高"或"矮",比较铅笔时要说"长"或"短"等。

学前儿童感知量的年龄特点①

3—4岁幼儿一半已能感知物体的大小和长短差异,也能用相应的词汇来表示。但对于其他量的差异还不能认识,也不会用相应的词语来表示。他们对高矮、粗细、长短、宽窄等量的差异,笼统说成大与小。这一时期的幼儿对量的认识不具有相对性。他们开始是把物体的大小看成是物体的绝对特征,而不是比较的结果,逐渐地才学会比较4个以内的物体的量。

4—5岁幼儿感知量的精确性有了大的提高,能比较精确地区分出高矮、粗细、宽窄、厚薄、轻重,并能用相应的词语表达这些量,能判断相等量,但缺乏对物体量守恒的认识。能按照递增或递减的顺序进行简单的量的排序,排序能力有了明显的发展,但数量多时还有一定的困难。实验证明,4岁幼儿已有80%能完成3根小棍的排序,35%完成5根小棍的排序,但是对10根小棍的排序有较大的困难。5岁幼儿能排3个物体的达到100%,能排5个物体的已达80%,10个物体的有55%能完成。这时幼儿的排序还依赖于感知和尝试错误而不是运用逻辑关系认识量的关系。

5—6岁幼儿能正确地认识并用相应的词汇描述物体量的各种特征,精确性有了较大的提高,对于量的相对性有了较好的理解。他们逐渐在逻辑的基础上理解量的序列关系,包括可递性、传递性、相对性。开始能够正确地排序,而且也不再受知觉范围的局限,有的还学会排序的策略。此年龄段幼儿能够学习用工具测量,但测量还仅限于用简单工具的测量,而不是根据标准测量。幼儿对于测量的方法技巧还难以掌握,要依赖于教师的示范和指导,幼儿独立、正确地完成测量任务还有许多困难。

二、学前儿童对物体量的认识特点

(一)学前儿童辨认物体大小、长短、粗细、厚薄、高矮能力的发展

《3—6岁儿童学习与发展指南》在"数学认知"目标2中提出要"感知和理解数、量及数量关系"。在教育建议中指出要引导学前儿童感知和理解事物"量"的特征。如:感知常见事物的大小、多少、高矮、粗细等量的特征,学习使用相应的词汇描述这些特征。结合具体事物让儿童逐渐理解"量"是相对的。如小亮比小明高,但比小强矮。收拾物品时,可根据情况鼓励儿童按照物体量的特征分类整理。如整理图书时按照大小摆放。

1. 学前儿童对大小、长短、粗细、厚薄、高矮等量的认识具有顺序性

儿童感知大小的能力发展较早,从婴儿期起就孕育着对物体大小的辨别能力。已有研究表明,学前儿童最容易理解的量的概念是大小和多少。表现在语言上,他们最初也是用"大小"、"多少"等词汇表达各种量的差异。而长短、粗细、宽窄、轻重等量的概念,学前儿童一般到中班以后才逐渐理解,并随着语言能力的提高而学会相应的量词,到大班,学前儿童对各种空间量的概念已经基本理解。

① 梅纳新.学前儿童数学教育[M].上海:复旦大学出版社,2013:80.

2. 感知量的概念从通过各种感官的认识逐渐发展到测量方法的使用

学前儿童在没有学会测量之前,他们认识大小、长度是以不同的感受器和不同感受器之间建立的联系来完成的。如学前儿童要辨认大小、长短、粗细、厚薄等量的特征时,他们可以通过视觉感受器(目测)进行观察比较;要辨认物体的轻重,他们则通过运动觉来辨别,如用手提起物体进行感知并作出比较和判断。但是当物体量的差异不明显时,仅仅运用感官很难作出区分,因此学前儿童逐渐学会运用测量的方式进行比较。

延伸拓展

学前儿童辨认物体大小能力的特点[①]

杨期正等(1981年)测试了托儿所和幼儿园幼儿辨认物体大小的能力。

1. 测试要求1岁—3岁儿童在两个皮球中捡出大的或小的一个,并说出捡出的是大球或小球。测试结果如下表:

年龄	18月	22月	24月	28月	32月	36月
能按语言指示选择大小物体	20	48	60	88	96	100
能用语言说明大小物体	0	28	40	80	88	100

从表中可以看出,18个月前的儿童还不理解大小的含义。成人要求他们选取大球和小球时,不能正确反应,只随便抓起一个。18个月—24个月的儿童已能按成人的语言指示选择大小物体,并有部分儿童能用词汇表示大小。但这阶段的儿童在辨认大小时还常表现迟疑、缺乏信心的神情,或者改变正确的选择。28个月的儿童,大小判断能力明显上升,正确率达88%,他们能按照语言指示果断地区别物体大小,并能正确地用语言说明大小物体。

2. 3岁—6岁幼儿园儿童,则要求儿童比较常玩的纸鸟的大小,比较正方形和三角形的面积,比较一系列面积不等的正方形的大小。测试结果表明:

3岁儿童一般已能判别图形大小。在一组大小不同的图形中指出哪个图形最大,哪几个图形相等。判别大小的能力,随年龄增长而提高。

3岁儿童完全不能判别不相似图形的大小,如正方形和三角形的大小,即使到6岁也比较困难。在大小判别中学前儿童逐渐能从简单的目测到多方面的比较、测试,以确定大小。

3岁儿童判别较复杂的物体,如两只纸鸟的大小时,也只凭简单的目测决定;4岁儿童能先找出两个物体的相应部分进行比较;5—6岁儿童中甚至有个别儿童能借助其他中介物作为比较的量尺,发展到进一步地比测操作。

(二) 学前儿童重量感知的发展

由于地心吸引力作用,而使物体具有向下的力,叫做重力,也叫重量。不少学前儿童很小便可按物体的多少区分所有物体,用轻、重等词汇表示自己的感觉。

我国有人对儿童轻重感觉的发展做了初步的实验研究,该实验从感知轻重的差异性、精确

---

① 张慧和.学前儿童数学教育[M].重庆:西南师范大学出版社,2001:238.

性、相对性和对这些特性的理解,以及运用轻重词汇等方面对 3 岁—6 岁儿童进行了测试。测试结果如下:①

1. 3 岁儿童已能感知和判别有明显差异的两个物体重量的不同

儿童用手掂量两个重量分别为 140 克和 15 克的瓶子时(瓶子的颜色、形状、体积均相同),能正确回答"它们是一样重还是不一样重"问题的人数达到 80%;而瓶子重量分别为 140 克与 70 克时,正确回答的人数只有 37%。说明 3 岁儿童对重量差异大的物体易于辨别,而差异较小则有困难。正确完成"把重的瓶子给我"(测查对"轻""重"词汇的理解)的人数高达 90%,但他们还不会运用"轻"、"重"词汇表达自己的感受,只能做具体的说明"这里面水多","这里面药少"等,能正确用"这个重(轻)"回答的人数只有 17%。

2. 4 岁儿童基本上能用正确词汇表示物体轻重的感知

4 岁儿童用"轻"、"重"词汇表示不同瓶子重量的人数已达 53%。此时儿童对轻重的感觉也有了明显的提高,如他们能从若干对象中找出同样重量的物体。从众多不同重量的物体中区别出同样重量的物体,需要儿童能准确感知和判别哪些物体具有同等重量。

3. 5 岁儿童判别轻重差异的精确性有较大提高,能理解和运用"轻"、"重"词汇

5 岁儿童能正确完成各项任务的人数已达 73%—100%。同时 5 岁儿童感知轻重相对性能力发展显著。如对并排放置的重量分别为 140 克、75 克和 15 克的瓶子(形状、颜色、体积均相同),他们能判别和说出其中哪个最重、哪个比较重、哪个最轻,回答正确的人数达 67%。可以认为 5 岁儿童已基本上具备了感知轻重和体积的能力。

4. 6 岁儿童已具备了认识物体重量和体积之间关系的能力

随着重量感觉的发展,5 岁—6 岁儿童能够认识到小的物体可以比大的物体重,而大小一样的物体,由于制作材料的不同,它们的重量也可以不同。他们还发现了物体重量和体积之间存在一种新的、另外的联系,不只是直接的正比关系,还有相反的关系,如大皮球能浮在水面上,而小的金属球却沉到了水底。这种对重量和体积之间关系的新认识,表示了学前儿童认知能力有新的发展和提高。

(三)学前儿童排序能力的发展

1. 排序的概念

所谓排序,是指将一组物体按照某种特征上的差异或按着一定的规律排列成序。排序是较高水平的比较,儿童要学会排序,首先要学会比较,他们要能连续地比较和区分物体之间的差异。排序是建立在比较基础上的思维活动,是反映儿童思维判断和推理能力发展的一项重要的活动。在学前期,排序活动是贯穿在儿童数概念、数序的认识与比较以及量的差异特征的认识区分中的。

《3—6 岁儿童学习与发展指南》"数学认知"目标 1 的教育建议中指出,要"引导幼儿观察发现按照一定规律排列的事物,体会其中的秩序和美,并尝试自己创造出新的排列规律"。如:和幼儿一起发现和体会按一定顺序排列的队形整齐有序,人多时按先后顺序排队比较公平等。提供具有重复性旋律和词语的音乐、儿歌和故事,或利用环境中有序排列的图案,如按颜色间隔排列的瓷砖、按形状间隔排列的珠帘等,鼓励幼儿发现和感受其中的规律美。鼓励幼儿尝试自己设计有规律的花边图案、创编有一定规律的动作,或者按某种规律进行搭建活动等。引导

---

① 张慧和,张俊著.幼儿园数学教育[M].北京:人民教育出版社,2004:262.

幼儿体会生活中很多事情都是按一定的顺序和规律排列的,如一周七天按照从周一到周日的顺序排列,一年四季按照春夏秋冬轮回等。

2．排序活动的意义

学前儿童排序能力对他们数学能力的发展有较大的影响。排序有助于学前儿童对抽象的数概念的形成。如当学前儿童数糖果时,他会把糖果一一摆好,边指着糖果嘴巴边发出数数的声音:"1、2、3、4、5。"因为他是对物体进行有次序地逐一点数,所以能正确数出结果。排序有助于形成数的序列。学前儿童在排序活动中获得了按照物体差异进行排列的经验,了解到每个物体按照一定规则在空间所处的位置关系,这将有助于他们理解数的顺序,理解序数的意义,形成数的序列。如大班儿童在学习相邻三个数时,知道8的邻居是7和9,这是因为他们懂得7、8、9三个数的顺序,知道7比8少1,所以7应该在8的前面,而9比8多1,所以9应该在8的后面。

排序还有助于学前儿童思维的发展。排序过程中,学前儿童要对物体的大小、数量、颜色、形状进行观察,然后排序、推理、比较,在排序过程中,学前儿童还理解了可逆性、传递性和双重性关系,这些都有助于他们思维能力的发展。

排序活动还能激发学前儿童的探索精神和合作意识。如某教师在让大班儿童学习"8以内高矮排序"时,除了提供桌面的操作材料之外,还将班上的儿童八个分为一组,让他们每组按从高到矮排序,要想顺利完成任务,每组儿童必须要学会合作,他们会不断与同伴进行比较,不断调整队伍的位置。如在《串手链》的活动中,有的儿童按着颜色的规律来排序,有的儿童按着形状的规律来排序,有的儿童按着大小的规律来排序,每一个儿童都有自己的排序规律,这样的活动利于他们自主探索,利于他们想象力的发展。

3．排序的形式

从排序的概念中可以看出,排序的形式分为两种,一种是按着某种特征上的差异进行排序,另一种是按着一定的规则进行排序。

(1) 按着某种特征上的差异进行排序

按物体量的差异(大小、长短、高矮、粗细、厚薄、宽窄等)的次序排序。如图9-3所示,把圆片从小到大进行排序,把铅笔从细到粗进行排序;如图9-4所示,把长颈鹿卡片从矮到高进行排序。

图9-3　大小、粗细排序

图9-4　高矮排序

(来源:江西省南昌市保育院)

按物体数量多少的次序排列。如可让学前儿童按照实物卡片、圆点卡片及数字卡片上的数量按从多到少或从少到多的次序排序。如图9-5是按实物卡片上的数量从少到多进行排序,图9-6是按圆点卡片上的数量从少到多进行排序,图9-7是按数字卡片上的数量从少到多进行排序。

图9-5　实物卡片排序

图9-6　圆点卡片排序

图9-7　数字卡片排序

（2）按着一定的规则进行排序

包括按照物体外部特征（如大小、颜色、形状）和物体摆放的位置等进行排序。如图9-8是按照物体的颜色、大小进行排序。图9-9是按照物体的形状进行排列。图9-10是按照物体摆放位置的特定规则进行排序。如大树摆放的方向是左上→右上→左上→右上的顺序进行排序;铅笔摆放的方式是两支铅笔竖着摆放→两支铅笔横着摆放→两支铅笔竖着摆放→两只铅笔横着摆放。

图9-8　按颜色、大小排序
（来源:江西省八一保育院）

图9-9　按形状排序

图9-10　按物体摆放位置的特定规则排序

4. 学前儿童排序能力发展的特点

幼儿数概念协作组(1979年)的调查表明,儿童认识物体大小、长短的次序要比认识实物(包括直观图形)的数序发展更早,实物的数序的掌握又比抽象的数序的掌握先发展。儿童对各种量的排序能力这一发展趋势反映了从直观感知到抽象概念认识过程的发展规律。学前儿童排序能力的发展具有以下年龄特征:

(1) 3—4岁儿童的排序完全建立在对量的差异的感知基础上,而且一般只能进行4个物体的排序。主要是通过尝试错误完成排序对应活动。廖丽英(1999)认为,3—4岁儿童在进行长度排序时,活动带有很大的游戏性、任意性和不稳定性。

(2) 4—5岁的儿童开始尝试真正的排序活动,但还不能够很好地将5个以上的物体排列成一个完整的序列。儿童主要还是依赖于感知和不断尝试错误来进行排序,他们还不能从逻辑关系的基础上进行排序。4岁儿童往往用分组比较的方法进行5以内的排序,但组与组之间是孤立的,还不能协调成一个序列。如图9-11所示,前三支铅笔是一组序列,后两支铅笔是一组序列,但五支铅笔放在一起则不是一组系列。在方

图 9-11

法上,4岁儿童最早在排列长短顺序时,往往只注意到小棍一头的顺序而不顾小棍的另一头是否对齐。

(3) 5—6岁的儿童逐渐在逻辑的基础上理解量的序列关系,开始能够正确排序。5岁儿童在进行5以内排序时,失误明显减少,有些儿童具备了一定的目测能力,但在进行10以内排序时失误较多。6岁儿童在进行10以内排序时,目测能力明显提高,失误次数也明显减少。有的儿童能自觉运用简便的排序方法。如有的儿童会将10根小棍拿在手上,将一端对齐,再每次从中拿出一根最短的,依次排成一个序列。儿童能够按序排列物体,说明他们理解了排序中的传递性、相对性的关系。实验表明,5—6岁是认识传递性的较好时期。

除此之外,有研究表明,排序对象的数量多少会影响学前儿童排序。如在数字排序中,中班儿童三个数字的正排序完成率为90%,逆排序完成率为83.33%,五个数字的正排序完成率为86.67%,逆排序完成率为83.33%。4—6岁儿童几种排序能力的发展顺序是:正排序→逆排序→传递性→双重性。如在长度排序实验中,小班儿童三根小棍的正排序完成率为60%,五根小棍的正排序完成率为13.33%,十根小棍的正排序完成率为3.33%;而三根小棍的逆排序完成率为30%,五根小棍的逆排序完成率为10%,十根小棍的逆排序完成率为3.33%。

(四) 学前儿童测量技能的发展

测量是儿童早期数学认知能力的一个重要维度,它保证了数与量之间一系列关系的形成。[①] 一个完整的测量过程会涉及到数概念(如点数、数的单位),量的概念(如数与量的关系及图形、空间方位)等多种数学认知概念。儿童在测量中可以使他们的数、量、空间等概念得到独立并有联系地发展,这是促进数学认知能力发展的重要基础。《3—6岁儿童学习与发展指南》"数学认知"目标1的教育建议中指出,要"鼓励和支持幼儿发现、尝试解决日常生活中需要用到数学的问题,体会数学的用处。如:比赛拍球、跳绳、跳远或投沙包时,可通过数数、测量的

---

① 张华,庞丽娟. 儿童早期数学认知能力的结构及其特点[J]. 心理学报,2003,35(6).

方法确定名次。"

儿童学会测量的标志是他们能运用一定的测量工具将客体的空间特性(长度、面积、体积)用数量化的单位表示出来。皮亚杰用实验探查了其间的发展过程。

在皮亚杰的研究中,实验员向被试儿童展示了一座放在桌面上的由 12 块积木搭成的塔(模型塔),并要儿童在一张较矮的桌子上也搭一座同样高度的塔。从儿童搭塔时的行为表现可以把儿童的发展分为三个阶段:[①]

阶段一(4 岁左右):儿童仅依靠视觉的比较来建构自己的塔。他们搭的塔看起来和模型塔一样高,但常常忽视桌子的高度彼此不同,因此搭出的塔实际上比模型塔要高。当实验员建议他们利用地上放着的标竿测量时,儿童不懂得如何使用。而水平较高的儿童能使用一根长的竹竿横放在两座塔的塔顶,即使放置的竹竿没有呈现水平状,他们也往往宣布两座塔一样高。实验员问:"你怎么知道的呢?"其中的一位被试儿童回答说:"因为我有一副好眼力。"

阶段二(6 岁左右):属过渡阶段。这时儿童已注意到两张桌子的高度不同,要建造的塔基较低,他开始环视四周,找寻测量这座塔的方法。他们通常使用的一种方法皮亚杰称之为"手的迁移"或"躯体迁移",即他走到模型的跟前,把一只手放在模型的顶部,另一只手放在模型的底部,以确定模型塔的高度,然后保持双手的这个距离,把身体转移过来测量自己所复制的塔的高度,好像他们的双手在途中不会改变位置。

这一阶段儿童使用的另一种测量策略是在模型塔的旁边用积木建一座等高的塔,然后将新建的塔的积木拿到矮桌子上,以它为标准建造一座与其等高的塔(因为游戏规则禁止直接移动模型塔)。在这里,儿童开始采用了逻辑推理的方法,即 A(模型塔)等于 B(可移动的塔),并且 C(儿童的塔)等于 B,则 A 等于 C。

这一阶段,儿童使用的最后一种策略是使用量尺,即利用实验者提供的放在地上的纸条或标杆。他们使用的是和模型塔等高的标杆。接着他们也会使用较长的标杆作为量尺,并用手指在标杆上记下塔的高度。

阶段三(6 岁以上):当儿童懂得使用测量单位时,标志着儿童形成了测量概念并掌握了测量技能。如儿童会用一根较短的木棒作为测量单位先测量模型塔的高度,如测得塔的高度等于 3 根相互连接的木棒的长度,也就是将模型塔分为 A、B、C 三部分,且 A＝B＝C;然后将这三部分移到儿童自己建造的塔,A、B、C 三个相等的单位变成 A＋A＋A＝3A,根据 3A 这一数值,儿童能调整自己建造的新塔的高度,使之准确地与模型塔的高度相等,这标志真正测量的开始。

三、学前儿童量的概念教育要求

(一) 小班

1. 会用观察、比较的方法,区别大小和长短不同的物体,会正确运用"大小""长短"等词汇。
2. 能从 4 个大小或长短不相等的物体中找出并说出哪个最大(最长)或最小(最短)。
3. 能按物体的外部特征(形状、颜色)或量(大小、长短)的差异进行 4 以内的物体排序。

(二) 中班

1. 能区别并说出物体的粗细、厚薄、高矮等。

---

① 方富熹,方格,林佩芬.幼儿认知发展与教育[M].北京:北京师范大学出版社,2003:161.

2. 能从五六个大小（长短、粗细、高矮、厚薄）不同的物体中找出等量的物体（其中两个是相同量）。

3. 能按物体量的差异，进行 7 以内的正逆排序，会按一定的规律排序物体。

（三）大班

1. 会用目测和自然测量的方法，比较物体的长短、高矮、宽窄、厚薄和轻重，能正确表达测量的结果。

2. 能按物体量的差异进行 10 以内的正逆排序，能按一定的规律排列物体，初步感知序列之间的传递性、双重性和可逆性关系。

3. 学习量的守恒，知道物体的外形、摆放位置等发生了变化，它的量不变。

第三节　学前儿童量的概念学习的教育指导

一、学前儿童辨认物体大小、长短、粗细、厚薄、高矮能力的教育指导

（一）运用多种感官帮助学前儿童理解大小、长短、粗细、厚薄、高矮、轻重等量的概念

1. 看一看（视觉比较）

如比较大小时，教师可以先出示两个差异较大的物体，让学前儿童通过目测观察娃娃大小的不同。之后，可以逐渐减少两物体的差异，以进一步提高学前儿童目测比较的能力。

2. 摸一摸（触摸觉比较）

如比较厚薄时，教师可提供厚薄不同的书籍或衣服，除了让儿童目测之外，教师可以提出新的要求"请小朋友闭上眼睛摸一摸，它们有什么不同？"让他们通过触摸觉进一步感知物体量的差异，帮助他们更好地理解相应的词汇。

3. 拎一拎（运动觉比较）

如比较轻重时，只通过视觉和触摸觉有时很难作出判断，教师可引导儿童将两个物体放在手上掂一掂或拎一拎进行比较，进而理解"轻重"的概念。

在让学前儿童感知和比较物体量的特征时，为了将儿童的注意力集中到被比较的量的特征上，教师应提供差异特点单一的操作材料，如比较物体的大小时，应提供同颜色、同形状、大小差异明显的物体。如果提供的是不同形状、不同颜色、不同大小的物体，儿童会受到三种因素的影响，不利于他们集中感知"大小"的特征。同样的，如果让儿童感知"粗细"概念，就应提供长短一样、粗细差别明显的同一类物体；让儿童感知"厚薄"概念，就应提供长和宽一样、厚薄差别明显的同一类物体。

为了让学前儿童理解量的相对性，教师提供比较的物体应由最初的两个物体的比较增加到三个物体的比较。如红色的铅笔和蓝色的铅笔比长短，蓝色的铅笔是长的，但是蓝色的铅笔和绿色的铅笔比长短，蓝色的铅笔却又是短的。

（二）引导学前儿童正确运用词汇进行描述

学前儿童虽然获得了大小、长短、高矮等概念，但是在描述时经常会出现用词不当的现象。

教师在让儿童通过各个感官理解相关量的概念时,一定要引导儿童用正确的词语进行表述。教师可通过"找茬游戏",让儿童找找教师说错的地方并进行纠正,如"大象小老鼠大"、"皮球轻气球重"、"火车短轿车长"等,让儿童结合生活中的经验理解词汇的含义。再如"爸爸长宝宝短"、"铅笔高蜡笔矮"等,让儿童找出错误后并说说理由。教师还可以用一问一答的方式帮助儿童掌握词汇,如教师问:"火车火车什么样?"儿童可回答:"火车火车长长的。"教师还可问:"还有什么东西是长长的?"儿童会答:"大象的鼻子长长的。"让儿童说一说,使长短、高矮等概念掌握得更精确。

(三)帮助学前儿童掌握比较的方法

学前儿童通常会通过视觉直接比较物体的大小、长短、高矮等,但是对于差异不大的物体仅仅通过目测很难作出正确的判断,教师应引导儿童掌握比较的方法。一般来说,学前儿童常用重叠和并放的方法来比较量。所谓重叠比较是指小物体重叠放置在大物体上,如教师提供大的红色正方形和小的绿色正方形让儿童比较大小时,可让儿童将绿色正方形放在红色正方形之上进行比较。所谓并放法是指将两物体并排放在一起进行比较,如教师出示厚薄两本书让儿童比较时,可让儿童将两本书并排放在一起观察厚度。同时,教师还应让学前儿童认识到比较物体长短时要使物体的一端对齐,比较物体高矮时要使物体放在一个水平面上进行比较。

(四)多种形式帮助学前儿童理解量的概念

1. 集体教学活动

教师可以组织专门的数学教学活动帮助学前儿童理解量的概念。如小班数学活动《给大大小小送礼物》让儿童通过多种操作活动学习用目测的方法比较物体的大小;小班数学活动《长长和短短》让儿童在游戏中通过对应比较的方法感知物体的长短,并能辨别出三样物体中最长和最短的物品。中班数学活动《高高和矮矮》让儿童学会比较两种物体的高矮,懂得高与矮的比较是相对的。

除了专门的数学教学活动,其他领域的活动中也会渗透数学概念。如大班分享阅读活动《熊小弟的栅栏》的故事梗概为:有一只熊小弟种了一块萝卜地,为了防止兔子偷他的萝卜而动手做栅栏。第一次做的栅栏有的高有的低,兔子偷走了萝卜。第二次做栅栏时吸取教训,将栅栏做成一样高,但栅栏之间的间隔有的宽有的窄,萝卜又被偷了。第三次做栅栏时缩小间隔并将间隔做成一样宽,但萝卜还是被偷走了,虽然大兔子没法通过,但是小兔子个子小,还是能通过较窄间隔的栅栏。第四次做的栅栏又高又密,但萝卜还是被偷了,因为兔子会打洞。这个故事中就渗透了"高低"、"宽窄"、"大小"的概念,同时通过读本中的绘画让儿童明白"高低"(图9-12)和"宽窄"(图9-13)的含义。如体育游戏《高人走和矮人走》中,教师发出指令:"高人走",全体儿童踮起脚高举手臂学巨人行走;教师发出指令:"矮人走",全体儿童蹲着抱膝走(图9-14),在体育活动中就渗透了"高矮"的概念。

熊小弟想办法,拿出尺子量一量。

图9-12 量高度

(来源:北京奕阳教育研究院分享阅读《熊小弟的栅栏》)

图 9 - 13　量宽度
（来源：北京奕阳教育研究院分享阅读《熊小弟的栅栏》）

图 9 - 14　高人走矮人走
（来源：江西省军区机关幼儿园）

2. 区域活动

教师除了通过专门的数学教学活动帮助学前儿童理解量的概念，还可以通过区域活动进一步复习与巩固对量的理解。教师可以提供专门的操作材料让儿童感知大小、长短、高矮等量的概念。如图 9 - 15 所示，儿童通过"按大小标记"分类的操作活动，感知了"大小"的含义。如图 9 - 16 所示，儿童结合生活经验将衣物按厚薄进行分类，进一步巩固他们对"厚薄"的理解。除此之外，在其他区域活动中还可以渗透相关的内容。如在美工区，儿童用橡皮泥搓出"汤圆"时，可让儿童之间进行比较，看谁的"汤圆"大一些。在建构区，儿童可以比较谁搭建的"房子"（易拉罐建构）更高（图 9 - 17）。

图 9 - 15　大小标记分类
（来源：江西省人民政府直属
机关保育院）

图 9 - 16　厚薄分类
（来源：江西省南昌市保育院）

图 9 - 17　谁的房子高
（来源：江西省南昌市龙泉实验幼儿园）

3. 游戏活动

游戏是学前儿童的基本活动，也是他们最喜欢的活动。通过游戏活动利于激发学前儿童的学习兴趣，教师可以开展各种游戏活动帮助儿童理解量的特征。以下列举几种游戏：

（1）语言游戏：说相反。最初可由教师和儿童对说：教师说出一个有关量的特征的词（如大、长、宽、厚、高、轻等），儿童就要说出相反的词（小、短、窄、薄、矮、重等）。当儿童熟悉玩法后，教师可让儿童之间对说。

(2) 体育游戏:听指令做动作。如教师发出指令"我说小小的",儿童就要缩紧身体做出小小的动作;教师发出指令"我说大大的",儿童就要张开双臂做出大大的动作;教师发出指令"我说高高的",儿童就要踮起脚做出高高的动作;教师发出指令"我说低低的",儿童就要蹲下身体做出低低的动作;教师发出指令"我说宽宽的",儿童就要张开双手打开双脚做出宽宽的动作;教师发出指令"我说窄窄的",儿童就要缩紧双手和双脚做出窄窄的动作。

(3) 摸箱游戏:如摸箱里面可以放一个大的物体(网球)和小的物体(乒乓球),让儿童通过触摸觉感知物体大小的差异。摸出物体时要求儿童说出"我摸的网球是大的,我摸的乒乓球是小的"。儿童还可以依据教师的要求摸出相应的物体,如:"请你摸出大的物体。"需注意的是此游戏开始玩时一次只能放一对物体进行比较,而且两个物体的大小应有明显的差异。之后可以放三个大小差异明显的物体加大难度。

(4) 角色游戏:娃娃家。如在角色游戏中渗透了许多量的概念,在娃娃家中,有大小不一的娃娃、衣服、床铺等,儿童在游戏过程中能让大娃娃睡在大床上,知道要给大娃娃穿大的衣服,小的衣服没法穿。同时教师还可以给儿童提出更明确的要求:"请你帮长头发的娃娃夹大发卡"、"帮短头发的娃娃夹小发卡","天冷了,给宝宝穿厚裤子"、"给宝宝穿长裤"等。

4. 日常生活

教师组织儿童在户外活动时,可以观察幼儿园院子里的大树有高有矮、有粗有细等(图9-18);观察幼儿园柚子树上哪个柚子长在最高的位置(图9-19);幼儿园的梅花桩有的高有的低,有的间隔宽有的间隔窄(图9-20);幼儿园的荡桥一个宽一个窄(图9-21);柚子丰收后,将柚子提到班上与同伴分享时,体验到"轻重"的概念(图9-22)。

图 9-18 树木
(来源:江西省人民政府直属机关保育院)

图 9-19 找找最高的柚子
(来源:江西省人民政府直属机关保育院)

图 9-20 梅花桩
(来源:江西省人民政府直属机关保育院)

图9-21 荡桥
(来源:江西省人民政府直属机关保育院)

图9-22 老师,我拎不动
(来源:江西省人民政府直属机关保育院)

除此之外,教师还可以引导儿童比较班上哪个小朋友的鞋子大、哪个小朋友的头发长等;在家庭中可引导家长和孩子比比谁的手臂长、家中谁最高等;在公园、大街等社会环境中引导儿童观察房子有高有矮、马路有宽有窄等。让儿童在生活中进一步巩固和运用量的概念。

二、学前儿童排序能力的教育指导

(一)应依据年龄特征安排由易到难的排序活动

幼儿园排序活动的设计与安排应考虑儿童的年龄特征,排序范围及其难度应随儿童的成长逐步扩大与加深。

1. 先进行按次序规则排序,再进行按特定的规则排序

排序活动包括按照某种特征上的差异进行次序规则排序(如从大到小等)和按照特定的规则排序(如红黄蓝等)两种形式,每一年龄段都应安排这两种类型的排序活动。但是从数学的一般经验来看,应先安排次序排序,再安排规则排序,这是因为在量的比较教学中,儿童已经积累了一定的对物体大小、长短、粗细、高矮等量的特征区分的相关经验,按量的次序规则排序实际上就是儿童理解量的差异的一种操作表现。而儿童在按特定的规则进行排序时,首先要能找出排列的特定规律,之后才能按照特定的规律进行排序。

2. 按次序规则排序时,先进行小数量排序,再进行大数量的排序

比较是排序的前提条件,两两比较是最简单的比较,3个物体的排序是最简单的排序。小班儿童通过两两比较理解了量的特征之后,最初可以提供3个物体进行排序,帮助他们理解量的相对性,之后可以提供四个物体进行排序。到了中班,可以从5个物体的排序到7个物体的排序,到了大班,可以让儿童进行8—10个物体的排序。排序物体的数量越多,难度会越大,需要儿童具备较强的观察比较能力,并能运用排序的有效方法。

3. 按特定规则排序时,先进行参照排序,再进行独立排序

儿童通过不同形式的操作活动可以获得对不同形式排序的理解和掌握。在排序的相关操作活动中,开始时,教师应把教学的重点放在“让儿童找出并理解排序的规律”上,如图9-23所示,教师出示已经排好的序列,让儿童去发现其中的规律:一白一黑一白一黑,并让儿童尝试着模仿教师的排序继续接着往下排。当儿童积累了较多的排序经验以后,教师可以启发儿童

自己去寻找排序材料中的不同,按照自己的理解独立思考,并尽量用不同于他人的方式来排序(图9-24)。

图9-23 找找它们排队的规律

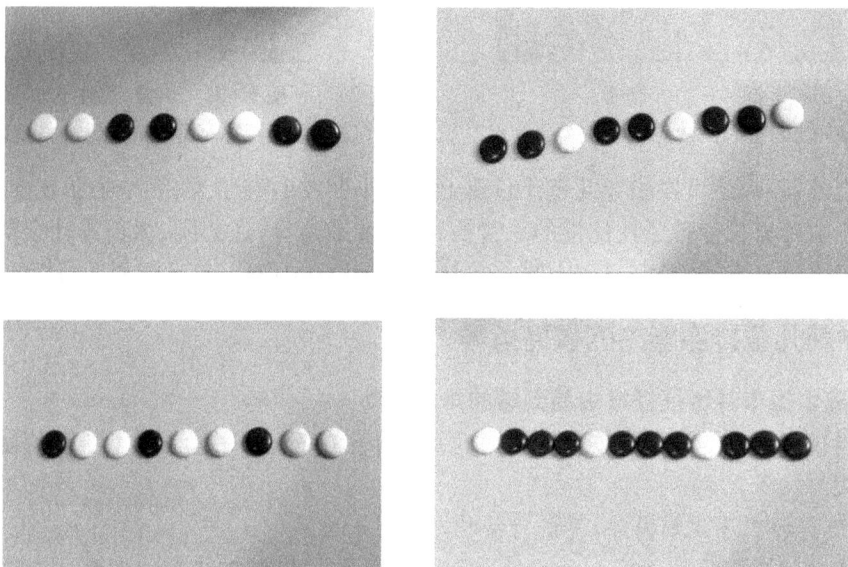

图9-24 我们排得不一样哟

(二)提供合适的操作材料供学前儿童进行操作

学前儿童的思维处于具体形象阶段,他们对于抽象的数学概念难以理解,因此需要教师提供操作材料,让儿童通过具体的操作活动来理解数学概念。教师在提供操作材料时,应考虑到材料的多样性及趣味性。使用新颖的、有趣味性的教具能激发儿童学习的兴趣。

操作材料的来源可以多样化,如:

1. 购买的成品材料

如教师可以提供色彩鲜艳、形象生动的套娃(图9-25)。

2. 幼儿园玩具及用具

如可以提供不同颜色的雪花片让儿童按颜色特征进行规则排序;提供图书供儿童进行厚薄排序;提供串珠子的材料让儿童按规律"串项链"(图9-26)。

3. 废旧材料

家园配合收集一些废旧材料供儿童操作,如提供大小不一的矿泉水瓶让儿童进行高矮排序,收集粗细不一的竹筒进行粗细排序(图9-27)。

4. 自制材料

如图9-28所示,教师自制火车图片和小动物,让儿童帮助小动物按规律排排坐。儿童通过直接的操作活动积累感性经验,主动建构自己的知识体系。

图 9-25 套娃排序

图 9-26 串项链
(来源:江西省八一保育院)

图 9-27 排排队

图 9-28 小动物坐火车
(来源:江西省八一保育院)

  每个儿童的原有经验、能力和学习基础都存在着个体差异,教师提供的操作材料应能满足不同能力儿童的需要,需要提供各种层次的操作材料。如按特定的规则排序时,给能力弱的儿童提供全范例进行排序;给能力中等的儿童提供半范例进行排序;给能力强的儿童只提供材料而不提供范例,让他们创造性地进行排序,通过操作不同层次的材料,促进不同发展水平的儿童在原有的基础上都能得到进一步地发展。

(三) 引导儿童掌握正确的排序方法
  有效的排序方法能够帮助儿童完成各种排序任务,因此教师应引导儿童掌握排序的方法。
  通过排序,让儿童比较物体之间的差别,儿童可以掌握给系列物体排序的技能,为建构序运算的心理结构打下基础。

教师可教会儿童正确的排序方法，要引导儿童认真观察比较，寻找物体之间的差异和规律，在排序过程中采用对比、调整等方法，帮助儿童探索排序的有效方法。

1. 重叠对应排序

如在"将5个圆形卡片按从小到大的要求排序"时，教师提供了一张操作底板，在底板上用虚线画好了从小到大排列的5个圆形卡片的轮廓，儿童只要将排序的5个圆形卡片——对应重叠放在底板上的图形轮廓里。如图9-29所示，教师做好了排序的规则卡片，儿童只要将围棋子按颜色——放在相应的位置上即可。

图 9-29
（来源：江西省八一保育院）

2. 并放对应排序

教师提供两组操作材料，如猴子图片与桃子图片。教师在底板上按从大到小的顺序先将猴子图片进行了排序，之后让儿童完成"给猴子喂食物"的任务，要求大猴子吃大桃子，小猴子吃小桃子，儿童将桃子图片对应着5只猴子图片进行排序。这时，已经按规则排序的猴子图片就起到了提示作用，给了儿童一定的启发。

3. 独立排序

如教师出示5个大小不同的圆形卡片（图9-30），鼓励儿童用自己的方式进行排序，并要求儿童用语言将排列的规律进行表述。儿童可以用各种方式进行排序：从小到大横排、从大到小横排、从大到小竖排、从小到大竖排（图9-31）。

图 9-30

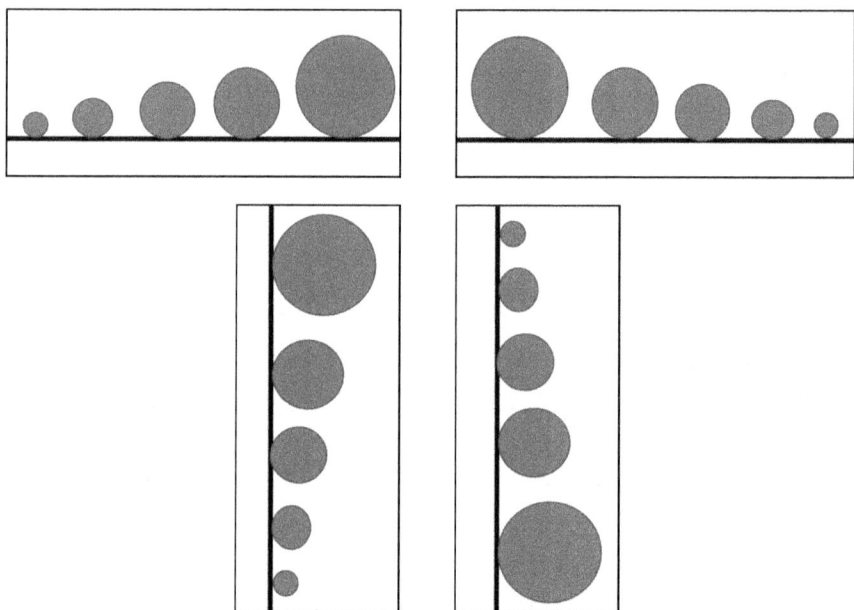

图 9-31

教师还应帮助儿童了解以下的规则：

（1）明确排序的方向。

教师在儿童动手操作之前帮助他们确定排列的方向是横排还是竖排。有的量既可横排也可竖排，如大小、宽窄、粗细、厚薄排序。有的量排序只能横向排序，如长短排序，有的量排序只能竖排，如高矮排序。如果随意排序，会让儿童对长短、高矮的概念模糊不清，不利于他们理解长短、高矮的含义。

（2）明确排序的规则。

教师要帮助儿童确定排列规则是按量的逐一递增来排列，还是按着量的逐一递减来排列。按特定规则排序是按着什么样的规律进行排序，鼓励儿童用语言将规律表述出来，在排序时引导他们边排序边讲述，如"一朵红色的花、一朵蓝色的花、一朵绿色的花；一朵红色的花、一朵蓝色的花、一朵绿色的花……"，讲述的过程实际上就是儿童理解排序规律的过程。

（3）明确排序的起始线。

在进行长短、高矮排序时，要帮助儿童明确需要在同一基线上才能进行正确的排序。如长短横向排序时左边应对齐，高矮排序时要在同一起始线排列。为了帮助儿童明确并理解基线的意义，教师可在操作底板上标上基线记号。（图 9 - 32 为高矮排序的操作底板、图 9 - 33 为长短横向排序的操作底板）

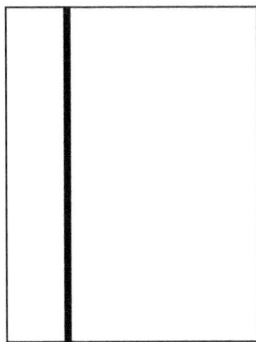

图 9 - 32　高矮排序的操作底板　　　　图 9 - 33　长短横向排序的操作底板

（四）在日常生活及教学活动中激励儿童参与排序的练习

教师可以根据一定的教育目标为儿童创设相应的排序环境，抓住一切隐形的教育资源提高儿童的排序能力。如在布置幼儿园环境的时候，就可以将排序的练习贯穿其中，如走廊上按"一个红灯笼、一个中国结、一个红灯笼、一个中国结……"的规律进行布置；上楼梯的小脚印可按颜色的特征进行规律排序。在户外活动时，可以用拾来的树叶进行排序。在各种教学活动中也可渗透排序的内容，如体育活动可按"一个男孩一个女孩"、"一个站一个蹲"的规律排队；美术活动涂色时可让儿童按一定的规律给画面填充颜色；音乐活动学节拍时，可让儿童用"拍手—拍腿"的规律掌握二拍子；用"拍手—拍腿—踩脚"的规律掌握三拍子；用"拍手—拍肩—拍腿—踩脚"的规律掌握四拍子等。

学前儿童可进行的式样活动①

1. 辨认式样活动。教师先创造一式样,请儿童仔细辨认并讨论式样的规则是什么。

2. 延伸式样活动。包括三种类型:重复式(如:A—B—C,A—B—C,A—B—C……)、滋长式(A—B,A—B—B,A—B—B—B……)、变异式(A—A—B,A—A—C,A—A—D……)通常是教师出示式样后让儿童进行延伸。

3. 填补式样活动。是指当教师(或儿童)设计出一延伸式样后,在式样中间取出一个或数个物体,或是擦去一处至数处笔迹,让儿童填补残缺的式样。

4. 创造式样活动。这是最高境界,由儿童自己设计、创造式样。

三、学前儿童量的守恒学习的教育指导

皮亚杰将守恒定义为"虽然一个物体经历了变形,但是它的某个特点依然保持不变"。在皮亚杰的认知发展阶段理论中,守恒概念出现并形成于具体运算阶段(6岁至12岁)。例如处于这一阶段的儿童可以认识到,两支等长的铅笔无论如何放置,它们的长度始终是相等的。

大量研究的结果表明,儿童获得不同守恒形式的年龄是不一样的,最早掌握的是数量守恒(6、7岁),接着是物质守恒和长度守恒(7、8岁),面积守恒和重量守恒(9、10岁),最后是体积守恒(12岁)。同时许多研究表明,对年幼儿童进行守恒的训练,有利于促进他们守恒概念的获得与掌握。因此在儿童认识了相应的量的基础上,可以通过多种方式来帮助儿童学习量的守恒。一般来说,量的守恒应放在大班进行。

(一) 运用变式进行量的守恒教育

1. 长度守恒变式

如图 9-34 所示,教师可以呈现出长度的各种变式,引导儿童观察、判断它们是否是一样长。

图 9-34　长度的变式

2. 面积守恒变式

如图 9-35 所示,教师将一个正方形的几何图形拼出各种变式(分成两部分和四部分),引导儿童进行判断它们的面积是否一样大。

3. 容积守恒变式

如图 9-36,教师可用各种容器做出容量的各种变式,引导儿童感知和判断这些容器中的水是否一样多。

---

① 林泳海.幼儿序列和式样的特点及教学[J].山东教育,2002(6).

图 9-35 面积守恒的变式

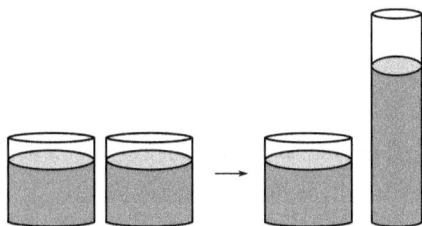

图 9-36 容积守恒的变式

4. 体积守恒变式

如图 9-37,教师可用橡皮泥、积木摆出体积的变式,引导儿童感知和判断他们是否变大(或变小)了。

图 9-37 体积守恒的变式

(二)通过对同等量的两份物体进行比较来理解守恒

要让儿童理解量的守恒,教师应提供同等的两份物体进行比较,让儿童看到是一样的,然后将其中一份量的形式加以变化,再让儿童进行判断。教师可以通过引导性的提问引发儿童思考,让他们直观地感知和比较变化了的物体的量只是外部形式有了改变,而它的量与原来一样。一般来说,教师可通过三环节来帮助儿童理解,即:确认两份物体是一样大→一个物体变式之后进行判断猜想→多种方式进行验证。如面积守恒活动中,教师首先要出示两份正方形卡片,让儿童通过重叠比较的方法确认它们是一样大的。之后,将其中的一份正方形卡片二等分,并引导儿童思考:"这两个三角形(或长方形)与正方形是不是一样大?"让儿童进行猜想,并说出自己的理由。最后,教师让儿童利用重叠的方法将两个图形放在正方形卡片上,通过操作验证了它们是一样大的。

(三)用测量或计数来理解守恒

有的物体量的变式是以某种单位为基础作出变化,而且各种量都可以用计量单位来进行测定。因此各种量的守恒,可采用计数单位数量是否相等作出判断。如火柴棍长度守恒(图 9-38),计量单位是一根火柴棍,不管如何变化图式,只要数数有几根火柴棍,就可

图 9-38

以确定它们是否一样长。如容积守恒中,装在瓶子里的水虽然不能明显地区分单位,但教师可以启发儿童用小杯子来测量每个瓶子里的水各有几杯,通过测量和计数,儿童就能区分瓶中的水是否一样多。

(四)渗透整体与部分之间的关系

在量的守恒教育中,许多量的变式都涉及到整体量和部分量的问题。如图 9-35 所示,一个正方形分成了两个长方形(或三角形)四个小正方形(或三角形),它们的面积是等量的,这反

映了整体可以分成部分,部分合起来等于整体,反映了整体与部分的关系。

四、学前儿童测量技能的教育指导

皮亚杰认为,儿童对量的认识要晚于对数的认识。测量能力要到 8 岁—11 岁才能完全发展。儿童自发的自然测量活动多出现在中、大班,而中班以前儿童的测量则是一种"目测"。为了让儿童更好地掌握测量的技能,需要教师有意识地指导。

(一) 帮助儿童掌握测量的方法

一次大班测量活动中,教师提供了铅笔、操作单、"爸爸的大脚印"及"宝宝的小脚印"图片,让儿童测量操作单上"客厅的地毯"有几个大脚印和小脚印的长度,并做好测量记录(图 9 - 39)。结果儿童测量的结果有所不同,究其原因,是因为儿童用了许多不同的测量方法。如有的儿童没有使用铅笔,也没有利用脚印进行测量,而是直接用大拇指和食指比画了不同脚印的长度,之后就用比画好的手指距离直接在"地毯"上测量;有的儿童直接拿出"脚印"沿着"地毯"的边沿进行旋转;有的儿童没有用铅笔在"地毯"上在做测量的记号,而是用手指当作"界限"

图 9 - 39
(来源:江西省南昌市保育院)

(图 9 - 40);有的儿童每次测量时能用手指在"地毯"上轻轻划一下,第二次测量时会顶住前一次手指划出的痕迹,但是要做记录时,却因看不清痕迹只得重新再测量一次;有的儿童懂得测量的方法,但由于"大脚印"和"小脚印"都在地毯的同一条边用相同颜色的铅笔做了标记,做记录时,因为数不清又重新测量。最后他们学会用两种颜色的铅笔分别做好记录,之后数数就没有问题;有的儿童在地毯上的两条边上分别做"大脚印"和"小脚印"的测量,测量结果一目了然(图 9 - 41)。

图 9 - 40
(来源:江西省南昌市保育院)

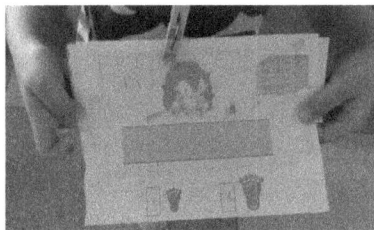

图 9 - 41
(来源:江西省南昌市保育院)

因此,在儿童学习自然测量时,应给他们提供充足的操作材料,掌握测量的方法。具体来说,主要包括:

1. 懂得"首尾衔接"的测量方法

所谓"首尾衔接"的测量方法,是让儿童了解在测量时,第一次测量的终点是第二次测量的起点,中间不能留有空隙。教师可通过循序渐进的两种方式帮助儿童理解。第一种方式如图 9 - 42 所示,教师提供六根小棒让儿童测量长方形的长度。儿童可以将小棒一根接着一根摆放在直线上。摆好后,数数一共有几根小棍,数出的小棍的总数就是长方形的长度。儿童通过此次活动,懂得了首尾之间要紧挨在一起。第二种方式如图9-43所示,教师只提供一根小棍让儿童测量长方形的长度。因为只有一根小棍,所以这根小棍要重复使用。儿童就必须在每一次测量的终点后做一记号,后一次测量时就要顶着前一次测量的记号。量完后,将所做的记号进行计数,这个结果就是长方形的长度。

图9-42　6根小棍来测量　　　　　　图9-43　1根小棍来测量

2. 引导儿童初步理解测量单位与测量结果之间的关系

正如图9-39所示,教师让儿童用两种测量单位来测量同一长度并做记录。有些儿童就会提出问题:"地毯的长度都是一样的,为什么大脚印要量4次,而小脚印要量5次?"教师可引导儿童仔细比较两种测量单位的区别,让他们通过讨论得出结论:"小脚印小,所以测量的次数多;大脚印大,所以测量的次数少。"通过这样的操作活动,让儿童了解到测量的单位不同,测量的结果就不同。这一学习经验使儿童逐步理解了测量单位与测量结果之间的关系,这对儿童的发展具有重要的意义。

3. 引导儿童对测量的结果进行记录,并进行分享交流

让儿童对测量的结果进行记录,不仅可以帮助儿童对测量的过程进行回忆,更好地掌握测量技能,还可以让儿童对不同的记录结果进行对比、分析。教师应为儿童提供适宜的记录表,并让儿童理解记录表的内容。如教师提供了尺子、绳子及吸管三种测量工具让儿童去测量活动室中的物品。教师可以给儿童提供图文对应的记录图表(图9-44),在测量之前先让儿童观察记录表的含义,他们要完成什么样的任务。当儿童的测量结果都呈现出来时,教师应引导儿童之间进行比较,看看记录结果有什么不同之处。当儿童之间的记录结果不同时,可引导儿童自己再次去验证。有时儿童在记录测量结果时还会有自己的表现方式。如当儿童用绳子测量黑板时,发现量5次多量6次又不够,他们有的记录为"5";有的记录为"6";有的记录为">5";有的记录为"5",并在5的边上画出多的部分。教师可让儿童来说说自己记录的理由,并让儿童讨论怎样记录更好。

	尺子	绳子	吸管
桌子			
黑板			
玩具柜			

图9-44　测量统计表

4. 提供操作机会让儿童掌握测量技能

发展儿童的测量概念要让儿童在操作活动中动手动脑地解决各种测量任务。

教师首先要激发儿童测量的兴趣。教师可结合生活中遇到的测量问题,创设问题情境,引发儿童的测量兴趣。如有一次幼儿园给儿童进行体检时,除了测量身高、体重之外,还测量了头围。明明和亮亮都认为自己的头更大,两人争执不下。教师把这一问题抛给班上的小朋友。他们有的让两人的脑袋靠在一起,想通过目测进行判断;有的找来了一顶稍大的帽子,让他们俩分别戴上,如果能戴上帽子的头就大一些。这时教师给他们提供了做手工的彩带,他们就尝试着用彩带代替卷尺进行测量。再如在操场活动时,教师可引导儿童判断他们所在的位置是离橘子树近一些还是离柚子树近一些,可让儿童先进行猜测,之后用脚步进行测量来验证他们的猜想。

教师除了开展相关的测量教学活动之外,还可以结合一日生活中的各个环节引导儿童开展测量活动。如在户外活动时,可以让儿童预测幼儿园哪棵树最粗,他们就可以利用测量的方法来验证他们的预测。在玩沙区活动时,教师可以有意识地投放三个大小不一的容器,然后让儿童用玩具小碗往容器里装沙子,看看装满每一个容器需要多少碗沙子。

在重量测量时,教师应提供相应的测量工具,如天平(图9-45)和测量物品,引导儿童通过操作和记录理解轻重概念。

图9-45 比比谁更重
(来源:江西省八一保育院)

教师还可引导家长与孩子用不同的材料(包括自然物和尺子)共同测量家中门窗的宽度和高度、房间的长度和宽度,测量家具的长度、宽度及高度,并比比哪种测量方法既快又好。家长可以利用尺子进行测量,激发孩子测量的兴趣,并帮助孩子懂得测量长度可以用尺子来进行,帮助他们了解尺子上数字的含义。

延伸拓展

大班儿童对一个物体长度测量的发展状况[①]

在测量策略的使用上,大班儿童能够运用正确策略测量物体的长度,具体表现为:第一,儿童使用非标准测量单位时基本能够较好地运用测量策略;第二,虽然儿童较多选用标准测量工具,但他们不能正确使用标准的测量工具,往往出现顶端未对齐,测量过程中又没有紧贴被测物等问题;第三,虽然儿童能正确测量物体,但对于为什么使用、如何正确使用测量单位没有清晰的认识。

在测量结果的表征方面不太理想,具体表现为:第一,儿童结果表征因不同测量工具而不同;第二,儿童运用标准工具时不会读取刻度,不理解工具上的数的意义,甚至也有将整个工具当作非标准工具的状况;第三,儿童在使用非标准化测量工具时,通常会有不会表述或用自己

---

① 王嫚.大班幼儿长度测量能力发展状况的调查研究[D].天津:天津师范大学,2013.

的标准表征结果等现象。虽然总体水平不高,但在个别案例中,部分儿童能够正确使用并理解标准的测量工具,说明儿童对使用标准测量工具还是具有一定基础和潜质的。

附录:

活动设计一:

中班数学活动:比较高矮①

活动目标:

1. 尝试用目测的方法比较高矮,知道要在同一平面上比较高矮。

2. 感知高矮的相对性。

3. 乐意参与比较高矮的操作并用语言交流表达。

活动准备:

1. 教师演示图片。

(1)小猴。

(2)小猴站在椅子上和长颈鹿比高矮。

(3)小猴和长颈鹿站在同一平面上比高矮。

(4)小兔、小猴、长颈鹿站在同一平面上比高矮。

2. 分组操作材料。

(1)玩具比高矮:各种玩具、记录表、笔。

(2)最高和最矮:图片、笔。

(3)高矮排排队:高矮不同的瓶子。

活动过程:

一、创设情景、激趣引入

引导语:听说今天森林里在举行高矮大赛,让我们一起去看一看。

二、问题引导,学习方法

(一)出示图片(1)

教师提问:小猴子说自己最高,对吗? 为什么?

小结:小猴子这样说是不对的,因为高矮是要通过比较才知道的。

(二)出示图片(2)

教师提问:小猴子站在椅了上和长颈鹿比高矮,这样做能比出高矮吗? 为什么? 应该怎样才能比出高矮呢?(都站在地上)

(三)教师出示图片(3)

教师提问:谁高谁矮?

小结:比较高矮要在同一平面上,否则得出来的结果就不准确了。

(四)出示图片(4)

教师提问:小猴子到底是高? 还是矮? 为什么?

小结:和不同的对象比高矮,得出来的结果是不一样的,因为高矮是相对的。

三、操作比较,巩固认知

---

① http://www.baby611.com/jiaoan/zb/kx/201403/09123572.html,稍作修改.

（一）幼儿相互比较高矮

1. 提出活动要求：三个人一组，两个背靠背，另一个观察比较。

2. 鼓励幼儿用较完整的语言表达比较结果。

3. 小结幼儿活动情况。

4. 经验拓展：用身高仪进行测量得出的结果比用眼睛观察更准确。

（二）幼儿操作

1. 介绍操作材料和要求：每个小朋友桌上都有一张图，图上有许多高矮不一样的积木，请小朋友给最高的积木涂上绿色，给最矮的积木涂上红色。

2. 幼儿分组操作，教师巡回指导。

四、小结

小朋友们平时区域活动的时间可以选择不同的材料继续比较高矮。我们生活中许多物品也可以比较高矮，大家可以用今天学到的本领再去试一试。

活动延伸：

1. 区域活动：在科学区提供各种比较高矮的材料，引导幼儿继续操作比较。

2. 生活活动：在日常生活中引导幼儿比较高矮。

活动设计二：

中班数学活动：有趣的规律①

江苏省东台市职工幼儿园 孙慧琴 武银红

活动目标：

1. 能发现物体简单的排序规律，乐于交流自己的发现。

2. 积极尝试用不同的材料按一定的规律排序，提高学习数学的兴趣。

3. 在用动作表现规律的过程中体验活动的乐趣。

活动准备：

1. 一男一女间隔排队的图片，蘑菇房（小兔的家），大树、小树、红花、黄花小图片若干，魔术棒一根（里面藏着三条蜡光纸做的彩链，一条是红、黄间隔排列，一条是红、蓝间隔排列，一条是红、黄、蓝间隔排列），《开汽车》音乐。

2. 幼儿操作材料：珠子、雪花片各若干，画有 12 支小蜡烛的作业纸。

活动过程：

一、创设情境，感知规律

教师：今天是小兔的生日，我们坐汽车去庆祝小兔的生日，好吗？ 司机叔叔说"小朋友按要求排好队才能上车"，怎么排队呢？

教师出示"一男一女间隔排队"的图片，提问：图上的小朋友是怎么排队的？

教师：小朋友也按这样的规律排队，好吗？

幼儿一男一女排好队，听《开汽车》的音乐去小兔家。

二、观察发现，探索规律

---

① 孙慧琴，武银红.早期教育（教师版）[J].2014(4):44.

（一）出示小兔的家

教师：小兔家到了，瞧，这儿长了一排树呢！仔细看看，这排树是按照什么规律栽的？（一棵大树两棵小树间隔）

教师：再看看花园里有什么。这么多花呀，这些花有什么规律？（两朵红的两朵黄的间隔），接下去是什么颜色的花？为什么？（请幼儿先说，然后请一名幼儿上来接着往下排）

（二）变魔术

教师：小兔家周围的环境好美啊，今天老师也带来了礼物要送给小兔，是什么礼物呢？请看魔术棒变变变。

1. 教师拉出第一条彩链的一部分，让幼儿猜一猜后面拉出来的会是什么颜色，说一说为什么。教师验证幼儿的猜测，慢慢拉出彩链，将它挂在小兔家门的左边。

教师小结：彩链是按一个红圈一个黄圈一个红圈一个黄圈的规律连起来的。

2. 教师拉出第二条彩链的一部分，让幼儿猜一猜后面拉出来的会是什么颜色，说一说为什么。教师验证幼儿的猜测后，将彩链挂在小兔家门的右边。

教师小结：这条彩链是按一个红圈一个蓝圈一个红圈一个蓝圈的规律连起来的。

引导幼儿仔细观察两条彩链，讨论它们有什么相同的地方，有什么不同的地方。

3. 请幼儿猜一猜第三条彩链可能是怎样排列的，然后再验证，将彩链横着挂在门的上方，请幼儿先说说彩链排列的规律，然后教师小结：这条彩链是按一个红圈一个黄圈一个蓝圈间隔排列起来的。

三、分组操作，学习运用

教师：小朋友们想送礼物给小兔吗？老师为你们准备了一些材料，请你们动手做一做。材料可以自己选择，但一定要有规律地排列。

（一）分组操作

1. 涂生日蜡烛（作业纸上有涂色标记，幼儿按照标记涂蜡烛）。

2. 串珠子（提供几种串珠的图样，幼儿选择图样串珠）。

3. 摆花儿（提供大小、颜色不同的雪花片，让幼儿自己选择材料有规律地排序）。

（二）展示评价

将幼儿的作品展示在小兔家门前，请幼儿看看都有哪些规律，及时纠正不按规律排列的作品。

四、肢体动作，表现规律

教师：小兔收到大家的礼物非常开心，我们来庆祝小兔的生日吧！请小朋友用动作表演我们刚才做的礼物，看谁表演得精彩。（如看作业纸，看到红蜡烛拍手、看到黄蜡烛点头）

教师：生日会结束了，我们排队乘车回家喽，司机叔叔又提出要求，我们排的队伍要和来的时候不一样，怎么排呢？（根据幼儿的回答，选中一种规律，如按照两男两女排队，听音乐边做动作边离开活动室）

活动设计三：

大班数学活动：公主殿下来的那天

江西师范大学附属幼儿园　　龙　维

活动目标：

1. 学习用数格子的方法测量面积，比较面积大小。

2. 在操作活动中感知并体验面积守恒。

3. 提高动手操作能力，乐意探索，主动尝试。

活动准备：

1.《公主殿下来的那天》PPT。

2. 教师操作材料：毛巾、镜子图形、桌子图形、一个正方形、两块布（一个长方形、一个正方形）。

3. 幼儿操作材料：镜子、桌子图形若干；"垫子"（正方形操作卡）；小筐子、铅笔若干。

活动过程：

一、梳理已有经验，引出"面积"概念

（一）故事引发兴趣

教师：和大家分享一个故事，故事里有一位老爷爷，他遇到了一些小麻烦，是什么麻烦呢？

1. 目测法比较面积大小

A：教师出示两块大小差异较大的毛巾。

B：提问："这两块毛巾哪块大？"

C：小结：用眼睛一看就看出来了，这种方法我们叫作目测。

2. 重叠法比较面积大小

A：教师出示两块大小差异较小的毛巾。

B：提问："现在哪块大？有不同意见吗？"、"看起来差不多，怎么比大小？"

C：请个别幼儿操作。

D：小结：他是将一边的边角都对齐，这种方法叫作重叠法。当两样东西看不出谁大的时候，重叠法真是个不错的方法。

（二）引出"面积"概念

教师：通过刚才比较，我们知道图形有大有小，图形的大小还有一个名字，叫作图形的面积。

二、学习用数格子的方法测量面积

（一）设疑引发幼儿探索

A：教师出示两块形状各异的毛巾。

B：提问："谁有办法来比比它们的大小呢？"

C：请个别幼儿操作。

D：小结：今天，我们就来向老爷爷学一学聪明的办法。

（二）学习测量方法（演示 PPT）

A：聪明的爷爷要比较这两张大小不一的床，一起来看看爷爷用了什么方法。

B：小结：爷爷解释道："床越大，能铺下的坐垫就越多。"

C：操作示范。要求：对齐边、角，数一数两张床各铺了多少块垫子。比较两张床的大小。

三、幼儿操作，感知面积守恒

（一）比比谁的镜子大

1. 交代记录要求。

2. 幼儿操作。

3. 小结：8 比 6 多，我们用数格子的方法比较出可以铺 8 块垫子的镜子面积比较大。

（二）比比谁的桌子大

1. 设疑请幼儿猜测，激发幼儿探索欲望。

2. 提问："这里有 2 张桌子，到底哪张桌子更大呢？"

3. 幼儿操作、记录。

4. 小结：同样是 8 块垫子拼出来的桌子大，虽然摆放的形状不一样，但是面积大小却一样（渗透面积守恒的概念）。

四、活动延伸，自然结束

教师出示两块"床单"（布）进行提问："小朋友猜一猜，到底哪个床单比较大呢？我们等会儿到区域活动中去比一比吧！"请幼儿将这一活动延伸到区域活动。

思考与实践

一、名词解释

1. 量　2. 连续量　3. 不连续量　4. 测量　5. 直接测量　6. 间接测量　7. 自然测量　8. 排序

二、简答题

1. 学前儿童学习量的概念有什么意义？

2. 学前儿童量的概念发展有哪些一般特点？

3. 学前儿童对物体大小、长短、粗细、厚薄、高矮等量的认识有什么特点？

4. 3—6 岁儿童对轻重概念的理解有哪些特点？

5. 排序活动对学前儿童有哪些重要的意义？

6. 学前儿童排序能力发展有什么特点？

7. 结合皮亚杰实验说明儿童测量技能有哪三个阶段？

8. 幼儿园三个年龄段对量概念学习分别有哪些教育要求？

三、论述题

1. 联系实际谈谈提高学前儿童辨认物体大小、长短、粗细、厚薄、高矮能力的教育策略。

2. 联系实际理解学前儿童排序活动的各种形式及指导的要点。

3. 联系实际谈谈学前儿童量的守恒学习的教育指导要点。

4. 联系实际谈谈提高学前儿童测量技能的教育策略。

四、实践性学习活动

通过对本班儿童的观察，分析他们量的概念学习的现状，并结合幼儿园及班级实际情况，制定出多种形式的有效指导策略（如教学活动、区域活动、游戏活动、生活活动、家园配合等）。

第十章 学前儿童数学教育活动的评价

学习目标

1. 了解学前儿童数学教育评价的概念。
2. 理解学前儿童数学教育评价的意义。
3. 重点掌握学前儿童数学教育活动评价的内容及方法。

学习提示

学前教育评价的过程,是教师运用专业知识审视教育实践,发现、分析、研究、解决问题的过程,也是自我成长的重要途径。在本章的学习中,一是要认真了解学前儿童数学教育评价的意义,正确看待评价;二是要注意观察学前儿童的数学学习,善用评价这一工具,在评价的基础上调整和完善教学教育,促进儿童的全面发展。

案例导入

案例:按厚薄排序

一次,为了了解儿童序列观念的发展水平,包括儿童对序列中的差异性、传递性和可逆性的认识,计划采用"厚薄排序"的内容对儿童进行测评。教师提供 8 本厚薄不一的书引导儿童排序,并检查其结果。检测显示,绝大部分儿童都能熟练正确地完成这一排序任务。教师反思可能是教师的教学因素影响了评价的结果。因为教师在操作前已经把最薄的一本书排在了最前面,给了一定的暗示;而且孩子们已经在前期的教学活动中习得了把最薄的一本排在最前面,然后再从剩下的书中找出最薄的一本依次放在它的后面的方法。于是教师对评价的方式进行了调整,即:教师在原有任务的基础上提出了两个新的要求:"刚才你们是按从薄到厚的顺序排队的,现在能不能用很快的方法把它们按从厚到薄的顺序排列呢?"在儿童完成排序后,又拿出一本厚薄中等的书说:"我这里还有一本书,它也要排队,你能不能把它排进队伍里呢?"结果发现,儿童在这一次评价活动中的表现和前面有很大的不同。有的儿童虽然能够完成从薄到厚的顺序排列,但在完成反向操作时,并不会在原有序列的基础上,将最厚的一本书依次调整到最前面,而是将其全部打乱,用原有的知识经验重新排序。而有的儿童就能够认识到新的序列和原来的序列之间存在的可逆性关系,在排序时只是将原来的顺序完全颠倒,很快完成了任务。

从此案例中可以看出教师评价的重要性,那么为什么要进行评价? 教师针对数学教育活动可以从哪些方面进行评价？可以采取什么样的方式进行评价呢？这些与评价相关的问题都值得我们深入去学习和思考，这些问题也是本章所要阐述的内容。

第一节　学前儿童数学教育活动评价概述

《幼儿园教育指导纲要（试行）》明确指出："教育评价是幼儿园教育工作的重要组成部分，是了解教育的适宜性、有效性，调整和改进工作，促进每一个幼儿发展，提高教育质量的必要手段。"由此可见，幼儿园教育活动的评价具有非常重要的意义，是学前教育理论工作者和实践工作者共同关注的重要研究课题。

一、学前儿童数学教育评价的概念

评价，从字面上理解就是评判和价值。所谓评判，就是对评价对象作出判断。具体地说，在学前儿童数学教育中，就是对数学教育的目标、内容、过程以及教师、学前儿童乃至整个课程等评价对象作出一个判断；而价值则是作出判断的基础和标准，也就是提醒评价者按照什么标准对以上的对象作出这样或那样的判断。

教育评价是依据一定的教育价值观，对教育现象、教育事件进行价值判断的过程。它在整个教育系统中起着自我监测和调节的作用。而依据儿童发展的相关理论、依据《幼儿园教育指导纲要（试行）》、依据已有的关于学前儿童数学教育的研究结果以及对各国数学教育评价标准的参照进行的对儿童数学发展能力与水平以及数学活动过程与效果的评价就是学前儿童数学教育的评价。

可以从两个方面来理解学前儿童数学教育评价的概念：

1. 教育评价是一个价值判断的过程

教育评价比较强调以量化的方法取得正确可靠的数据，实质上和"测量"意义相似。虽然相似，但却有着根本的区别。教育评价不是一个事实判断，而是一个价值的判断过程。也就是说它不仅要进行事实判断，还要在事实的基础上进行价值的判断，即对评价对象是否符合评价者的价值标准进行判断，它体现了评价者的需要和价值观。

评价者既要保证全面、客观地反映事实，不以偏概全，同时还要依据正确的教育价值观对事实作出评价和判断。例如，对儿童空间概念的发展，不同的人所持的标准可能是不同的。有的人认为儿童只要能区分并说出自己的左手和右手，根据自己的身体判断自己与物体的左右关系，学习辨别物体与物体之间的左右关系就可以了。也有人认为这些并不足以说明儿童的空间概念就发展得很好，还要看他能不能按要求向左和向右运动。因此，根据不同的标准，我们完全可能对儿童的发展作出不同的评价。

2. 教育评价需要借助科学的方法

为了保证教育评价建立在客观事实的基础上，我们必须借助科学的方法，这样才能客观、真实地反映评价对象的状况，比如：观察、调查、访谈等。这些方法都是能帮助我们了解事物的真实面貌的客观方法，它不是通过主观臆断对对象作出判断，而是依照第一手的客观材料来描述对象,而且这些方法的实施必须按照科学的程序进行,以保证结果的可靠性和代表性。

在教育评价的程序中,收集关于评价对象的资料是一个重要的环节。它需要尽可能严格按照科学的程序,有组织、有计划地设计和实施。在搜集资料的方法上,教育评价有点类似教育或心理测量。它们都需要运用一些共同的科学方法,如:观察、调查、访谈等,来获取有关的事实资料。而这些方法不一定是标准化、正规化的测验。在学前儿童数学教育评价中,尤其是在一些非正式的评价中,更需要通过多元化的方法来搜集资料。

二、学前儿童数学教育评价的意义

数学教育的评价是为更好地促进儿童数学认知发展以及提高数学教育的有效性所进行的一项重要活动,它正越来越受到大家的重视。从最简单的意义上来说,教育评价的作用就是检查教育的效果。而从实际的教育活动进程来看,教育评价的作用则是多方面的,我们可以将其概括为以下几个方面:

1. 鉴定与检测教育教学质量

教育是在一定的教育目标指引下进行的活动,而它最终是否达到了预定的目标,就需要通过教育评价来加以鉴定和检测。

在数学教育活动的实践中,我们可以对整个课程进行评价,也可以对其中某个教育要素进行评价;可以对教师进行评价,也可以对儿童进行评价。通过针对数学活动、教师、儿童等的评价,可以使评价者获取基本的信息,对教育教学活动中的诸多要素以及在活动中各要素相互关系和功能的发挥等作出鉴别与判定。教育活动目标定位和达成程度的检定就是对教育活动中师幼互动以及儿童活动状况的评定与鉴别,对教育活动中教师利用环境与材料运用有效程度的鉴别与判定。

在对评价对象进行鉴定的基础上,我们还可以对评价的对象进行一定的区别,即作出高低、优劣之分。这通常是在对不同评价对象作横向比较的基础上,作出的相应的区分。例如:哪些儿童的发展水平略高于同龄儿童,哪些教师的教学策略更优等等。

2. 引导与促进教育教学的反思

教师的反思是在对儿童、对自身以及对教育活动中的环境、材料、过程等其他各个要素作出评价的基础上展开及时而有针对性的评价,可以有效地促进教师的自我反思,从而促进教育活动的有效性、合理性,使教师的专业能力得到发展。正如《纲要》里指出的"评价的过程是教师运用专业知识审视教育实践,发现、分析、研究、解决问题的过程,也是促其自我成长的重要途径"。可见,《纲要》明确地将评价作为教师反思性成长的重要手段。

例如:大班活动《认识长方体和正方体》,教师预设的活动目标包括:① 比较长方体和正方体,感知它们的基本特征;② 能分辨正方体和长方体的物品;③ 逐步养成乐于探究的学习品质。目标①和③很顺利地达成了,而目标②却有半数孩子没能达到。评价时教师认为基本达到了预设的目标,所有的环节预设都非常好,层层递进,儿童的兴趣很高,理解也很到位,目标②达成度不高主要是受了操作教具的影响,儿童对一些差异比较大的正方体和长方体很快就能辨识出来,而长短差异不大的正方体和长方体则对儿童的观察、比较、判断能力有较高的要求,能力稍弱的儿童往往达不到。教师在不断的反思中实现了自我的不断发展。

3. 诊断与改进教育教学效果

在当今的教育实践中,出现了一种淡化评价的选拔性功能的趋向,更强调通过评价诊断问题,改进教学,促进发展。即评价的主要价值不在于对教育活动的结果作更多的横向比较,而在于对教育活动作纵向的、动态性的比较,在比较中发现问题、诊断问题、提出进一步解决问题的方案,以便在找到问题症结的基础上进行有针对性且有的放矢的改进。换句话说,教育评价不仅能鉴定教育的结果,还能为进一步确定教育目标和内容,及时调整教育过程提供依据,最终达到改进教育过程,促进儿童发展的目的。

再如大班活动《认识长方体和正方体》的案例:教师反思后,在儿童现有发展水平的基础上,对教具进行了补充、调整,增加了一些长短差别比较大的正方体和长方体,并且增加了一些测量的辅助工具,如尺子、绳子、纸条等,供儿童测量边长。经过再次尝试,活动取得了满意的效果,达成了教学目标,使教育评价真正起到了诊断和改进的作用。

总而言之,我们要全面看待教育评价,不简单地把评价看成是鉴别儿童孰优孰劣的手段,更重要的是通过评价更深入地了解儿童的年龄特点和个别差异,做到因材施教;也不能仅仅把评价看成是对自己教学的检查,而是要通过找到问题的症结,以便及时反思和进一步改进教学。

延伸拓展

由于发展性评价的根本目的在于促进幼儿、教师和课程的发展,因此应特别强调以下功能:[1]

1. 展示。"展示"是发展性评价理论中的重要评价思想,针对传统智力测验强调"标准化"而带来的"不公正"。发展性教育评价更多地把评价活动和评价过程看作是为被评价者提供的一个自我表现的"平台",鼓励被评价者充分展示自己的努力和成就。评价者可借此了解、发现每一个人的优势领域和潜能。如幼儿可在与有趣、丰富而具有多种挑战性的材料的复杂互动中,充分"展示他们各自特别拥有的智慧"。

2. 激励。内容丰富的、能够让每个人的优势领域都得到发挥的"展示",本身已经具有了一种内在的自我激励作用——增强被评价者(无论是幼儿还是教师)的自信和成就动机,而评价者恰当、积极的反馈,将使发展性评价的激励作用得到更大的发挥。同时,发展性评价重视质性评价,倡导多元化的评价内容、灵活多样的评价方式、评价的日常化和成长记录(档案袋和成果展示),这不仅有利于确立以发展的眼光看待被评价者的思想,也能让被评价者亲身"体验成长的快乐"。

3. 调节。评价的结果只有能够反映被评价者的实际情况,并以恰当的、具有建设性的方式反馈给被评价者,为其接受,才能发挥其促进发展的作用。加德纳认为,"除非把评价置于现实生活和社会环境联系中,否则,我们怀疑它能否恰当地代表人类的智能表现"。正因为如此,多元智能理论强调评价的自然性、真实性,强调评价与教学的一体化。受这一思想的影响,发展性评价力主评价必须在实际或类似实际的教学情境中进行,以使评价结果更具真实性,更能切实发挥教育评价的反馈、调节功能。发展性评价同时倡导被评价者主动参与评价活动,进行自我评价与反思,这不仅有利于教师的专业发展,课程的改善和教育质量的提高也已在其中了。

---

[1]　冯晓霞.多元智能理论与幼儿园教育评价改革[J].学前教育研究,2003.(9):5-6.

4. 导向。发展性教育评价本身是教育改革的产物,它所体现的评价观,折射出一系列新的教育理念。这些新理念必然会融入评价的方方面面,使其随着评价的具体实施过程渗透到教育改革的各个环节,如教育目标的确立、教育内容的选择、教学方式的转变、课程设计模式的变革、学校(幼儿园)管理和教师教育思想与方式的变化等,从而建构出促进学生、教师、课程、学校(幼儿园)共同发展的模式。

第二节 学前儿童数学教育活动评价的内容及方法

一、学前儿童数学教育活动评价的内容

学前儿童数学教育评价是学前教育评价的一部分,活动目标、活动内容、活动方法、活动过程、活动环境、活动中的师幼互动关系、儿童相应能力发展状况等都包括在其中。看似很多,其实仔细分析,学前儿童数学教育评价的内容主要包括两个大方面:评价学前儿童数学能力的发展状况和学前儿童数学教育活动。

(一) 学前儿童数学能力的发展评价

学前儿童数学能力的发展包括两个方面:第一,从小打下一个坚实的数学概念基础,强调形成解决实际问题的能力和数学推理能力的发展;第二,儿童学习数学时的情感、态度、意志。

第一方面它主要是表现在数概念、运算、空间与几何、测量、模式等方面的数认知发展。它是儿童数学能力发展的基础,也是儿童解决实际问题的能力和数学推理能力水平发展的重要前提。例如:儿童可以很流利地背诵 10 的分解组成,即 10 可以分成几和几,几和几合起来是10,但是并不代表他们已经理解了 10 以内数的分解组成以及分解组成的意义,对于这样一些涉及数概念能力发展的问题,教师可采用一定的方式进行评价,如在游戏的情境中运用分解组合的方法解决问题。教师可为儿童准备 8 支一样的铅笔,问儿童:"你们把 8 支铅笔放在两个笔筒里,可以怎样放呢? 有多少种方法?"同时,教师可以把儿童分的结果用图示表示出来,并逐渐用数字代替。还可以问儿童:"红笔筒里的 1 支铅笔与黄笔筒里的 7 支铅笔合在一起是几支铅笔,跟原来的铅笔数量一样多吗?"教师还可以给儿童提供大量的分合活动,例如,"分豆豆""盖印章添补数""合起来是几""数组成接龙""数组成连线"等,这样的评价方式可测定儿童数概念掌握的程度,可测定儿童对分解组成的理解程度,以及了解儿童是否真正掌握了数的分合规律。

除了掌握数学概念、形成数学思维外,儿童还应该对学习数学形成积极的态度和积极的情感。比如,儿童对数学感兴趣,能自信地参与数学活动,对数学方面的问题产生好奇,专注地参与到活动中去,以及很好地接受活动的挑战,在学习数学时体会到快乐,在操作活动和解决问题时,注意力集中且有一定的坚持性等,这些都是良好的学习态度和习惯的体现,也是第二方面儿童学习数学时的情感、态度、意志的主要表现。在评价时,我们必须注意的是:既要评价儿童测算的结果,也要评价儿童的数学思维;既要评价儿童的数学能力,又要评价儿童的情感态度;既要评价儿童早期的正式数学知识,又要评价其非正式的数学知识;既可以单独评价儿童,

也可以把儿童置身于具体活动中去评价。

（二）学前儿童数学教学活动的评价

学前儿童数学教学活动的评价目的是为了及时了解教学效果，帮助教师改进教学，使教师的行为能更好地促进儿童的发展。评价内容主要包括评价活动的目标、内容、准备、方法、过程、教师、儿童、环境以及课程等，这里主要以小班数学活动《图形宝宝去旅行》为例，就数学活动的目标、内容、准备、过程、延伸等做简单的介绍。

1. 评价活动目标

评价数学教育活动的活动目标主要从以下几个方面去思考：制定的活动目标是否符合《纲要》和《指南》的要求；是否符合儿童的年龄特点；是否考虑到本班儿童发展的整体水平和已有经验，并兼顾了不同发展水平儿童的个体差异；是否体现了完整性，即活动目标构成是否包含情感态度、科学的思维方式和知识经验；在表述方式上是否以儿童为主体；是否具有可操作性等。

例1：小班数学活动《图形宝宝去旅行》的活动目标：（1）进一步巩固幼儿对圆形、正方形的认识，学习按圆形、正方形进行分类。（2）让幼儿乐于并大胆地参与游戏，并能按游戏规则进行圆形、正方形的分类。（3）培养幼儿数学学习的能力。

例2：小班数学活动《图形宝宝去旅行》的活动目标：（1）巩固对圆形、正方形的认识，学习按圆形、正方形进行分类。（2）乐于大胆地参与游戏，能按游戏规则进行圆形、正方形的分类。

由以上表述可见，例1的表述是从教师的角度提出目标为主导，多以"让儿童干什么"、"使儿童获得什么"的表述方式，忽略了儿童的主体性，而例2的表述是从儿童的角度来阐述目标，儿童自主学习、自主建构的理念得以彰显，使教师对教育活动的关注点更多地放在儿童的"学"上，放在儿童的"发展"上。活动目标的表述要尽量站在儿童的角度去考虑，多使用"体验"、"感受"、"喜欢"、"乐意"、"尝试"、"探索"等词汇。

例1中的"培养幼儿数学学习的能力"的表述较为抽象。培养儿童的数学学习能力是儿童数学学习的长期目标，在一次具体的数学活动中很难体现，目标制定得较为空洞。教师在制定目标时应多用描写行为目标的动词，如"说出"、"指出"、"描述"、"复述"、"辨认"、"分辨出"、"数出"、"画出"等。不宜采用"培养"、"启发"、"认识"、"了解"、"知道"、"促进"等抽象的词。

2. 评价活动内容

活动内容是达成活动目标的重要载体。对于幼儿园教育活动内容的选择，《幼儿园教育指导纲要（试行）》明确指出：应该"既考虑幼儿的现有水平，又有一定的挑战性；既符合幼儿的现实需要，又有利于其长远发展；既贴近幼儿的生活来选择幼儿感兴趣的事物和问题，又有助于幼儿经验的积累和视野的拓展"。学者虞永平认为可以从以下几方面对教学活动内容进行评价：① 内容的年龄适宜性是指所选的内容与特定年龄段儿童的发展特点是否一致。② 是否最有利于儿童的接受和发展。③ 内容与目标的一致性包含质和量两个方面，一方面是指所选的内容是否最大程度地包含了活动的目标，内容和目标间的不一致将直接影响目标的实现；另一方面是指内容容量的适宜性，即活动内容的多少是否最有利于目标的实现，内容过多和过少都是不合适的。④ 内容的科学性是指所呈现和解释的活动内容是否科学准确，给儿童的知识和概念是否会影响儿童进一步地学习。⑤ 内容的生活性是指所选择的内容是否适合特定的地域和文化，即活动的内容是否能反映适合幼儿的现实生活，是否能引发幼儿的有效学习。⑥ 环境和材料的适宜性是指与特定活动相对应的环境、材料是否能在质和量两个方面最大程度地支持儿童的学习,能否满足儿童探索、操作和交往等活动的需要。⑦ 内容实际的完成情况是指在活动过程中预定的内容是否全面完成,有没有完成一些计划外的活动内容,它是在什么特定的情境下发生的,这样合理与否。[①]

例如小班数学活动《图形宝宝去旅行》,主要是引导儿童在已认识圆形、正方形的基础上,学习按圆形、正方形进行分类,且对分类的要求从单一的颜色相同、形状不同的圆形和正方形分类过渡到对颜色形状都不同的圆形和正方形进行分类。教育内容非常符合小班儿童的年龄特点,且有利于儿童更好地获得新的知识和经验,促进儿童在"最近发展区"的水平上获得适宜的发展。

3. 评价活动准备

活动准备可以从儿童和教师两个层面进行评价。从儿童的角度看,有知识经验的准备,如观察儿童对本次教学活动所需的知识经验的丰富程度,是否引导儿童提前了解相关的知识等。从教师的角度看,教师是否做好了情绪准备(根据活动的要求和数学学科领域的特性调整自己的情绪状态,营造一种积极的心态);是否有了充足的知识准备(具有丰富的相关知识,以便随时拓展活动的主题与内容);是否做好了物质准备及环境创设的准备(座位的摆放、环境布置、操作演示的位置等)。

操作法是学前儿童数学学习常用的方法。因此教师准备的教具及学具就显得尤为重要。如在小班数学活动《图形宝宝去旅行》中,教师为了激发儿童学习的积极性、主动性,准备了人手一份色彩、大小不一的图片若干(正方形嘴的圆形宝宝、圆形嘴的正方形宝宝);有小口的箱子1个;与图片的颜色相同的圆形、正方形的标示牌;一辆火车(正方形、圆形的车厢各2节);开火车的音乐;圆形、正方形卡片(饼干)若干,分别放在4个盘子里(每组一个盘子);正方形门的圆形房子一间、圆形门的正方形房子一间。在这一活动中,教师准备的教具、学具能够为活动目标的达成服务;而且数量充足,给了每位儿童动手探索的机会。

在数学活动中,教师提供的教具及学具还应体现层次性,满足不同儿童的需要等。如按数量进行分类时,教师就可以准备实物卡片、点卡及数字卡(图10-1)。

实物卡　　　　　点卡　　数字卡

图10-1　各种学习卡片

延伸拓展

有位教师在进行《数数图形有几个》的教学活动中,有一条目标定为:学会从上到下、从往右数数的方法。教师呈现了四种操作单(图10-2)。这四种操作单中1号、3号操作单是对两种图形进行分类统计。2号、4号操作单是对三种图形进行分类统计。说明教师在提供材料时考虑到了儿童的层次性。但是仔细观察,我们会发现1号操作单能让儿童学会按图形分类,

① 虞永平.幼儿园教学活动的评价[J].早期教育,2005.(3):8-9.

但要让儿童通过操作很难达成"学会从上到下、从左往右数数的方法"这一目标。主要的原因是因为教师提供的图形组合只有从上到下一个维度。因此这位教师提供这张操作单没能做到为活动目标服务。细看3号操作单,就能很好地为目标达成服务。图中的长方形是一个维度排列的,而三角形是从两个维度排列的。通过此案例可以发现,教师在进行教具及学具准备时,一定要考虑到为目标服务的原则。

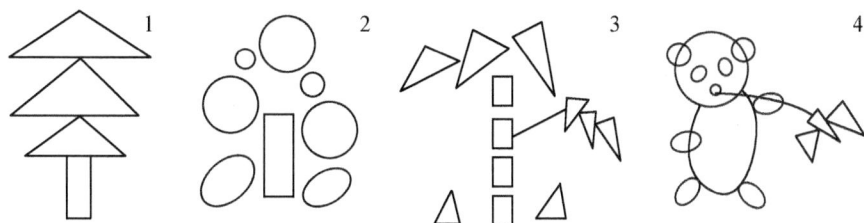

图 10-2 图形分类统计

4. 评活动过程

活动过程具有动态性、情境性和生成性等特点,是体现活动质量、展示教师教育能力的重要环节,对教育活动过程进行科学正确的评价具有重要的意义。对于评价数学教育活动的活动过程,评价者需要考虑的是活动结构是否严密、层层递进;活动过程中教师的讲解是否适宜;使用的教学策略是否适宜;总结和评价是否适宜;教师是否充分考虑到儿童的个体差异;活动环节间的衔接是不是流畅、自然;活动中有没有充分体现师幼互动及儿童之间的互动;教师在活动中所表现出的教育智慧如何等等。

例如小班数学活动《图形宝宝去旅行》,从摸箱(巩固对图形及其特征的认识)、排队(初步学习按标记进行圆形、正方形分类)、坐火车(进一步巩固按标记进行圆形、正方形分类)、吃饼干(根据图形上的第二个特征进行分类)到宿营环节(进一步复习巩固按圆形、正方形分类),整个教学过程环环相扣,衔接自然流畅。且在最后一环节——宿营,引导儿童把与房门形状相同的图形宝宝送进相应的房子里睡觉(房门的形状与图形宝宝嘴巴的形状一样,但颜色不一)。在出现了有个别能力稍微弱一点的孩子受到了颜色和形状两项干扰,把几个图形宝宝送错了房间现象的时候,教师智慧地模仿宝宝的哭声:"我不要到这里睡,这不是我的家,谁来帮帮我?"很快就激发了儿童纠错的欲望,顺利地达成了活动目标。这一方式不仅保护了儿童的自信心,也使儿童的经验再一次得到了提升。在活动中,教师不仅利用各种连续性游戏调动、激发、延续儿童学习的积极性,还非常注重给儿童创设一个宽松温馨的环境,儿童可以自由结伴选择图形宝宝,自由选择组别给图形宝宝喂食等等。

5. 评价活动延伸

一般的教育活动都有延伸环节,加强对活动延伸环节的设置也是非常有必要的。活动延伸的设置能使教育内容渗透到一日生活中,使儿童受教育的时间能够持续,也使活动目标能够更好地实现。活动延伸的形式可以是家园共育、领域渗透、环境创设、区角活动和游戏活动等。

延伸拓展

幼儿园教学活动评价表①

	评价要点	评价等级		
		A	B	C
目标	目标的年龄适宜性			
	目标的可落实性			
	目标的和谐性			
	目标实际的达成度			
内容	内容的年龄适宜性			
	内容与目标的一致性			
	内容的科学性			
	内容的生活性			
	相关环境材料的适宜性			
	内容实际的完成情况			
教师	教师讲解的适宜性			
	教师教学策略的适宜性			
	教师对幼儿的关注			
	教师评价的适宜性			
幼儿	幼儿的投入程度			
	幼儿的互动机会			
	幼儿面临的挑战			
	幼儿的学习习惯			

二、学前儿童数学教育活动评价的方法

要保证教育评价建立在客观真实的基础上,科学的评价方法是非常必要也非常重要的,它能确定评价的目的、设计评价方案、实施评价方案、处理评价结果等。而收集评价资料是学前数学教育活动评价中工作量最大、技术性最强的一个步骤,因此,这里重点介绍的评价方法是学前教育评价资料的收集方法。学前儿童数学教育评价资料的收集方法主要有观察法、测查法、问卷法、访谈法和作业分析法等。这些方法各具特点,评价者可根据收集不同类型评价资料的需要选择不同的方法。正如《幼儿园教育指导纲要(试行)》中明确指出:"评价应自然地伴随着整个教育过程进行。综合采用观察、谈话、作品分析等多种方法。"

---

① 虞永平.幼儿园教学活动的评价[J].早期教育,2005.(3):8-9.

(一)观察法

观察法在数学教育活动评价中较常用,是目前幼儿园中重要的教学活动评价手段。观察法是在自然状态或实验室条件下,对评价对象的行为进行现场的观察,根据观察结果进行分析,并作出评定的一种资料收集方法。它具有自然性和直接性,既适用于儿童发展水平的评价,也可以用于对教育活动的评价。

观察的具体方法很多,常用的方法有行为检核和事件详录等。必须注意的是,在运用观察法收集资料的时候,观察者要在事件现场及时记录行为的发生过程,行为出现的次数、持续时间等,力求保持客观、真实、详尽地记录,避免主观的臆想或推断。

1. 行为检核法

所谓行为检核法,就是在观察之前依据评价的内容确定观察的目标制成一份观察行为检核表,将要观察的行为列在表中。实际观察时,观察者只要对照行为检核表中的各个项目进行逐条检核,并在符合的项目上做记号。此方法对观察者的要求并不高,记录简便易行,实施起来比较方便,教师甚至可以同时对几名儿童进行观察和记录。但必须注意的是:制定检核表的要求较高,比较困难,不仅要确定观察行为的类型,且需抽取一定数量的具体行为,选择出具有代表性的行为,确定为核对表中的行为条目。

例如:教师在数学活动区中为儿童提供了多种的数学操作材料,引导儿童自由地选择材料进行操作。为了了解儿童对哪些材料比较感兴趣、哪些材料女孩比较感兴趣、哪些材料男孩会感兴趣等,以便作为评价材料投放是否适宜的一项依据,教师设计了一份观察行为检核表(表10-1)。且在观察之前,教师把数学活动区中所有的材料进行了1、2、3……的标号。

表10-1 _____主题儿童选择数学活动区材料情况记录表

班级: 活动时间:

材料	儿童参与人数(人)	儿童参与程度(人)			备注
		积极	一般	消极	
材料1	男:				
	女:				
材料2	男:				
	女:				
……	男:				
	女:				

2. 事件详录法

所谓事件详录法,就是详细记录某种特定行为事件的完整过程,并作出相应的评价。这一方法与行为检核法相比,对观察的要求比较高。它没有现成的表格,需要观察者能够敏锐地捕捉到有价值的信息,并加以及时地记录,也就是说完全靠事件发生时的速记。但事件详录法比行为检核法更加生动、具体,更能完整反映儿童的行为表现。

例如:一次小班下学期数学活动《我会数数》的听评课,当时活动的能力目标定位于手口一致点数5以内数量的物体,并能说出总数。一位教师观摩时做了这样的记录:

黑板上贴有一幅河边的背景图,5只小鸭在河里游泳,当老师问到:有几只小鸭在河里游泳呢?儿童在集体回答时都很顺利地从 1 数到了 5,并且齐声说出图上有 5 只小鸭;而当老师又揭开一个画面,岸上有 4 只小鸡,并提出新的要求:河岸上有多少只小鸡呢? 你们每张桌上都有一幅图,请每个小朋友自己数一数,数好后告诉旁边的小朋友。这时很多小朋友都开动起脑筋来,但却是答案不一:有的说是 5;有的说 4;有的数到了 5,报出的总数却是 4;有的手点在第 3 只小鸡上,嘴巴却数到了 5,还一直往下数;有的手指才点到第一只、第二只,嘴里却数到了 3,在发现不对时又重新从头数过。

通过记录儿童在本次活动中的行为表现,我们可以看出,儿童虽然能够从 1 唱数到 5,但并不真正代表每个儿童都能手口一致地点数 5 以内数量的物体,真正懂得数字"5"代表 5 个实物。

观察是研究的基础,任何数学教育的研究乃至其他教育活动的研究都必须建立在观察和倾听的基础上,从这个意义上可见观察法是进行课程评价、获得第一手资料的最佳途径。

延伸拓展①

1960 年,美国学者赫伯特·怀尔特(Wright,H. F)在《儿童观察研究法》一书中就详细地介绍了使用观察法研究儿童发展的一系列策略。怀尔特认为观察法有以下四个优点:① 从生态学的角度来看,观察法更加关注个体的行为与环境各因素之间的联系,所以观察者可以更好地把握事物间相互作用的关系。② 与日常的、随意的观察不同,研究者可以通过观察法对典型行为或事件进行分类,使研究更加标准化。③ 观察法通常是有计划、有目的地对现实生活条件下自然产生的事件进行长时间的研究,因而具有连续性,能得到有关行为发生顺序和发展的事实材料,可以用来研究一般行为变量之间的关系。④ 观察法采用某种类似于个人传记的把儿童作为一个真正的个体来进行评估。

(二) 测查法

测查法是指通过预先准备的问题测查儿童的发展水平,也称测试法。它由统一的测试题目和测试程序构成。在学前儿童数学教育的评价中,尤其是在学前儿童数学概念和能力发展的评价中,测试是一种重要的方法。它的优点是可以对大量的对象进行测试,能在较短的时间内获得大量的反馈信息,便于量化和统计分析。

测查法包括以下方面:

1. 编选测试题目

在测查前,评价者应根据评价的目的,拟定测试的内容和题目。题目的数量不能太多,以免引起儿童的疲劳。需要注意的是测试的问题及指导语都要明确、简练、易懂。拟定题目的同时,还要拟定相应的指导语,以便测试员进行测试时统一要求。有时还需要拟定一些统一、规范的补充问题,以便在儿童不理解问题时,或测试员需要进一步获取信息时使用。

2. 准备测试材料

测试材料在测查中是必不可少的工作,且准备的操作材料也不单纯是纸和笔,而是与测试相应的操作材料,如积木、数棒等。当测试儿童的几何形体和空间概念的掌握时,教师准备了能拼成小猫图案的积木(两块三角形、一块六边形和一块梯形)和一张纸(上面画有这几个图形拼成的

---

① 虞永平,张辉娟,钱雨,蔡红梅等编著.幼儿园课程评价[M].南京:江苏教育出版社,2005.121.

无色小猫),引导儿童根据图示进行拼图或镶嵌。可以看出,这些测试材料的准备不仅符合学前儿童的特点,也便于评价者在测试的同时观察儿童操作的过程,进而了解他们思维的过程。

3. 设计记录表格

记录表格一般用来记录儿童在操作过程中的语言回答或行为表现,是统计分析的原始资料。在设计表格时,要对儿童可能出现的行为表现或回答加以归类,测试时只需要填写简单的符号和做简单的补充就可以了。例如,在进行学前儿童能力测试时,评价者可事先列出儿童可能会出现的能力水平,然后列成表格表 10 - 2,供测试填写。

表 10 - 2　小班分辨几何形体能力测试情况记录表

班级：　　　　　　　　　　时间：

水平 姓名	能准确分辨圆形、正方形、三角形	能分辨圆形、三角形	能分辨圆形、正方形	能分辨正方形和三角形	能分辨圆形	能分辨正方形	能分辨三角形	什么图形都不能分辨
×××								
×××								
×××								

4. 拟定评分标准

在上述的基础上,评价者还需根据测试题目的不同类型,拟定相应的评分标准,比如,1+1=2 等加减运算题,它只有对和错两种结果,可在最后计算正确率,或分别赋予 1 分和 0 分;对于上述的分辨几何形体的测试,它有四个能力等级:分辨出三种图形、分辨出两种图形、分辨出一种图形和没有分辨出任何一种图形,可分别赋值 3 分、2 分、1 分、0 分,即类似这种题可以进行等级评定。

延伸拓展

幼儿计算能力测试[①]

(一)测查介绍

此测验根据韦克斯勒幼儿智力量表内容编制而成。目的是测查幼儿计算能力。此测验不仅可以考察幼儿计算能力的发展水平,而且还可以检查幼儿对语言的理解能力。

(二)测查方法

1. 保持测查环境安静。

2. 提出的问题如果幼儿听不明白,可以给幼儿重复。

3. 6 岁幼儿可以从第 7 题开始进行测试。而第一题至第六题照样给分。如果出现第七题幼儿不能解答,可按次序颠倒,由难向易进行测试。如果能连续解答 2 题就可按顺序进行测试。

4. 第 1—8 题,如果幼儿在 15 秒中时还没有作答,便进行下一题。第 9—20 题,每题时限

---

① 李红,张远宏主编. 实用智商检测——学前幼儿卷[M]. 四川:四川人民出版社.1998.

为 30 秒,计算时间从第一次读完问题时算起。

5. 时间已到,幼儿仍然不能回答问题,则该题记为 0 分。

6. 幼儿已回答问题,但又对回答进行改正,评分按最后回答进行。

7. 连续四题不会回答,停止测试。

(三)测试题目及评分

1. 下图中哪个圆最大?(得 1 分:指对图中最大的球;得 0 分:指错)

2. 下图中那条线更长?(得 1 分:a,得 0 分:b)

3. 下图中哪个盒子中的星最多?(得 1 分:a;得 0 分:其他答案)

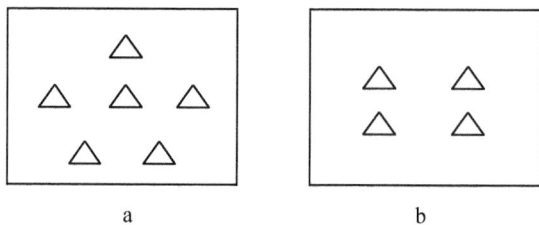

4. 下图中哪些碗里放的苹果一样多?(得 1 分:a 与 b;得 0 分:指错)

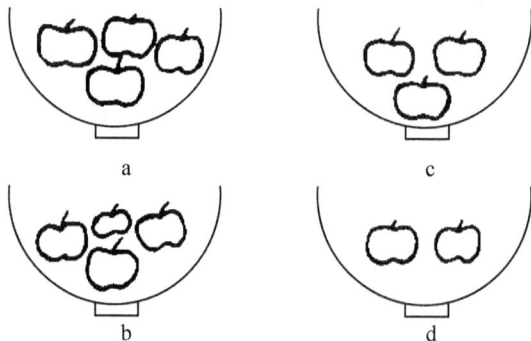

5. 下图中有几块木块?(得 1 分:2 块;得 0 分:错误)

6. 下图中有几个木块?(得 1 分:4 块;得 0 分:错误)

7. 下图中幼儿有几个人?(得1分:5人;得0分:错误)

8. 拿九块积木,要求幼儿把积木排列成行。然后说:"留4块积木在这儿,其余的现在都给我。"(得1分:5块;得0分:错误)

9. 把苹果对切开,现在有几块苹果?(得1分:2块;得0分:错误)

10. 你有2分钱,爸爸又给了你1分钱,你共有多少钱?(得1分:3分;得0分:错误)

11. 你有3只苹果,吃掉1只,还有几只苹果?(得1分:2只;得0分:错误)

12. 你有5本图画书,送给人2本,还有几本书?(得1分:3本;得0分:错误)

13. 你有4支笔,妈妈又给了你2支,一共有几支笔?(得1分:6支;得0分:错误)

14. 你有两个皮球,老师又给你三个,一共有几个球?(得1分:5个;得0分:错误)

15. 爸爸吃了1支冰棍,妈妈吃了2支冰棍,你吃了3支冰棍,一共吃了几支冰棍?(得1分:6支;得0分:错误)

16. 买一把小刀2角钱,买2把小刀要多少钱?(得1分:4角钱;得0分:错误)

17. 爷爷、爸爸和你每人有2支钢笔,3人一共有几支笔?(得1分:6支;得0分:错误)

18. 1杯牛奶要4角钱,2杯牛奶要多少钱?(得1分:8角钱;得0分:错误)

19. 新华书店里有12本书,卖了5本,还有几本书?(得1分:7本;得0分:错误)

20. 你有8张画,又去买了6张,你一共有几张画?(得1分:14张;得0分:错误)

(四)幼儿计算测查成绩登记表

姓名		性别		出生日期:	
测查日期:			实际年龄:		
题号	得分		题号	得分	
1			11		
2			12		
3			13		
4			14		
5			15		
6			16		
7			17		
8			18		
9			19		
10			20		
总分合计:					

（五）幼儿计算能力评定表

年龄组	得分
4 岁	9
$4\frac{1}{4}$ 岁	10
$4\frac{1}{2}$ 岁	11
$4\frac{3}{4}$ 岁	12
5 岁	13
$5\frac{1}{4}$ 岁	13
$5\frac{1}{2}$ 岁	14
$5\frac{3}{4}$ 岁	15
6 岁	15
$6\frac{1}{4}$ 岁	16
$6\frac{1}{2}$ 岁	18

注：如果某幼儿实际年龄是 5 岁，测试结果得 13 分，则表明该幼儿计算能力发展正常。

如果某幼儿实际年龄是 $4\frac{1}{2}$ 岁，测试结果得 13 分，则表明该幼儿计算能力发展超常。

如果某幼儿实际年龄是 6 岁，测试结果得 13 分，则表明该幼儿计算能力发展较低。

（三）问卷法

问卷法是将一系列设计好的问题组合起来，通过书面形式提供给调查者，征询被调查者的意见后回收、整理、分析问题的答案，从而获取有关评价对象情况的一种评价资料的收集方法。问卷法的两个主要优点是标准化程度高、收效快；问卷法能在短时间内调查很多研究对象，取得大量的资料，能对资料进行数量化处理，经济省时。但由于研究者往往不在现场，缺少面对面的沟通，真实性无法核对；问题用文字或符号表达，对调查对象的要求较高，信息不够深入细致。

1. 问卷的结构及设计

问卷的基本结构包括标题、前言（介绍词）、指导语（填写说明）、调查的问题（如有供选择的答案请注明选择的答案）、结束语五个部分。标题顾名思义就是调查的主题。前言即介绍词，主要介绍调查的单位、调查者的身份，简要说明调查的内容和目的，说明调查对象的选取方式和对调查结果的保密措施。而指导语其实是一个填表说明，需要用简明易懂的语言介绍填表的方法、要求、注意事项。调查的问题主要是调查对象的基本情况、行为和态度情况。最后的结束语就是简短地对调查对象的真诚合作表示感谢。如鲁东大学教育科学学院所做的关于"幼儿园数学教育课程实施现状调查问卷"中的前言为：

尊敬的老师:您好!

本问卷是关于幼儿园数学教育课程实施情况的调查研究,以便为实施幼儿园数学教育课程提供依据。请选择最符合您真实想法的选项,不要留有空格不填,否则问卷将作废。问卷采用匿名方式,回答无正确与错误之分,回答的信息也仅供研究之用,所以请您放心作答。非常感谢您的支持!

鲁东大学教育科学学院

2. 问题的编制及答案设计

问题的设计需围绕调查项目进行,要求具体明确,避免复合型的问题,且不直接提问敏感问题。在问题的表述上,要考虑调查对象的知识背景,问题也不要有任何暗示性和倾向性。答案设计要符合实际情况,具有穷尽性和互斥性,答案只能按一个标准分类。

问卷中依据调查内容的不同可采用不同类型的问题,具体如下:

(1) 是否式:每个问题均提供两种答案,即是或否,由被调查者从中选择一个作答。

① 你在选择数学教学活动内容时是否考虑到了本班儿童的兴趣和需要?

A. 是　　　　　　　　　　　　B. 否

② 你是否每天都安排儿童在数学区域中进行操作活动?

A. 是　　　　　　　　　　　　B. 否

(2) 选择式(单选或多选):设计者给每个问题设计几种可能的答案,让被调查者从中选出一项或几项适合其情况的答案。

① 你所任教的班级是?（单选）

A. 小班　　　　　　B. 中班　　　　　　C. 大班

② 你认为幼儿园数学教育活动有哪些途径?（可多选）

A. 集体教学活动　　B. 数学区域活动　　C. 其他区域活动

D. 游戏活动　　　　E. 生活活动

(3) 排列式:让被调查者根据自己的情况和态度按某种标准给提供的答案排列顺序。

幼儿园数学教学活动中,下列哪些方法能够提高你的教学水平? 请你根据位置越前效果越好的排序方法将答案前的字母进行排列。

A. 理论讲座的学习　　　　　　B. 课例研讨的开展

C. 外出观摩和培训　　　　　　D. 自我反思

(4) 量表式:将答案按照某种标准分成一定的等级由被调查者进行评定,并要求其用某种方式表示出自己所在的等级。

① 你对现行幼儿园数学教材使用的满意度为(请依据要求选择合适的等级)

```
        1      2      3      4      5
     不满意                      满意
```

② 你认为家长对你的数学教育活动的满意度为(请依据要求选择合适的等级)

```
        1      2      3      4      5
     不满意                      满意
```

问题在呈现时必须注意:① 指示语要放在明显的位置;② 同类性质的问题可以排在一起;③ 可以相互检验的问题则必须隔开;④ 题目与答案要集中、靠近,避免漏答;⑤ 题目的排列顺序要从简单到复杂,以自然和有逻辑的顺序,或者谈话的方式呈现。

(四)访谈法

所谓访谈法就是指评价者通过与访谈对象进行面对面的交谈,以口头问答的形式来获取有关评价资料的一种方法。它虽然有过程灵活、深入,获得资料直接、可靠,利于谈话对象发挥主动性,简单易行,适用面广等优点;但同样不可避免地存在着一些缺点,如:访谈者的价值观、态度、谈话水平、语气等,都会影响评价对象,容易导致偏差;样本较小,获得的资料比较难以标准化;对被调查者的心理状态不好控制,有一定的局限性等,因此,对访谈者素质要求很高。

访谈法的类型可以分为集体访谈和个别访谈,也可以分为直接访谈和间接访谈,还可以是直接回答问题的谈话、选择答案的谈话、自由回答的谈话和自然谈话。

1. 直接回答问题的谈话

直接回答问题的谈话即一问一答的谈话。就是谈话者把准备好的问题一一提出来,提完一个让儿童回答一个。比如:这里有一堆木块,你能告诉我有多少块吗? 这里有两杯水,哪杯水多,哪杯水少? 这个小朋友的题目做对了还是错了? 为什么?

2. 选择答案的谈话

选择答案的谈话即谈话者把询问的问题预先拟定成具体的选择题以便供被调查者选择。例如:让儿童从班上现有的数学操作材料中说出自己最喜欢的三种。目的是评价数学材料的适宜性。在回答前可让回答问题的儿童先去看一遍数学操作材料,看完后再说,避免儿童遗忘或不知说什么。

3. 自由回答的谈话

这种方法是围绕着一个或几个问题进行问答,直到了解问题为止。例如:这些铅笔长短一样吗? 你把这些铅笔按从长到短的顺序排一下好吗? 你刚刚是怎么排的? 如果我这样排行吗?(故意颠倒某两根铅笔的顺序)为什么呢?

4. 自然谈话

自然谈话没有具体顺序和问答形式。

由上述谈话可见,评价任务的数量并不是一定的,且访谈的时间也要根据儿童的年龄进行必要的调整,如:2 岁的儿童可以进行 15—20 分钟;3 岁的儿童可以进行 30 分钟;4 岁的儿童可以进行 45 分钟;5 岁以上的儿童可以进行 1 个小时以上的访谈。

以上具体介绍了各种收集评价资料的方法供评价者选择,但必须注意的是在学前儿童数学教育的实际评价中,评价方法的选择一定要服从评价的目标,要考虑数学领域的学科特点、教师的特点以及儿童学习的特点。在收集资料时既要有封闭性的、标准化的测量,也要有开放性、随机性的评价。以"发展性评价"的观念为指导,使评价真正成为促进儿童发展的手段。

(五)作品分析法

所谓作品分析法就是根据学前儿童的各种作品分析儿童发展水平或检测教育教学活动的效果。这种方法优点在于资料较易收集,具有间接性,教师有足够的时间对儿童的作业进行分析、比较,使评价更加客观准确。不足的是这种方法只能较多地反映当前教学的影响,而不能反映儿童稳定的发展水平,不能系统、完整地了解儿童的数学素质发展水平。

如小班数学活动《"六一"节日饰品》操作手册中的要求:数一数,哪两个小动物拿的气球和彩旗的数量是相同的,请把它们连起来。教师对儿童的操作单进行分析归类,发现有三种水平(图10-3):① 能够准确按数量进行连线,如1、2号操作单;② 不能按照数量进行连线,如3号操作单;③ 能够部分进行连线,如4号操作单。教师针对这些情况,就要对不同的儿童提出相应的要求。如对于3号操作单的儿童,教师应结合数学区域活动或日常生活提高他们点数的能力。

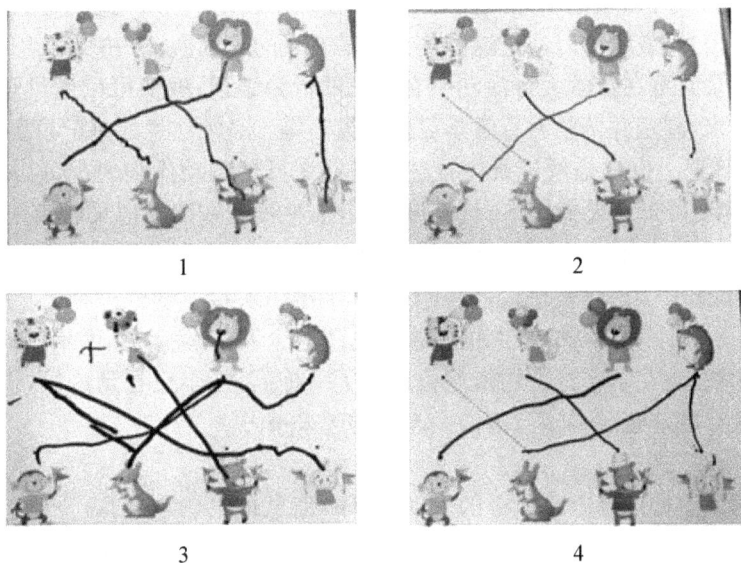

图10-3　作品分析

可以看出,作品分析法和数学教育活动是紧密相连的,教师通过分析儿童的作业可间接了解儿童的学习情况。同时儿童的作品也是对教师教学效果的一种反馈,教师可以根据儿童作业中的错误加以诊断,改进教学。

(六)档案袋评价法

档案袋评价法又称为"文件夹评价"或"成长记录评价""历程记录评价"等。它是指收集儿童在学习过程中有代表性的作品和典型的表现记录,以儿童的现实表现作为判断儿童学习质量依据的评价方法。也就是说把任务标本——儿童在幼儿园中的各种作品(如绘画、泥塑、折纸、数学作业等)、儿童在活动中的照片或录像、语言和音乐表现的录音,教师对儿童活动的观察记录、儿童自己通过语言录音、图画或文字的方式表达的自我反思、探究设想和活动过程的轶事记录等,一起放进儿童成长档案袋,成为该种评价的基本部分。这种评价活动从多种渠道收集儿童资料,旨在提供有关儿童学习实际水平的各种材料,重视儿童发展的过程,能从多角度、多侧面来判断每个儿童的优点和发展可能性,为描绘每个儿童的学习情况的剖面图和发展过程提供了真实而详细的资料。档案袋为真实评价提供了一种便捷的途径,具有促进儿童全面成长、帮助教师优化教育决策、实现教育合力等多方面的价值。

1. 档案袋评价的一般记录方式

(1)儿童作品记录

儿童作品是表达自己认识和情感的重要方式,是儿童发展过程的真实体现。它不但涵盖了儿童全部的"语言",更概括了儿童不断成长过程中所有自圆其说的朴素理论。通常儿童数学作品的记录可以是儿童的原始作品,如:用纸笔方式呈现的记录、书写的算术练习等,也可以是儿童对自己作品的口述记录,或是教师或家长等对儿童的口述的记录。原始作品具有具体、直观的特点,而口述记录既呈现了儿童语言表达能力,也反映了儿童的认知水平。

(2) 文字记录

文字记录是教师比较常用的档案袋记录的形式,它包括教师与儿童的交流记录及教师的观察记录。交流记录可以是记录与一位儿童的交流,也可以是记录与多个儿童有关数学活动的想法和需求等信息,教师可以通过这些信息了解儿童的个别需求,并及时给予反馈。而教师的观察记录是记录儿童在数学教育活动中有意义的行为表现,教师可以通过观察记录分析发现儿童的成长需求,制定并调整教育教学目标和策略等。必须注意的是记录要客观,而不是解释性、判断性的笔记。也就是说记录中描述的是儿童具体的动作和表现,以及活动持续的时间,尽量避免使用"仔细"、"好像"等主观态度的词汇,使读者在读了记录后能作出自己的判断。下面是一次数学区域活动记录:李想从玩具柜中拿出数字接龙板玩了起来,刚开始他看着控制卡操作,看一下操作卡摆一块接龙板,看一下操作卡摆一块接龙板……如此重复多次并延续,操作结果正确。3分钟后,梦雨走过来招呼他说:"这个我早就会了,我有一个新的玩法,你看……"一块、两块,她花了5分钟用接龙板拼出了一栋高楼,李想看到这里,带着高兴的笑容到其他区角找来一些娃娃、树枝等,他们一起建构起来……

(3) 声像资料记录

声像资料记录这种记录方式非常的生动、具体,信息量也非常丰富,一般包括相片、录像、录音等。它们通常能使读者、听者产生"身临其境"的感觉,极大地调动起他们参与教育过程的积极性。为了保证记录的完整性,教师在保存声像资料时,应以简要的文字记录所拍、所录的日期、内容、场所以及一些特别需要说明的事情。

2. 档案袋评价的一般步骤

(1) 建立档案

根据不同的年龄班级,教师可以有的放矢地建构儿童的成长档案,努力使成长档案袋成为教师与儿童互动的平台。如对小班儿童,教师可以把中大班哥哥姐姐的成长档案拿来给他们欣赏,也可以请大班的哥哥姐姐来班介绍自己的成长档案,激发儿童想拥有成长档案的愿望;并且对于成长档案使用的材料、样式等有初步的了解。而对于中大班儿童,教师可以引导儿童自由讨论成长档案的选材、样式等,并且还可以留些空白页或插页,为儿童个性化创造提供空间和材料。

(2) 充实档案

成长档案不是一蹴而就的,它是一个不断充实、丰富、行进的过程,成长档案袋中的作品会随着时间而不断丰富起来,而这一过程也就是教育活动的过程。需要说明的是,教师在充实档案的过程中应当通过多种策略,促使儿童形成强烈的"档案"拥有者的意识,积极主动并富有创造性地构建自己的成长档案,如儿童自己在档案袋上注明自己的名字、选择自己喜欢的数学作业放进档案袋等;而且教师应积极参与到档案袋的建构中,不仅成为档案袋的欣赏者,更要成为建议者、加工者和整理者,帮助儿童整理、管理好档案袋,使档案袋更具个性化、真实性和实效性。

(3) 保存档案

保存档案所有资料应放在儿童易于接近且安全的地方,让儿童随时翻阅或增加新的作品。

同时,也应向家长开放,便于家长随时翻阅,了解自己孩子在园情况。但要注意的是有关儿童隐私的部分,如家庭电话号码等,则应该由教师妥善保管,以使儿童及他们的家庭隐私权得到保护。

值得一提的是,要想科学、合理、高效地创建档案袋、使用档案袋评价,在构建档案袋过程中,还需注意以下问题:一是要明确创建档案袋的目的,根据不同目的创建不同类型的档案袋;二是要注意收集的作品内容要全面、具有选择性;三是重视儿童和家长的评价主体作用;四是要确定评价标准和解决对策。

思考与实践

一、名词解释

1. 学前儿童数学教育的评价　2. 观察法　3. 作品分析法　4. 访谈法　5. 问卷法
6. 测查法

二、简答题

1. 学前儿童数学教育评价的意义是什么?

2. 学前儿童数学教育活动评价有哪些方法?

3. 学前儿童数学教育活动评价内容有哪些?

三、论述题

1. 你认为是否需要对学前儿童发展作评价? 为什么?

2. 联系实际谈谈针对不同的评价内容,你会采用哪种方法? 请举例说明。

3. 作为幼儿教师,你会如何进行档案袋评价?

四、实践性学习活动

1. 通过对本班儿童的观察,进行相关的数学评价,并做好记录。

2. 请根据问卷法的相关要求制定一份学前数学教育方面的调查问卷。

参考文献

1. 教育部基础教育司组织编写.幼儿园教育指导纲要(试行)解读[M].南京:江苏教育出版社,2002.

2. 李季湄,冯晓霞.3—6岁儿童学习与发展指南[M].北京:人民教育出版社,2013.

3. 冯晓霞.幼儿园课程[M].北京:北京师范大学出版社,2000.

4. 张慧和,张俊著.幼儿园数学教育[M].北京:人民教育出版社,2004.

5. 张慧和主编.学前儿童数学教育[M].重庆:西南师范大学出版社,2001.

6. 张俊.给幼儿园教师的101条建议:数学教育[M].南京:南京师范大学出版社,2008.

7. 虞永平,张辉娟,钱雨,蔡红梅等编著.幼儿园课程评价[M].南京:江苏教育出版社,2005.

8. 周欣,黄瑾等著.幼儿园综合课程中的数学教育[M].南京:南京师范大学出版社,2012.

9. 周欣.儿童数概念的早期发展[M].上海:华东师范大学出版社,2004.

10. 方富熹,方格,林佩芬编著.幼儿认知发展与教育[M].北京:北京师范大学出版社,2003.

11. 裴指挥.幼儿社会教育与活动指导[M].北京:高等教育出版社,2014.

12. 汝茵佳.幼儿园环境与创设[M].北京:高等教育出版社,2012.

13. 线亚威.幼儿园主题教育活动精品案例纪实[M].北京:高等教育出版社,2011.

14. 徐青主编.学前儿童数学教育[M].北京:高等教育出版社,2011.

15. 林嘉绥,李丹玲.学前儿童数学教育[M].北京:北京师范大学出版社,2014.

16. 周梅林.幼儿数学教育活动设计与指导[M].北京:中国劳动社会保障出版社,2006.

17. 梅纳新主编.学前儿童数学教育[M].上海:复旦大学出版社,2013.

18. 金浩主编.学前儿童数学教育概论[M].上海:华东师范大学出版社,2000.

19. 黄瑾主编.幼儿园教育活动设计与指导[M].上海:华东师范大学出版社,2007.

20. 黄瑾.学前儿童数学教育[M].上海:华东师范大学出版社,2007.

21. 黄瑾.幼儿园数学教育与活动设计[M].北京:高等教育出版社,2010.

22. 慰宜主编.一课一案·幼儿园优质案例汇编[M].上海:华东师范大学出版社,2011.

23. 刘金花主编.儿童发展心理学[M].上海:华东师范大学出版社,2013年第三版.

24. 李文静.幼儿思维数学[M].上海:华东师范大学,2009.

25. 李红,张远宏主编.实用智商检测——学前幼儿卷[M].成都四川人民出版社,1998.

26. 郑毓信.数学教育哲学[M].成都:四川教育出版社,2001.

27. 李槐青.幼儿数学教育[M].西安:陕西师范大学出版总社有限公司,2013.

28. 马娥,闫悦主编.幼儿园教育活动设计与实践[M],西安:陕西师范大学出版总社,2012.

29. 崔淑萍,梅纳新主编.学前儿童科学教育[M],海口:南方出版社,2004.

30. 周淑惠.幼儿数学新论——教材教法[M].台北:心理出版社,1995.

31. 丁祖荫.儿童心理学[M],济南:山东教育出版社,1984.

32. 俞春晓.钱文.幼儿园建构式课程幼儿园教师用书科学数学(上)[M].上海:华东师范大学出版社,2009.

33. 通向数学幼儿园教师用书小班(上)[M].北京:奕阳教育研究院课程研究中心.

34. [美]加雷斯·皮·马修斯.哲学与幼童[M].陈国容译.北京:三联店,1989.

35. Rosaland Charlesworth.潘月娟译.3—8岁儿童的数学经验[M].北京:人民教育出版社,2007.

36. 王嫚.大班幼儿长度测量能力发展状况的调查研究[D].天津:天津师范大学,2013.

37. 赵振国.3—6岁儿童数量估算、数数能力及视觉空间认知能力发展关系的研究[D].上海:华东师范大学,2009.

38. 杨蕾.大班幼儿加减运算策略选择的研究[D].上海:华东师范大学,2006.

39. 孙杨.基于4—6岁儿童的皮亚杰数概念实验的验证及变式研究[D].吉林:东北师范大学,2011.

40. 凌晓俊.建构主义理论视野下的幼儿园数学教育活动设计研究[D].吉林:东北师范大学,2013.

41. 于冬青.走向生活世界的幼儿园课程设计研究[D].吉林:东北师范大学,2008.

42. 邱阳.学前儿童长度守恒验证及训练研究[D].吉林:东北师范大学,2010.

43. 张俊.幼儿数学教育热点透视[J].幼儿教育,2014(1,2).

44. 戴佳毅,王滨.4—6岁幼儿排序能力发展特点的初步研究[J].幼儿教育,2007(10).

45. 赵振国.幼儿数学操作学习中存在的误区及澄清[J].幼儿教育,2014(1,2).

46. 林炎琴.3—6岁幼儿数守恒和长度守恒的发展特点[J].学前教育研究,2012(4).

47. 彭小元.基于幼儿学习路径重新审视"数的分合"教学[J].幼儿教育,2013(1,2).

48. 曹能秀.计数教学中的按物点数和说出总数[J].幼儿教育,1990(3).

49. 土黎,曹能秀.日本幼儿集合概念的教育[J].幼儿教育,2000(12).

50. 韩南南,张莉.大班幼儿加减运算能力的发展特点——以武汉市8所幼儿园为例[J].幼儿教育,2012(1,2).

51. 浦晓黎.国外学前儿童数感研究综述[J].幼儿教育,2006(10).

52. 黄瑾.从"操作中学习"到"社会情景中学习"——学前儿童数学教育观当议[J].幼儿教育,2002(2).

53. 寇崇玲等.学前儿童集合发展阶段的初步研究[J].学前教育,1988(5、6).

54. 熊小燕.学前儿童数学集合概念的教学策略[J].早期教育(教科研版),2011(12).

55. 任培晓.4岁—6岁幼儿对数学加减逆反原则理解和运用的发展研究[J].早期教育,2012(9).

56. 姚伟,徐铭泽.幼儿园数学教育生活化及其实施策略[J].教育导刊,2009(10)下半月刊.

57. 杨玉苗,张莉.大班幼儿数概念发展现状研究——以湖北省武汉市为例[J].教育导刊,2011(2).

58. 杜芬娥,胡彩云.大班幼儿量的排序与比较能力发展现状研究[J].教育导刊,2014(4).

59. 庄爱平.走向审美的幼儿数学教育[J].教育导刊,2003(7).

60. 周燕,庞丽娟,赵红利.4—5岁幼儿数数行为的规则性与策略化应用特点的研究[J].心理发展与教育,2000(1).

61. 周欣,黄瑾,王正可,王滨,赵振国,杨蕾,杨峥峥.父母——儿童共同活动中的互动与儿童的数学学习[J].心理科学,2007(3).

62. 张华,庞丽娟,董奇,陈瑶.3—4岁儿童数数的规则及其策略运用的研究[J].心理科学,2004(6).

63. 林泳海.幼儿序列和式样的特点及教学[J].山东教育,2002(6).

64. 林咏海.幼儿学习自编、解答应用题的特点及教学[J].山东教育,2003(1).

65. 林泳海,曾一飞.计数活动在幼儿初步数概念形成中的作用[J].山东教育,2002(5).

66. 吕静.表象在儿童数概念发展中的作用[J].心理科学通讯,1982(4).

67. 吕静,王伟红.婴幼儿数概念发生的研究[J].心理科学通讯,1984(3).

68. 李淑贤,王景英.3—6岁儿童计数能力发展的研究[J].现代中小学教育,1990(1).

69. 谭玉梅.用"新"方法有效地开展大班10以内数的加减运算[J].时代教育,2014(8).

70. 史大胜,张欣.重视数学应用:英国学前教育的特点及启示[J].外国教育研究,2012(11).

71. 苏红伟.谈谈幼儿园数学区域活动的开展[J].学前教育研究,2003(10).

72. 方富熹,方格.学前儿童分类能力的初步实验研究[J].心理学报,1986(2).

73. 胡卫平.学前儿童解决算术应用题能力的培养研究[[J].石家庄学院学报,2007(5).

74. 焦丽梅.学前儿童数学教育特征的探析[J].辽宁农业职业技术学院学报,2014(1).

75. 张智华、杨淑丽.幼儿园开展数学教育应注意的几个问题[J].陕西教育学院学报,2012(9).

76. 杨莉君.学前儿童数学教育目标理论模型的构建[J].湖南师范大学教育科学学报,2002(6).

77. 崔乐悠.3—5岁幼儿数概念的发展[J].淮南师范学院学报,2010(6).

78. 林崇德.学龄前儿童数概念与运算能力发展[J].北京师范大学学报,1980(2).

79. 许智权,宋宝玲.幼儿掌握数概念的个案研究(一)(二)[J].心理学报,1981(2);1982(1).

80. 张华,庞丽娟.儿童早期数学认知能力的结构及其特点[J].心理学报,2003(6).

81. 幼儿数概念研究协作小组.国内九个地区3—7岁儿童数概念和运算能力发展的初步研究综合报告[J].心理学报,1979(1).

82. 重庆市市中区区级机关幼儿园计算教学实验组.通过集合教学促进小班幼儿初步数概念形成的实验报告

83. 叶雅娟.中班数学活动:数的守恒(10以内)[EB/OL].http://www.fjzzjy.gov.cn/newsInfo.aspx? pkId=61651,漳州市教育信息网,2009-9-25.

84. 卢永萍. 认读数字与书写数字的教学方法[EB/OL]. http://wenku. baidu. com/view/43a70b0e4a7302768e993956. html,百度文库,2011 - 10 - 02.

85. 幼儿园数学教育课程实施现状调查问卷[EB/OL]. www. sojump. com/jq/126. 问卷星. 2014 - 09 - 13.

86. NCTM. Principles and standards for school mathematics. *Reston，VA：the National Council of Teachers of Mathematics，Inc. 2000.*

87. Gelman，R. ，& Gallistel，C. R.. *The child's understanding of number. Cambridge，MA：Harvard University Press.* 1978.

88. Spelke，E. S.. Core knowledge. *American Psychologist，55，*1233 - 1243. 2000

89. Jordan，N. C. ，Kaplan，D. ，Ramineni，C. ，& Locuniak，M. N.. Early math matters：Kindergarten number competence and later mathematics outcomes. *Developmental Psychology，45，*850 - 867. 2009

90. Duncan，G. J. ，Dowsett，C. J. ，Claessens，A. ，Magnuson，K. ，Huston，A. C. ，Klebanov，P. ，Japel，C.. School readiness and later achievement. *Developmental Psychology，43，*1428 - 1446. 2007

91. Geary，D. C.. Cognitive Predictors of Achievement Growth in Mathematics：A 5-Year Longitudinal Study. *Developmental Psychology，47，*6，1539 - 1552. 2011

92. U. S. Department of Labor.. *Workforce 2000. Washington，DC：Government Printing Office.* 1990

93. Riley，R. W. *Mathematics equals opportunity. District of Columbia，U. S. ：Federal Department of Education.* （ERIC Document Reproduction Service No，ED 415119）. 1997

94. Geary，D. C. ，Hoard，M. K. ，Nugent，L. ，& Bailey，D. H.. Mathematical cognition deficits in children with learning disabilities and persistent low achievement：A five-year prospective study. *Journal of Educational Psychology，104，*1，206 - 223. 2012.